三浦圭一著

中世民衆生活史の研究

思文閣史学叢書

思文閣出版

目次

第一篇　鎌倉時代

第二篇 南北朝時代

第三篇　室町・戦国時代

付篇

第一篇　鎌倉時代

第一章　中世における畿内の位置
――渡辺惣官職を素材として――

はじめに

大阪歴史学会中世史部会では、こゝ数年来いわゆる畿内の歴史的位置についての共同研究を主たるテーマとして追究してきた。その研究成果が、一九六一年度大会で福留照尚氏の「畿内の中世的条件について」の発表となり、畿内の領主は荘園制に依拠する方法と流通経済のうえに勢力を伸張させる二つの方向をもちながら、なお決定的に分離することなく、二つをあわせもったまゝ、領主制を維持していったことを明らかにした。(1) つゞいて一九六二年には戸田芳実氏が「中世領主的土地所有の特質」について発表し、平安時代から鎌倉時代にかけて成立した在地領主の「所領」が、基本的には「宅」や「屋敷」の拡大展開形態であるという、中世領主制における領主的土地所有の構造的特質を明らかにした。(2) また一九六三年には、畑井弘氏が「守護領国体制下における流通路支配」を発表し、主として近江国をとりあげ、守護六角氏およびその被官山中氏の交通路支配のあらわれ方や、それに対する人民の闘争と成長を、政治的動向をあとづけながら展開した。(3) 大阪歴史学会に中世史部会が設けられてから数年をでずして、このような意義のある発表をなしえたのは、すぐれた指導者と絶えまない部会員の共同研究の結実である。そのような草創期であればあるだけに、中世史に関する共同の学問的蓄積の試みは、史料の調査などにもおよんで多方面になされたが、一九六三年の春ごろから、摂津国を本貫とし、平安時代中期から抬頭し、源平内乱期に活躍し、鎌倉時代から南北朝内乱期を生き続け、遂にその末族が近世に伯太藩の藩主となった、いわば畿内の中世を生き抜いた渡辺党をとりあげ、その関係史料を蒐集し輪読し検討してきた。いまだその共同研究は中途であるが、一応その共同研究の責任者である三浦が、中間報告を大会においておこない、いままでの作業に対する批判と、今後の活動に対する指針をえたが、この発表はその一つのまとめである。したがって、小稿はきわめて実証作業的な性格が強いが、共同研究の過程でえられた成果にもとづきながら、発表にあたって三浦の責任においてまとめたものである。

こゝで、この小稿をまとめるにあたって、私の観点を明らかにしておきたい。渡辺党は、この党が本貫とする摂津国渡辺の地が、淀川河口の近辺にあり、けっして草深い農村とはいえないことからしても、中世における畿内の、まして日本全体のなかでの典型的な党的集団とみたり、また惣官職を帯びる渡辺党をもって代表的な在地領主とすることは困難かも知れない。しかし、渡辺党が摂津国渡辺という日本中世史全体を通じて、政治的にも、したがって経済的にも要衝の地であるという立地条件のもとで活躍しているだけに、中世において強烈な個性を持つことは確かである。

しかしながら渡辺党をそのような歴史的個性のなかでのみ理解しようとすれば、渡辺党は、いわゆる権門勢家の膝下にあるということ、畿内先進地帯における在地領主の一類型をだすこと、などの問題の矮少化をさけることはできないであろう。日本の中世化を実現させたもの、それは古代国家権力の抑圧から解放をかちえようとする人民の闘争に外ならないし、問題は、その闘争に、渡辺党がどのような形態の参加の仕方をし、中世社会の担い手になるかということであるし、また一たん中世国家権力を支える支配階級として登場するや、いかに人民の抑圧者に転化するかということであろう。すなわち、権門勢家を頂点とする国家権力の構成上において、渡辺党とその惣官職が果す役割は、これから述べるように、けっして特殊的でもなければ例外的でもない。ましてや、渡辺党の個性のなかに先進性とか後進性とかいう議論が入りこむ余地はないし、それは国家と人民という非和解性のなかに、どのように関係してゆくかということに主眼がなくてはならない。というのも、われ〳〵の今日の歴史学そのものの発展の段階として、歴史的諸事例を追加していく段階をすぎ、いかに変革のための事実を整理するかという段階を迎えていると思うからである。中世社会における先進性、後進性を決めるのは、近世でもなければ、近代でもない。それはまさに未来の明るい展望に立った中世史の科学的研究そのものだともいえる。本稿はこの観点を意図としてはもつが、それがどれだけ貫徹できたかは疑わしい。大方の御批判と御助言を期待するものである。

（1）福留照尚「畿内の中世的条件について」（『ヒストリア』第三一号）。
（2）戸田芳実「中世領主的土地所有の特質」（『ヒストリア』第三五号）、同「中世の封建領主制」（岩波講座『日本歴史』中世二）。
（3）畑井弘「守護領国体制と座商業――六角氏守護領国と得珍保座商業の展開――」（『日本史研究』第七〇号）、同「在地領主と流通路――守護領国体制下における流通路支配――」（『歴史学研究』第二八七号）。（ともに『守護領国体制の研究』所収）

一　渡辺党

(1)　渡辺党の系図

渡辺党に関する諸系図の系統は多いが、これは次の二つに大別することができる。一つは『尊卑分脈』にのせる嵯峨源氏系とするものと、『続群書類従』（第五輯下）に収録する「渡辺系図」であって、これもまた『尊卑分脈』のものと同様、嵯峨源氏の流れをくむものとしている。内容に多少の相違はあるけれども、大綱においてほとんど同じであり、ともに、いわゆる武勇の人、渡辺綱につながっていることを共通にする。それに対し『続群書類従』（第六輯下）に所収する「遠藤系図」は、渡辺党の名乗りの特徴である一字の家系をむしろ傍系とし、しかも一字の輩の祖を遠藤十郎房永厳なるものに求めて、綱を全く無視し、正統を遠藤為方―頼恒――とその末裔に求め、いずれも二字の名乗りである。またその祖を賜姓源氏に求めず、民部卿参議大納言藤原忠文に求めていて、全く内容を異にしたものといわざるをえない。この遠藤家が渡辺党の一族であることは、摂津国渡辺を本貫とし、渡辺惣官職を所帯することがあったことからも推されるし、『平戸記』寛元二年九月十九日条にみえる、滝口で、渡辺惣官職を帯する渡辺俊綱なるものが、一字を名乗らず、しかも「遠藤系図」のなかに、多少年代的な誤記はあるらしいが、遠藤俊綱とみえるその人であろうと思われることなどからして疑う余地はない。しかも寛元二年段階で二字を名乗る渡辺党一族が、一字を名乗る一族集団以外にあったことは確かであるが、いまだ別の系図をつくるまでにはいたっていなかったと考えられる。とすれば、こゝで渡辺氏から遠藤氏が分流し、二つの系図が作成されるにいたった事情として考えられるのは、遠藤家が「遠藤系図」によれば、鎌倉幕府方に属しているものが多いのに対し、渡辺家は京方に属していると思われることからして――もちろん全てがそうというわけではないが、全体の動向はそうである――すなわち渡辺党の内部は、鎌倉初期あるいはそれ以前からすでに実質的には二分されており、その全体を統轄する惣官職なる唯一つの所職をめぐって対立があったが、いまだ顕在化しないまゝ鎌倉時代を迎え、承久の乱以降に次第に内部分解と再編成がおこなわれる過程で、渡辺党本流に対して、遠藤家が実質的な独立と別の系図を作るにいたったものと思われる。その場合「遠藤系図」では渡辺党よりも惣官職獲得の年代を三代前において、惣官家の主流は遠藤家であると、自らを美化する作為の形跡がみられるところから、「遠藤系図」が後から出来たものと考えてよいであろう。『尊卑分脈』の「渡辺系図」は遠藤家について全くふれていないし、「遠藤系図」は一字を名乗る本流たる渡辺党をむしろ傍系として記載はしているが、その部分の記録はまさに祖の業積として語るに憚る内容のもので、きわめて差別的な取り扱い方をしている。「遠藤系図」は『尊卑分脈』の「渡辺系図」に比して、より杜撰であり、しかも差別的な取り扱いのなかに、渡辺党が一面では中央官衙や幕府に属して威を張る党的武士団としての麗名をもっていたという事実と、また一面では、きわめて泥くさいしかも不死身な畿内の長者的土豪集団たる事実とをあわせもっていた実態を暗示するものとも思われ、むしろ興味をひくのである。

『尊卑分脈』の「渡辺系図」は渡辺綱の祖をさらに賜姓源氏にあてゝいるが、賜姓源氏の平安時代における動向について全体的な研究がいまだない今日、これについて推測をすることすら危険ではあるが、賜姓源氏の二、三の人物については九、十世紀の記録たる『三代実録』『類聚三代格』『類聚符宣抄』『本朝世紀』などに散見しうるところであって、とくに馬寮の上級官人、地方牧の牧監、国司などにみえるところである。このことゝ関連して興味をひくのは、『将門記』が伝えるところによれば、将門が最初に攻撃したのは常陸前掾源護とその子息扶らであったというが、彼らは関東の牧務を司るものであったかも知れず、将門がそこを攻撃したのは牧を支配下におき、馬をえるためであったかも知れない。「遠藤系図」ではその祖を将門乱にかゝわりをもっていたという藤原忠文にしていることである し、賜姓源氏の末裔が、渡辺党とともに一字の名乗りをしていることからも何らかの関連があったかも知れないが、その系譜的関連がどのようなものであるかは、今後の研究にまちたいと思う。

(2)　渡辺党の出自

渡辺党がその特異な一字の名乗りをもって歴史の舞台に登場するのは、源満仲の婿敦(宛)とその養子であるとされる綱の時代であるといってよい。すなわち十世紀である。著名な渡辺綱は摂津源氏頼光の四天王の一人といわれ、当時都で勢いのあった鬼同丸を倒した物語は有名であり、いわゆる武勇の誉たかい武士として知られている。しかしながらも少し渡辺党の出自や動向を明らかにする必要がある。

(a)　御厨経営と渡辺党

寛治三年(一〇八九)八月頃、筑前国観世音寺領把岐荘内において、太宰府の贄人と称する松永法師なるものが、騒擾を起すことがあり、観世音寺三綱から太宰府に訴えられたことがあった。その訴えの内容から、松永法師は、かつて観世音寺上座威儀師であった永禅が、京都に住んでいた時にみいだした童子であり、彼のもとで成長し、筑前に来て、在俗名を松永といゝ、法名を勝円というようになったと伝えている。その松永法師の非法は把岐荘内や宇野御厨近辺において、寄進負物の代と称し、札を桑枝にかけて、宇野御厨の預専当人の長を雇い請けて、桑葉をおしつみ、畠地子を責め徴することであったという。一方松永法師の陳状によれば、松永法師が右のような行為をした土地は観世音寺領内ではなく、先祖であった贄人源順から相伝した所領内でのことであって、松永は先祖の家業に従って、御菓を備進し、贄人としての行為をしたにすぎないとしている。(1) 松永法師は太宰府贄人として、養蚕製糸製絹生産に関与するとともに、御厨からの御菓備進に当っていたと思われる。宇野御厨にも関係していたとすれば、宇野御厨が牧として著名であったことから牧務にも関与していたことが考えられ、畠地子徴集は、その牛馬の飼料に当てるべき性格のものであったとも想像される。この松永法師が先祖という源順は、『和名類聚抄』の著者で、三十六歌仙の一人として著名な源順とどのような関係があるのであろうか。源順は、能登・和泉の国司を歴任することがあったが、馬寮の下級官人たる左馬允攀の二男であったと伝え、永観元年（九八三）に死んでいるから、(2) 渡辺綱と時代をほゞ同じうする。父攀ないしは順本人が馬寮の官人として宇野御厨あたりに関係していたことがあったことから、その近辺に私領を開発することがあったと考えられる。この源順はまた永観元年（九八三）頃、駿河国において馬の名合せをおこなったことが、「源順馬名合」(3) で知られるが、牧務に関与していたことが、そのような歌合を発想した原因とみてよかろう。だがこの源順と、松永法師の祖という源順とを系譜的に繋ぐことはできないが、いずれにしても渡辺党が淀川下流域の渡辺近辺を本貫とし、馬寮や太宰府、さらに権門に属する贄人としての出自をもつものがあり、広域的な活動を展開していたといってよかろう。

渡辺と同様、淀川の上流宇治川に沿う宇治槇島（真木島）には、鎌倉時代に摂関家に隷し主として魚貝を貢進する寄人がいた。(4) この槇島にも、渡辺党と好対をなす真木島惣官家があった。今その関係記録を年表的に掲げると次の如くである。

観応二年（一三五一）三月、勧修寺八幡宮は相伝保管する文書券契類を槇島に預け置き、動乱による被災を免かれ

ようとしたが、ついに兵災を受けて紛失した〔勧修寺文書八〕

文和二年（一三五三）十月、真木島新左衛門尉光経は東山光明寺領荘園を動乱にまかせて押領した〔紀氏系図紙背文書〕

応永元年（一三九四）十月、山城守護代槇安房は、宇治伊勢田の一町歩余の田地を三条家の寄進にまかせて、大徳寺如是庵に打渡した〔大徳寺文書四、一五八二号文書〕

応永三年（一三九六）十一月、（真木島）光忠は大徳寺如是庵に対し、宇治辺のことはすべてお尋ねありたいと書状を送った〔同右、一五八四号文書〕

応永四年十二月（真木島）光誠は、常住院領山城国巨倉荘代官であった〔同右、一六二三号文書〕

応永二十九年九月、伏見と三栖の地下人争論にさいして、管領家人槇島惣官が和解のため奔走した〔看聞御記〕

文明十二年（一四八〇）九月、宇治小川四郎左衛門尉光則、土倉真木島倉中西と一貫文の貸借関係について争論した〔賦引付一〕

（文明頃カ）、宇治長者美作守光則（右と同一人物カ）は富家殿内三条殿給分田伊勢田の下司であった〔大徳寺文書四、一五九五・一六一八号文書〕

文明十八年十二月、槇島某が東寺領播磨国矢野荘代官職を競望したが、武士であるという理由で拒否された〔東寺百合文書ワ廿一ロ方評定引付〕

長享一年（一四八七）九月、真木島六郎藤原光通は足利義尚に従い、六角高頼を討つため近江国坂本に出陣した〔常徳院殿江州動座当時在陣衆著到〕

（長享年間頃カ）真木島六郎光通（右と同一人物カ）・真木島山城守光家の名がみえる〔大徳寺文書四、一六一三〜一六号文書〕

永正十七年（一五二〇）三月、真木島次郎光基が山城真木島を退去しようとするにあたって幕府はこれに帰郷を命

じ、伏見荘名主百姓をして、光基に合力せしめようとした〔守光公記〕

真木島惣官家の平安時代から鎌倉時代の動向については、なお今後の調査を必要とするが、「光」の一字を襲名し、渡辺党と同様に贄人ないしはその統轄者として抬頭し、南北朝から室町時代にかけて宇治槇島を本貫とする守護代級の武士団に成長していたものとみることができる。こゝで注目されるのは「遠藤系図」が遠藤為方の経歴として伝える「遠藤為方は摂津国渡辺総（惣）官職の始めであるが、この時、宇治里より渡辺に移住した」という記述である。渡辺と宇治との関連が示唆されていることは注目され、淀川のほゞ両端に惣官職が配されたのは平安時代末以降のことであったとしても、それ以前の少なくとも十世紀の段階で、淀川に贄人の二つの集団がいて、しかも何らかの関係をもっていたのではないかと推測されるのである。

(b)　牧と渡辺党

松永法師の祖という源順が太宰府贄人として活躍していた頃に、河内国においては源訪なるものがいて活躍している。すなわち長徳三年（九九七）、かつては売官によって遠江の下級国司を歴任したこともある河内国若江郡の土豪美努公忠は一族と、大和国、近江国から不善の輩を語らってひきいれ、都から見知らぬ人間を随身して連れてきたりして、武士団を形成し、太皇太后宮史生の美努真遠にからまる事件にかゝわってか、前伊豆掾美努公胤および美努兼倫らを殺害しようと企てたことがあった、その時、若江郡使であった上野掾源訪は現場に臨み、ことの調停に当っている。この源訪は、長和四年（一〇一五）には、小野宮家領辛島牧の牧司としてみえている。これは渡辺党の一族であろうと考えられているが、[6]すでにのべた源順・松永法師がともに牧務に関係し、馬のことに熟知していたらしいことから、源訪もまた牧務官掌を通じてその政治的実力を現地で蓄えていたとも考えられる。いま渡辺家・遠藤家の系図から、その官職に関しての一覧表（一一頁）を掲げれば、次の通りである。

源順の父撃が左馬允であったといわれていることはすでにふれたところであるが、馬寮の允であるものがかなり多いことに気がつく。渡辺党は牧の経営を一つの主要な業とし、そこから抜擢されて馬寮の官人となったことも考えられないではないが、当時はひろく売官成功がおこなわれていて、諸寮のなかでも成功がもっとも多いのは左右馬寮の允であったといわれていることから、[6]渡辺党の場合もそのような方法による馬寮官人への接近があったであろう。渡辺党出自のもので占める諸官職のうち、衛門府・兵衛府に関するものが多いが、それらもまた売官、成功の対象とされており、[7]渡辺党の場合も、これによるものが多かったのではなかろうか。

『源平盛衰記』に源仲綱の馬に焼印することがみえることから、渡辺党が古い時代から馬飼の伝統をもっていたのではないかと推測されているが、[8]牧務・牧司たることで馬の私的で多量な所有や交易を容易ならしめ、このことが私的な蓄財を可能にしたり、さらに機動力に富む戦力をもつ武士団を形成するうえで有利な条件となったことは否めないであろう。渡辺綱が源頼光の有力な武士団であったことをはじめとして、源三位頼政の配下にも渡辺党は強力な武士団として隷していたが、[9]武士団としての渡辺党を考

渡辺党官職一覧表（源綱，遠藤為方以降）

	尊卑分脈	「続群」渡辺系図	「続群」遠藤系図
滝口	15	19	15
北面	1	2	1
院仕		3	1
武者（所）	4	5	9
左右衛門（尉）	19	12	25
左衛兵衛（尉）	7	5	6
左右馬允（大夫）	9	10	10
左右馬助	1		
内舎人	3	1	6
別当	2	2	
刑部（丞）	2	1	3
左近将監	2		3
国守	5	6	4
国権守	1		
天王寺執行			8
座摩社長者			2
六波羅奉行人			1
惣官	4	5	10

（以下略）

える場合には、このことが有力な条件となっていたことは注目すべきである。

(c)　津・港湾と渡辺党

渡辺党が本貫とする渡辺は、古来窪津とも呼ばれ、淀川河口上での要津であったことは既によく知られていることである。[10] 渡辺党の一党遠藤家惣官職の始祖とされている遠藤為方も窪津大夫と称されている。[11] 源平合戦にあたって、たとえば壇ノ浦合戦において松浦党が平家方に組したのに対して、渡辺党は源氏方に属し、建礼門院入水に際して、これを救出したのは渡辺党源五馬允昵であったともいわれて水軍として活躍している。[12] また源義経が頼朝に追われた際、頼朝側の手兵として摂津大物浦で義経を追撃した豊島冠者某は、[13]『儒林拾要』の廻文の例文として収録されている記録によれば「豊嶋太郎源留」とみえることから、豊島姓を称する大物浦近辺の武士も、渡辺党一類の水軍であった可能性がないわけではない。とくにこの廻文は一ノ谷合戦に対する源氏側の廻文であり、あくまでも『儒林拾要』は例文の編纂物ではあるが、やはりある実在の文書を典拠としていることは充分考えられるところがあって、渡辺党が多田源氏配下の武士団として活躍していたのではないかという例証となろう。

以上のことから、渡辺党は海陸にわたって極めて機動力に富んだ武士団として、源平合戦時にとくに活躍しえたのは、その党が贄人、牧の経営者としての集団的でしかも伝統的な職業に由来するものであろう。

渡辺党は武士団としての性格を持っていると同時に淀川河口近辺の港湾管掌者集団たる性格を常時持っていたのである。文暦二年（一二三五）五月二十三日の鎌倉幕府追加法によれば、渡辺やその近辺において、入海と称し、負累と号して諸方からの運上物を点定する御家人がいたことを伝えている。[14] 渡辺党がこれらの動向に対しどの様な対応をしていたものかは、関連史料は全くない。しかし、あるものは犯人となり、またあるものはそれを追捕する立場にあったであろう。渡辺には関も設けられており、その関銭は東大寺や興福寺の収入とされることがあり、その額は大きかった。また四天王寺が悪党の攻撃を受けた際には、渡辺惣官がこれを防ぐことがあり、難波荘の地頭となるものもあった。[15] 住吉神社の別宮住江殿を守衛する兵士役は渡辺氏のあずかり知るところであった。[16] 宇治を本貫とする真木島惣官が大徳寺如是庵に対し、宇治辺のことはすべてお尋ねありたいと申し送っているように、難波のことで渡辺党に関係のないものはないといってよいほどである。

(d)　荘官と渡辺党

以上のような渡辺党の集団的個性とかゝわってこの集団のうちには荘園の荘官として活躍するものが多い。たとえば、壇ノ浦合戦に活躍した渡辺眤その人と思われるものが、それより先、寿永元年（一一八二）から同二年にかけて東大寺領玉井荘の下司として活躍している。玉井荘は紀氏が重代下司職を相伝するところであったが、治承四年（一一八〇）頃から荘民の間に年貢懈怠の動きが出はじめ、ついに治承五年、源守が東大寺によって下司職に補任、さらに翌寿永元年には源眤が下司職に補任され、荘民の狼藉を鎮め、丁寧な荘務をせよとの東大寺の威命をうけて、その実をあげたらしく、翌二年にも下司に再任されている。もともと玉井荘は牧的な性格の強い荘園であったと思われ、[17] そのことが牧経営に長じた渡辺党の下司職補任の一因かとも思われるが、当時、源平対立し世情不穏な時にあたり、荘民の反荘園的闘争もようやく顕著となろうとする時期にあって、渡辺党の登場なくしては、やはり安泰を保ちえない荘園領主側の極めて政治的な対応であったようであり、渡辺党のものが、これに応えたといってよい。それはあたかも十世紀末葉において、犯人美努公忠を威圧した河内国若江郡使たる源訪の実力と権威がいまだに伝統的に継承され、山城国の交通の要衝たる玉井荘に及んでいたとみてよかろう。

渡辺党出自のものが、荘官として関与するのは畿内にとゞまらない。肥後国味木荘で、ようやく九歳になろうとする捨児をもらいうけ（のち泉涌寺僧俊芿となる）を養育したのは、味木荘預所であった渡辺党の源憑であったといゝ、[18] 日蓮が佐渡国に流謫された時、これに帰依した阿仏房日得・豊後房日満父子は、これも渡辺党の遠藤の出自である。[19] 文覚上人もまた遠藤氏の一族であり、[20] 重源上人もまた渡辺党の出自ではないかとの説も見えるところであるが、[21]

渡辺党の集団としての個性を推察するに役立つであろう。いずれにしても渡辺党のこのような荘官としての活動は、室町時代、真木島某が東寺領矢野荘の代官を競望したり、また真木島光則が宇治長者といわれていることからもわかるように動産的富の蓄積をもたらし、それが傭兵的性格の強い武士団を形成させ、また物質輸送集団の統轄的地位を得させ、さらに売官によって官衙の官人職を売得する理由となったものと思われる。(22)

以上四項にわたって、渡辺党の集団的特質を明らかにしたのであるが、それはあくまでも外観的な機能に関してであって、内部の構造について、触れたのではない。その内部構造については、次章において触れようと思うが、こゝでは平安末から鎌倉初における畿内の土豪の動向について一考しておこう。

長寛二年（一一六四）六月、主計允兼皇太后宮属惟宗忠行なるものが、楠葉河北牧の下司であり忠行の兄に当る清科行光と義絶することがあった。その原因となったのは、兄行光の三男たる光貞が酒狂によって楠葉河北牧の住人で前武者所定康の所従に刃傷を加えることがあって、左衛門尉光弘は定康の近親であったことから、犯人光貞を光弘の郎等宗清のもとに召しこめてしまった。犯人の父行光は定康・光弘の猛威に恐れをなしていたが、ある時、行光が楠葉河北牧の厩司某の召しにより上洛の途次、ついに桂河辺において、光弘側のため捕縛され、牧に連れもどされると同時に、責められて死に瀕するほどで、二十日余を経て行光はようやく放免された。しかし、牧下司が捕縛されるなどは近来かつてないことであり、ために楠葉河北牧の下司・寄人等が訴訟に及ぶこととなった。一方光弘は犯人の叔父にあたる惟宗忠行をも殺害せんとする噂をひろめ、その旨を牧の近辺に立札を立て、予告するにいたった。その光弘が忠行を殺害しようと考えるにいたった理由は、光弘が行光を郎従であると主張しようとするところにあったらしい。というのは光弘と行光は、ともに一族で遠縁に当るものであり、その間に主従関係はなかったにもかゝわらず、光弘は自らを主君と称して行光にその所従としての対応を要求していたことから、親族であるにかゝわらず常に不和であったが、光貞が定康所従を刃傷したことをよい口実にしその主人たる行光を召し禁じ、行光に光弘の臣たることを強要したようである。そのことに勢をえた光弘は行光の子息のなかに山野を流浪し、時折、忠行のもとに訪ねてくるものがあったことをとらえて、光弘に敵対する武力集団を忠行が行光一族との間に結ぼうとしているとみなして、忠行を殺害しようとしたのである。しかし忠行は、自らを弁護して、全く武勇を好まず、弓箭の道を知らず、形のごとく文簿を携えて、昼は鬢髪を棒げ、寝ても覚めても仏道の修行につとめる身であって、このような忠行をもし光弘が殺害することがあれば、光弘は罪業の極まるところとなろうとい丶、光弘の濫行をのがれんために、あえて行光と義絶するというものである。(23)

こ丶では次のことが明らかである。定康—光弘—行光は、かつては紀氏より発した一族であったが、ともに血縁家族、郎党、所従を結集して、一つのヒエラルヒッシュな武士団を形成しようと競合している。その際、楠葉牧の近辺という小宇宙のなかでは、楠葉牧の領家と思われる摂関家に属して牧下司となるよりも、院の武者所または衛門府に属することの方が現実的には優位を保ちえたということや、一方では牧下司・牧寄人の連合の形態をとり、一方では士豪間の主従関係をどって武士団の形成が展開しつ丶あるが、それは順調に進行せず、強大化しないままに、中央の権門勢家に分断され吸収されてしまうのである。このことは忠行の動向をみれば更に顕著となる。すなわち忠行は自ら武勇を好まず文薄を携えるというが、彼の活動は具体的に何であったろうか。彼は主計允という官職を持つことからみれば、諸国の戸ロ、員数、雑物などの徴集に当り算勘の実務などに従事していたものと考えられるし、(24)また皇太后宮属という官職からみれば、たまたま忠行がこの義絶状を認めた年より二年以前にあたる応保二年（一一六二）五月の記録でも、著名な摂津国猪名荘内長洲浜の散所が、もと小野故皇太后宮職の所管に属していたことが見え、(25)忠行は皇太后宮属、すなわち皇太后職下の下級職員としての散所の統轄者——いわゆる散所長者的風貌を描きだすのに充分である。このようにかつての紀氏一族は、あるいは惟宗姓、あるいは清科姓を称し、郎党、所従を率い、それを軍事力の根幹とし、血縁の他氏を被官化して地域的な小武士団を、あたかも『新猿楽記』にみえる中君夫、姓名は知らず字は元とよばれる武者のごとく形成してゆく途と、文筆算勘の手腕をよりどころに、あるいは散所を率いてあたかも『新猿楽記』の五君夫菅原匡文のごとく長者的途を進むものとがあった。ともに自立化をともないつゝ独自な分業を展開してゆくが、しかし直ちに地域の土豪集団のもとに、政治的・経済的な力として有機的に結集されず、中央権門勢家に対する直接的な闘争を企てる権力組織とはなりえないで、むしろ権門勢家の権力的基盤となって、結局、住民を抑圧する支配者となっていった。

右の清科・惟宗氏を称する紀氏一族は、渡辺党と史料のうえでは何のかゝわりも持たないが、牧務に預かり、衛門府、武者所に属し、また散所長者的動きを示している点において、渡辺党の党的相貌に近似しており、したがっておそらく渡辺党の内部構成を推察する素材ともなりえよう。渡辺党が渡辺家と遠藤家に分裂し、全く異質な始祖伝承と系図を持つようになったのは、鎌倉時代であろうと思われるが、その発端は渡辺党の発展期たる平安後期においてみられたことであり、さらには渡辺党が発生した源宛、源綱の十世紀末の段階においても、むしろ萌芽的にみられたことであろう。というのは若江郡犯人美努公忠とその一族と思われる美努姓集団の内部事情をみても想定されるところである。

鎌倉中期以降、畿内近国などを中心として惣領制が解体し、庶子家の独立化が顕著となり、その一つの原因を流通経済の発展にもとめる見解があり、こゝに領主制発展の一つの段階を設定する主張があるが、以上の渡辺党を中心とした畿内の土豪層の動向からも明らかなように、畿内近国におけるいわゆる領主制の展開は、はじめから惣領制とは異質な小規模な領主の党的結合のもとに展開し、しかもはじめから流通経済の発展に対応しうるような構造をともなう面もあったといってよかろう。鎌倉時代中末期から在地領主制の構造が、一般的に変化してゆくことは事実であるが、とくにその変化を、流通経済の発展に対する新しい対応の視角から論ずる場合、次の二点を明らかにしておかねばならない。その第一は、中世の歴史を通じて不断に発展する流通経済のなかには、領主的なそれと農民的なものとの矛盾や、また領主的なもの丶なかにも荘園領主的なものと在地領主的なものとでは一定の矛盾があり、それらの矛盾に在地領主そのものがどうか丶わりあっていたのかということである。また第二には、流通経済にか丶わる矛盾は、中世社会においてはあくまでも副次的な矛盾にすぎず、基本的には土地所有に基づく矛盾ではあるけれども、そのか丶わりあいはどうなのかということである。

（1）寛治三年八月十七日、筑前観世音寺三綱等解、寛治三年九月二十日、太宰府公文所勘注案（『平安遺文』第四巻、一二七五・一二七七号文書）。
（2）「三十六歌仙伝」（『群書類従』第五輯）。
（3）「源順馬名合」（『群書類従』第十三輯）。
（4）「執政所抄」（四月の項）（『続群書類従』第十輯上）。
（5）『布施市史』第四章、第一節、三、土豪武士の生態の項参照。「除目大成抄」天元四年条。
（6）竹内理三「成功・栄爵考」（『律令制と貴族政権』第二部所収）。
（7）『同右書』。
（8）近藤喜博「文覚譚と渡辺党」（『南都仏教』第一三号）。
（9）「平治物語中」義朝六波羅に寄せらる丶事並びに頼政心替りの事。「百錬抄八」承元元年十二月一日条。
（10）西岡虎之助「荘園における倉庫の経営と港湾の発達との関係」（『荘園史の研究上』一八八～九頁）。
（11）「遠藤系図」（遠藤為方の項）。
（12）「吾妻鏡五」文治元年三月二十四日条。「平家物語十一」能登殿最後。
（13）「玉葉集四十三」文治元年十一月八日条。「吾妻鏡五」文治元年十一月五日条。
（14）池内義資・佐藤進一編『中世法制史料集』第一巻、鎌倉幕府法（追加法、第七一号文書）。
（15）永島福太郎「渡辺惣官と渡辺・難波―中世大阪史の一齣」（『上方文化』創刊号）。
（16）「住吉松葉大記十二」。
（17）治承三年十一月・治承四年十月の「山城国玉井荘預所下文案」、治承五年三月九日「東大寺政所下文」、寿永元年九月・寿永二年八月の「東大寺政所下文案」（『平安遺文』第八巻、三八九四・三九三〇・三九三一・三九五九・四〇五六・四一〇三各文書）。天喜二年二月二十三日「官宣旨」（『平安遺文』第三巻、七〇九号文書）。
(18)「泉涌寺不可棄法師伝」（『続群書類従』第九輯上）。
(19)「遠藤系図」・「本化別頭仏祖統記」（巻十一列伝十八祖）、「千日尼御返事」（昭和定本『日蓮聖人遺文』第二巻、三七一号）。
(20)「遠藤系図」。
(21)近藤喜博「前掲論文」。
(22)「経光卿記紙背文書十」に、右馬允源明が承元二年斎宮寮等の修理、新造用途を負担したことにより、左右衛門尉を競望したことがみえている。
(23)長承二年六月「主計允惟宗忠行義絶状」（『平安遺文』第七巻、三二八六号文書）。
(24)「職原鈔上」「百寮訓要抄」（ともに『群書類従』第五輯）。
(25)応保二年五月一日「官宣旨案」（『平安遺文』第七巻、三二一三号文書）。

二　惣官職と渡辺党

諸官職を惣べるという意味の惣官は、それ自体便利な用語であるから、各方面に設けられていた。古くは、天平三年（七三一）一月二十二日、山陰・山陽・南海諸道の鎮撫使とならんで、畿内におかれた臨時の官としての惣官がある。(1)これは、京や畿内の兵馬を差発して、徒党を結び老幼をかどわかし、貧賤を圧略する不善不穏の輩や、時政を批判するものなどを捕縛し、盗賊や衛府の官人でなくして武器を帯し兵を従えるものを処断する軍事警察的任務をもつとともに、国郡司らの事跡を巡察して、その善悪を奏聞する行政監察的任務とを有しており、杖百以下の罪を決定する権限も与えられていた。右の惣官のもつ機能は変化しながらも、平氏政権や鎌倉幕府の権限のなかに継承されていたと考えられている。(2)

また諸司解由状の押署に関知する惣官もみられるし、(3)営田にあたり郷里推選によって郷ごとに惣監を配したことがある。(4)また下っては、伊勢神宮にも惣官があり、これは神主管摂の職にあたる官司を指すものであり、(5)春日神社の惣官は神主・正預・若宮神主の三者が三惣官と呼ばれていた。(6) この春日社三惣官は本社に出仕する神人を三分して統轄していたのである。このような惣官は、住吉神社、(7) 石清水八幡宮、(8) 日吉神社(9)などにみえるところであり、このような神社惣官は西国御家人に充文を発し、このことが幕府の御家人支配体制と併存する形になっていたのである。(10) 政所を構成し、下文を発するような中央の大神社においては神主・祢宜のなかから、惣官が選ばれることがあって、神人・所領の支配に当り、神社経営の統轄に従事していたものと思われる。

惣官の内容はかくの如く多様であり、あるものは古代的官職の系譜をひき、あるものは中世的な荘園支配体制のなかで発生したものもあるが、こゝでは、渡辺党の惣官職の内容に関して述べることとする。

(1) 渡辺党惣官職の始期

「渡辺系図」によれば、白河院治世下、滝口として仕致した源伝をもって渡辺惣官の最初としている。『尊卑分脈』は源伝は白河、堀川両院の滝口としている点で「遠藤系図」と異なっているが、彼が「惣官」の始めとしている点では同じである。これを信憑するとすれば、渡辺惣官は十一世紀末から十二世紀初めの頃、院政開始期において、あとで触れるが蔵人所の改編とも対応しながら発生したとみることができる。しかしその源伝については、一人の人物として永観元年(九八三)売官によって能登権介となった正六位上源朝臣伝がいるが、(11) 右の惣官渡辺伝とは時代的に附合しない。また他の一人として、長承三年(一一三四)六十歳で逝去したといわれる源伝がいるが、その出自等を述べて、

摂津州渡辺郡人也、家世弓馬、自少年、慕仏法、而蔵信士之儀(中略)言已向西安祥而逝(下略)(12)

とある。渡辺党の出自であるらしいことはほゞ確かめられるが、没年より逆算して、生年は、承保二年(一〇七五)頃に当り、白河・堀河両院時代には、いまだ少年・壮年期であったとも考えられ、正確に合致はしないけれども、ほゞこの時期に活躍した人で、或いは惣官源伝の所伝と推定することができよう。

一方「遠藤系図」によれば、摂津守であり窪津大夫とも称された遠藤為方をもって、摂津国渡辺惣官職の始としている。遠藤為方を実在するものとし、その実年代を探るとすれば、祖父が民部卿藤原忠文であったといゝ、忠文は天慶の乱時、将門・純友追討のため活躍しながら勲功の賞なく、恨を臓しつゝ宇治里に籠居していたといゝ、十世紀初期にあてられる人物である。為方がその孫とすれば十世紀の末期に当ることとなる。また一方為方の孫娘某は、箕田源大夫伝の妻となったと伝えているが、この箕田源大夫伝は、上述した惣官であったという源伝のことに他ならないし、源伝が十一世紀、十二世紀の交期の頃の人とすれば、このことからも為方は十世紀から十一世紀の交期の人とすることができる。この「遠藤系図」は「渡辺系図」に対抗して後代に作製された形跡がみられることは既述した通りであり、渡辺惣官職よりも遠藤家の惣官職のほうが古いという、始祖を権威化し美化する意識が反映しているから、この為方時代のことについてその具体的な集団としての活動はあったとしても、遠藤惣官の実年代を推定することは困難であるが、「遠藤系図」の所伝に従えば為方の活躍を十世紀末にほゞ当てることができよう。

以上のように、渡辺惣官職の成立の実年代を渡辺・遠藤両系図のなかから確認することは困難であるが、それでもほゞ十一世紀であったと考えることができよう。そのことを、院政成立前後の官衙、国衙の支配体制という渡辺党の外部の情況から追究してみよう。

（2）　内蔵寮と惣官職

「遠藤系図」の遠藤語の項によれば、

（上略）持明院右兵衛督殿内蔵頭時、渡辺惣官職掠給之間、遠藤右近将監為俊彼語ガ謀計ヲ申顕テ、去嘉禄元年六月七日申給惣官職之処、右大弁宰相平範輔朝臣内蔵頭時、語範輔朝臣ノ家人タルベキ由ノ宮仕文ヲ奉之間、被補惣官職之刻（下略）

とある。鎌倉時代初期、遠藤為俊と遠藤語が惣官職を争うことがあった時、内蔵頭の家人であるという主従関係を根拠として、渡辺党間で惣官職争奪の暗闘が展開していたことが推察される。鎌倉初期内蔵頭を歴任した持明院某とは、美濃守・紀伊守を経たこともあり、左兵衛督（「遠藤系図」では右兵衛督とする）でもあった持明院基保であったことは間違いないし、[13]平範輔も嘉禄元年（一二二五）蔵人頭となり文暦二年（一二三五）七月に薨じた人にあたるであろう。[14]このことに関して「遠藤系図」が伝えるところはほゞ正確とみることができよう。

内蔵頭と渡辺惣官職との関係は既にすこしくふれた『平戸記』寛元二年（一二四四）九月の次に掲げた条をみれば、さらに明らかとなる。

十九日、（中略）又近日滝口等依訴訟〈二﨟俊綱為渡乃部惣官職、而内蔵頭惟忠朝臣改定、無指罪過之由訴之間、惟忠大納言二品局贔屓之間、訴訟不許、仍其一衆依一味同心逐電、依之、俊綱兄弟給馬部之間喧嘩出来、両人已被除月奏、余衆逐電了、已経五六日了〉（下略）

廿日、（中略）伝聞、滝口等雖被尋求、不知在所、仍仰武家被尋捜、於嵯峨辺已尋得之、然而各不参申子細云々、本所無人、已経日数了、頗有禁忌事也、可謂未曽有、不便々々、

惣官遠藤俊綱は「遠藤系図」にみえる遠藤俊綱なる人物に当るのではないかと思われ、「遠藤系図」では、その経歴についてほとんど何も伝えていないが、それより先代にあたる遠藤為俊は三回にわたって惣官職に改替補任されたと伝えており、当面その競合の相手は渡辺家であったろうと思われる。渡辺党内部の一字を名乗る一族集団と、二字を名乗る遠藤一族集団の間での対立抗争があり、惣官職補任の権限をにぎる内蔵頭をまきこむことがあったようである。遠藤俊綱は滝口一衆の二﨟として、中央において独自の武装集団を形成し、逐電という手段をとって内蔵頭にも対決する態度を示している。

いずれにしても惣官職は内蔵寮の所管に属していたのであって、本来は内蔵寮の金銀珠玉錦綾をつかさどり、皇室

の呉服を奉行する集団であったが(15)、中央官衙領がその長官たる権門勢家の私領化する動きに対応して、その人的機構もまた私的な支配に転嫁したのであろう。すなわちあたかも農村において、開発領主がその所領所職を権門勢家に寄進して、下司職を安堵することがみられたと同様、惣官職は主として非農業的な生産者集団の封建的身分的編成をまさに長者的な立場に立って推進した階層であった。そしてその生産者集団を抑圧するための権力を必要とする時、惣官職が内蔵寮との主従関係のもとで成立したものとみることができようか。

内蔵寮の政治と経済を支える観点から渡辺党の動きを渡辺党の贄人としての面から注目すると、たとえば渡辺党の一人ではないかといった贄人源順や子孫といわれる松永法師の動向は興味をひく。松永法師にしても太宰府贄人と称し、桑を押しつんだと訴えられているが、これは彼がもともと内蔵寮の管轄下に属する集団の一人として養蚕業絹織物生産に従事していたことを物語るものではなかろうか。後小野宮右大臣藤原実資は、筑前国高田牧を領有していたが、その牧の牧司で宗像神社の大宮司であった妙忠と呼ばれる人は、牧の年貢にそえて、中国渡来の沈香、衣香、唐綾などを京都に送っており、これら北九州の諸牧が、平安後期以後京都にいる権門勢家の海外交易の拠点となっていたことは明らかである(16)。渡辺党は、とくに渡辺党の支流で宇野御厨の管掌にあたった松浦党は、いわゆる宇野御厨牛の飼育に当るのみならず、はじめから海外交渉集団としての歴史的特性を権門勢家の支配体制のなかで与えられていたとも思われ、また中国絹織物の買付けや、国内での養蚕業絹織物業の発展にあずかるところが多かったと考えてもよかろう。それが供御人・贄人らによって各地に伝えられたのではないかと想定される。この時代の分業の発達は、政治的原因によることが基本的であるが、律令制下のように、中央地方の公的工房の密接な組織のもとになされたのではなく、特権をもった特殊な集団に負うところが大であったのではなかろうか。

中世において内蔵寮が京都周辺の諸関を支配し、その関銭収入をもってその内蔵寮経済を支えていたことはすでに明らかなことであるが(17)、渡辺党もその関務に関与したことはあろうし、また内蔵寮領荘園の荘官に任ぜられることもあったろう。諸関に関していえば、畿内、近国の諸関務支配に渡辺党が当っていたことはすでにふれたところであるし、宇治惣官、さらには山道惣官などもその例外ではなかろう。[18]

この渡辺党に代表されるような、在地性と非在地性を併せ持った贄人・牧経営集団の内部における矛盾対立を含みながら、集団全体を再生産するための特権の擁護とその武力的な自衛力の結集が必要であるということから惣官職の出現はし、そのことは権門勢家も含めて支配階級全体の利益のためにも必要であったと思われる。

(3)　蔵人所と惣官職

以上述べたような内蔵寮と惣官職の関係を更に明確に傍らから証明してくれるのが、当面渡辺党とは直接は繋がらないが蔵人所とそれに属する手工業団における惣官職の問題である。「経光卿記紙背文書二三」のなかに次のような後欠史料がある。

□(日)吉社聖真子神人兼燈呂貢御人并殿下御細工等謹解　申進申文事、
　請被殊蒙　恩載、停止沙汰阿入非分惣官職相論狼藉子細状、
右謹考旧貫、件惣官職者、去仁安三年比、広階忠光始立貢御□(人)忠光依為根本仁、被定補彼惣官職畢、忠光後子息忠次相□(伝)畢、忠次之後譲渡于舎弟助延畢、助延之後相伝于子息光延□(畢)、雖相承経四代、敢無他人望、然而去建保三年比、阿入号師頼□横訴申蔵人所之間、被成御下文云々、雖然其時光延并神人□依為殿下御細工、訴申子細之処、殿下御教書被渡左大弁□殿之時、被停止阿入之非職惣官畢、其後全以不能下知、罷過□三月比、神人等趣(赴)諸国七道、以廻船、荷付于泉州堺津畢、□無道点定件廻船荷畢、不当之至、不可勝計者也、爰神人等□訴申于領家刻、被経　院奏之処、可被停止阿入之新儀惣□(官職)之旨、被成下　院宣畢、此上左右、被成下蔵人所御牒□阿入之濫訴、被押御牒之条、無限愁吟也、早有御沙汰欲（以下欠）

これによれば、仁安三年（一一六八）の頃、広階忠光なるものが、はじめて鋳物師としての供御を立てた根本の仁たる理由により、（摂関家からか）惣官職に補任されることがあった。それから四代の子孫に相伝を経た建保三年（一二一五）に、阿入なるものが蔵人所下文をえて惣官職に任ぜられたと称して、惣官職を奪ったため、当時惣官であった光延とその配下の鋳物師らが日吉聖真子神人であり摂関家の細工所に属していたことから、本所たる摂関家に訴えいで、殿下の御教書をえて阿入が惣官職を帯することを非分として阻止することができた。ところがそののちまた日吉聖真子神人が諸国からの荷を積んで泉州堺津に着船したところ、阿入がその廻船を点定することがあり、ふたたび本所に訴え、院宣をえ、阿入が蔵人所牒をえて惣官職になったという主張を挫き、それにもとづく非法を阻止したというものである。惣官職支配をめぐって摂関家と蔵人所が争うこととなった事情を示しているが、こゝで注目されるのは、この場合の惣官職は、日吉神人を兼ねる燈籠供御人、殿下細工所寄人を統轄するものであり、それは供御を備進した根本仁たることによって与えられ相伝される内容ものとして明示されていることである。鎌倉初期においてすでに泉州堺は、その惣官とその配下の集団がかゝわる物資輸送や商人・手工業者らの活躍にとって重要な港湾であったことが注目される。それはともかくとしてこの惣官広階家の本貫と生産活動は何であったろうか。

延久二年（一〇七〇）頃、河内国の住人鋳物師広階重任なる人物が伊賀国黒田荘の下司の娘と結婚し、この荘の荘官となっており、河内国の鋳物師が各地に赴いていたことを知るものとして注目されている。[19] これが右の惣官と同様広階姓である。また奈良金峰山寺銅鐘銘に、鋳師散位広階某がみえ、また久安二年（一一四六）、僧頼円が河内国八上郡野遠郷荻原里にある田地一段の永作手権を広階信時に売却しているが、その時買人頼円が受けとった代価は鉄百二十斤であった。[20] 買人広階信時が代価として鉄を支払ったということ自体特殊であるが、これは広階信時が鋳物生産の原料として自ら使用していた鉄の一部であったと判断してよいことであって、僧頼円自身も鋳造の原料として鉄を必要とする事情があったかも知れない。鉄が貨幣代用とされていた丹南地域の地域的特殊性を示している。しかも広階信時はその田地所在の近辺、すなわち河内国八上郡野遠郷が本貫であったと考えてよかろう。この地はひろくとれば著名な河内丹南の鋳物師集団居住地の一部に属するが、さらに限定すれば興福寺領日置荘内であったと考えられる。

この日置荘では、承安四年（一一七四）次のような事件が起っている。すなわち同荘に宮廷造営の費用が課せられたにかゝわらず、これを怠慢したため、河内国司某は興福寺の仏聖料に予定していた同荘の年貢部分をその代替りとして押収してしまった。荘園領主興福寺は早速にこの国司の措置に抗議し、同荘住人は蔵人所に属する燈炉鋳物作手であって、宮廷造営に際しては課税免除されていることを朝廷に訴えでている。また国司は院を表面に立てゝこれに抗弁している。(21)

以上のことから明らかなように、「経光卿記紙背文書」にみえる広階惣官職は、河内国日置荘近辺を本貫とする鋳物師集団に対する蔵人所の支配体制のうえに成立したものであり、その荘園が摂関家領乃至は興福寺領として支配されることもあって、荘民たる鋳物師集団のなかには殿下細工所や日吉神社に兼属する関係にあったと思われる。そして承安四年の段階では、鋳物師集団の存在が荘園の不輸不入権獲得の口実となり、鎌倉期の段階では、鋳物師集団の摂関家と蔵人所両属の関係が惣官職補任をめぐって断ち切られ集団内の対立が深まり、その排他的支配をめぐり摂関家と蔵人所との対立を深めていると考えられる。

広階姓鋳物師集団は、全体としては鋳物生産に従事しながらも、平安後期以降にいたると燈籠・梵鐘のごとき高度な技術を必要とするものと、日常品の鍋釜のごときいわゆる大衆性を帯びたものとに分化がみられ、また内部で小集団への分解が顕著となったと思われる。大工工匠組織における中世的展開については楷梯制と工賃制を基軸にかなり明らかにされているが、(22)鋳物師集団・鍛冶集団においてもまたそのような動きがあったと思われるし、その一つが鋳物師惣官をめぐる河内丹南鋳物師で確かめられると思う。鋳物師惣官職については他に播磨国芥田家が知られているが、(23)この惣官は中世末だけしか明らかでなく、成立期の事情についてまで論ずる例とはなりにくい。だが播磨国惣官職が播磨一国を管掌支配しているところから推して、河内国のこの惣官職も、単に広階姓を名乗る一族のみならず、また日置荘近辺に居住する鋳物師集団ならびにそれと関連をもつ日吉神人のみを対象とするのではなく、河内国一国内に散在する全鋳物師集団の支配に預かっていたかも知れない。このような惣官と国衙細工所との関係は今後の残された一つの課題であろう。

(4)　国衙と惣官職

「惣官」が国衙在庁官人の一員として配され、大田文の作製などに参画していることは、すでに石井進氏が明らかにされたところであるが、[24] こゝではその見解に従いつゝ二・三の愚見を加えたいと思う。

(a)　摂津国の場合

「遠藤系図」遠藤為方の項によれば、

　此時自宇治里、渡辺ニ移住也、一国田文目録ヲ。「ツ」クリテ、十人ノ子息等ノタメニ、始テ田畑屋敷ヲ立置、爰私領ト今名号スル田畠屋敷等是也、

とあり、その為方はまた摂津守であったとしている。摂津国守であったかどうかは明らかでないとしても、渡辺惣官が、摂津国衙に関係し、田文等の作製に当ったと述べられていることは注目してよい。むしろその事がその後の渡辺党の摂津国内での政治的な位置を約束する原因となったとも考えられる。文書券契によって、領主階級相互間の和解と調停を必要とする国家権力の新しい事態に対応して、地方行政に当る国衙に新しい機能が要求される時、文簿を携えてあるく前述の惟宗忠行的な存在がいよいよ在庁官人として歓迎されるものであった。渡辺党かどうかは明らかでないが、文明十六年（一四八四）にもなお摂津国に惣官が存在していて、田所大和守某とともに御料所摂津国中嶋内賀嶋荘段銭の催促に当っている。[25] 田所と並んでいることからしても、惣官はきわめて国衙所職として重要なものであっ

たことは明らかであるが、とくにその点で明瞭なのは次の和泉国の場合である。

(b)　和泉国の場合

建長元年（一二四九）、鎌倉幕府が西国大田文を作製するに当って、和泉国においては惣官が諸郷保の田文を集めて作製にあたり、正文は関東に進め、案文は和泉守護代が裏封して惣官が保管することになった。田文作成という本来国衙田所が果すべき業務を惣官がおこない、また文書保管に当っている。文書保管に関していえば、文久九年（一二七二）の和泉国上方御家人に対する大番役勤仕に関する支配状も、その正文を保管しているのは惣官である。[26] 惣官が和泉国では在庁田所の職務を実質的に果しているから、田所がなくなっているかというとそうではない。摂津国の文明年間にみられたような併存の形態がこゝでもみられる。

南北朝時代から室町時代初期にかけて、和泉国では松尾寺と穴師堂との間に和泉国惣講師職をめぐって争論が繰返された。それを解決すべく室町幕府は遊佐基祐を通じて、応永三十三年（一四二六）に、和泉国内の在庁官人・有力寺院に対して、その惣講師の過去の経緯と現状を問うたことがあった。その時守護方に返答を送ったもののなかに、次の一通がある。[27]

尋被仰下候惣講師職松尾寺与穴師堂相論事、於我等候者、更理非之段不存知仕候、但近来事者、穴師堂知行にて候、松尾寺以支証等被申上候之間、往古事者不存知仕候、此旨偽申候者、可罷蒙　日本国中大小神祇殊当国五社大明神御罰者也、仍起請文如件、

応永三十三年三月廿三日

在庁田所
公景在判

在庁惣官
秀景在判

御奉行所

和泉在庁官人田所と惣官が存在していることは明らかである。この惣官家の姓は明らかではないが、同様の内容の返書を在庁官人新相図書助中原貞住も別に提出している。田文の作製、文書券契の保管等の職務に当る和泉国惣官が、田所と別に何時設けられるにいたったか明らかではない。しかし嘉保三年（一〇九六）にはまだ成立していないことはほゞ確かである。それは平安時代末、和泉国和泉郡池田郷内の田地をめぐって酒人兼貞と珍光時が争論をおこなった際、光時所進文書中の嘉保三年五月の日付をもつ日置恒近申文の写から推されるところである。その申文は在庁田所の一般的な役割も伝えており、一応ふれておく必要があろう。その申文を次に示す。

（上略）当国例雖有神社仏寺御領田畠、就本所公験幷国図帳、令致其沙汰例也、而当講師仁朝恣背文書理、号四至一円田畠、猥致苛責之旨、其理如何、任院宣幷文書理、被停止非道責矣者、守左少弁外題云、所訴申之田畠、任国図流記幷田所勘状、停止寺領、可為私領之者、[28]

係争の田畠の弁決は国図流記と田所勘状によっておこなうとあり、こゝに田所が出てくる。国図すなわち一国単位の田文は、たとえば伊賀国においては、国中の大事たる検田畠の時に、郡司刀禰らが国衙の進止に属し、彼等が在庁の指揮にしたがって図師となって作製するならわしであったといい、[29]国図の国衙による作製はすでに前代からみえるところであり、[30]これらの原文は、和泉国大田文作製の事情からも明らかなように、郷保に保管され、郷保で領作の変更も記載されたことであろうし、さらに国衙在庁田所・惣官のもとに総括されて、それが案文として保管され田所勘状の典拠とされ、御家人分限把握の根拠とされていたのであろう。いずれにしても所領の紛争が国衙によって裁決され、領主の土地所有権が、法律的には国衙によって保証されることになる。平安後期の国衙の重要な変化に対応して、[31]領主相互間の土地所有者としての対立矛盾の激化に調停の役割を果す権限と能力を備えるものとして、田所さらに惣官は権力支配の側から重要な役割を果していたのである。とくに院政期以降、別符私領に法的根拠をもつ開発が在地領主にとって重要視されるにいたった。領主的階級相互の矛盾の一定の秩序づけと、なによりもこれは田堵農民層が小規模ながら開発などを通じて独自な政治的目標をもつにいたった段階において、それを抑圧するための領主階級全体の共同の利害を守るため、ほかならぬ国衙支配に要求された制度的な対応の一つがこの惣官職とみてよかろう(32)。

それにしても摂津国や和泉国において、田所に加えて惣官を配さなければならなかった理由が何であろうか。それは河内や播磨の鋳物師惣官職からも示唆されるように、土地所有保有権の移動だけを明確に把握する田所だけでは、支配を貫徹することが不可能であるということ、非農業的生産や年貢や商品の移動流通の発展と展開という新しい事態を迎えて、それをも併せて支配を貫徹することができるという新しい権限と能力をともなった官人組織の要請があったのではなかろうか。またとくに渡辺党類似の農業・非農業生産をあわせもち、在地性と非在地性を兼ねそなえた流動的集団を、まさにその流動性のなかで把握しようとすれば、そのような内容をもつ惣官職のごときものを国衙的支配機構のなかに新設する必要があったと思われる。

河内の鋳物師惣官職が泉州堺港に関係をもったのは、土地所有にもとずく支配ではなくて、堺の港としての機能に外ならなかった筈である。非農業的生産、商品流通の面で特権が発生して、仕入れや販売などを行なう市場圏が形成されたとしても、その排他的な領域は土地所有にもとずく支配領域とは異質な原理にもとずくものである。

(c)　山城国その他の惣官

山城国では宇治の真木島惣官をとりあげてすでに簡単にふれたところであるが、こゝでは、いわゆる国衙行政上必要な文書の保管のみでなく、宇治近辺に荘園をもつ、荘園領主側の券契文書などの保管もおこなっていることが注目される。こゝでは惣官自らが守護代ともなっているが、室町期にはいると畿内近国の守護代層による非農業的生産に対する支配が多くみられるようになり、この論証は別稿にゆずりたいが、その前史はすでに国衙在庁惣官のなかにみられるのではなかろうか。紀伊・大隅両国の惣官についてはすでに石井氏がふれておられるところである(33)。九州筑前国で一例を加えるとすれば、正平二十二年（一三六七）三月、筥崎若宮の遷宮に当って、惣官若狭守平朝臣為雄が儀式に加わっているが、これは神馬一疋を進めた留守若狭守と同一人物であろうと思われ、神官・供僧とは別のいわゆる官人であったと思われる。(34)

以上、国衙支配機構上での惣官の役割をみたのであるが、それを綜括するに当って、「ソウカン」の語源についてふれておこう。令制では、有品親王以下大納言以上の三位のものに、下級官人をもって家令に任じ、その家の家政をつかさどらせたが、その家令組織のもっとも下級家令たる「書吏」は文書のことをつかさどって、あたかも国衙在庁惣官の原型を思わせるような業務にあたっていたが、これを「ソウカン」と訓じている。(35)国衙惣官も形態的には、王朝貴族の家令組織に準じたものであったかも知れないが、書吏が家令組織のなかにあっては最下級の家令であったのに反し、国衙惣官は在庁官人を統轄する地位にあり、その点からすれば家令組織の延長や単なるひきうつしとはいゝ切れない、もっと重要な意味をもっていたといえよう。しかし摂関家領大番領の現地の支配者たる保司の私宅が、摂関家政所に隷する現地の国政所であるとし、(36)この国政所が摂関家政所の御下文をうけて、さらに一般荘民に対して下文を発する権限をもつこともありえたことからみて、(37)国衙支配機関が、大きくは権門勢家支配機構の一部に編成されたものとみることができよう。すなわち、かつての家令組織は王朝貴族の家政にたずさわるものであったが、国政が家政の一貫として組みいれられるということ、これが荘園支配にほかならないことであるが、このことによって、個々の権門勢家の家令組織のなかの書吏が、国衙在庁官人として地方行政のなかに根をおろすとともに、個々の権門勢家の相対立する矛盾を克服するものとしてこのような惣官が設けられたものであろう。国衙などの惣官のみならず鋳物師惣官などや、さらに神社惣官などについても、権門勢家の封建的身分的な秩序、そしてその相互補完関係のもとでの、きわめて中世的、しかも畿内近国的な支配装置として登場したものということができよう。(38)

（1）「続日本紀十一」天平三年十一月二十二日・同二十八日条。

(2) 石井進「鎌倉幕府と律令国家」(石母田正・佐藤進一編『中世の法と国家』所収、一六六頁)。
(3) 「延喜式十一太政官」「同十八式部」「同四十四勘解由使」。
(4) 「三代実録三十九」元慶五年二月八日条。
(5) 「壬生新写古文書」長暦四年六月三日、左弁官下文案。
(6) 『春日社記録』日記一、「解説・あとがき」の第二章、春日社の組織の項による。
(7) 「住吉太神官諸神事之次第記録」(『続群書類従』第二輯下)。
(8) 保元三年十二月三日、官宣旨(『平安遺文』第六巻、二九五九号文書)。
(9) 「耀天記」「日吉山王利生記二」「元応元年大社小比叡社社家注進状」(以上『続群書類従』第二輯下)、「天台座主記」(建治元年六月七日条)。
(10) 「鎌倉幕府追加法」正応五年八月七日(前掲『中世法制史料集』第一巻、六三三号)。
(11) 「除目大成抄」。
(12) 「元亨釈書十七」願雑二、士庶。
(13) 「尊卑分脈」(刊本第一篇)。
(14) 「同右」(刊本第四篇)。「公卿補任」嘉禄二年の項。
(15) 「百寮訓要抄」「職原鈔上」「官職秘鈔上」などの「内蔵寮」の項。
(16) 森克己『日宋貿易の研究』(一七七〜八頁・一九二頁)。
(17) 奥野高広『皇室御経済史の研究』(第二章、五率分関の項)。
(18) 永島福太郎「渡辺惣官と渡辺・難波——中世大阪史の一齣」(前掲)。
(19) 豊田武『中世日本商業史の研究』(増訂版六六頁)。
(20) 拙稿「中世の商業」(『日本歴史』二〇〇号)。
(21) 『日置荘町誌』「吉記」承安四年九月八日条。
(22) 浅香年木「平安期における畿内の手工業生産」(『日本史研究』七二号)。
(23) 豊田武『中世日本商業史の研究』(第一章第二節、四鋳物師の分布の項)。朝尾直弘「兵農分離をめぐって——小領主層の動向を中心に——」(『日本史研究』七一号)。

(24) 石井進「鎌倉幕府と律令制度地方行政機関との関係――諸国大田文の作製を中心として――」(『史学雑誌』六六巻一一号)。
(25) 「香具波志神社文書」文明十四年八月二十五日付文書。
(26) 石井進「前掲論文」。
(27) 「小滝家所蔵文書」。
(28) 年月未詳、兼貞珍光時論田勘注案(『平安遺文』第五巻、一九九九号文書)。
(29) 天養元年十月廿日、鳥羽院庁下文案(『平安遺文』第六巻、二五四一号文書)、秋宗康子「保証刀禰について」(『史林』四四巻四号)。
(30) 坂本賞三「荘園における国司免判の形成について」(『滋賀大学芸学部紀要』一二号)。
(31) 石母田正『中世的世界の形成』(二二一～二頁)。
(32) 河音能平「院政期における保成立の二つの形態」(『中世封建制成立史論』所収)。
(33) 石井進「前掲論文」。
(34) 正平二十二年三月二日、若宮遷宮記録(『石清水文書』刊本二、四六二号文書)。
(35) 竹内理三『律令制と貴族政権　二』(二八二頁)。
(36) 建仁二年四月十五日、摂関家政所下文「田代文書一」、文保元年六月、和泉国大番領雑掌頼直言上状案「田代文書二」。
(37) 「執政所抄」(八月十六日条)。
(38) 黒田俊雄氏は、中世国家を論ずるに当って、暴力装置の体系や機構を明らかにする観点を重視された(「中世の国家と天皇」〈岩波講座『日本歴史』中世二〉、「鎌倉幕府論覚書」〈『日本史研究』七〇号〉)。

むすび

古代国家の抑圧から自らを解放する闘争をつゞける人民の一定の政治的・経済的成長のうえに、いかに中世国家による地域的な支配機構が構築されてゆくかということを、渡辺党と惣官職を素材として明らかにしようとしたのがこの小稿である。

すなわち畿内は経済的にも先進性を保ち、それを基礎として人民の政治的闘争もまた多様であった。その一定の成果が、一方では渡辺党のような党的武士団をうみ、他方では広階姓鋳物師集団のような党的商手工業者を形成させた。党的武士団の形成は、東国などにもみられるところであって、決して畿内に固有のものではないが、幾内では身近かに党的な商手工業者の集団がおり、さらに党的武士団自身が商手工業生産に加わりまた統轄するものすらあって、しかもその商手工業生産は、権門勢家の支配秩序のもとに強力に緊縛されている条件に規制されて、大きな軍事力を貯えた大武士団に成長することは困難であった。たとえば渡辺惣官職は、中小の同族的武士団を惣領制的に秩序づけるために有利な所職たりうるものであったが、畿内の惣官職は国衙在庁官人の一所職として十五世紀初頭まで機能し、また権門勢家の地方商手工業者集団を統轄するものにとどまった。人民の闘争の多様さを、まさにその多様さのまゝそっくり支配しうるような権門勢家の制度的対応のもとにあっては、闘争の過程で発生する中間層も、たえず支配機構の末端に組織づけられ、人民の解放を抑圧する暴力装置に転化してゆくのである。権門勢家が中世国家権力の補完的構造の母体であるとすれば、渡辺党に代表されるような畿内の党的武士団および国衙の惣官はその補完的機構の現実的な担い手であった。

しかしながら、このような武士団と所職が国家権力の暴力装置として、充分にその反動的使命を果しえたのは、室町時代中期頃まででであろう。渡辺惣官家もほとんど姿を消すし、真木島惣官も永正十七年には、自ら本貫を退去するといゝ、伏見荘の名主百姓の合力によって、僅かに余命を延ばすことができた。農民の成長といゝ、都市の発達といゝ、それ自体はもちろん限界はあるが、その成長と発達は、信長・秀吉が畿内に登場する以前に、在地領主をなかば崩壊に導いていたのである。渡辺惣官家の一流が近世大名となって残ったのは、東海の雄に屈したことを意味するだけでなく、畿内の人民になかば屈した姿であるともいえようか。いずれにしても、中世における渡辺惣官家の功罪や、畿内の歴史的位置は、人民の闘争だけが決定したということであった。

第二章　中世における農業技術の階級的性格
――「門田苗代」を素材として――

一、問題の所在

日本中世における領主制に関する研究が、現実的課題をうしなってやゝもすれば無思想な方向に進んでいることを、黒田俊雄氏は警告された(1)。このことは、領主制研究にだけ個有な、憂うべき一つの傾向であるばかりでなく、この領主制研究と絶えず関連づけながら問題が提起されていた中世村落論に関しても、一定の憂うべき方向があることをも示唆するものであった。

中世村落論を論ずるに当って、階級関係や階級闘争の問題を避けることは、もとより無思想な方向を進むことになろうが、むしろ自戒すべきことは、中世村落の階級の問題を明らかにするとはいゝながら、その実、階級を忘れた論議に陥ちいってしまうことである。その一つに農業生産力の問題があろう。たとえば、中世においては農業生産力が低いから、いわゆる在地領主が在地性を克服することが出来ず、ともすれば農奴主たる一面を脱することが出来なかったとか、また農業生産力の発展の結果、旧名体制が分解し、集約経営がおこなわれるようになり、個別経営の発展がみられる等短絡的に結論づけることである。なるほど、中世の日本の歴史は右のような顕著な事実を経て発展し克服されてきたが、生産力の発展や生産関係の変化は、階級闘争の表現でありまた結果でもある。このことを忘れると、生産量の発展は、またその発展を条件づける技術の進歩は、中世における階級を抜きにした全日本人の達成した成果であるというように理解することに通じてくる。二毛作という一面農業技術の発展とみられるなかにも、するどい階級闘争がかゝわっていることは、すでに河音能平氏が明らかにしたところである。(2) 私はこの小稿で、「門田苗代」の問題をとりあげ、中世における農業技術のあり方を、階級闘争のなかで考えてみたいと思う。

「門田苗代」とは、いわゆるわが国の農奴主階級が大経営をおこなう「門田」にしつらえた「苗代田」のことである。日本中世の草深い農村で、春さきの比較的短い期間に、しかも水田のごく一部に、いわばつゝましやかにしつらえられた苗代田ではあるが、その経営形態や技術のなかに、わが国中世における一定の階級関係はみごとに貫ぬかれているであろう。

奥羽地方では、苗代田のことを「母田」とよばれることがあったという。(3) 苗代田経営のよしあしが、稲作経営の一般的な成否をかけていることを、一般の水田を子供にたとえていえば苗代田はその母だとして、象徴的に言い現わしたものといえるであろう。皇太神宮で二月初旬におこなわれる御田種蒔神事(4)や今でもみられる苗代田に注連を張る慣行は、右のことを素朴な信仰として表現したものである。このことは、生産力の未熟な発展段階における生産活動の一部を非科学的で呪術的な意識として表現したものであり、階級を和解させる観念的な実効をもつともいえる。いずれにしても、直接耕作に従事する農民が収奪されることは、それよりももっと基本的な歴史的な事実であるし、生産を実現するのは直接耕作農民以外の誰でもない。「門田苗代」の実態と、「門田苗代」のもつ意義を、ほかでもない農民の立場に立って明らかにしようとしたのが、小稿のもつ意図である。

（1）　黒田俊雄「戦後歴史学の思想と方法――日本中世史研究への反省」（『歴史科学』一号）。
（2）　河音能平「二毛作の起源について」（『日本史研究』七七号、歴史万華鏡の項、のち『中世封建制成立史論』所収）。
（3）　「成形図説四」。
（4）　「皇太神宮儀式帳」（『群書類従』第一輯）。

二、「門田苗代」の実態

平安時代から鎌倉時代にかけての和歌のなかには、「苗代」を歌ったものがかなり多く散見できる。そのなかには、「山田苗代」というものがあって、谷田の自然涌水や谷あいの溪流を利用して、細々と山かげに苗代田が経営されることのあったことを想像させる。しかし、これとは別の景観をもった「苗代」のあったことを示唆する和歌がある。「門田苗代」「庭田早苗」などがそれである。保延二年（一一三六）頃になった「丹後守為忠朝臣家百首」などは、とくに夏の歌題として「門田早苗」を与えているほどである。(1)

もちろん当時の和歌は、都市の王朝貴族を中心とした文化であるから、歌題や歌の内容がいかに農村の情景を詠じていたとしても、そこには働かない支配者の思想が投影されているから、農村での勤労生活の実態や実感をきわめて正確に表現していたとはいえない。しかしながら、少なくとも田園風景が数多く歌題とされるにいたったのは、土豪層の抬頭や荘園制の展開などと密接な関係があるといわれているし、(2)院政時代、都市や農村で流行した民衆の歌謡が『梁塵秘抄』として撰述されることがあり、勤労人民の新しい姿が、王朝貴族の世界観を変えさせつゝあったといってもよいのではなかろうか。いずれにしても王朝貴族の和歌にとりあげられた「門田苗代」は、平安時代中末期以降の農村の新しい景観をある程度反映するものであったといってよかろう。

さてその農村の新しい景観とはどのようなものであったろうか。「門田苗代」「庭田苗代」「垣内に近い苗代」という言葉にだけ関していえば、苗代田が里から遠い山田にではなく集落に近い水田の一部にしつらえられるようになったということか、それとも、新しい集落がかつて山田があったような地域に移動し形成されはじめたということなのか、それは明確ではない。だが、平安時代以降の古文書にみられる「門田」や農村の歌謡にみられる「門田」は、たんに散在する農家を囲み集落の近くに拡がる水田一般をさすのではなく、もっと限定的な在地領主や農奴主の直轄地・直営地をさすものであった。従って「門田苗代」という言葉も集落に近い苗代田であるというように単なる景観に解消することはできない。その「門田苗代」の実態を事実によって明らかにしてみよう。

律令体制下の和泉国和泉郡池田郷の郷域は、現在の大阪府和泉市の北池田・南池田・横山・南横山・北松尾・南松尾の六地区（昭和三十一年合併以前の村）を含む広大な地域であった。池田郷の中央には松尾寺の丘陵地帯があり、それをはさんで槇尾川と松尾川が流下し、槇尾川の上流は槇尾山に源を発している。まずこゝではその槇尾川の上流にある横山谷を除き、槇尾川が貫流している南北両池田地区をとりあげて論をすゝめよう。この地域は決して新しく開かれたところではない。三林町・黒石町と呼ばれるところには後期古墳に属する群集墳があるし、穂椋・丸笠とよばれる両延喜式内社があり、また池田下町には古代豪族池田首の氏寺と思われる池田寺があった。ところが、これら古代社会の生活の遺跡は、槇尾川右岸（北部）が主であって、左岸（南部）は南池田地区の国分寺近辺と、松尾寺とその周辺の須恵器窯址群を除いて、それほど顕著な形跡はない。現在、納花・鍛冶屋・浦田・万町と呼ばれる地域は、古代社会にあっては農業がそれほど発達していたとは思われない。それは、槇尾川右岸で生活を続けていた池田首族などの集団の生産力が未熟で、左岸の開発にまで及ばなかったと考えることもできるが、すでに触れたように、松尾寺裏山の丘陵地帯には須恵器窯址が多くみられるという事柄と無関係ではないようである。というのは、硬質の須恵質土器の製法は、朝鮮半島から伝来し、和泉国和泉郡の信太山丘陵でまず大和朝廷の貢納物という政治的要求にもとづいて、わが国での生産が始まった。この土器の器質としての特徴は、きわめて硬質であり、なかには自然釉すらみられるものがあるところから、多量の燃料を消費した長時間で、しかも高熱の燃焼が一つの必要条件となっている。朝廷などによる大量の要求を満たすためには、多量の燃料を必要とし、そして土と燃料を求めて次第に窯は北は大鳥郡、南は松尾寺丘陵地帯へ拡散していったのである。そのための樹木の伐採は、自然的な貯水条件を悪化させるし、このことが同丘陵地帯周辺の扇状地帯での農業開発を、政治的経済的に防げたとみてよかろう。(3)したがって、この地域の開発は、この須恵器生産の衰退乃至は中止を一つの契機とする。その実年代が何時であるか、同地の須恵器生産の終期を明らかにする調査がおこなわれていない現在、明確にすることはできないが、ほぼ平安時代初期を下限とすることができるであろう。

槇尾川左岸の万町付近が本格的に開発されたのは鎌倉時代の初期である。松尾寺に所蔵されている永仁二年（一二九四）正月十八日の「池田荘上方箕田村沙汰人百姓等契状」によると、鎌倉時代初期の承元年中（一二〇七〜一一）に、梨子本池を築き、槇尾川より以西（左岸）を開発したという。その地域が、いまいう納花・鍛治屋・浦田・万町の地区であり、当時は池田荘上方箕田村といわれていたことがわかる。この地域を灌漑する用水池の最大のものは現在でもこの梨子本池であることから、梨子本池の開発が即箕田村の本格的開発であったとみてよい。この箕田村を池田荘上方といっていることから、一方には池田荘下方と呼ばれる地域があって然るべきであり、これは現在の「池田下」と呼ばれる地域であったとみて間違いなかろう。そうだとすれば、池田寺のある池田下がいわゆる池田荘の本荘であり、その新荘としての箕田村が鎌倉時代初期に本格的に形成されたとみてよい。

箕田村には小池がいくつかあり、それらのうちに梨子本池築造以前に築かれたものもあったであろうし、池田荘本荘に本拠をもつ農民によって、平安時代を通じて漸次的に開発が進められていたものと思われる。したがって、箕田村の開発は、池田荘本荘における生産力の発展に支えられて展開したものであるが、その開発主体の形成は決してまた自然発生的な進化に由来するものではない。十二世紀のごく初頭ごろ、和泉国の同郷の国分寺近辺の田地領有をめぐって、珍光時と酒人兼貞が争論を起したことがあった。そのほとんどは売得田であったが、大薗田四段について、光時は、自からの資力を投じて開作し、下人垣内として切り開いたものであることは在地署判もあって明白だとしている。(4)ここでは新開が農奴主経営形態をとって展開していたことがわかる。弱少農民の開発もこれと併行しておこなわれたであろうが、それは農奴主経営に吸収されるか、それとも自立しうるかという闘争を含んでいたことは明らかである。そしてこの箕田村形成ということの背景には、池田荘下方における耕地・荘民に対する荘園領主や国衙が展開してきた収奪と搾取に抵抗し、より自立した村落を形成しようとする住民の闘争が貫かれていた。

梨子本池が築かれて八十年余を経た永仁二年には、箕田村全体に灌漑する用水は、梨子本池だけでは足りなくなった。このように池水不足となった場合、堤防の嵩あげがおこなわれることもあるが、こゝではその方法をとらず、梨子本池の奥に新しく新池を築いて補うこととなった。その中心人物が池田郷の刀禰僧頼弁であった。前掲の「池田荘上方箕田村沙汰人百姓等契状」および、同じ日付の「頼弁立願文」によると、頼弁は幼童の時には松尾寺に住していたこともあったが、その因縁もあって、松尾寺領有の山林荒野をもらいうけ、梨子本新池を築いたのであった。この池は今でも現地で「大夫池」と呼びならわされているが、それは刀禰僧頼弁が、かれの立願文の端裏に「池田大夫殿」と記されていることからも明らかなように、池田郷の郷名を氏称する同地の土豪であり、大夫を名のっていたことに由来するものである。かくして新しく開発された水田のうちから三町歩が割かれて、馬上免として松尾寺仏供料に当てられ、これを未納した時には、松尾寺が梨子本池の用水うち止めの措置をとってもよいと契状に認めている。

頼弁は池田郷池田荘上方においては刀禰という身分であるが、もとは比叡山の僧でもあった。恐らく延暦寺の堂衆的地位のものであったろう。僧として比叡山に永く止住していたのではなく、本貫に帰り、土豪として村の支配と生産活動をおこなっていたことに注目される。また幼くして出家の道を歩んでいたらしいことから、池田氏の嫡子ではなく庶子であったと考えられ、ここに池田氏庶子独立が、新村開発を基地としておこなわれていたことを推測することができる。

契状に連署している数名の沙汰人名主百姓は小経営農民ではなく、いわゆる名主身分の有力農民であって、箕田村の根本住人であった。しかしかれらだけの糾合では、松尾寺領内に新池を築き箕田村に開発を加えることは不可能であったが、さればといって頼弁が、家父長的に支配するその農奴の労働力を中核とし、雇傭労働力を加えることによって、単独で開発を実現することも不可能であったと思われる。梨子本新池開発にみられた労働編成のこのような形態は、それより以前の梨子本池築造の場合にも、またそれ以後の小池築造の場合にも恐らく貫かれていたであろう。このような池築造にかかわる関係は、村落の景観としてどのようにあらわれるかが、次の問題となる。

この箕田村に関する絵図は、中世・近世を通じていまだ発見されていないから、それを明示することはできない。しかし現存する地名・池溝の調査から復原の手懸りをえた。

梨子本新池（大夫池）用水は梨子本池に流下し、それは底樋を通じて、山麓にそって流下し、扇状地形の比較的奥の部分で二分され、一つは浦田にむかい、一つは、「オウソ池」「今池」などを経て、万町地区に灌漑される。この浦田・万町地区には、家屋が建ち並んでいて古い地名は消えているものが多いが、空池や周辺には「垣外」「かいと」の地名がみえ、これは一般的にいうところの「垣内」に外ならない。有力農民の住居が集まっていたと思われるこの大きな二つの「垣内」のほぼ中間に、「土居」という地名が残っている。その「土居」の北方は、槇尾川による蝕食段丘があって、約十メートルの高さの崖状になっている。その「土居」の近くに「垣外」「西垣外」「上ノ垣内」と呼ばれる三つの水田部分があるが、もとは小規模な「垣内」集落があったものと思われる。また「土居」と万町の「垣内」との中間に、かなり広い「門田」という地名が残されていて、その門田内に「苗代」という地名が二箇所ばかり検出できる。以上のことを略示して地図化すれば、第一図の通りである。

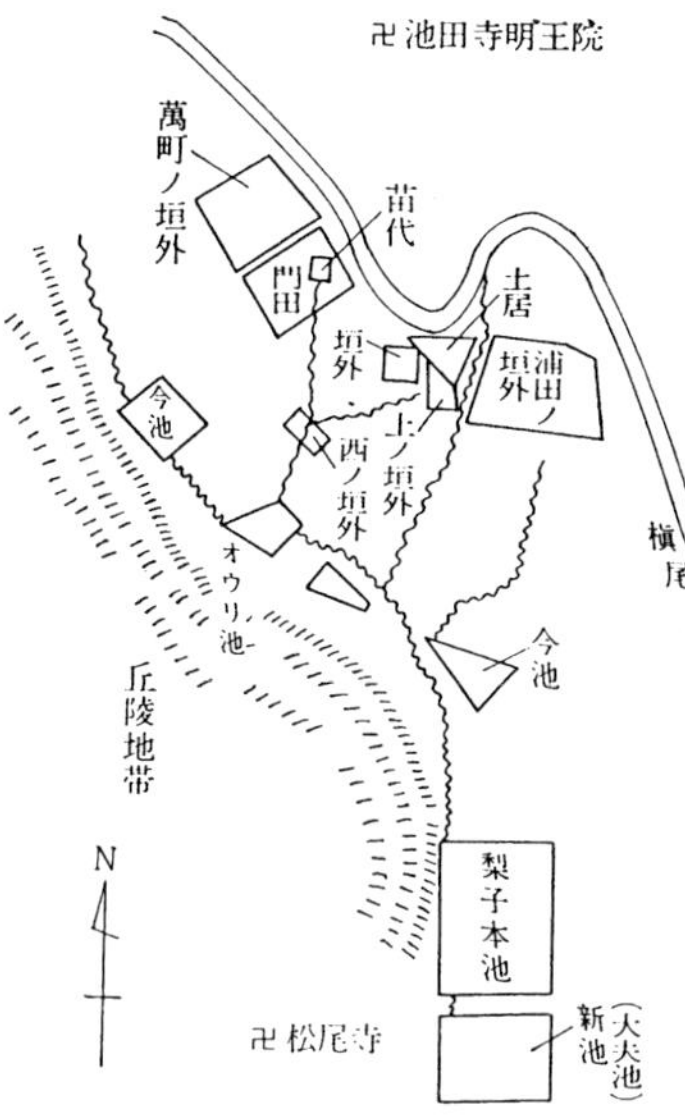

第１図

現在の旧箕田村地域の景観をもとにして、箕田村形成時を考えるとすれば、まず「土居」は土豪の居屋敷地であり、刀禰僧頼弁一族の屋敷地であったと考えて誤りなかろう。また「西垣外」「上ノ垣内」及び「土居」に近接した「垣外」は、すでにのべた前代の珍光時の下人垣内と同様な性格をもつもので、土豪の下人所従の垣内であったとみてよかろう。さらに「西ノ垣内」が「オウソ池」の用水が「門田」と「土居」近辺の水田に分水する位置に設けられていることも注目される。

箕田村における土豪と農民及び下人などの配置のあり方はさまざまな方法で復原されている全国各地の事例と比較することができる。たとえば、もと出羽国東置賜郡の平万吉家所蔵の土豪屋敷図はその一例であろう。この絵図は江戸時代中期に作製されたものであるが、中世における土豪屋敷の面影をしのばせるものとされている。(5) その屋敷には堀が四囲にめぐらされているが、その堀の内には土豪の居屋敷・馬屋・蔵などのほかに家中（名子）屋が一軒ある。家中屋はさらに土居の南に接して六軒が配されている。これが箕田村における「西ノ垣外」「上ノ垣外」に当るものである。この堀ノ内の周辺に田畠があるが、その田畠はいわゆる「門田畠」に当るもので、大部分は名子の労働による土豪の直接経営と思われるが、部分的には名子の個別経営がみられるようである。しかもこの絵図で注目されることは、この門田の部分に「苗代」が明記してあることであり、ここで「門田」に供される早苗が育成されたものであることは間違いない。しかも、「門田」を部分的に個別経営している名子にしても、おそらく「苗代」はもたず、土豪が直接経営する「苗」の分配に預かるものであったろう。

以上述べたのが、「門田苗代」の実体である。なるほどこれをみれば、稲作の成否を決定する重要な条件となる「苗」は、いわゆる「母田」たる苗代田で注意ぶかく育成されたが、その苗代田は、村落内営の土豪が経営する門田において、排他的・集約的にしつらえられていたのである。それは名子・下人など隷属性の強い農民が、農奴主から離れて個別経営を発展させ、集約的農業を展開することを阻止する反動的な一面を担っていたのである。そしてさらに一般の農民を支配する契機を与えるものとして、土豪のいる村落内にはいたるところに点在していたであろう。

（1）『群書類従』第十一輯和歌部。
（2）久松潜一『和歌史総論　古代篇』（「金葉集と源俊頼」の項）。
（3）『和泉市史』（第一巻）参照。
（4）年未詳「兼貞珍光時論田勘注案」（『平安遺文』第五巻、一九九九号文書）、『和泉市史』（第一巻）参照。
（5）長井政太郎「散村の発達—特に鬼面川扇状地の場合—」（『山形大学紀要』人文二ノ一）、豊田武『武士団と村落』（五六〜七頁参照）。

三、「門田苗代」発生の意義

田植には大田植・花田植などと呼ばれる特殊な田植の方法がある。「ゆい」の田植の一種であるが、これは平等な相互扶助的なものではなく、主家の田植を村民総出で手伝う形態のものをいうのであり、これが終らなければ一般農家の田植日を決定することはできなかったという。(1) 一般農家の間では、相互扶助的な田植がおこなわれていたとしても、この大田植を特徴づけるのは旧家、いわゆる農奴主的な家との階級的な側面である。具体的な例をあげれば、岩手県東磐井郡大東町原八部落は二十三軒の戸数があったが、これらの家はすべて本家から分出した同族庶子家族であったといゝ、田植は本家から開始され、各庶子家に順を追って田植して廻ったという。さらに古い時代には、本家の経営が庶子家に対して格段の優位をもち、しかも本家の保有田（手作地）の一部に、庶子家保有田の全部に田植することができるだけの苗が、一括してしつられてあったという。したがって庶子家はその本家がしつらえた苗を分与してもらってはじめて庶子家の田植ができたといゝ、本家に庶子家が奉仕するのは、この苗分配にたいする反対給付であったという。このようなことは、宮城県気仙沼市鹿折小ロ汐部落のO姓集団についてもいえることであった。すなわち、この集団は、本来漁業を主たる生業としていたが、わずかながら水田も経営していてその水田はすべてO姓

集団本家の所有であり、分家はその一部を小作し、苗はすべて本家から分与されていたという。(2)

右のような苗の分配についての農奴主的な慣行は、最近まで一部の農村では一つの歴史的遺制として継承されていたのであるが、その開始期は何時ごろに求められるであろうか。それを暗示するものとして『今昔物語集』(巻二十六)が伝える「土佐国妹兄行住不知嶋語」は、注目に値するものであろう。すなわち、

今昔、土佐国幡多郡ニ住ケル大衆有ケリ、己ガ住浦ニハ非デ他ノ浦ニ田ヲ作ケルニ、己ガ住浦ニ種ヲ蒔テ、苗代ト云事ヲシテ、可植程ニ成ヌレバ、其苗ヲ船ニ引入テ、殖人ナド雇具シテ、食物ヨリ始メテ、馬歯、辛鋤・鎌・鍬・斧・鐇ナド云物ニ至マデ、家ノ具ヲ船ニ取入テ渡ケルニヤ(下略)

と書き出されている。この物語の主題は別のところにあるが、その書き出しの部分は、宮城県のO姓集団と同様、漁業としているかも知れない土佐国幡多郡のある豪族集団の農奴主的経営をある程度描き出していると思われる。彼は浦々に散在する田地をもちながら、そこに田屋を設け苗代田を営むのではなくして、わざわざ住浦にある僅かな水田に苗代をしつらえて、生育したものを運んで田植を実施するのである。しかも農具・食糧を自から用意し、田植人を部分的に雇傭しているのであって、農奴主的な相貌を見事に伝えている。いずれにしても土佐国の下衆某の苗代はまた「門田苗代」と呼ぶにふさわしいものであったと思われる。そして、この物語は「門田苗代」が発生し、それが農村の各地に展開してゆく時点のものとみてよいのではなかろうか。

さて散在する田地の領有に関して著名なのは、すでに石母田正氏によって明らかにされた藤原実遠の場合がある。(3)しかしこの場合重要なのは、実遠の散在田領有は、村落民の入会地用益権並びにその所領内部に包合された治田に対する農民の所有権と並存して存在することができるものであって、こゝに競合関係が存在するものではなかったことである。すなわち、実遠の土地所有形態は、村落民の共同体的利害を抑圧したり、また代表したりすることを直接的にもつものではなかったのである。したがって、収奪の強化は、耕地の拡大とその拡大に人民をどれだけ多く結びつ

けうるかということによってきまり、それは農業技術の先進的現象になってあらわれるのではなく、中央地方の官人としての地位の高さによる面が主であった。そこには「門田」に類似した直接経営地があったとしても、農業技術を通じて、一般農民の経営を抑圧する権力の基地とはなっていなかったであろう。しかしこゝでとりあげた「門田」といゝ「門田苗代」といゝ、それは土豪が一般農民を抑圧する場合の、直接的暴力につながる面があった。中世の一般農民は、門田を次の様に歌いあげた。

長者との〻　かと田のいねはな
　かれともへらはや　かと田のいねはな
かれともへらぬは　こなたの前のわさ田よ
いねのはしらを　おしたおめねばこかれぬ
おきの三反田より　かとの弐反田をな
　ぬいはりめてたもれ　かとの二反田をな
とてもたもらは　おきなる丁田をたもれや
けわいめんにわかいくらしまをまいらせふ(4)

不思議なほど強靱で収獲の多いのは、村の長者の門田であり、また長者に代表される農奴主のもとから下人・所従・名子などが独立しようとするとき、沖田の三反よりも、門田の二反の田がほしいし、地続きでなく散在田であっても門田の二反がほしい。門田の二反が、とても分与されないものであれば、せめて沖田の一丁がなくては、というのである。これは門田の生産性の高さと、そのような門田を集積している長者の村落内での富と文化の高さを歌い込んだものであるが、その生産性の高さをもたらした契機は何であろうか。

その一つに水利の問題がある。永仁年間、和泉国箕田村に灌漑する梨子本新池が築かれたが、その主導的人物は刀禰僧頼弁であった。それ以前に梨子本池が築かれているが、仮りにその段階では、また田堵名主層の比較的共同体的利害が強固であったとすれば、その灌漑用水の利用はかなりフラットな関係であったろう。しかし、そこに一旦土豪としての頼弁が梨子本新池（大夫池）を築くことによって、梨子本新・同新池をふくめた水利権の全体系は階級的性格をよりあらわにする。すなわち箕田村を支配する土豪の門田経営と梨子本池全体の用水支配権、さらに門田部分に分水する岐点に配置された「西ノ垣外」は、村落内で優越した生産力を支えるための具体的な力の配置を示すものである。出羽国の平万吉家所蔵の土豪屋敷古図にしても、屋敷周辺の五十間四方、幅三間の堀は、それ自体灌漑用水池たる可能性があり、それが「門田」と「門田苗代」の灌漑用水に充当されるものとみてよかろう。嘉吉二年（一四四二）二月十四日、東寺領山城国上久世荘名主百姓が出した目安は、中世における苗代田経営の準備過程を示す好史料であるが、それによると、

今程は、苗代をも可仕候処ニ、彼溝をほらせられす候、よて種をも水ニ不入候之間、当作毛延引候、近郷者さ様之用意共仕候処ニ限当所候て、無其用意候、（下略）(5)

とあり、苗代田しつらえの一つの手続としてまず井溝の整備が必要であったことを示している。河川から用水をひく場合でも、池水を引水する場合にはなおさら、用水路の末端にまで思い思いに苗代田をしつらえ水を引くことがあっただろうか。

苗代にほそくまかする水なれば
しめの外にはもらさゝらなん(6)

と歌われているように、無駄のない配水が考えられるし、その配水・番水は、水利全体に対する村落内部での経営者の位置関係が決定的である。恐らく水口近くに苗代田がしつらえることが多く、従って水口近くの水田を占有しうるかどうかは、恐らく村落内部の階級配置にかゝわることであろう。そのことが、農家の農業経営の自立化を規制する

し、農業生産性を左右するものである。独立を下人が獲得しようとする時、沖田をきらう理由はこのことにあったし、門田を望むのは、この辺から理由づけられる。

第二の理由は、肥料をどう獲得するかというところにあった。苗代をしつらえるにあたっては、まず苗代に青草・乾草を刈り敷き踏みこむことがおこなわれた。(7)したがって、農民のなかで苗代田を経営することができるとどうか、またよし苗代田をしつらえることができたとしても、それが十分育成できるかどうかは、当時の肥料の主たる供給源であった山野の所有や用益にかゝわることであった。山野が在地領主や村落内の有力な土豪によって排他的に領有されるにつれて、農業生産性の優劣は山野所有・占有のあり方に決定づけられる面があった。

和泉国箕田村の農民が、肥料の供給地として用益していたのは松尾寺周辺以外にはなかった。箕田村南部の丘陵地帯のほぼ全域は松尾寺々領であり、その用益が箕田村農民に慣習的に認められていたとしても、梨子本新池を築く時に改めて松尾寺の許可を受けていることでもわかるように、そしてその仏供料を未納すれば用水打ち止めをされても子細をいわないと約束しているように、松尾寺の所有権は強硬である。しかしその山野は部分的に個人所有化される傾向がみられるにいたった。文永十二年（一二七五）三月、中原公員は梨子本山の一所を松尾寺に売却したが、その山林の用益については箕田村農民と争論があった。すなわち、中原公員は農民から山手銭を徴して山林伐採をさせていたが、最近農民が非法な伐採をしたという。これは、農民の入会権を中原氏が侵害する過程で発生した問題とみてよい。(8)この中原氏は出自は明らかでないが御家人であり、和泉国在庁官人中原氏の一族かも知れず、松尾寺周辺の山林に対して領主支配を獲得していたものとみてよかろう。鎌倉時代中期このように丘陵地帯に対する松尾寺や中原公員などの領主支配の成立に対し権門が少なくとも中原公員の側に立つ以上、刀禰僧頼弁も含めて箕田村農民はこれと闘争することによって、箕田村での農業生産を確保すること、自ら成長することができた。しかし農民にとって、一見農民の利害を代表するかにみえる頼弁も、基本的には村落の支配者層に他ならなかった。時代は南北朝時代に下るが、正平十七年（一三六二）六月、頼弁の後裔と思われる池田左衛門入道阿法は、後山池堤のことをめぐって、松尾寺々僧と相論を起している。(9)この後山池は松尾寺山のどれかの池であろう。池に対してこのような主張をする背景には、後山と池に対する排他的な管理・用益権の強化を予想しなければならない。頼弁の時代では梨子本新池築造に当って、ことの表面では沙汰人名主百姓と共同し、松尾寺の山林の排他的領有に対抗し、村落の利害を代表しているかにみえるが、その実、村落内部においては、農民の勤労に支えられた山野用益権に対する動きの高まりを土台にして、その領主的所有を実現するための動きがみられたものと考えられる。というのは、この箕田村と松尾寺山丘陵地帯を隔てた松尾川流域では、刀禰層にそのような動きが明らかにみられるからである。

建長四年（一二五二）三月、和泉国春木荘内の山林四十町歩を、刑部丞資保が買得したことがあった。(10)この刑部丞資保は同荘内唐国村の刀禰であった。(11)この山林は四至のうちに山直道というのがあるから、池田郷と山直郷の境界につらなる丘陵の一角であったかと思われ、松尾寺丘陵地帯の南に併行して走る丘陵地帯内であったと思われる。刀禰層の山野の排他的領有は、唐国村周辺においても進行していたとみて間違いはない。

以上、水利の問題、山野用益の問題からして、「門田苗代」発生の意義を要約すれば、たしかに一面で水稲農業の発展に一定の役割を果したが、それは農奴主階級の発生と発展という過程のなかで、いゝかえるならば、農奴主と農奴乃至は一般の農民との階級闘争のなかで、農奴主が農奴や農民を抑圧するという歴史的性格をになって発生したものであったということができる。「門田苗代」経営が、ことさらに農奴主階級が村落支配のために問題となるということは、そのこと自体稲作生産全面的発展の本格的な部分が「門田」以外の、すなわち、すでに民俗学的な調査結果を引用してふれたところでも明らかなように、庶子家（一般農民）の保有田地であったということである。すなわち、個別的な小規模な労働過程と労働編成が稲作農業を発展させる基本的な方向であった。「門田」における東作から西収までの一貫した直接経営が、むしろ勤労農民の個別的経営の発展を阻止し、ひいては農業生産力の一般的展開を阻害するものであった。

(1) 酒井卯作『稲の祭』(田植はじめ、花田植の項)。
(2) 『日本民俗学大系五』(稲作の項)。
(3) 石母田正『中世的世界の形成』(第一章、藤原実遠の項参照)。
(4) 「田植草紙」(『日本古典文学大系』)。
(5) 「東寺百合文書」(『大日本古文書』家わけ第六巻、を一九七号文書)。
(6) 「堀川院御時百首和歌春」(『群書類従』第十一輯)。
(7) 古島敏雄『日本農業技術史上』(第四章、第二節、二肥料)。
(8) 「松尾寺文書」文永十二年三月、中原公員山林売券(『鎌倉遺文』第十五巻、一一八六二号文書)、建治二年六月二十日、守護代法橋書下(『鎌倉遺文』第十六巻、一二三六五号文書)。
(9) 「松尾寺文書」和泉国守護楠木正儀下知状。
(10) 「松尾寺文書」建長四年三月六日、橘諸重山林売券(『鎌倉遺文』第十巻、七四一七号文書)。
(11) 「岡家文書」建長四年六月五日、刀禰安則書状(『鎌倉遺文』第十巻、七四四七号文書)。

四、中世における農業技術の階級的性格

中世史研究において農業の集約化論の多くは、農奴主のもとから農奴が自立し、個別経営を実現する一つの物質的な条件であったとして、ともすれば進化論的に論ぜられることが多い。勤労人民にとって、個々の歴史的発展段階においては敗北があったり、また抑圧を加えられることも多い。しかし長い歴史的発展過程をみれば、勤労人民の生長を阻む歴史の力はどこにも存在しないであろう。「門田苗代」一つをとってみても、農業技術の集約化の一つの段階という意味で勤労農民の労働の成果を土台としているとみることに誤りはない。しかしながら中世における「門田苗代」は、農奴制的な生産様式の基礎にあるものだし、ついには農奴の解放を阻止し、一般の農民の自立化を妨げる役

割を果すものであった。これをさらに一般的にいえば、本稿でとりあげた「門田苗代」はもちろん、灌漑用水施設や農作物の品種改良、さらに二毛作などの作柄体系の変化など、いわゆる中世の農業技術の発展に関する問題も、たんに勤労人民の日常生活のなかに基礎をおく技術学的発展の問題に解消できることではない。

こゝで、すでにふれた箕田村南西方の唐国村のことにふれてみよう。唐国村は中央に松尾川が流れ、両岸の扇状地形に水田がひろがっている。ここの村落景観の特徴は、右岸に刀禰＝土豪の本拠があり、左岸に農民の集落があることであり、箕田村のように刀禰と農民が同一地域に競合的に存在しないことである。すなわち、右岸に「門田」と「上戸板」「中戸板」「下戸板」などの水田がある。この「戸板」は「土居田」の訛ったものではないかと思われる。その部分の用水池は「ウトジ池」「唐国池」などすべてで十数個を数えることができる。そしてここには「垣内」という地名は全くなく、「垣内」は左岸に集中している。そしてこの「垣内」周辺の水田に灌漑する池は左岸の丘陵地帯に、これまた十数個点在している。したがって一応、刀禰と農民とは大まかにいって別の用水源を保有していたようである。すでに述べたように、建長四年頃、松尾川左岸の山直道北部には唐国村の刀禰刑部丞藤原資保の所有林があったが、その左岸の大部分は鎌倉時代から農民の共有・私有保有林が点在していたことが推定される。すなわち、正平二十三年（一三六八）七月に、春木荘本荘住民が唐国村の住人を訴えた記録によると、(1)春木荘内山田里西辺の荒野は、春木荘内の寺社領があったり、村民の別相伝の地になっていた。そしてその別相伝の地に関する相伝の文書をもち、その保証する権利にしたがって、田地開発・築池・柴草を苅り・牛馬を放ち飼いしたりして、春木荘農民が集団的・個別的な用益をおこなっていた。ところが唐国村の住民が、謀書を持ち出して、唐国村内の橋本里の内であると称して、濫暴を加えたというのである。南北朝時代のこの段階では、荘園領主対在地土豪とか、在地土豪対農民とかの間で、山林荒野の用益権が争われているのではなく、農民と農民とが生産活動そのものにかゝわって争論を展開していることが注目される。その山林荒野に別相伝の地をもつものは、春木荘内の有力農民であったばかりではなく、それと対立する唐国村農民も同様であったと思われる。このように山林荒野の農民の勤労的所有があることから、その簗池も、また田地に苅り敷く草なども農民独自におこなわれるのであって、刀禰の農奴主的支配形態が強い箕田村とは、自から異なった村落的特徴を持たざるをえない。その景観を示せば第二図の通りである。在地土豪である刀禰と農民との具体的な階級関係は、すでに著名な、建長四年（一二五二）五月の唐国村刀禰百姓等置文が明らかにするところである。(2)

　この置文は、唐国村現地支配者たる刀禰と農民との間にとりかわされた置文であり、八月神事や客人があった時、農民が負担する入草などは、在家別に賦課すべきであるなどのことからはじまって、十一ヵ条よりなる。そのうちには公方（荘園領主のことか）火急の時の人夫伝馬役賦課は例外としても、それ以外の急用のために人夫伝馬役を賦課する時は食糧を支弁することゝか、夜番等の出役は以後課さないなど、農民の自主的要求が大幅に認められていることがわかると同時に、刀禰の公的・私的な収奪に一定の打撃が与えられていることが明らかである。

　このように唐国村の農民が獲得した成果は、以来、輝やかしい伝統として継承された。正応二年（一二八九）以後のものと思われる「非法条々事書」(3)は、刀禰の非法を二十一ヵ条にわたって糾弾して、刀禰がその私的収奪の強化・私検断の強圧という方法をとりながら在地領主として抬頭しようとすることを阻止する農民の動向を示し

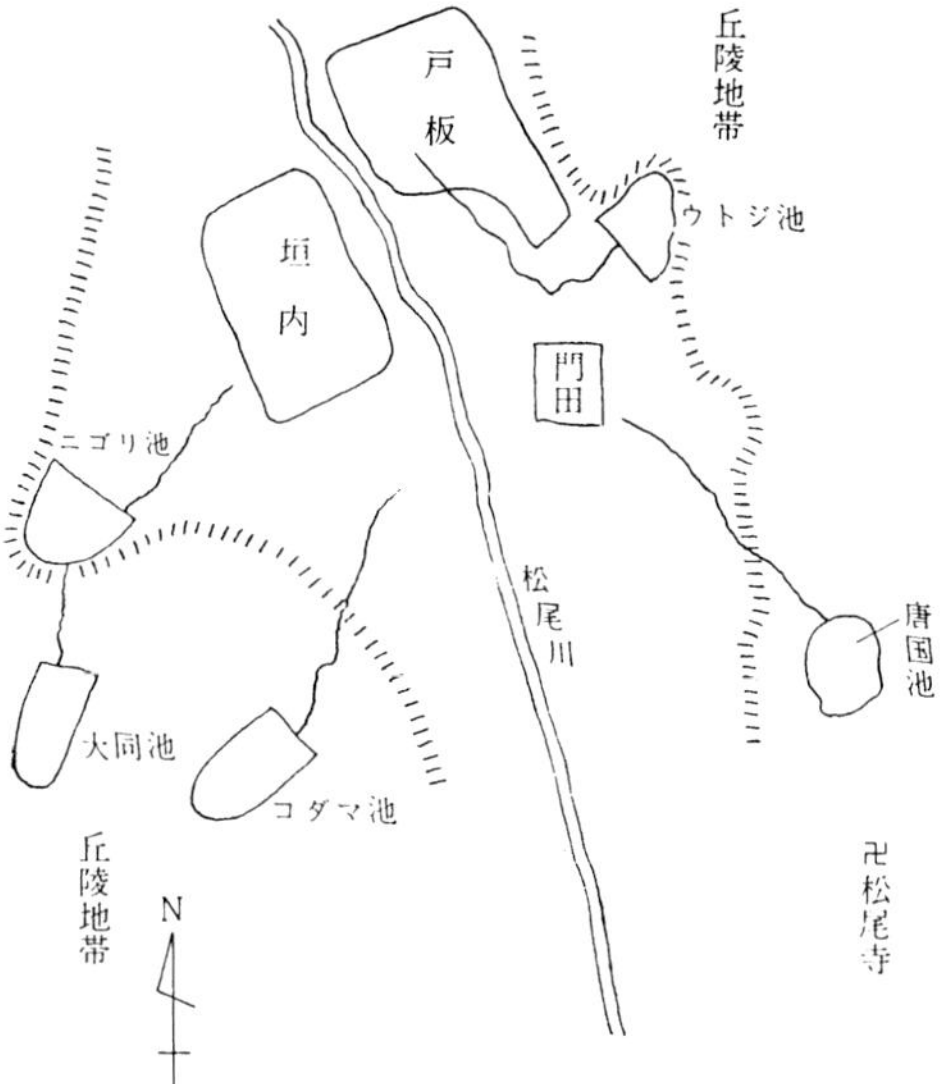

第２図

ている。またこの置文は、唐国村内にあったと思われる妙楽寺々庫に封をして収められて、要用の時には、刀禰農民両方立合いのもとに、これを開封し、置文の内容を確認しあっていたという。しかし正慶元年（一三三二）十一月頃、公事に関して刀禰と農民が対立した時、農民は一方的に寺庫を開封し、置文を農民の手もとに隠したのである。(4) この農民の行動の裏には、農民の側に置文に違犯した事実があったのかも知れない。しかしそれは農民が置文作成段階より更に進んだ成長を示すものであるし、さらにいえば、この置文という古文書に農民の成果を記すと共に、この古文書の紙片を農民の事実上の所有物にしようとしていたのである。古文書学は日本史研究の基礎的な一つの技術学習から出発をするが、それはどこに所有され相伝されているかということをふまえながら、その内容と機能は階級社会のもとでは、まさに階級的に解釈すべきことなのであろう。この置文は案文が松尾寺に残っているだけであって、正文は散逸している。置文にもられた農民の階級的成果が、さらに先進的に克服されて、置文にもられた内容自体がすでに過去を物語るものになってしまった時、すなわち置文の実体を失なった時、農民の自らの手によって失なわれ忘れさられたということなのかも知れない。

いずれにしても、唐国村の中世における農民が、はじめて歴史的記録に姿を現わした建長四年五月という月は、唐国村刀禰職をめぐって、同地の土豪二人が競合対立していた時であった。(5) したがって、そのうちのどちらかの人物が刀禰職補任を獲得するのに有利なように、唐国村農民に譲歩し、その支援を求める意図が置文作成の背景にあるかも知れない。刀禰の眼を農民の側に向けさせたという点からしても、それは農民の一定の成果であったことに誤りはない。

唐国村農民のこのような成長を支えた物質的基礎は松尾川左岸の山林荒野の農民的用益を確保したということ、しかも農民の利益を擁護するために自ら闘争したということにある。それでは、何故そこに唐国村農民の基盤が形成されたのであろうか。その端緒を史料的に明らかにすることはできないが、ただ考えられることは、松尾寺周辺の丘陵地帯が、当時、比叡山延暦寺の末寺であった松尾寺の所有に帰していたのに反して、松尾川左岸の唐国村・春木荘内山田里などの丘陵地帯には、村内寺庵小社の所有地や土豪の所有地が点在していたが、松尾寺のような現地の有力寺院がなかったということも一つの条件になっていたであろうが、主たる契機となったのは、唐国村形成期における農民の闘争の強さにあるとみなければなるまい。

唐国村における右にみたような鎌倉時代・南北朝時代の情況のもとで、刀禰が「門田」をもち「門田苗代」を経営していたとしても、それが唐国村の農業生産力を全体的にたかめる役割を果していた時代は短かく、またその意義も中世全体からみればさほど大きいものではなかろう。

松尾寺の丘陵地帯を隔てた、和泉国和泉郡池田郷内の箕田村と唐国村とには、ともに土豪が刀禰であり、「門田」「土居田」があることといゝ、村落全体が条里制の遺構がみられない扇状地帯に形成された比較的新しい村であったことといゝきわめて類似した村である。生産力的水準でも区別することは困難であるし、箕田村刀禰頼弁の子孫は伏屋氏として、また唐国村刀禰の子孫は岡氏として、ともに近世大荘屋となって存続した。しかし、両家はもとの中世居屋敷は規模縮小して、一般農民の垣内の中に居住することとなった。大きな歴史の流れも両村を区別してはいない。しかし中世における両村の歴史を松尾寺文書などでみるかぎりかなり違っている。それは両村での農民の闘争の違いであり、それは農民の用益権が確立した山林原野や用水があったかなかったかということと無関係ではなかろう。

（1）「松尾寺文書」正平二十三年七月、春木荘内本荘氏人等言上状。
（2）「松尾寺文書」建治四年五月、唐国村刀禰百姓等置文案（『鎌倉遺文』第十巻、七四三九号文書）。
（3）「松尾寺文書」年月日未詳、非法条々事書（後欠）文中に「正応二年之比」の文章がみえる。
（4）「松尾寺文書」正慶元年十一月十三日、唐国村刀禰訴状案。
（5）「岡家文書」三節の註（11）に同じ。

む　す　び

十三世紀以降になってくると、いわゆる本名体制下から小百姓・脇在家が出現してくるが、このことを小百姓などによる耕地に対する個別的な占有権の確立に求める。そしてさらに、これを支えたものは、不安定耕地の安定化・二毛作の発生と普及・牛馬耕の普及・深耕を可能にする鉄製農具の普及・施肥の改善などの農業技術の進歩と、経営の集約化・農業生産力の上昇によって小経営が可能となったことが述べられている。本稿では鉄製農具生産などの手工業生産の面についてはふれなかったが、箕田村・唐国村など限られた地域の「門田苗代」や灌漑の在り方を素材として、中世農民の存在形態を明らかにした。階級社会においては、技術そのものの発展とそれが生産の向上になって地域社会や国家に与える影響は、またすべて階級的なものであることを明確にすべきである。技術の問題がともすれば歴史学研究のなかで階級関係を和解させるものであるかのような役割を担う面のみを強調しようとしている時、中世における「門田苗代」を一つの技術としてとりあげ、その克服を試みたのがこの小稿である。

第三章　鎌倉時代における開発と勧進

はじめに

一遍や忍性に象徴される時衆や西大寺派の僧侶・教団による土木工事をともなった社会開発事業や、それと結びつけられた勧進活動は、鎌倉時代中期以降の仏教界の新たな動きとして注目されている(1)。ここでは叡尊・忍性と彼らに率いられた西大寺派寺僧と、その寺僧と結合して開発と勧進を繰りひろげる宿非人・石工などの職業集団を素材としながら、鎌倉時代中期以降の政治権力・社会集団・宗教運動などの動向を探ってゆきたい。

耕地開発や交通路・交通諸施設の整備・充実など広い内容をもつ社会開発の問題は、社会経済史の分野における重要な研究課題であるし、勧進活動は仏教史の分野における重要な研究課題である。こゝであえて「開発と勧進」というテーマを掲げたのは、単に両者を結びつけて、鎌倉時代中期以降のわが国の歴史における社会と仏教との関係をより綜合的に、より全体的に把握することを試みようとする目的があっただけではない。すでに社会集団・宗教運動の動向とともに政治権力の動向を明らかにしたいと敢えて書いておいたように、鎌倉時代中期以降の公武両政権をとりまく矛盾・対立が激化するなかで、ひとり「開発と勧進」が社会の発展・向上を示すものとして政治の枠外にあったり、また政治や社会の矛盾・対立を和解させる神通力をもっていた筈はなく、むしろ矛盾・対立を激化させる契機ともなった面を解明したいと意図したのである。

鎌倉時代の開発にはおゝよそ三つの開発類型があったと思われる。一つは農民による開墾で、それは個別家族や隣人たちの共同による比較的小規模なものから、集落全体が関与するようなかなり大規模なものまでがあったと考えられる。もう一つは村落領主層や在地領主層による開発で、それには浪人が招き寄せられたり、近隣の大小の農民が編成されたりした多様な労働の編成形態が考えられるが、その典型的なものは村落領主層のものとしては刀禰僧池田大夫房頼弁による和泉国和泉郡池田郷箕田村開発にみることができるし、在地領主層によるきわめて大規模な開墾としては新田氏による上野国新田郡新田荘の場合がある。(2)最後の類型は荘園領主に直接責任を負った請負業者による大規模な開墾であり、その代表的な例を古くは、十一世紀後半、東大寺領越後国古志郡石井荘の開発と、その推進者古志得延にあげることができる。(3)しかしこの開発形態は、むしろ十〜十一世紀の王朝国家体制下の田堵による請作経営段階に適合的な開発方式であって、鎌倉時代以降は急速に後退し、かわって農民によるものと、在地領主によるものとに両極分解を遂げていったと考えられる。こゝでは衰退しつゝあったと思われる最後の形態の開発が、十三世紀後期から十四世紀初頭にかけて実行されたことを九条家領和泉国日根郡日根荘を中心に論じようと思う。

すでにふれたように荘園領主に直接責任を負った請負業者による大規模開発はすでに成算の少ない方法であったにもかゝわらず、あえてそれを日根荘で実行しようとした公武および寺院諸勢力に、或るしたゝかさを感ずるとともに、その開発が部分的にではあるが成功した背景には宿非人・石工など開発に必要な職業身分集団の編成を果たしえたことと、その職業身分集団を開発労働に編成することのなかに、救済を発見するという意識・思想の役割があったことを見落とせないように思える。

（1）　辻善之助『日本仏教史・中世篇之一』（第七章鎌倉時代のうち第四節・旧仏教の復興、第五節・僧侶の社会事業）。とくに一遍の勧進については、五来重「一遍の時衆と融通念仏」（『伝統と現代』四四号）、叡尊・忍性の勧進については、和島芳男『叡尊・忍性』、上田さち子「西大寺叡尊伝の問題点」（『社会科学論集』四・五合併号）。

（2）　本書第一篇第二章「中世における農業技術の階級的性格」参照。峰岸純夫「東国武士の基盤——上野国新田荘——」（稲垣泰彦編『荘園の世界』所収）。

（3）村井康彦「田堵の存在形態」（『古代国家解体過程の研究』所収）。阿部猛『日本荘園史』。

一、日根荘開発の動向

（1）日根荘立荘と開発の挫折

和泉国日根郡賀美郷日根野およびその北東部に拡がる荒野の大部分は、平安時代末から鎌倉時代初期にかけて、近衛家流が本所職を継承していた殿下渡領たる長滝荘に接し、長滝荘への灌漑用水路などが設けられていて、事実上は長滝荘内に准じた支配がおこなわれていたと思われる。元久二年（一二〇五）、高野山僧鑁阿上人に高野山宝塔三昧院領として開発するよう宣旨が下されたが、長滝荘やその荘内にあった禅興寺などの反対にあい実行できなかった。鑁阿上人死後、貞応元年（一二二二）、高野山の寺僧が重ねて元久二年の宣旨と同じ趣旨の院庁下文をえてふたゝび開発を企て、本所の同意をえるため荒野開発によって得られる収入のうちから六十石を割いて本所に納入することを約束したが、この時も開発は着手できなかった。(1) しかし鎌倉幕府成立とその後の政治的経過は公家諸門流の立場にもさまざまな影響を与え日根荘開発という一地域の出来事にまでその影響を与えた。

九条兼実の息道家は四男の三寅を鎌倉将軍家の継承者として送りこんでいたし、道家室綸子の父で当時、朝幕をとりもつ最大の実力者として敏腕をふるっていた西園寺公経の画策によって、安貞二年（一二二八）、近衛家実は上表もなしに関白職を追われ、かわって九条道家が関白に就任した。それ以後、嘉禎三年（一二三七）まで九条道家は長子教実とともに摂関の地位を独占していた。(2) 近衛家の一時的後退の余波は長滝荘内禅興寺の威勢にまで及んだらしく、禅興寺を末寺として統轄していた園城寺長吏大僧正円忠（近衛家実の弟にあたる）は日根野荒野に対する領有権の主張を断念し、避文を書かざるをえなくなった。

かくして天福二年（一二三四）六月、和泉国に官宣旨を発し、管内の日根郡日根野・鶴原にひろがる荒野を永久に九条道家家領荘園とし、その荒野を浪人などを招き居えて開発することを許可し、国衙から官物などを一切賦課しないー円不輸の地とし、九条家による開発や領有に対して近隣の住民たちが妨害活動などをしないように行政的措置をとれと命令したのである。(3) 六波羅探題も同年十一月に和泉守護逸見入道に御教書を発し、管内の日根荘が、現将軍藤原頼経(三寅が改名した)の父君である大殿九条道家家領として立券されたことを伝え、現地で非法・妨害を加える地頭や守護代があれば尋ね成敗せよと指示した。(4) 当時畿内地方において、実行されゝば恐らく当時最大規模になったと推定される開発事業になったであろう日根の荒野はこのようにして確保されたのである。このようなことができたのは、必ずしも円滑でない当時の朝幕関係のなかにあって、摂政九条教実・関東申次で教実の外祖父たる西園寺公経・執権北条泰時という良き時代を謳歌する当代最高の権威と実力をあわせた三人の共演があったればこそといえる。このような共演ができたこと自体、鎌倉時代の朝幕政治のなかにあって稀有のことであったといえるし、またこのような共演が組めながら、日根荘の荒野開発が具体的に実施されなかったとすれば、いわゆる権門体制にその力量を欠くという意味でその病根は深いといえる。かくして同年十二月、立荘をみた日根荘内の鶴原・井原・入山田・日根野の四ヵ村について公文・田所などの荘官・地頭代官・国使・官使らは、各村ごとの耕地・井堰・用水池・共有林・農民の在家・寺社など全面的な生活の実態を調査し、日根荘内の開発予定地となる荒野部分の確定のための準備作業が開始された。(5) ここでは日根荘を名体制方式をとって支配せず、荘園村落における生活・経営の実態を、より忠実に反映する在家方式をとっていることが注目され、この当時の権門体制がもっとも理想的な荘園支配の方法としてこのような在家支配方式を求めていたのではないかと示唆的である。

にもかゝわらず日根荘で直ちにいっせいに大規模な開発事業が開始された形跡はない。その理由はすでに関口恒雄氏が指摘するように在村領主や百姓の協力がえられなかったところにある。(6) すなわち文暦元年当時、日根荘日根野村の在家農民として現存していた得成は、当時同村内にあった十五の用水池の一つを築造し、自分の名前をつけ「得成池」と称していた。もちろんその用水池は得成家専用の池ではなく日根野村立会の共有池であったと思われるが、開発を主導した地位にあり、またそれを遂行するに足る私財を貯えていた富裕な農民であったといえよう。このような規模の開発ならば実施しうる力量を当時の日根野村の在家十二宇のすべてがもっていたとすら考えてよい。だとすれば開発に着手できなかったのは九条家がその有力農民を結集しうる現地での開発実行者をえらなれかったということである。しかし現地にそのような人材がいなかったわけではない。中原氏（のちの日根野氏）などはその一人であろう。中原氏は日根荘入山田村・井原村などの預所職に補任され、日根荘雑掌となったこともあり、また鎌倉幕府御家人であった可能性もある。しかし中原氏が本貫としていたのは近衛家領長滝荘であった。当時長滝荘は弥富方と包富方とに分割されていたが、中原氏はその下司職や公文職を相伝しており、したがって九条家領としての開発に反感をもっており、また在地領主として長滝荘・日根荘一帯に排他的な領域支配を実現しようとする動きにまっこうから対立するこの九条家による日根荘開発に反撥したことが考えられる。(7) また長滝荘内禅興寺の荘務を管理し、日根野村内にあった無辺光院を菩提所とする左馬権頭源盛長一流も日根荘の開発を妨害する勢力であった。在地領主のこの二氏は、のちに西大寺・久米多寺両寺の寺僧により日根荘開発が再開されたときにもそれを妨害したらしい。(8)

天福二年、九条家が日根荘の立荘を獲得し、当時としては望みうる最善の政治的条件を背景にして開発に乗り出したが、日根荘およびその近隣の在地領主や農民の豊かな開発能力を引き出し結集させ、駆使することすらできなかった。まさに開発が都市貴族・在地領主そして農民の階級的利害が真正面にぶつかる問題であることを見事にここで証明したのである。

（2）日根荘開発の再開とその成功

立荘から約七十余年を経過した延慶三年（一三一〇）ごろから日根荘開発予定地となっていた荒野の確定作業がふたゝび開始された。年荒となっている古作田を荒野と判断して、在家農民の占有権を否定して、開発予定地に繰り入れるかどうか、長滝荘との境界周辺にあってそれまで相論が絶えなかった部分をどう処理するか、禅興寺境内とされていた林を開発予定地に該当する荒野とみるかどうかなど、困難な諸問題を次々と現地で解決しながら、荒野の面積が次第に確定され九条家に報告されてきた。日根荘内日根野村に関する「荒野注文」「荒野実検注文」、そして日根荘の「荒野打渡注文」[9]などが、村々の沙汰人（のち番頭ともいわれるようになる）によって作成されて、日根荘内の広範な農民の支持をえて沙汰人が開発のための第一歩をふみだしたことを示している。七十余年間に何が起こったのか。九条家にとってこのように都合よく日根荘開発再開ができることになった背後に何があるのか。九条家が強くなり、農民や在地領主が弱くなったのか。そのいずれでもなく、その決定的条件は開発業者の台頭にあると結論づけたい。

荒野の実検とその打ち渡し、さらに荒野を数区画にわけてそれぞれの開発を具体的に実施する土木工事計画を立案したと思われるのは実専という人物である。[10]この実専は西大寺の僧であり開発を推進し指揮する現場での最高の責任をおう開発請負業者であったと考える。

この実専は西大寺僧として、日根荘開発に乗り出す三年前の徳治二年（一三〇七）に備中国川上郡内を流れる成羽川上流の東城川の難所を開鑿し、川舟の航行を安全にする土木事業の指揮をとった人物である。そのことを明示する銘文が、河中の巨岩に一字が十二センチメートル四方にもおよぶ文字で十行にわたって刻まれ、俗に「笠神文字岩」といわれ、一九四一年（昭和十六）文部省により史蹟に指定されている。その銘文には備中国川上郡成羽善養寺の住持尊海が四郎兵衛某の根本発起をうけて大勧進となり、西大寺僧が奉行代となり、諸方を勧進して支援・助成をうけ、十カ月余の努力の結果、小谷―成羽間の水路開鑿工事を完了することができたが、とくに難所であった小谷―田原間のいわゆる「笠神龍頭上下十余か所」の開鑿を七月二十日から八月一日の間に仕遂げたことを記念して、笠神の地に刻み遺したものとある。(11)実専は水田開発・水路開鑿請負業者として東奔西走する僧侶であるが、その行動を支えていた理念は、「笠神文字岩」に次のように刻みこまれている。

薩埵慈悲大士本懐(温)、不可不奉(憐)、不可不□(作)(12)

すなわちそこに示されているのは菩薩行そのものであり、資縁を募ること、労働力を確保しそれを編成すること、そして河中の岩石を破砕することとそのすべての過程が菩薩行＝勧進であった。

この実専による日根荘開発請負を支えこれに連携したのが和泉国久米多寺の僧である。正和五年（一三一五）四月八日に久米多寺住持禅爾ら三綱が井原村を除く日根荘荒野開発の請文を提出した。その請文によると、九条家代々の祈願寺である久米多寺における小御堂壇供料にあてるため、九条家から日根荘が寄進された。それに酬いるためいよいよ祈禱に励み、一日も早く久米多寺の努力によって日根荘の荒野を開発し、収獲をあげて寺用にあてるとともに、開発完了から三カ年を経たのちは、九条家に本家役として開発田から段別五升の年貢を納入する。もし開発の実をあげえなかった場合は、荒野は返還すると述べられている。(13)行基の開創と伝えられる久米多寺が、何故、西大寺派に属する寺院になったのか、そして地域の開発の主体となったのかについて述べなければならない。

平安時代末から鎌倉時代初めにかけて、久米多寺は九条御堂の末寺として国役などが免除される保護をうけていた。建長七年（一二五五）正月、西大寺叡尊が池尻の堂舎（久米多寺であろうと推定されている）で四百三十九名のものに菩薩戒を授け、弘安五年（一二八二）十月にも叡尊はふたゝび久米多寺にきて、堂供養をおこない百貫百石の非人施行をおこなっている。(14)すでに十三世紀の五十年代から久米多寺と西大寺叡尊とのつながりができ始めていた。しかし当時、久米多寺が荒廃していたことは、弘安五年五月の太政官牒に明らかである。すなわち、当時久米多寺には釈迦三尊の塔婆一基と本願の真影などを残し、鐘楼・経蔵など二十に余る堂宇はわずかに礎石をのこすのみで、僧衆の止住すら困難であったという。[15] しかしこの太政官牒が発せられる五年前の建治三年（一二七七）、久米多寺は有力な外護者をえていた。それは北条得宗被官で高利貸活動・商業活動・港湾開発事業などを多面的におこない富裕な武士の代表とされた安東蓮聖その人である。

建治三年、京都大番役のため在洛していた安東蓮聖は熊野参詣のため熊野大道を南下した時、久米多寺の荒廃をつぶさに見てこれを歎き、その再興のため尽力することを発意したという。熊野参詣の際の機縁をのべるのは同寺の「由緒書」であって伝承の域を出ないが、当時六波羅探題北方の北条一族が和泉守護を兼帯したことから推測すれば、久米多寺に近接する和泉郡山直郷・軽部郷など和泉国国衙領の一部に、その給主として安東蓮聖が送りこまれていたと想定され、またその国衙領の一角に所領を形成していた可能性はある。いずれにしても安東蓮聖は建治三年に久米多寺別当職を買得し、事実上、久米多寺を管領する立場になった。このことは蓮聖個人の判断から出たことではなく、北条時頼の指示をえたことであったと伝えられているが、建治三年当時、北条時頼はすでに死去し、北条時宗が執権の時代であったからこの伝承は誤りである。

和泉国国衙領では在地土豪層が村刀禰職を継承して強固な支配を継承し、その刀禰体制は荘園にまで影響を与え、また地頭・御家人が在地に根をおろすことを困難にしていたという状況のもとで、[16] 得宗被官の安東蓮聖が和泉国衙にごく近い山直郷・軽部郷などに拠点を築くことは、北条得宗および一門の支配力を和泉国に滲透させるうえで重要な策であった。しかしこのことは地頭や御家人一般が和泉国で勢力を伸長する支援とはならず、むしろ地頭・御家人と得宗被官との矛盾を強め、地頭・御家人を反北条の側に走らせる原因ともなったと思われる。

安東蓮聖は久米多寺別当職を買得した年、直ちに西大寺叡尊の高弟であった顕尊を久米多寺住持として招き居えた。安東蓮聖はすでに弘長二年（一二六二）十一月八日、北条時頼の使者として書状を携えて西下し、叡尊に会っている。[17]

叡尊の弟子忍性はこの年の前年にあたる弘長元年に関東に下り鎌倉に入って、北条時頼などの帰依をえて戒律を広め、西大寺派の影響力を関東に強めつゝあった。久米多寺住持となった顕尊は、久米多寺の堂舎修復のため勧進を開始し、久米多寺を華厳・律・真言の三宗兼学の道場とする意向を固めたし、安東蓮聖は久米多寺僧俗三十余名の衣食の料にあてるべく菜地を寄進し、また久米多寺域内の殺生禁断を下知するなどして、弘安六年、禅爾が久米多寺住持となるまでに、久米多寺再興はもうその緒についていたのである。

禅爾が顕尊のあとをついで久米多寺住持となった初期の最大の事業は、行基が築いたといわれる八百メートル四方にも及ぶ久米多池の修復であった。正応二年（一二八九）二月、禅爾は民衆に勧進して六万本の率塔婆を造立し、その資縁によって久米多池修復の財源にあてようとして「勧進疏」を作製し、貴顕衆庶に訴えた。伏見天皇にも奏聞し、「浚池勧進帳」の下付をうけたという。もちろんこの勧進に応え、最大の援助をおくったのが安東蓮聖であったことはいうまでもない。この成否は安東氏のみならず、北条氏が主導する武家政治が和泉国に拠点をもち、それを拡大するかどうかの鍵を握っていたといってよい。一方、久米多寺には経論などが整えられ道場として急速にそのにぎやかさを加えていった。永仁三年（一二九五）から翌四年にかけては、宋人の学僧智恵が来住し、「華厳演義鈔」「華厳経疏」などを書写したのをはじめとして、学僧の来往があいついでいる。久米多寺は顕尊と禅爾の二代にわたる住持の時代に、面目を一新し、和泉国において新興寺院にも似た台頭を続けたのである。かつての九条家とのつながりはむしろ相対的には後退した観がある。(18)

日根荘の荒野開発再開の決めてになったのは、久米多寺が西大寺の末寺化し、安東蓮聖が久米多寺の檀那となって支援し、同地での地盤を固めたことなどを通じて、開発に強い理念をあたえ、開発を実行するにたる資力が集まり、しかもそれを実行する軍事的強制力をすら擁した開発請負業者が現地で形成されたことである。浪人などを編成し、私財を投じて開発を実行する請負業者は、すでに十一世紀の古志得延の場合のように、古い時代に登場していて、開発が請負業者に依存して取り組まれるということ自体は決して新しいことではない。しかし古志得延の場合と日根荘開発請負の場合とで決定的に違うことは、後者は僧侶が請負業者群を構成し、しかもその構成者のそれぞれが朝幕の権力と権威とに直接的につながり、しかも現地での開発指揮を各地で専業家・実務家として力量を鍛えあげてきた人物が執っているということである。古志得延のような土着性と地域性だけでは果たしえない。在地領主や農民と競合し対立しながら開発を展開するには、この華々しさや仰々しさ、そして機動性とを必要とする時代になっていたのである。

(3) 開発労働の実態

久米多寺三綱らが日根荘開発の請文を提出してから四カ月後の正和五年(一三一六)六月十七日、日根荘内の日根野村沙汰人らは「日根野村絵図」を作製して九条家に提出した。この絵図は約七十年前の文暦元年十二月、日根荘立券直後に作成された「日根荘諸村田畠在家等注文」のなかの日根野村に関する部分が絵図化されたものであるが、立券以後に同村で加えられた開発による変化を加え、とくに久米多寺三綱が請文提出して以後の開発の事実を反映することに重点を置いたものであったといえよう。(19)

まずこの絵図には、無辺光院惣門付近で、無辺光院の寺域をふくんだ荒野が新しく開発されたことが示されている。そしてその新開地に招き居えられた農民として「中林男」・「神源次」・「辰王」の三人の名前が記入されている。この新開田の面積やいわゆる新百姓三名の素性は明らかでないが、文暦元年十二月時点の日根野村在家農民の名が「安貞・安弘・禅師・時末・正友・守時・安延・得成・末宗・則平・正景」などといわれていることから推察して、直ちに有力な在家層農民でないようにみえるが、同時代に和泉郡箕田村の名主百姓「沙弥阿念」は俗名を「紀藤次」と名乗っていたといい、(20) 日根野村での「神藤次」が有力在家農民層であった可能性がないわけではない。他の「辰王」

については、正応年間（一二八八〜九二）和泉郡唐国村の小百姓と思われるものに「犬王」「松王」などがいることから小百姓層以下とみてよかろう。[21] もう一人の「中林男」は、当時人名に「男」が付されたのは下人・所従など人格的隷属の強い身分のものに多くみられるところから、この「中林男」も身分は低かったと考えてよい。これら三名の新百姓が、日根野村住民であったかどうか不明だが、この無辺光院惣門付近の開発は、農民諸階層の労働編成によって実施されたと考えてよい。従来の灌漑用水体系に依存しながら、その体系の末端部分を延長し、荒野開発して流水し水田を拡大する方式がこの箇所では採られたことは明らかである。開発方式として従来の灌漑用水体系の強い規制のもとにおこなわれる場合、周辺の農民の存在形態や村落の秩序に依存し規制されざるをえないのは当然であろう。

絵図にもう一カ所新しく開墾を実施したことが示されているのは、熊野大道から長滝荘の北端に沿うて穴通（蟻《あり》通《どおし》）神社を経て小塚にいたる道が分岐する地点に描かれている池である。この池の部分には、わざわざ次のような注記があるところからもそれが新しく築かれたものであったこと明らかである。

古作ヲ坂之物池ニツキ早[22]

この「古作」が現作田であるか、それとも常荒・年荒であるかの判断はむつかしいとしても、既墾地であることに間違いはない。そのような「古作」をわざわざつぶして、「坂之物」に新しい池を築かせ、周辺のより大規模な荒野を水田に開発するために、ここで大きな決断と実行があったことを暗示している。関口恒雄氏は日根荘における「古作」が既墾地であっても、常荒の水田として現実に作付されていなければ再開発の対象たる荒野とみなすという九条家側の主張と、「古作」である限り常荒であっても農民の占有権が確立した既墾地として荒野指定からはずすべきだとする在地領主・農民の主張が当時真正面から対立していたと論じている。[23] この絵図は在地領主と農民の主張が退けられ、開発請負をした側、さらにいえば荘園領主側の論理・主張が貫徹したことを物語っている。このような利害の真向から対立する部分の開発に近隣の農民を駆り出して開発を加えることは困難であったかも知れない。いずれにしてもこの池の築造に「坂之物」が編成され、その労働が投入されたことが注目される。

「坂之物」とは当時、非人のことをいう。畿内および近国の各地に非人が集住して非人宿を構成していたが、これら諸宿を統轄する宿を本宿といゝ、大和国添上郡内の般若寺近くの奈良坂と山城国愛宕郡内の清水寺近くの清水坂とにその本宿があった。このような二つの坂に居住する人びとが「坂之者（物）」とよばれ、その用語が拡がって非人一般を「坂之者（物）」と呼ぶようになったと考えられる。非人が井戸掘、壁塗り、石組みなどに従事し、土木工事の際の専門技術者として雇用されることは多かったし、また農業生産とのかゝわりが少ないことからして土木工事に必要な単純な労役に駆使されることもありえたのである。文永六年三月五日、西大寺叡尊は大和般若寺西南方角の野原のなかにあった五三昧（墓地）の北端の空地を、非人を集めて施行を与えるための集会場にするため、奈良坂（北山宿という）の非人にこの野原の高低をならして平坦な敷地にする土木工事を課したことがあった。[24]当時数百名いたと思われる北山宿非人のどれだけがこの土木工事に参加したかは不明だが、非人が土木事業にとって重要な存在であることが、この時西大寺叡尊の眼前で実証されたといってよい。久米多寺はそのような非人を少なくとも和泉国内の規模で結集する拠点寺院の一つではなかったかと考えられる。すでにふれたように弘安五年十月二十一日、叡尊が久米多寺で非人に百貫百石の施行をおこない、その翌日には、叡尊は久米多寺を離れて大鳥長承寺に向う途中の和泉郡取石宿で、和泉国内の非人から三カ条に及ぶ乞場に関する起請文の提出を受理したことがある。叡尊と久米多寺と和泉国内の非人との機縁がここで生まれていたといってよい。[25]久米多寺住持禅爾は正応二年二月から久米多池修復を決意し大勧進を展開し、土木工事に着手するが、その時、久米多寺は非人を久米多池築造の労働に編成したと考えてよいのではなかろうか。この労働編成が日根野村開発にふたたび適用されたのであろう。

日根野村の新池築造にかゝわって重要なのは「日根野村絵図」に熊野大道ぞいに描かれている「人宿本在家」である。この絵図では農民在家とみなされるものを「本在家」と注記しているから、この「人宿本在家」が農民在家と区別されるものであったことは明らかである。中世における「宿」は営業的旅宿を中心にして成立した交通集落を指し、街道ぞいに平安時代末期から形成されはじめ、近世において宿場町とよばれるものの原型となったとされている。(26)日根野村の「人宿本在家」も熊野大道ぞいに描かれているし、この場所あたりに中世後期、六斎市であった佐野市場が発展してきて、日根郡北部一帯の経済・文化・政治の中心地になっていたことからも、(27)この「人宿本在家」群を交通集落の典型とみてさしつかえない。しかし中世において交通集落としての「宿」と非人宿がまったく別のものであったとは考え難い。すなわち近世の未解放部落である皮田村のように、皮田身分のものだけが集住させられ差別をうけていた形態とは異なって、中世では非人だけが集住する宿というものはなくて、むしろ三昧聖・雑芸能者・職人・旅宿経営者・運送業者などが集住していた可能性があるし、非人のなかにこれらを兼業するものもいたと考えられる。いずれにしてもこの「人宿本在家」が新池築造より前にあったか、また新池築造の機会に他から招き居えられた新しい「人宿本在家」であったか、その判断は困難だが、少なくとも新池築造した「坂之者」と深くかゝわる在家であり、集落であったことに間違いはない。またのちに改めて述べることだが、非人宿は一国内のみならず国をこえて独自な非人宿本末組織をもち、非人の宿相互の結び付きは強固であり、宿相互の非人の流動性があったことから、日根野村の人宿本在家集落を把握することによって、各地に散在する非人を結集することも可能であった。

以上、開発労働の実態の項で明らかにしてきたように、新しく灌漑用水施設を創設して、周辺の農民の生産活動の規制や村落の伝統的秩序をたちきって、大規模な開墾をし、新しい農村づくりをする開発請負業者が台頭する背景には、また彼らが機動性のある能力を備えた存在になってゆく重要な基盤の一つには非人の労働力再編成の動きがあったということができる。すくなくともこのようにみる限り、非人は社会外の社会の構成者ではなく、社会内の社会を形成する面があった。非人は権門勢家が企てた開発請負業者による開発土木工事にだけ専従するものでは恐らくなかろう。農民のさゝやかな土木工事にも、在地領主が領域支配を実現しようとして実施する中規模の開発土木工事にも参加し雇用されたことはありえたと考えてよい。このような土木工事の側面からとらえれば、坂之者＝非人は社会的分業の発展のうえに成立する一つの職業集団であり、しかも開発の主体である農民・在地領主・権門勢家の激烈な階級闘争といやおうなしに結びつかざるをえない政治的存在でもあった。

（1）天福二年六月二十五日、官宣旨（『図書寮叢刊・九条家文書一』四七号文書、以下を『九条家文書一』と略記する）。
（2）上横手雅敬「鎌倉幕府と公家政権」（岩波講座『日本歴史』中世一）。
（3）註（1）に掲げた天福二年の官宣旨。
（4）文暦元年十一月十三日、六波羅探題御教書案（『九条家文書一』四九号文書）。
（5）関口恒雄氏は「中世前期の民衆と村落」（岩波講座『日本歴史』中世一）で、この文暦元年十二月二日付の「日根荘諸村田畠在家等注文案」（『九条家文書一』五〇号文書）を天福二年六月二十五日「官宣旨」がでて日根荘が立券されてから約一年半を経過した後のもので、その「注文案」には一年半の間の開発の成果が「新田」や在家農民得成の名を付した「得成池」などとなって現れているとする。しかしこれは天福二年が十一月五日に改元されて「文暦元年」になったことの誤解があり、したがって立荘からこの注文までの期間は、わずか五ヵ月余しか経過しておらず、注文に立荘後の開発の事実が反映していたことをまったく否定することはできないにしても、「新田」「得成池」をその成果とし、「第一次開発」を指すとするのは無理である。
（6）関口恒雄「前掲論文」。
（7）関口恒雄「前掲論文」、嘉禎二年十一月十五日、中原盛実長滝荘下司并公文職譲状、正嘉三年二月七日、沙弥浄願長滝荘下司并公文職譲状（「日根文書」）、日根野系図（いずれも『泉佐野市史』史料篇）及び『中臣祐賢記』建治三年十月一日・同四年七月九日条（『春日社記録二』）。
（8）嘉禎二年五月十七日、関東下知状案、寛元二年二月二十三日、源盛長譲状など代々の譲状、建治三年十二月二十二日、無辺光院別当職補任状案、正和四年六月四日、源兼定起請文など（『九条家文書一』五二・五三・五四・六四号文書）。
（9）延慶三年二月十三日に開始されたものという日根荘荒野注文、延慶三年二月二十一日、日根野村荒野実検注文、延慶三年四月一日、日根荒野打渡注文など（『九条家文書一』五六・五七・五八・五九号文書）。
（10）延慶三年四月一日の日根荘荒野打渡残注文と、その直後に作製されたと思われる日根荘荒野相分注文（『九条家文書一』五九・六〇号文書）の二通の文書の端裏書に「実専注進」の注記がみえる。
（11）辻善之助『日本仏教史・中世篇之一』（第七章・第五節）、藤沢晋「十四世紀の成羽川水運開発記念碑・笠神の文字岩について」（『岡山大学教育学部研究集録』一八号）、藤井駿「備中国穴斗郷の歴史」（『吉備地方史の研究』所収）。なおこの文字の解読についてはそれぞれ若干の相違がある。高さ四・五メートル、幅六メートルに及ぶ笠神文字岩は、最近の新成羽川ダム建設のため水没した。
（12）本文は藤井駿・藤沢晋両氏の解読で、（　）内は辻善之助氏の解読を示した。
（13）正和五年四月八日、久米多寺三綱請文（『九条家文書一』六五号）。
（14）「金剛仏子叡尊感身学正記」（『西大寺叡尊伝記集成』所収、以下本書を「感身学正記」と略記する）。
（15）弘安五年五月三日、太政官牒（「久米多寺文書」）。
（16）吉岡敏幸「和泉国衙領支配と別名制――和泉国刀禰を中心として――」（『日本史研究』一八四号）。
（17）「感身学正記」。
（18）久米多寺に関する叙述の大部分は納富常天「泉州久米多寺について」（『金沢文庫研究紀要』七号）によった。若干「久米多寺文書」により私見を加えたにすぎない。
（19）この「日根野村絵図」の写真版は『図書寮叢刊・政基公旅引付』・『図書寮叢刊・九条家文書一』のそれぞれの巻頭に収められているし、文化庁と東京・京都・奈良の三国立博物館監修『日本の美術』（七二号、難波田徹編「古絵図」）に一〇四図として収められている。さらに関口恒雄氏の前掲論文中にはその絵図を忠実に模写し図版化されている。
（20）永仁二年正月十八日、箕田村名主百姓等契約状、年月日未詳、契約状連署判形輩系図（『松尾寺文書』）。
（21）年月日未詳だが、文中に「正応二年之比」の文言があることから、その数年後のものと推定される「刀禰非法条々事書」（『松尾寺文書』）。
（22）この注記の文言のうち「坂之物」を『図書寮叢刊・九条家文書一』は「坂之西」と推定判読している（六六号文書）。宮内庁書陵部職員であった田沼睦氏の好意により、この部分の拡大写真を提供してもらって検討したところ「坂之物」と読めた。
（23）関口恒雄「前掲論文」。
（24）「感身学正記」。
（25）「感身学正記」。

(26)　新城常三『鎌倉時代の交通』。
(27)　『図書寮叢刊・政基公旅引付』文亀元年四月十二日、同年六月十七日、文亀二年八月六日、文亀三年二月二十日、同年七月十二日の各条。

二、勧進集団の構造と理念

(1)　勧進と職人集団

徳治二年の「笠神文字岩」には西大寺僧実専に率いられて河川の岩石を破砕する工事に重要な役割を果した人物として「石切大工伊行経」の名が刻みこまれている。彼こそこの成羽川難所開鑿工事を実施する石工技術集団の棟梁である。この伊行経は備中国川上郡近辺のたんなる一石工ではなかった。南北朝時代のものと推定されている大和国山辺郡桃尾滝の磨崖仏「不動」の横に刻まれている六臂の如意輪観音石仏には、その光背面に「奉起行経」と彫られているが、これは伊行経と同一人物であろう。(1) なおほゞ同時代のものと推定されている紀伊国海部郡下津の地蔵峰寺にある地像石仏には「薩摩権守行経」の銘があり、(2) また大和国添上郡南田原にある阿弥陀磨崖仏には「元徳三年辛未五月日　願主東大寺大法師定詮　石工行恒」と刻まれ、行経と同一人物であろうと推定されている。(3) 以上のことから成羽川開鑿工事の難事業に取り組んだ石工技術集団の棟梁は畿内地方に数多くの石造美術を残し、むしろ畿内に本貫(大和国平群郡生駒あたりか)をもつ伊行経であったことが判明する。

「伊」を姓とする石工は建久七年(一一九六)、東大寺大勧進俊乗坊重源のもとにあって、東大寺再建の石造工事に従事し、東大寺大仏殿の石製の脇士像・四天王像や中門の獅子石像を彫刻した中国明州の出自で日本に渡米した伊行末をもって始祖とする。中門の獅子石像はいま南大門にあるが、その石材はわざわざ中国からとりよせたもので、その費用総額は三千余石に及んだという。彼は建長六年(一二五四)十月に石灯籠一基を刻み東大寺に寄進したが、それはいま同寺法華堂前にあり、それには「伊権守行末」との銘が刻まれている。彼は日本名を六郎といゝ、鋳物師陳和卿とともに一族四名とともに日本に来た。[4] 他の三名の日本名は二郎・三郎・五郎といゝ、大和国宇陀郡室生寺に近い大野寺にある大磨崖仏には、承元三年（一二〇六）に宋人である二郎・三郎・五郎・六郎の四名が三年がかりで刻んだと刻まれていて、これは伊行末ら四名が在野で活躍したことを示すごく初期の作品であろうといわれている。[5]

「権守」という王朝国家から職人層に与えられたと思われる栄誉を担い、宋人石工集団の棟梁的地位にあった伊行末は、さらに延応二年（一二四〇）二月に大和国宇陀郡大蔵寺の十三重石塔を築き、そこには「大唐□（明）州伊行末」と刻みこんだ。[6] 伊行末は正元二年（一二六〇）七月に日本の土となったが、嫡子は「伊」の姓と名前の「行」の一字を踏襲し伊行吉といゝ、亡父の一周忌にあたる弘長元年（一二六一）七月に高さ一丈六尺（約五メートル）の笠塔婆二基を造り、一基は亡父のために、一基は現在の慈母のためにと称して般若寺に寄進した。その笠塔婆寄進をした頃、当の般若寺では叡尊が造立させた文殊像を安置するための御堂が造営されている最中であった。般若寺にはこの笠塔婆の他に十三重の大石塔婆がある。さきの般若寺笠塔婆にある銘文からこの石塔婆は伊行末が造り始め、その死後嫡子伊行吉がその業をうけ継いで完成したものと推定されている。[7]

伊行末一族は東大寺大勧進職のもとに属して石造美術彫刻・東大寺造営工事の石工関係工事に参加することから始まって、まず大和国内を中心としながら、かなり広範囲にわたり石仏・石塔などを造る専門技術集団として活躍し、僧俗の依頼をうけながら石工として活躍し、のちとくに西大寺僧叡尊とつながりをもち、般若寺を菩提寺に近い寺として選んでいった。そのなかで東大寺大勧進職のもとに属しながらも、独立した石造技術を「伊」氏という姓を墨守しながら継承し、石工技術をもってひろく勧進事業に参加していったのである。現代的な常識からすれば、石仏・石塔を造立することと、河中の岩石を破砕して川舟の航行を便にする開鑿とは、まったく異質な活動のように思える。しかし当時、菩薩の慈悲を具現する崇高な行儀として両者は決して異質なものではなかった。開発と勧進といわれるものの本質はこの菩薩行に帰一していたといえる。したがって伊氏一族が石仏・石塔を建立して廻国した痕跡は同時に、たんに河中の岩石破砕のみならず、石工技術を必要とするような土木工事に参加したであろう地域と重複するものと考えてよい。

鎌倉時代中期以降、石工伊氏一族として知られているのは、すでにふれた「伊行吉」「伊行経」のほかに、「伊（井）行氏」「井行元」「薩摩権守行長」「伊末行」などがあり、また伊氏一族の石工の手になる石造美術とされているものに、広島県福山市鞆の安国寺にある元徳二年（一三三〇）在銘の地蔵石仏がある。(8) また茨城県小田の三村寺は忍性が西大寺流の教線を関東に流布する根拠地であったが、その遺跡に正応二年（一二八九）在銘の石龕仏があり、これは関東地方における中世石像中の最高級の優品であるが、これは大和国の優秀な石仏工の系列に属するものの手になるものといわれ、伊氏の可能性がある。(9) 北九州にも宋風の石造狛犬が多く、福岡県下だけでも宗像神社・観世音寺・若杉上宮・飯盛神社・風浪神社などにあり、これらは博多に来住した宋人石工の手になるものと推定されている。(10) 北九州系の宋人石工と大和系の宋人石工伊氏一族とは、日本国内において直接的なつながりはもたなかったと思われるが、少なくとも伊氏一族は西大寺派寺院・寺僧と結びつきをもちながら、西は山陽道の中間地帯から東は関東地方にいたるまでを範囲とする活動圏をもっていたことは明らかである。

鎌倉時代中期以降、畿内地方で活躍した石工は伊氏一族だけではない。比叡山とのつながりの強かった近江国穴太散所はすでに著名だが、もう一例をあげると橘氏・平氏をあげることができる。弘長二年（一二六二）四月二十四日の銘がある山城国浄瑠璃寺近くの地蔵磨崖仏は、沙弥浄法・比丘尼善阿が願主となり、増願らが与力衆僧として支援し、大工橘安縄・小工平貞末が刻んだと記されている。(11) これは日本人石工と思われ、しかも番匠大工と同様に石工にも「大工」「小工」の秩序があったことがわかる。伊氏一族のほとんどは「大工」を称していたが、その下には宋人あるいは日本人の数多くの「小工」がいたことを想定しなければならない。

石工が石像や石塔を造立する際に、鉄製の工具を必要とするが、その鉄製工具の整備に石工自身があたることも可能であろう。だが大工・小工を編成した大規模な工事の場合は専門の鍛冶工の参加が考えられるし、とくに大規模な土木工事ともなれば工具の調達・補修のために鍛冶職人が随伴することは不可欠であったと思われる。東大寺再建の際、石工伊氏一族とともに鋳物師陳和卿に率いられた高度な技術をもつ宋の鍛冶集団が日本に来たことは両者の関係を象徴的に物語るものである。もちろん石工と鍛冶工とは別な社会的分業上の役割を担いながら、専業化と独自な集団化にむけて発展するのだが、それらは都市の成立のなかでだけ協業関係が成立するのではなく、東大寺再建・成羽川開鑿のような大規模な造営工事・土木工事などにあたって、権門体制のもとでの開発・勧進活動のなかで結集されることがあった。

鋳物師としての勧進活動としては東大寺再建に日本人鋳物師として参加した草部《くさかべ》是助・同是弘・同助延など河内国丹南の集団の動向にその典型をみることができる。その一例だけを掲げると、秋田県松岡経塚出土経筒には次のような銘が彫りこまれている。(12)

大工草賀部国清
寿永三年大歳甲辰三月日
大勧進僧□□
大檀主尼殿
結縁之衆僧仲西
父僧永尊

これは経筒であり、梵鐘・鰐口または燈籠などのように後世になって移動する恐れはまず考えられないし、寿永三年(一一八四)三月に現地に埋められたまゝ今日にいたったものと考えてよい。大工草賀部《くさかべ》は河内丹南鋳物師集団の一族のなかの草部（日下部）の系譜をひくものである。この大工草賀部国清が現地に赴いて経筒を製造したか、また他の場所に居て、この経塚造営に関係した大勧進僧か願主であった女性か、またはこの経塚造営に結縁した僧から注文をうけ河内丹南で製造し手渡したものかそのことを明らかにしない。しかし羽後の雄勝地方にまで丹南鋳物師集団の名が及び活躍の痕跡を残していることは確かである。経塚造営勧進の構造も成羽川開鑿の形態と似ている。すなわち成羽川開鑿を発起した四郎兵衛にあたる人物がこゝでは大檀主尼殿であり、成羽善養寺僧が大勧進となっていたと同様、こゝでもこの地域の高僧が経塚造営の大勧進となったのであろう。ただ成羽川開鑿工事には西大寺僧実専が奉行代＝請負業者となっていたが、この経塚にそれがみえないが、「結縁の衆僧」がそれに当るであろうか。

河内国丹南鋳物師集団を構成する氏は、草部（草賀部・日下部）・多治比・丹治・広階・山川・布忍《ぬのせ》・平・大春日・河内などがあるが、これらの諸氏の支流は石工伊氏と同様、鎌倉時代に関東地方への移住したものがあった。しかし丹南鋳物師により鋳造された梵鐘の分布は、伊氏の活動範囲よりはさらに広く日本全土をほとんどその対象にしていたといってよい。(13)

鎌倉時代の勧進活動・開発土木事業を支えた手工業者は石工・鍛冶工などを素材とする限り、必ずしもまだ中世都市に集住しておらず畿内の農村地帯を本拠とし農業を兼業しながら活躍していた。

石工伊氏一族とつながりをもった鎌倉時代の最大の開発請負業者を擁した西大寺派寺院が、河内丹南鋳物師集団はもとより、各地に散在する鋳物師・鍛冶集団とつながりをもったことは当然考えられるところである。

西大寺叡尊は建長四年（一二五二）夏、河内国泉福寺に留錫して十重戒を説き、同六年三月には河内国真福寺に三日間滞在して、結界をおこない、四分布薩・梵綱布薩を施し、百六十五名に菩薩戒を授けている。また文永三年十二月三日にも真福寺で塔供養をおこない、摂津・河内・和泉三カ国の非人一千余人を集めて、一人々々に食物の施行をしたが、その時の施主は戒仏房であったという。(14)この河内泉福寺はもと丹南郡丹南村大字大保《おおぼ》にあったといゝ、また河内国真福寺は丹南郡丹南村大字真福寺にあったという。両寺とも現在は廃寺になっているが、ともに河内国丹南鋳物師集団の本拠地に営まれていた寺院であり、とくに泉福寺のあった大保は、俗に「大保千軒」といわれる丹南鋳物師集団の中心地であった。江戸時代の享保年間（一七一六〜三五）、真福寺が衰退したあとをうけて建立された文殊院には、叡尊が供養した文殊菩薩の画像が秘蔵されていたという。(15) 叡尊と丹南の両寺の親密なかゝわりは、両寺を西大寺の末寺化することによって、丹南鋳物師集団との関係を強めることと無関係ではなかったであろう。

（２）　西大寺と非人宿

西大寺叡尊・極楽寺忍性と非人救済の関係はすでに鎌倉仏教史の一つの重要な課題であるが、ここでは日根荘開発と西大寺僧による開発請負が「坂之者」＝非人を駆使して実施されたという事実をうけ、救済と表裏の関係にある非人支配・非人編成について述べてみたい。

日根荘は天福二年に立券されて、直ちに九条家による開発は実施されようとして成功しなかったが、それから七十余年後の延慶から正和にかけて、西大寺・久米多寺僧が開発請負に乗り出すことによって部分的に成功したこと、またその過程で非人を開発労働に編成したことについて述べた。このことは畿内及び近国に散在する非人にとって見過すことのできない大きな出来事であったことを暗示している。

寛元二年（一二四四）三月から同年四月にかけて大和国奈良坂（北山宿）の非人が提出した陳状がのこっている。この陳状によると、後鳥羽院の時代から、畿内および近国に点在する非人集団（末宿）の支配をめぐり、本宿たる大和奈良坂長吏と山城清水坂長吏との間で争いがあり、また清水坂長吏の座をめぐって清水坂とその派に属する末宿非人が分裂するなど非人社会の深刻な歴史が開始されたという。(16)

被差別性をともなう非人の発生はすでに平安時代にあったと思われる。すなわち赦免不善の輩などと称されて追及をうけ、生まれ育った家族および郷土から離脱したもの、葬礼・埋葬にたずさわる法師、牛馬など家畜や鹿など野獣の皮革処理に従事するものなどが、触穢思想にわざわいされて、日本中世における典型的な賤民にされていった。(17)このように社会外の社会を構成する中心的な成員たる非人は中世を通じて増加し、慈善救済の対象であるとして支配者側は意識し、またそのように処遇することは多いが、一方で支配者は広い意味で権門体制を支えるものとして制度的に再編成をしようとする試みを放棄したわけではない。非人集住は本来自然発生的なもので、したがって一定の自立性をもっていたが、権力側が寺院勢力を媒介にして再編成しようとして成立したのが非人宿であろうと考える。鎌倉時代においては制度的なものとして固定化されようとした面のあることを重視したい。

室町時代に成立したと推定される架空の人物たる「志阿弥法師」に関する伝承では、聖武天皇の許しをうけて行基菩薩がまず和泉国に八つの三昧（共同墓地）を開き、志阿弥法師の尽力があって諸国に六十一に及ぶ三昧が成立したという。これは室町時代当時、三昧聖が相伝していた三昧関係資料にもとづき、『行基菩薩草創記』のなかにこの志阿弥法師伝―三昧開創の伝承―がおりこまれて編述されたものと推定されている。(18)この志阿弥法師伝承は三昧聖が葬送にかゝわって台頭し定着する過程で創作されたのであったが、同時にこの伝承は三昧聖と三昧との関係が勅命によって行基菩薩の東大寺大仏殿供養や重源の大仏殿中興という国家的な大事業が推進されたこととのかゝわりで述べていることが注目され、権門体制下の三昧聖の政治的配置が一つの焦点であったように思える。その際、三昧聖はたんに葬送の聖であったばかりでなく、もっと積極的な役割を果たす勧進聖としての側面が重視されるのである。鎌倉時代中期以降は、葬送や死穢の処理にあたって、三昧聖と非人との職掌にはすでに区別が生まれつゝあった。たとえば文永二年（一二六五）十月、奈良で死体が発見された際、興福寺は聖に連絡し非人に取り片づけをさせようとしたが、聖が「如鹿者ヲコソ取退候へ、此ハ死人ニテ候ヘバ非人モ難治之由令申歟ト申」と渋ったので、改めて興福寺公文所から死体処理を指示させて、その処理を承伏させたという。(19)三昧聖と非人とが職掌上区別され、しかも葬礼集団としてペアとなり活躍する関係はすでに鎌倉時代初期に展開しはじめていたと予測される。三昧聖・非人の社会集団が権門体制下の勧進集団として政治的に配置され社会的活動を展開しはじめたのは、東大寺大勧進職の成立とかゝわりがあるのではないかと推定しておきたい。この点の実証は今後の研究に待つところは大きい。

寛元二年の奈良坂非人の陳状によると、本宿たる奈良坂非人は本寺（興福寺）の社家に属する清目《きよめ》（非人）であり、したがって奈良坂非人は重役の非人であったのに対して、清水坂の非人は興福寺の末寺たる清水寺という一伽藍に属する清目にすぎず、本来対等な地位にある清目（非人）ではないと主張している。[20] この対立の背後には建保元年（一二一三）八月頃から起こった延暦寺と興福寺とが清水寺を末寺化するための紛争があり、また重源から栄西・行勇・円照と大勧進職が継承される過程で、初め東大寺再建のなかで示された権門による政教協力による寺社復興や秩序恢復の理念と実態を喪失していき、東大寺・興福寺・延暦寺など個々の有力寺院がそれぞれの家産支配のなかに勧進の機能を排他的にとりこもうとして大勧進職や、さらに非人宿の争奪があり後退したことを物語るものであった。すなわち元応元年（一三一九）に東大寺八幡神輿が入洛し、強訴することがあったが、その一カ条に東大寺の大勧進職に員外の僧を補せられたことへの反撥があり、このことは大勧進職の変質を示唆している。[21] 大勧進職が形骸化しながらも、公家・寺社やまた国家はさまざまな公事・造営の実施にあたって、成功や勧進はいよいよ必要となり、成功をおこないうる階層や勧進に取り組める社会集団を掌中にすることは急務であったといえよう。

さて寛元三年の大和奈良坂非人陳状から清水坂内部の対立をみると次のようであった。すなわち本宿は一名の長吏と彼のもとに一名の惣後見役と本宿の有力非人および末宿長吏ら八名からなる長吏下座衆があって清水坂系非人宿全体の合議・執行に当たっていた。しかし本宿長吏のもとに側近グループが形成されはじめ長吏は専制化しつゝあった。たとえば長吏下座衆の筆頭格であった清水坂本宿出身と思われる阿弥陀法師らは、本宿長吏が専制化したという理由で追放するクーデターを起こしている。追放された先長吏は摂津小浜宿に籠居し、本宿奈良坂の支援をえてふたゝび清水坂長吏の座に復帰し、その受難時に奉公した摂津法師に摂津太田宿長吏の座を与えている。このように清水坂系の本宿・末宿の秩序は長吏側近グループを抱えた長吏の専制化によって崩壊しつゝあった。従来奈良坂系であった大和国真土宿を清水坂の末宿にしようとして、清水坂本宿長吏が真土宿長吏近江法師と計画をすゝめていた時、近江法師の弟法仏法師が反対したため、これを殺害するため本宿長吏の密命をおびて、さきに太田宿長吏となった摂津法師が紀伊国山口宿まで派遣されている。また清水坂本宿長吏はわずかな咎を理由に清水坂非人吉野法師・伊賀法師・越前法師・淡路法師を追放したことがあった。本宿長吏には配下の非人追放権があったことがわかる。追放された四法師は奈良坂に走った。奈良坂の有力者播磨法師は上洛して、吉野法師らの本宿還住の労をとろうとしたが、清水坂非人と合戦になり、播磨法師は清水坂本宿長吏を殺害する結果になった。奈良坂の播磨法師は上洛の際すでに合戦にたえる非人の手兵を率いていたと予想される。本宿には「若小法師」「若下小法師」などの集団があり、あたかも惣村における「若衆」に似た組織をもっていて、これが宿の手兵を構成したものと思われる。また清水坂は奈良坂非人が「手切非人」を動員して清水坂に押し寄せ非人の住宅に放火したと訴えたが、奈良坂は播磨法師存生中は「手切非人」が大和国中に住んでいたが、播磨法師死去後に大和国中から追放したので、「手切非人」は清水坂系の紀伊国山口宿に移住し、むしろ清水坂派の山口宿と関係があり、奈良坂とは無関係だと反論している。「手切非人」の実態は必ずしも明らかではないが、本宿・末宿の正式な構成員ではなく、制限つきながら国内の非人活動が許容されたものや、一切の非人活動が停止され追放された非人などであったことがわかる。このように非人に対して本宿が加える制裁たる「追放」には軽重の二種類があったと推定される。この制裁が奈良坂の合議機関を通じて実施される場合もあれば、播磨法師のような本宿の有力非人によりかなり恣意的に実施される場合もあったと考えられる。

奈良坂末宿から清水坂末宿に移ろうとした豆山宿長吏に対しては興福寺衆徒や五師が思いとどまるよう説得したことがあったいゝ、また伊賀国杵木屋宿は春日社領大和国宇陀郡西山荘に属する宿であり、古来より奈良坂知行の末宿で寺家や社家からの御下文が伝えられていて、清水坂が自分の進止下であると主張するのは謀計だと反論している。また清水坂は奈良坂非人によって放火されたことを六波羅探題に訴えるにあたって清水寺の僧の連署状を添状としているようである。(22)

このように非人宿が奈良坂系と清水系とに分裂し、それぞれの本所の家産制的支配下に組織されつゝあったことと対応して、宿に結集する非人が作りあげてきた相対的に独自な内部規制や相互の秩序は崩壊をたどり、本所の支配の論理に依存した非人および非人宿の主張が強くなってきていた。本所の論理とは国家権力の主導による大勧進職の活動を期待せず、米銭を自ら集積する成功や勧進に依存しようとする内容をもつものであり、その任務の一端を帯びて聖や非人が米銭の集積に奔走しなければならなくなった。

寛元二年の陳状にみられる奈良坂と清水坂の対立抗争の根底にあったのは乞場の争奪であったといわれる。(23) 乞場とはきわめて呪術的な触穢思想を背景としつゝ成立する手工業・勧進・死穢処理などの生活圏である。西大寺叡尊は畿内近国の宿非人から起請文を提出させて、非人にとって理想的な乞場の在り方をつくり出そうとしていった。いま山城国非人が提出した起請文が知られているが、それを要約すると次のようになる。

㈠　埋葬の際に死者が身につけていた装束は埋葬に当たった非人の施物となるが、それに充当しうるような装束がない場合、葬家に群臨して施物を強要するようなことがあってはならない。

㈡　堂塔供養・追善法養の際に施主から与えられる施物に異論を唱えてはならない。施物を欠いた場合、施物下付の希望を述べることは許されるが、最終的な判断は施主にあることであって、過分な施物を強要すべきでない。

㈢　癩病患者の発生を聞いたら、非人宿から穏便に本人および家族のもとに使者を送り、重症の場合は本人および家族の意志如何にかゝわらず家から引き離さねばならないこと、軽症の場合には宿長吏に志納金を提出することによって家族との生活が許されることなどを伝える。その時本人や家族を威圧し過分な用途を強要しない。

(四)　重病の非人が所定の場所で乞食をし生活を立てることは許されるが、その際乞食などに対し罵詈雑言を加えない。[24]

この起請文に表現された理想的な乞場とは施主の一方的な判断にまかされた施物や、癩病患者およびその家族からのこれまた一方的な志納金を、ただ受納するという関係のなかで成立するもので、乞場はいかなる物質的な財をも生産する場ではないし、非人が埋葬などに投下した労働に対して報酬を要求する場でもない。しかしこの起請文に表現された乞場は非人活動の一部分を示すにすぎない。すでにふれたように奈良坂非人には春日神社の死んだ鹿処理があったし、一般的にいっても宿非人は斃牛馬をもらいうけて皮革処理したり、野獣の皮革処理・干肉生産などの仕事があった筈である。しかし殺生禁断の実施を主張する叡尊に提出した起請文にはそのような個条はないし、むしろそのような活動から離脱することを強制されたことも考えられる。すなわち天禄元年（九七〇）十月、天台座主良源は『梵網経』の経説をひきながら、僧侶が武装することと殺生することの禁断を示し、しかも斃牛馬処理・皮革業に対する露骨な敵視をあらわしているが、[25]良源同様に『梵網経』と『梵網経古迹記』を講説することが多く、梵網布薩を行ずることにきわめて熱心であった叡尊も当然のことながら、非人の斃牛馬処理と皮革業に対する敵視をもっていたと考えられ、乞場活動のなかにそのことをもる非人起請文を受理する筈はなかったのである。またこの起請文のなかには勧進活動の一環として非人がおこなう雑芸能・呪術への参加の問題もふれられていない。

以上のようにみると叡尊による非人起請文提出の動きのなかには、後鳥羽院の時代から寛元二年以降まで繰り拡げられていた非人の乞場内での強制や乞場争奪を激化される本寺—本宿—末宿の対抗を終焉させるため、非人の行動はすべて生身の菩薩行であることを非人自身に自覚させ、これまでの乞場活動に自己規制を与えてゆく目標があった。しかし一方、叡尊は施行を大規模に実施するが、これは乞場縮少により余儀なくされる非人生活の窮乏化を補う意味があっただけでなく、その時にあわせて非人交名を調査させることによって、新たな非人編成を試みたらしいのである。

文永六年（一二六九）三月、叡尊が大和般若寺近くに施場を設け大規模な非人施行をおこなった時に作製されたものと考えられている「御施行人数注文」によると、北山宿三百九十四名、大和国添上郡和邇宿百四十三名、同国平群郡額田部宿百七十三名、旧平城京々域内と思われる西京宿は三十五名などと記され、大和国・山城国南部の十三宿、非人九百十七名と、浪人八十六名の、合計一千三名が数えられている。(26) また建治元年八月、山城国非人の起請文が叡尊に提出された日、宿非人に斎戒を授けたがその数は八百三十七名であり、これはそのほとんどが清水坂非人であろうと推定される。奈良・京都など都市近郊への非人集住は著しい。この非人々数の記載は、それぞれの宿の人口実態を正確に示すものかどうか疑わしいが、少なくとも叡尊が実施した施行や斎戒による非人把握がかなり厳密であったことを推測することはできる。この非人編成が西大寺僧による勧進活動やさらに請負開発への非人投入に結びついたことはいうまでもない。非人にとっていえば従来の乞場活動の混乱が叡尊の強い意志と実行によって収拾され、非人活動が縮少される反面、新しい乞場の補塡であったといえよう。

西大寺僧による非人を組織した開発・勧進活動への華々しい進出は、それまでにない新しい社会集団として非人が発生してきたことによるのではない。すでにあった非人組織の内部分裂・内部対立の調停・克服をはかりながら非人を開発事業や宗教活動に再編成されることをしめしたものである。

（3）　開発と勧進の象徴——河尻の燈籠堂

開発と勧進の象徴は「笠神文字岩」や「日根野村絵図」などにみることができるが、ここでは要津の燈台ともいうべき燈籠堂の建設について述べてみたい。

本宿清水坂長吏が長吏下座衆に追放されて、その末宿である摂津国河尻の小浜宿に逃れ籠居したことについてはすでにのべた。この小浜宿のあった河尻は一洲などとも別称され、神崎川が大阪湾に流れこむ河口近くにあり、東大寺領川辺郡猪名荘の南端、大納言五条邦綱の寺江亭があった近辺に比定され、現在の尼崎市今福あたりとされている。(27)正元二年（一二六〇）四月六日、摂津国司中原師藤は八カ条に及ぶ国解を進めたが、その四カ条目には神社仏寺権門勢家の荘園の寄人らが摂津国内の要津に集住し、国役を勤めなくなっているが、改めて在家役を課したいことを申請している。その要津として神崎・浜崎・杭瀬・久岐のほかに今福をあげているが、この今福は河尻の一部ではないかと思われる。(28)この河尻付近にはすでに非人も集住しはじめていて、清水坂本宿長吏が避難先として頼りにするほどのかなりな宿になっていたことがわかる。河尻は次第にいわゆる「十楽津」的性格を強めてきていた。

この河尻に叡尊は少なくとも二回関係している。一回は建治三年（一二七七）十一月十五日、叡尊が両界曼荼羅を西大寺四王堂の南面に懸け、曼荼供を修した時、西大寺の外護者である笠間禅尼摂取房が参列してこの供養をみたが、道場が不相応だとして、ふさわしい堂塔建立を発願し、年内に用材などを購入する費用を施入し、河尻におもむいて立具などを調達させたということが一つである。もう一つは文永十二年（一二七五）八月五日に僧衆百二十名ばかりで河尻燈籠堂に到着し、一泊して翌六日に三十六名に菩薩戒を授け、午後、広田社南宮に向かって出発しているということである。(29)港湾小都市として次第に発達してきた河尻に燈籠堂が建立されていたことが興味をひく。神社や寺院に石燈籠が建てられたり、鉄製の釣燈籠が軒端につらねられることは決して珍しいことではない。しかしそれらの燈籠は本来神社・寺院の本殿・本堂・拝殿・法堂・塔・社務所・方丈などさまざまな建物にあくまでも付属するものとして配置されるに過ぎない。しかしこの『感身学正記』にみられる表現は、燈籠が堂の主体をなしていたようにとらざるをえない。この燈籠堂とは船舶の航行の便を与える燈台であるとともに、航行の安全を祈禱し加護する仏堂であったと考えたい。正安四年（一三〇二）、安東蓮聖は播磨国福泊に大石を積み島を築いて港湾として開発をおこなったが、その時、福泊の西辺の山に燈火をおいて燈籠山と称し、入津する船舶の便に供したという。(30)福泊の燈籠より早く摂津河尻一洲近辺に燈台の役割を果たす燈籠堂が設けられていても何ら不思議はないのである。

実はこの燈籠堂は摂津国川辺郡長洲浦人が奥能勢の霊地剣尾山月峰寺をはるか遠くにおいて拝し、夜路を参詣する便のため、値願上人を本願として創立したものであったといわれている。その年代を明らかにしないが、建治元年（一二七五）にこの地に来た琳海上人が長洲に大覚寺を建立する以前にこの燈籠堂を再興したことがあったという。しかしすでにふれたように叡尊の燈籠堂宿泊はその年の八月のことであり、燈籠堂は厳然と存在していたこと明らかであるし、琳海上人再興伝承は『尼崎市史一』が述べるように、草創者値願上人と琳海上人との間には堂建立発願趣旨に違いがあり、燈籠堂をめぐってはこの時期に政治・社会・宗教上での大きな変化があったように思われるのである。[31]

その変容の全面的な実態は明らかでないにしても、琳海上人が建立した大覚寺には近接して「公方地」が二カ所と「市場」があり、市場開市日には守護代官がここに臨席し、市津の検察をおこなっていたのではないかと推定されている。[32]少なくともこの燈籠堂に対する守護支配強化が背景をなしているのではないかと考えてよかろう。もちろん摂河泉地方に対する守護支配の滲透には必ずしも同一な歩調、方法がとられたわけではなかろう。若干の例を示すと、弘安五年（一二八二）十月、和泉国取石宿非人が叡尊に起請文を提出した際、非人が乞場で違乱をした場合、乞場停止の最終的権限は叡尊に属するとしながら、その実務は和泉守護および所々の地頭が行使することを述べている。すなわち、非人の活動が守護・地頭の承認事項になっていた。[33]とくに当時の和泉守護は六波羅探題北方北条時村が兼帯しており、弘安二年（一二七九）十二月には久米多寺内で殺生禁断を実施するよう守護代田中法橋に命じている。[34]こゝでは久米多寺の保護・非人の進退を通じて少しでも和泉国内に支配を強めようとする意図は明らかである。摂津国の場合、北条得宗の時宗が守護の時もあり、北条義時が守護の時には得宗被官長崎氏が守護代であったといゝ、[35]北条氏の力の入れようは一段と強かったようにみえる。そのようななかで、川辺郡伊丹に本貫をもつ御家人伊丹親盛は北条氏被官同然に、摂津守護使として守護代と行動をともにし、正和四年（一三一五）七月には、大山崎油神人の訴えをうけて、摂津国内の兵庫島・一洲（河尻）・渡辺・神崎などに居る関務雑掌から荏胡麻を正路に取り扱うという請文をとりまとめて注進しているし、[36] 摂津守護による港湾支配展開の最前線にいたことは間違いない。

このような北条氏の動きに対する反抗が、琳海上人のあとをうけて燈籠堂とそれに付属する温室の住持となった浄瑜の事件の背景にあったと考えられる。すなわち浄瑜は嘉暦元年（一三二六）までは海賊に与党していると噂され、燈籠堂の四壁を破壊し、温室料として貯えられていた資財を奪って出奔したというのである。[37] 燈籠堂に結集していた長洲浦人や近辺の海浜に居住していた船運業者（廻船業者）などの反北条氏の動きが、正和四年（一三一五）十一月、比叡山の悪僧らを張本とし淀川筋の淀・水垂・下津（いずれも山城国内）から神崎川筋の賀島、大阪湾の尼崎・西宮・兵庫・都賀河などの広い範囲にわたって居住する約百名による兵庫関襲撃と摂津守護勢との合戦となって爆発する底流にあったとみてよかろう。それはたんなる悪党峰起というより内乱前夜といった方がよいかも知れない。[38]

河尻燈籠堂の再興にあたって叡尊とともに京都東北院僧で東大寺戒壇院で律学を修した琳海とが、相い携えて動いたことは間違いない。尼崎市域内には嘉暦二年（一三二七）銘の如来院笠塔婆、元応二年（一三二〇）銘の西武庫十三重石塔、鎌倉時代中・末期のものと推定される守部十三重石塔、武庫荘十三重石塔（残欠）、尾浜宝篋印塔がある。[39] いずれも大和系石工の作と推定されるし、伊氏一族などの勧進活動の範囲内であったことは間違いない。河尻小浜非人宿もその一役を担っていたと思われる。

叡尊・琳海に率いられた勧進と開発集団の活躍は、長洲浦人や近辺の海浜に居住する船運業者の「公界」の建設とその非農業生産活動を住民の立場に立って推進するような役割を果たしたものでないことは明らかである。権門支配のこの地域での建てなおしと、摂津守護北条氏による新たな支配拠点の確立のための「地ならし」的役割を果たしたものと思われる。

「大覚寺縁起」には三間四面の燈籠堂の建物と、それを見あげる人びとや縁の下まで漕ぎよっている舟が描かれている。その屋根の鳥衾・大棟の部分は雲にかくれて残念ながら描かれていないが、恐らくその上に燈籠が設けられていたのではないかと思う。この燈籠堂の正面には一つの釣り燈籠が描かれているが、これは丹南鋳物師の手になるものと考えたいし、屋上の燈籠は、はるか月峰寺への参詣路を照らすためと伝えられているように、巨大な燈籠であった筈で、これも丹南鋳物師たちが腕をふるって鋳造したものではなかったろうか。絶えず油を注ぎ加え、とくに夜間にそれを絶やさないよう燈火を見守ることは、小浜宿非人の菩薩行の重要な一つとして義務づけられていたのではなかったか。

この燈籠堂は「笠神文字岩」「日根野村絵図」とともに鎌倉時代中期以降の西大寺派僧請負業者による多様な分野での開発と勧進とをそれぞれに示す象徴の一つであったといえよう。それぞれは生産・流通や日常生活に関する社会発展を示すものであるが、同時にそこには権力支配とそれに対する民衆のさまざまな抵抗や深まる矛盾を秘めていたのである。

（1）清水俊明『大和の石仏』（一、山の辺の道、(9)桃尾ノ滝の不動）。
（2）川勝政太郎「地蔵峯寺石仏と石大工行経」（『史迹と美術』一四四号）。
（3）清水俊明『前掲書』（六、大和高原、(6)南田原の切りつけ地蔵）。
（4）「東大寺造立供養記」「東大寺法華堂前石燈籠刻銘」「般若寺笠塔婆銘」（『俊乗房重源史料集成』所収）。
（5）清水俊明『前掲書』（七、宇陀地方、(1)大野寺の大石仏）。
（6）毎日新聞社奈良支局編『大和の塔』（七、宇陀、大蔵寺十三重石塔）。
（7）和島芳男『叡尊・忍性』。
（8）猪原英一「輌安国寺元徳銘の地蔵石仏」（『史迹と美術』九五号）。
（9）川勝政太郎「石造地蔵」（『仏教芸術』九七号、地蔵菩薩特集号）。
（10）森克己「九州と宋・元文化」（『九州文化論集二・外来文化と九州』所収）。

（11）清水俊明『前掲書』（四、南山城、(4)浄瑠璃寺の近辺・その一）。
（12）『平安遺文・金石文編』（五〇〇号文書）。
（13）坪井良平『日本古鐘銘集成』。
（14）「感身学正記」。
（15）『大阪府史蹟名勝天然記念物』（南河内郡、廃寺址の項）。
（16）関係史料としては寛元二年三月、同年四月、年月日未詳の「大和奈良坂非人陳状」（『鎌倉遺文』六三〇三・六三一五・六三一六号文書）と、それに関連する年月日未詳「大和奈良坂非人陳状案」（網野善彦「非人に関する一史料」『年報中世史研究』創刊号紹介の宮内庁書陵部所蔵「古文書雑纂」）などがあげられる。また寛元二年の非人陳状をめぐる問題の研究としては、喜田貞吉「大和に於ける唱門師の研究（中）」（『民族と歴史』四—一）、同「寛元二年奈良坂清水坂両所非人の訴訟に就いて」（『民族と歴史』四—四）、大西源一「寛元二年奈良坂非人陳状」（『民族と歴史』四—三）、渡辺広「夙のもの」・同「非人宿について」（ともに『未解放部落の史的研究』所収）、網野善彦『蒙古襲来』（小学館『日本の歴史』一〇）、大山喬平「中世の身分制と国家」（岩波講座『日本歴史』中世四）、同「奈良坂・清水坂両宿非人抗争雑考」（『日本史研究』一六九号）、網野善彦「非人に関する一史料」（前掲）、竹内理三「大和奈良坂非人と京都清水坂非人」（『鎌倉遺文』月報九）などが主たるものである。
（17）中世の身分制全体のなかで賤民身分をとらえようとしているのは黒田俊雄「中世の身分制と卑賤観念」（『日本中世の国家と宗教』所収）である。
（18）伊藤唯真「三昧聖の墓地開創伝承——『行基菩薩草創記』をめぐって——」（竹田聴洲博士還暦記念会編『日本宗教の歴史と民俗』所収）。
（19）「中臣祐賢記」文永二年十月二十五日条。その他聖と非人の分業を示す記事が「中臣祐明記」などにも散見できる（『春日社記録』第一・第二所収）室町時代における三昧聖と非人（エンタ・乞食・細工座衆などと表現されている）とが区別されていることについては伊藤久嗣「南都極楽坊をめぐる信仰の一背景」（前掲『日本宗教の歴史と民俗』所収）に詳しく具体的に明らかにされている。
（20）『鎌倉遺文』六三一六号文書。
（21）辻善之助『日本仏教史・中世篇之一』（第七章・第二節）。

(21) 辻善之助『同右書』(第七章・第二節)。
(22) 註(16)に掲げた諸史料による。この事件の内容と経過は網野善彦「非人に関する一史料」に要領よくまとめてある。
(23) 大山喬平「前掲論文」。
(24) 「感身学正記」建治元年八月二十七日、弘安五年十月二十五日両条。
(25) 西田円我「屠牛者攷」(前掲『日本宗教の歴史と民俗』所収)。
(26) 年月日未詳「御施行人数注文」(『金沢文庫古文書三・所務文書編』五七四九号文書)、「中臣祐賢記」文永六年三月二十五日条にくわしい。非人二千名、聖千名が参加したとある(『春日社記録二』)。
(27) 千田稔『埋れた港』(三、五泊の位置、河尻の項)。
(28) 『妙槐記』文応元年四月十三日。
(29) 「感身学正記」。
(30) 土木学会編『明治以前日本土木史』(第三編港津・航路・航路標識、第一章港津、福泊港)。
(31) 『尼崎市史一』(第四章中世の尼崎、第一節鎌倉時代の尼崎)。
(32) 『同右書』。
(33) 「感身学正記」、この点については大山喬平の指摘(前掲論文)がある。
(34) 佐藤進一『増訂・鎌倉幕府守護制度の研究』(和泉の項)。
(35) 『同右書』(摂津の項)。
(36) 『伊丹市史一』(第四章中世の伊丹、第一節鎌倉時代の伊丹地方、四伊丹氏の活動の項)。
(37) 『尼崎市史一』(前掲)。
(38) 『伊丹市史一』『尼崎市史一』(前掲)。
(39) 『尼崎市史一』(前掲)。

むすび

これまで述べてきた鎌倉時代における開発と勧進は、わずかに摂津国河尻の港湾小都市に関して触れた以外は、その大部分は農村を舞台としたものである。しかも開発・勧進請負業者と開発・勧進の実務を担当してゆく石工・鍛冶工・宿非人などの集団を結合させたものやまたその集団を全国的規模で流動させたものを、主として当時の朝幕の政治や宗教界の動向などにかゝわらせて追求してきた。したがってこの課題は技術の流通・宗教の流通・政治の流通という きわめて広い意味での流通論への序章ということができるかも知れない。この小稿を結ぶにあたり、「鎌倉時代における開発と勧進」と題して追求してきたことを十分ふまえながら、中世の流通さらには都市に論点を引きつけ得宗専制の時代とはどのようなものかという一つの問題を提起しておきたい。

永仁五年（一二九七）六月、鎌倉極楽寺公文所が幕府に対して「妻が懐胎して三か月を経たのち、その夫が売られてしまった場合、生まれた子供はその売られた夫に帰属するかどうか」と問いただしたことがあった。それに対して幕府は「生まれた子供が売られた夫に帰属するかどうかの決定は、夫が売られた時に妻の懐胎が三か月を経ていたかいなかったかが基準にはならず、夫が売られた時点で妻が着帯していたかどうかによる」と返答した(1)。

鎌倉幕府が人身売買を厳禁し、しばしばその禁令を発していることは周知のことだが、この質疑応答は鎌倉幕府とその膝下にあり忍性が住持をつとめる極楽寺との間のまさに人身売買に関する内容のものである。幕府はこゝでは人身売買そのものを認める立場に立って、一般の慣習法たる「着帯」の事実に従った措置を指示している。牧英正氏は、つねに鎌倉幕府法が子供の帰属を問題にするのは奴婢雑人に関する場合であるから、この質疑応答も奴婢雑人売買に関する適用として理解してよかろうと推論している(2)。しかし外でもなくこの極楽寺が鎌倉における非人管轄をしていた事実からして(3)、この適用を奴婢雑人とみるより非人家族への適用とみる方が妥当ではないかと思う。というのは、寛元三年（一二四五）二月十六日、幕府は諸国守護が実行すべきこと三カ条を決定したが、その第二条で寛喜の飢饉の際に飢人を養助するために売られたまゝになっている人びとの処置について触れたことがあった。その冒頭において「無縁非人は御制に及ばず」「無縁の非人は御成敗に及ばす」として、売買されたのが非人本人、または非人の子供など非人家族の場合には幕府法の適用範囲外のことであるとして、(4)売買された関係の継続を承認するのみならず、それ以後でも非人売買が幕府法によって規制されないことを示している。

さらにこの質疑応答について重要なことは、こゝで売買される人身が奴婢雑人か非人であることの確定というよりも、この質問をした極楽寺公文所自身とその質問の内容である人身売買とのかゝわりである。たゞ鎌倉や関東地方の何処かで発生したことを極楽寺が仄聞して、単なる心覚えのために幕府に質問をし返答をえたという性格のものであろうかということである。私はそうではなく、これは極楽寺公文所が管轄する鎌倉の非人または同寺が所有する奴婢雑人を売買するなかで具体的に発生した問題を解決するためのものであったと考えたい。したがって幕府も、幕府法適用外の奴婢雑人無縁非人の売買にかゝわるものではあっても、夫が売られたのちに出生した子供の帰属について一般に通用している法を示して、その処置を極楽寺公文所に委ねたものである。一般におこなわれていた子供の認知に関する慣習法が非人家族にも適用されようとしていて、決して動物扱いの無法が通用していないことは注目してよい。いずれにしても極楽寺公文所が非人の人身売買に関係していたことは確認してよいと思う。

しかしだからといって極楽寺が奴婢雑人・非人売買によって利潤を追求していたとはいゝ切れない。本人の自由意志や家族の合意によって人身売買がおこなわれるケースは多い。すなわち畿内・近国において、宿非人に施行を与え宿非人を編成する過程で結集されてゆく非人、なかでも不安定で流動的な「手切非人」層が西大寺派の寺院や道場をたより、自力で全国的規模で流動することは十分ありうることだし、寺院・道場の管轄下にある非人が「無縁」であり「自由」であるが故に、各地に買いとられていったことも考えられる。入間田宣夫氏は陸奥国宮城郡高田名地頭である留守（伊沢）氏の新田開発や河原宿五日市場の在家支配にふれ、道路の清掃や雑芸・雑業などの生活を送る宿非人たちを新田開発の労働力に編成し、新開田の作人として居すえることがありえたと述べている。(5)日根荘の開発において果したと同様の役割を、陸奥国留守氏の私領開発のなかで「坂之者」＝非人が果したことはありうる。しかもその非人は陸奥国の現地で生み出されたものではなく、たとえば鎌倉の極楽寺が管轄する非人宿から、また忍性が関東で最初に留まった常陸国三村を媒介として、また安東蓮聖が登場する十三湊などを経て買得移住させられたものもありえたと考える方がよかろう。

弘安三年九月、西大寺西僧房で叡尊がまとめた菩薩戒を授けて弟子となった僧の名簿などには、東国出身の比丘衆がかなりあげられている。常陸国人八名、武蔵国人三名、上総国人六名、陸奥国人一名、出羽国人三名などである。(6)この各地からの西大寺への結集は、逆にこの地方への西大寺派教線の流布であり、西大寺派寺僧に率いられ開発と勧進の集団が活躍しうる可能性をもった地域の拡がりを示すものであり、さらにその開発と勧進集団の一員として編成された石工・鍛冶工そして非人が移動しまた移住しうる地域であったことも暗示している。いずれにしても得宗専制の基盤がこのような社会の中に根をおろしていたことは注目される。

網野善彦氏は市場や港湾そして宿などは、私的隷属から相対的に独立した「無縁」であろうとする人びとの場であり、原始・未開以来の「自由」の流れを汲む人びとの動きを示す場であったとして、諸労作を発表している。(7)日本中世の歴史に真に生々とした実態を再生産させてゆくいわゆる「無縁」の弱者に焦点をあてることの意義を決して否定しようとは思わない。しかしこの「無縁」の原理が、中世後期の惣村の自治や都市の自治という自覚的な主張になるためには、この「無縁」をも開発と勧進に編成する貴族と武家とがおりなす権門権力との全面的な対決をぬきにしては考えられないのではなかろうか。とはいってもこゝでとりあげた「開発と勧進」が権門権力が意図した通り理想的に実現したわけではない。日根荘が完全に開発され九条家領が理想的に実現したわけではない。日根野氏は南北朝内乱期に国人として不動の地位を築いてくる。西大寺派寺院が隆盛の一途を辿ったわけではない。そしてまさに「無縁」の代表というべき非人が、「開発と勧進」のなかで全国的にまさに菩薩行の基地としての「宿」を築いたのではない。権門権力は矛盾を一層深めながら中世後期へと趣移したことをおさえておく必要があろう。

（1）「鎌倉幕府新編追加法」（佐藤進一・池内義資編『中世法制史料集第一・鎌倉幕府法』六七六号）。
（2）牧英正『日本法史における人身売買の研究』（第四章第三節）。
（3）和島芳男『叡尊・忍性』（第二極楽寺忍性）、『鎌倉市史社寺編』（真言律宗寺院極楽寺の項）。
（4）「鎌倉幕府新編追加法」（『前掲書』二四〇・二四三号）。
（5）入間田宣夫「鎌倉幕府と奥羽両国」（小林清治・大石直正編『中世奥羽の世界』）。
（6）弘安三年九月十日「授菩薩戒弟子交名一」（『西大寺叡尊伝記集成』所収）。
（7）諸研究をまとめられたものが網野善彦『無縁・公界・楽―日本中世の自由と平和―』。

付　日本中世の立願と暗号

『日本史研究』の二〇七号は、日本史研究会中世史部会員の有志でプロジェクト・チーム風に組んだ黒鳥村文書研究会が調査解読した「河野家所蔵文書」全三十六点を紹介している。この文書は和泉国衙近辺における中世の歴史をさまざまな角度から明らかにする重要な史料であるだけでなく、富豪層による灌漑用水池の私的な支配管理の展開、地頭と領域内農民と水利をめぐる関係、地方の一村落寺院が地域社会で果している多様な役割、国一円の麹生産販売など、中世における政治・経済・文化・宗教についてこれまでの日本中世史研究の定説に再検討を加えたり、新しい問題を示唆したりする貴重な内容をもつものと思われる。そのようなことを思い廻らしながら研究会が解読を進めてきたなかで、最後までどうしても全体が意味の通ずる文章にならず、一同歯ぎしりかんだ文書が第一二号の「某立願文」であった。それは次のようなものである。

（端裏書）「願書薬師」
　敬白立願事近ハ今年、遠ハ」三年カ内ニ、カ
　ナ」エテタヒヲワシマ」シテ候はハ」
　　定
右立願之志越(趣)者、申入ト
コロノショマウ(所望)ヲ、カナヱてタヒヲワシ
マシテトナリ、ソノショマウ(所望)トイツ(フ)ハ、
サモノウシフトクンアセヲシタヲシ、

カトカノマチフモニクヒナテヒワマ
テハ、センシュタラニ五センヘン、心経コセンクワン
候、、光明真言、薬師之真言、菩提心真言、
カレコレトリ《(取)》アツメ《(集)》テサンセンヘン《(三千遍)》、シヤ
フクサトヒマラ候シソテ、ヒスクンカノケ
シ十ンツテヒセヘ又エタマラルワ、ヒタ、
ノラシフノシスオニ候ノヒ、ヨテタカセヒ
コフラトヨヤヲヤテモ、ケニツサニタマ
ラサマテトコクシチナリウ、チフナ
セセタヒモノトニタモオタカノトニシ
マラサタヒ候、タハニヨテヒスクソ
ヒセ、マテハヒンヤフマラヘ候レ
ヤクシニヨラ《(薬師如来)》ヒワ十二ノ大願ヲ、コサセ
給テ、シユシヤフ《(衆生)》ノ子カヒ《(願)》ヲ□《(卜)》ケントナリ、
ソノウエシヨフツ《(諸仏)》□《(ホ)》サツ《(菩薩)》ノセヒクワン《(誓願)》ワ、
シユシヤフ《(衆生)》サヒト《(済度)》ノ御タメ、カツ《(且)》ウワシユシヤフ《(衆生)》ノ
子《(願)》カヒヲカナエントナ。《リ》、シカル上ハイカテカ、ソレ《(某)》
カシカシヨマフ《(所望)》ヲモ、カナエテタ《(マ脱カ)》ハテワ候ヘキ、
モシ、カラスンワ《(バ)》、御誓願ムナシク《(空)》ナンヌヘシ、ムナシ《(空)》

クナラハ、タシヤノ衆生カ仏菩薩トアヲキ《(仰)》タテマツ
ランヤ、モシカナヒカタクンハ、ソレカシカウン《(運》
メ《命)》ヒヲトトメテ、後生ヲタスケテタヒヲワシマス□□□《(ヘケン)》
ヤ、ソレ《(某)》カシカムシヤウノエタヒ、ツユ《(露)》ノイノチ《(命)》ノキ
ユ《(エ)》ンコトハイタミニテモノ、カスナラス、薬師如来ノ
ムナシクナリ、御誓願□ナリナンコトコソ、ミラヒ《(未来)》□《(サ)》
ヒチヨクセ《(濁世)》マツタ《(末代)》ヒマテモクチヲシ《(口惜)》ク候へ、シカレハ
御誓願アヤマチタマワス、ナフシユ《(納受)》セシメタマエト申、
リフクワン《(立願)》ノシヤフ《(状)》ク《(件)》□《(タ)》ンノコトシ《(如)》、

文保二年二月十九日　　　　　　　某（花押）

その読み下せなかった個所とは、本文の4・5行目の二行全部と6・7行目の上から各二字分の合計三十七字によって構成されている部分と（この部分を仮りに〔A〕部分とする）8行目の下から二字の「シヤ」と9行目から16行目にかけての全文合計百三十九字で成り立っている部分（この部分を〔B〕部分とする）との二カ所である。研究会では呪文ではないかとか、また特殊な仏教用語を交えた文章ではないかなどさまざまな意見がでたが、結局、研究会参加者一同、中世用語・仏教用語に関する知識不足を嘆きつつ解読を断念し、その辺のことに精通する黒田俊雄氏の指導助言をえて解読を試みる外、術はないと誰ということなくいゝ始めたのである。

私は校務も一段落した一九七九年の七月下旬、黒田俊雄氏を尋ね教示を願ったのである。黒田氏はこの立願文全体のなかで宿願の真意が述べられているとしか思えないこの二カ所の部分は、呪文でもなければ経文でもないと指摘し、むしろわざと宿願の本音をたやすく読み取れないように、文字配列・文章構成上で秘密めいた作為をした跡が感ぜら

れると助言された。すなわち暗号化された文章ではないかという大提言がえられたわけで、だとすれば、あとは推理を働かせて解読に没頭すればよい。もしこの助言がなければ、チームのもの一同はどこに句読点を打つか、どれが名詞でどれが形容詞・動詞かと議論百出し、各種各様の辞典類を求めて東奔西走する果しない迷路に迷いこんだことは間違いない。私は「片仮名」と漢字の「候」との文字の配列にすぎない〔A〕〔B〕部分の二カ所のうち、文字の少ない〔A〕部分から、しかも唯一の漢字である「候」の前後をどう意味の通ずる文章にするかなど、もっとも当然で常識的な暗号文解読作業を開始し、盛夏猛暑のなか数時間をかけて遂に解読ができてきた。

その解読の方法は4行目と5行目との文字を上から交互に一字ずつ読み下してゆくのであり、それによって一つの意味の通ずる文章が現われてきたのである。その解読の方法を具体的に図示すると次の如くである（↓印は読みの方向を示す）。

サモノウシフトクンアセヲシタヲシ《シ》、
カトカノヤチフモニクヒナテヒワマ
テハセンシユタラニ五センヘン心経コセンクワン
候、光明真言薬師之真言菩提心真言

右の解読の方法に従って文章を構成しなおし、適当と思われる傍注を付すと次のようになる。

サカモト《坂本》ノカウ《郷》ノシヤフチトフ《小地頭》クモン《公文》ニアクセ《悪政》ヒヲナシ《為》テタヒ《給》ヲワシマ《シ》、テ候ハ、、センシユタラニ《千手陀羅尼》五センヘン《千遍》、心経コセンクワン《五千巻》、光明真言・薬師之真言・菩提心真言（以下略）

こゝにみえる坂本郷とはこの立願文を納めたと思われる安明寺やその寺を支えていた中世の村である黒鳥村を含んだ和泉郡坂本郷である。安明寺にとって坂本郷はまさに地元にあたる。その地元の宿敵たる小地頭・公文打倒のために、小地頭・公文に対して悪政を下すことを安明寺の本尊薬師如来の仏威に期待をかけた立願人のまさに呪詛がこゝに浮き出てきたのである。この解読の方法は〔B〕部分にも適用されると予見するのは当然であって、その予見に従って解読を始めた。しかしその方法は部分的に乱れた。このような作為された暗号文めいた文章において、もし部分的な乱れがあれば文章再構成に重大な障害となることも事実である。しかも故意か不注意かわからない脱字があった場合その解読は極端に困難である。それらのことのため〔B〕部分の解読、とくに最初の十二字分についてはさらに時間が必要であった。以下〔B〕部分の解読方法を示しておこう。

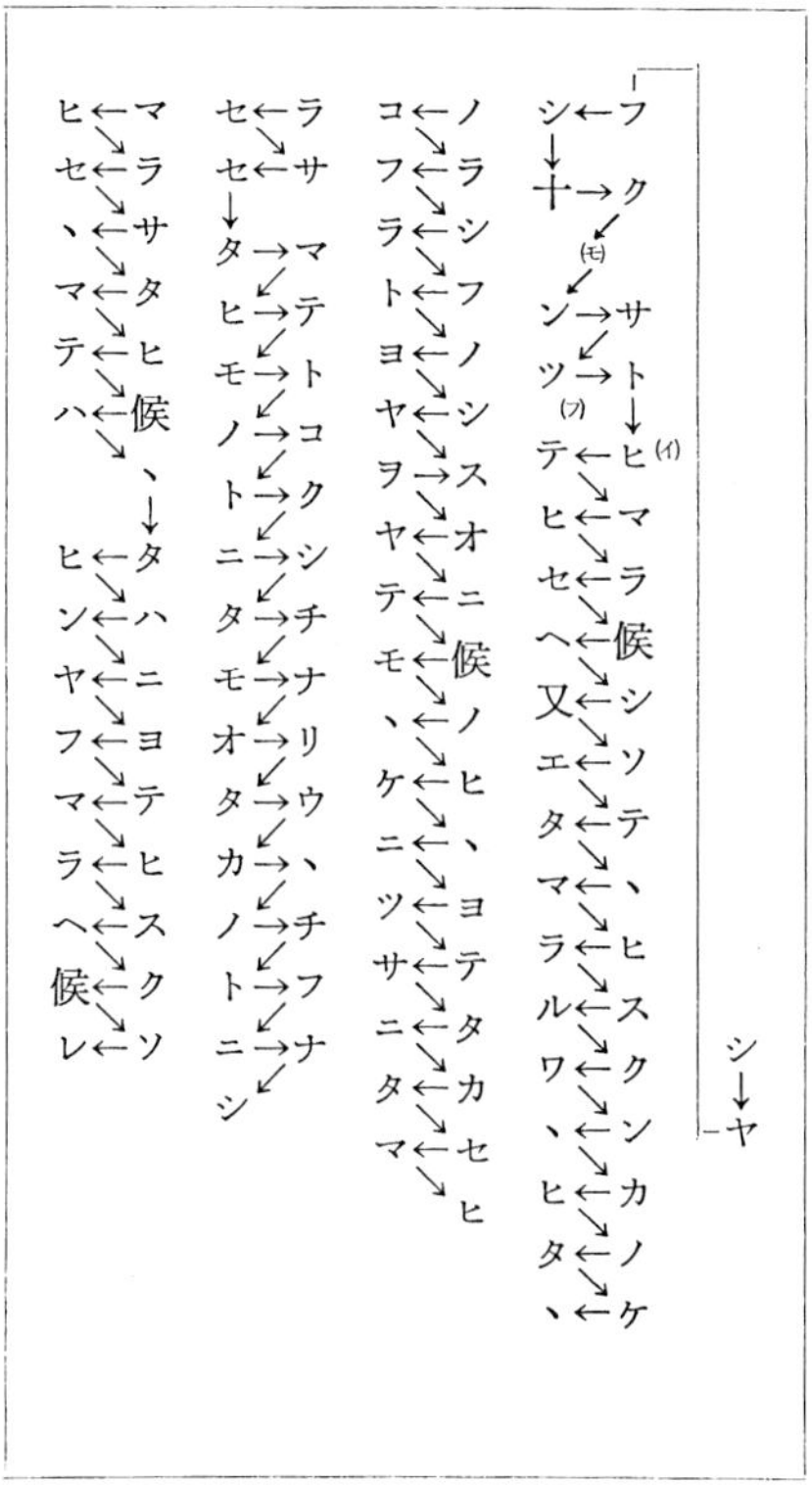

右の方法に従って〔B〕部分を解読してえられた文章に傍注を付したものを示すと次の通りである。

シヤフシ《小地頭》十《トウ》ク《公文》(モ)ンサ《早カ》ツ《フ》ト《解》ヒテマヒ《参》ラセ候ヘシ、又ソエ《副》テ
タテ《立》マヒ《参》ラスルク《願》ワン《ワ》、、カヒ《甲斐》ノタケ《武田》、《タ》ノコラフシラフ《五郎次郎殿》ト
ノヨシヤス《義泰》ヲ、オヤ《親》ニテ候モノ《モ》、ヒケ《秘計》《ヒ》、ニヨ《依》ツテ、サタ《沙汰》ニ
カ《勝》タセマヒ《参》ラセサセタマ《給》ヒテ、モト《元》ノコトク《如》ニシタチ《下地》モナ
オリ、タウ《当郷》カ《ウ》、ノチトフ《地頭》ニナシ《為》マヒ《参》ラセサ《セ》、タマ《給》ヒテ候ハ
、、《ハ》タヒハンニヤ《大般若》ヨフ《読》テマヒ《参》ラスヘク候、ソレ

〔B〕部分の最初の十二字分の解読は如何にも苦しい。しかしすでに解読した〔A〕部分の趣旨にも通じ、また〔B〕部分の二十字目以降は、「又副て立て参らする願」と記してあるように、この立願文にとっては事のついでに立願した内容のもので、もっとも主要な立願部分ではないことがわかり、したがってそれ以前の文章中にこそ立願の主たる内容が重ねて述べられていると判断しなければならない。とすれば、解読したように「現任の小地頭公文が早急に解任されること」を立願する趣旨の文章が想を練り工夫を凝らして配されていても不思議ではない。したがって「地頭」の「頭」を音の通ずる「十」に宛字をし、「クモン」の「モ」の字を故意に落すことも十分考えられるのである。しかしこの部分で「サツ（フ）」（「ツ」を「フ」と読ませていることは本文3行目下から二字目に例がある）と解読し「早」の漢字をあてた部分を中心にして更に検討が必要であろう。

さて〔B〕の部分に甲斐の武田五郎次郎《（二）》義泰と推定しうる人物が登場する。この人物らしきものは『尊卑分脈』（清和源氏・武田氏の項）に次のようにみえる（抄出）。

信政──┬信時（伊豆守　孫五郎）
　　　　└政綱（五郎三郎）──信家──貞信（建武々者所　甲斐守　貞治三六卒）

―信村（四郎）―宗綱（新五郎）―基綱（正和三十二廿三依有謀叛企被誅了）
―信泰（又五郎）―宗泰（彦五郎）―義泰（五郎三郎）
―信綱（六郎）

武田義泰とほぼ同世代と推定できる一族の武田貞信が貞治六年（一三六七）の死であり、やはり武田基綱が正和三年（一三一四）の死である。この立願文作製が文保二年（一三一八）であるから立願文中の武田義泰は十四世紀初頭の人と判断してよかろう。ただ『尊卑分脈』は武田義泰の通称を「五郎三郎」としていて立願文「五郎次郎」と異なっている。しかし『続群書類従』が収録する「武田系図」（巻第百二十一）には義泰を「五郎次郎」とし、また別の「武田系図」（巻第百二十二）も義泰を「五郎二郎」としていて、『尊卑分脈』の「五郎三郎」がむしろ誤記の可能性もありうる。以上のことから武田五郎次郎義泰が当時、実在する人物であったと判断して間違いはない。

以上のことからこの「立願文」の解読方法とそこから再構成された、立願の真意を明らかにする文章は、その大筋において間違いがないものといえよう。この史料紹介の補足的説明にあたる拙稿は、この立願文の謎解きをするまでの範囲にとどめ、この文書が意味する歴史学上の問題についてはこの史料を利用し研究を深められる方々に委ねるべきであろう。だがこゝではこの立願文を執筆し安明寺に納めた立願人――自らを「某」と自署した人物とは誰であろうかという推定だけはしておこう。

実は、この「立願文」の立願人の「花押」と第一三号文書である嘉暦元年（一三二六）十一月二十五日付「法橋頼弁田地売券」に「嫡家僧弁覚」と署名する人物の「花押」とが似ているのである。さらにこの弁覚は第二〇号文書、正平二十四年（一三六九）六月十七日付「安明寺五座置文」に署判する僧座の弁覚と同一人物かも知れない（年代が余りに隔たり過ぎるし、花押もかなり違っていて別人たる可能性もある）。いずれにしても第一二号文書と第一三号文書との「花押」が同一であるかどうかが決め手である。当時の土豪層に絶えず「花押」を書くような機会があったとは思われないし、従って絶えず酷似した花押が書けるように熟達していたかどうか疑わしいという予断と、両文書間に八年間の隔たりがあるという前提に立って、むしろこの両「花押」の類似性を主張し、同一人物であると考えたいのである。またこの立願人が安明寺と極めて近しい関係にあった人物でなければならなかったことも考えるべきであろう。すなわちすでにふれたように身近にいた小地頭・公文を呪詛することを含んだ立願文であったから、一見しただけでは意味の通じない暗号文めいた立願文に仕立てねばならなかった。だが日常生活のなかでほとんど縁のない立願人から寺社がこのような意味不明の奇妙な立願文を引き受けて、その真意を理解しないまゝ祈禱をすることはありえないであろう。だとすれば立願人は立願の真意を口頭で伝え、なおそれが外部に洩れることのない師檀関係の確信のなかでこそこの立願文は具体的な機能を果すことができるのではなかろうか。さらにもう一歩ふみこんで考えてみよう。立願文を改めて読み返してみると、暗号文風の文章の末尾で大般若経転読を約しているが、それは立願人自身がこれを転読するように読みとれるし、〔A〕と〔B〕の中間の地の文章のなかでの諸経転読また〔B〕部分の後に続く文章の中で安明寺本尊薬師如来の十二の誓願をいささか脅迫めいて説く条など、この立願人は単なる一在俗人ではなく、むしろ僧侶としての立場にある人物のように思えてならない。しかもさらに推理を加えると、安明寺に所属する人物であれば全く他人に真意を洩らす必要もなく、立願に呪詛をこめ、立願文を安明寺の奥深く秘蔵することができるのである。まさに第二五号・第二八号両文書などにみえる安明寺五座衆＝在地僧こそ、それにふさわしい僧侶を兼ねた在地の土豪・有力農民であった。第一三号文書で弁覚が「嫡家僧」と署名しているのはそのことを示しているといえよう。

この立願文の当人が弁覚とすれば、願文中で武田義泰が沙汰に勝利するため秘計を廻らし、武田義泰の下地の恢復と子息が坂本郷の小地頭・公文に補任されることを策したと記されている親とは法橋頼弁ということになる。頼弁の名から思いつくのは、この立願文の時点から約三十年前の永仁二年（一二九四）に松尾寺の後背丘陵地に梨子本新池を築き池田荘上方箕田村の発展に尽力した刀禰僧沙門頼弁その人である。頼弁は「池田大夫」とよばれ、坂本郷に隣接する池田郷に本貫をもつ土豪であり、地域的にはごく近いが、明らかに本貫が違ううえ三十年という隔たりがあり、「松尾寺文書」にみえる頼弁の「花押」と「河野家所蔵文書」第一三号文書の「花押」とを同一人物のものとするには違いすぎるようにも思える。「河野家所蔵文書」の頼弁がもし「松尾寺文書」や「春日社家記録」にみえる頼弁と同一人物だとすれば、鎌倉時代末期の和泉国で活躍した歴史上の人物は、さらに一段と豊富な人物像を描かせることになる。時に、この安明寺・黒鳥村・坂本郷の西南方数キロメートルのところにある久米田寺は得宗被官安東蓮聖一族の外護をえて隆盛著るしい時期である。得宗被官か北条氏被官ではなかったかと思われる坂本郷前地頭武田義泰と、この立願人親子の繋がりを追求するなかで、鎌倉時代末の政治史にもさまざまな発言が出てきそうである。

いずれにしてもこのきわめて稀有な暗号文めいた立願文は、畿内地方の在地に根を張る中間層たる中世人のしたゝかであり、狡猾きわまりない生きざまを見事にとらえているといえよう。そしてこのように文字を使いこなす民族文化の成長があったことは、改めて中世社会を考える場合心に留めておくべきことであろう。

〔追記〕　この立願文のなかで暗号文として構成されている〔A〕と〔B〕との二カ所のうち、〔B〕部分の初めの十二字分の解読方法は、かなり無理があることを認めつゝも、さらに適切な解読もできかねて、右に述べたような文章になった。ところがありがたいことに佐藤進一氏と石井進氏とから、この立願文の私の解読について八カ所に及ぶ誤読や誤った傍注についての修正意見と、とくに問題の〔B〕部分の解読についての貴重な提案をいただいた。その逐一については『日本史研究』（二二〇号）にある拙稿「河野家所蔵文書の『某立願文』の読みについて」（『歴史万華鏡』の欄）を参照いただきたいが、こゝではとくに〔B〕部分に関係する提言についてだけは紹介しておきたい。

〔B〕部分も二行を一字おきに右↓左↓右と読み下すこの暗号文の法則に正確に従って、

シヤフシク十サントツヒテマヒラセ候ヘシ

と読み、かりに漢語をあてるとすれば、

成熟十三度次イデ参ラセ候ヘシ

となるのではないかとの御教示である。この〔B〕部分の最初の十二字分を解読する鍵は、文章構成上、所願成就後の立願人の報謝の行為について述べた部分であることの判断と、その部分にあてる漢語の適確さである。さらに言えば豊富な知識が、この暗号文を解いたということになる。

佐藤・石井両氏から意見と提案が寄せられてからしばらくして、黒田日出男氏からも〔B〕部分のその十二字分の解読について意見と提案が届いた。その意見は、私の解読方法に従えば、この十二字分についてだけ、脱字・誤字が多く解読の方法に乱れが二カ所もあることは不自然であるとし、読みはやはり、この暗号文作成の法則に正しく従って読み下すべきであろうとされた。そしてなお漢語をあてるとすれば、

生死、久住者ト、ツヒテマヒラセ候ヘシ

であり、生れ変わり死に変わりして輪廻する間、仏菩薩に対する渇仰者として側についてゆくという意味ではなかろうかとされた。

この二説は私の解読に修正が必要であることを示した。たゞ呪詛の直接的な内容を述べるものではないこの十二字分を何故暗号にしなければならなかったのかという拘わりを僅かに捨て切れないでいる。

第二篇　南北朝時代

第一章　南北朝内乱期にみる天皇と民衆

一　概要と課題

(1) 概観

天慶八年（九四五）、筑紫を発した志多良神はやがて摂津の富豪層や弱小な下層民衆に擁されて入京しようとした。そこには新たな国家的権威の登場を希求し、それに「世直し」を期待する中世民衆の前駆があった（戸田芳実「開発と中世的神祇信仰の萌芽」、『日本領主制成立史の研究』）。東西諸国の神人や住民の入京愁訴があいついだが、そこに草深い農村での領主制・封建制形成の一定の困難さと、都城を基盤に新たな権威をもつ天皇制の構築を許す民衆の幻想をみる。後白河法皇が「梁塵秘抄」を撰したことは、天皇制が民衆の文化をも動員することのできる、野趣を有していたことを感じさせる。

だが在地領主層の階級的結集のうえに成立した鎌倉幕府は、当初天皇の権威のもとに秩序づけられていた公家政権の走狗の側面をもっていたが、次第に天皇と公家政権そのものを逆に走狗とするような位置をえてきた。それは得宗専制の時代に鮮明にあらわれてくるが、具体的には天皇の民衆への「仁政」たる〝徳政〟が、御家人の救済と抑圧の〝徳政〟となり、律宗僧との連携による〝勧進〟形態をとる新たな社会開発は、民衆の眼を、さらに武家政権にひきつける役割を果たした。

非農業的生産者の政治的な新たな編成が課題となっている時、建武親政政権は、そのような民衆をも含めて撫民策と武装化をはかったが、在地領主層を主軸とした中間層はその間に介在して、天皇を頂点とした封建王政を実現させなかった。かわって室町幕府は、天皇・公家勢力とともに都城に住し政庁を配して、都城支配の大部分を掌中にし、三代将軍義満は、国内的には伊勢神宮の祭祀にかゝわり、寺社諸勢力を次第に傘下に納めて事実上の君主となり、対外的には外交権を掌握して、東アジアの支配秩序の重要な一翼を担わされる国王の地位をえた。天皇をその政治的視野にとらええた民衆は、皇室・中央官衙領の農民や禁裏供御人であり、彼等にとってすら綸旨・院宣は偽造の対象であり、彼等にとって天皇制はもはや自らの存廃を問いかける権力としては存在せず、実利を擁護するために遠くに存在する理念としての「公」であった。天皇制と国家権力の支配が、公・私を区別する源泉として民衆のなかに貫徹してはおらず、民衆にとっては固定化される先例のなかに、天皇制の幻影が去来するに過ぎなくなっていた。国家の大法は幕府から出されたが、それすら民衆に遵守させることは困難となった。土一揆の時代とはそのような時代であった。

戦国時代、天皇は京都を離れなかったが、天皇をとりまく公家も、また将軍すら諸国を流浪することを余儀なくさせることが多かった。群雄割拠し、十五世紀末から十六世紀前期にかけて主として東国では私年号すら使用され、「公儀」が戦国大名領国支配のなかで樹立されてきた。民衆が京都に対して抱いていた認識は、天皇の居地・国家権力の発動するところとしての帝都ではなく、伝統のある文物に富む経済都市、信仰のための都市であった。このような京都をふたたび天皇が住み、政治的威令を発する政治都市として再生させたのは、戦国大名とそれにつづく織豊政権であったといえるが、そこで天皇制に期待するものがあったとすれば、それは頭でっかちの臨戦・軍事権力が自らを貴種に接近させ国家的統治を実現するための正当性・神聖性を装い、獲得するための飛躍へのバネにあったといえよう。

以上は、中世における「天皇制と民衆」の粗雑な素描だが、このような過程のうちにあって、こゝでは南北朝内乱期に焦点をあてゝ、とくに「天皇制と民衆」を追求しようとする。その大雑把な主題は、広範な民衆の目の前から国家権力の主柱であった天皇制が、その実態を消してゆくことの、具体的過程と構造とを明らかにしてゆくことであろう。いいかえるならば、天皇の実像が強烈に浮き彫りにされる南北朝内乱のなかで、実は実態としての天皇制が喪失してゆく社会的な力を鮮明にすることが重要であると考える。

(2)　分析の課題

「天皇制と民衆」という問題は、戦後における日本史学研究にとって、やはり解明すべき大きな課題であったことは否定できない。そしてその課題は、時間をおって、さまざまな時代・分野にわたって漸次解決されてきている。だがそれは「天皇制と民衆」という統一された課題が全面的に全時代にわたって追求されたわけではなかった。こと日本中世史に限ってみても、民衆史自体は大きな研究対象となり、荘園生活・村落生活・都市生活などにみられる民衆の経済・政治そして文化・宗教にわたって豊富な事例が明らかにされ、その構造上での特質が論ぜられてきた。そして播磨国矢野荘の実円・実長父子、近江国菅浦荘の清検校、近江国堅田の法住、さらに山水河原者善阿弥などは、もういまでは人名辞典に編まるべき中世の人物としての地位をえたといってよい。

一方中世の天皇制についての研究は、最近北爪氏が紹介しているように(「中世天皇制論」、『大系日本国家史』2)、成果少なしとしない。すなわち、五十年代までは、古代から中世への天皇制移行の特質や、中世天皇制とは何か、中世に天皇制が存続した理由は何かなどが論じられた。六十年代になって、中世国家論とのかかわりという新たな視角から天皇制をとりあげたのは黒田俊雄氏であったが(「中世の国家と天皇」、岩波講座『日本歴史』中世二)、その契機の一つは、「紀元節」復活の動きに対して、天皇制と国家の問題を日本歴史の全時代にわたって科学的に明らかにしようとする日本史研究・教育者としての社会的責任を果たそうとするところにあったと思われる(その出発点となった一つの成果は、一九五七年十一月に出版された日本史研究会編『日本の建国』であろう)。この黒田氏の研究は、それまでの民衆史研究が、どちらかといえば天皇制や国家という、中世における全支配層の階級的結集—支配機構の総体とのかかわりを論じてこなかったという重大な欠陥を指摘するものでもあった。

しかし一方で、この黒田氏のいわゆる「権門体制論」は、公・武両者の階級的本質を同質なものとみる点において、成長する在地領主制に対する公・武両者の権力編成原理の相違性の検討が落ちている点や、封建王政の形成発展についての理解の点などで永原慶二氏から批判が出されている（「中世国家史の一問題」、『日本中世社会構造の研究』）。このように中世国家権力さらに中世天皇制を、全面的な階級配置・階級関係のなかでとらえようとする動きのなかにあって、黒田氏はさらに、中世における身分制の全面的な構成原理を解明する問いかけをおこない（「中世の身分制と卑賤観念」、『日本中世の国家と宗教』）、日本中世における階級と身分について、その全面的な研究課題が提示されるようになった観がある。

さらに網野善彦氏は、中世天皇制の新たな基盤としての「非農業民」論を提示して（「中世における天皇支配権の一考察」、『史学雑誌』）、日本中世の民族的特質の動向とのかゝわりで、天皇制と民衆とを改めて問いなおされようとしている。この民族的特質との関連でいえば、当該時代におけるアジア諸民族の動向を視座にいれた追求が不可避であろうが、本章は、統一テーマである「天皇制と民衆」を、南北朝内乱期の主として畿内に限定して追求するにとゞまる。この内乱期にだけ限ってみても、沖縄統一王朝・李朝朝鮮・明朝などの成立があり、それとの対応を将来の研究にあたって避けるわけにはゆかない。

二　建武政権の樹立

(1)　悪党の蜂起

鎌倉時代中末期から南北朝内乱期にかけて、各地で蜂起したいわゆる「悪党」は、その時代の政治的・社会的矛盾をどのように把握するかということとかゝわって、さまざまな議論をよんでいる。まだ十分な結着がえられているわけではないが、悪党は在地領主・地侍から農民、さらに分業・流通に関係する集団にいたるまでの多様な階層を含んでいること、個別荘園支配の枠内でとらえきれない空間的な拡がりと蜂起の目標をもっていることはほゞ認められる。私は悪党蜂起の政治的条件をより限定的にとらえてみたい。なるほど悪党蜂起は荘園支配にむけられることが多いが、これは荘園関係史料の残存が多いということにもかゝわるのであって、悪党蜂起の本質は得宗専制によるきわめて抑圧的な土地・流通に対する管理支配に反対する御家人・地侍・農民、さらに加えて分業・流通に従事する集団の抵抗運動ではなかったかと思うのである。それが荘園に波及する限りで、荘園史料に「悪党」と記録されるのであって、実は反北条叛乱に似た性格のものではなかったか。

正和四年（一三一五）九月、六波羅探題（北）で摂津守護を兼ねていた北条時敦は淀・尼崎・兵庫における関料徴集の実態調査を命じた。その二ヵ月後、摂津国莵原郡都賀河に居住する比叡山堂衆に率いられた兵庫島住人三十余人らが中心となって結束した約百名が、悪党として蜂起し、兵庫関で摂津守護軍と合戦に及んだ。この事後調査に当ったのは摂津守護代糟屋長義とその又代官道覚、さらに御家人で北条とつながりの深い伊丹親盛らである。守護代糟屋は得宗被官と思われる。北条時敦の摂津国内諸関に対する強い支配が、大阪湾北岸と淀川流域に居住して、物資流通にあたる集団の反発を招いたとしか考えられない（『尼崎市史』四）。

正中元年（一三二四）九月、後醍醐天皇とその側近による討幕計画が六波羅に露顕し、六波羅はこれを未然に弾圧するため在京の武士三千騎を動員したという。『太平記』によれば、その軍勢を動員する六波羅の口実は、河内国楠葉の住人らが、代官の支配に背き、ついに武装蜂起するにいたったので、これを鎮圧し、安穏に代官を現地に送りこんで支配を全うさせるためというものであった。たとえ口実であれ、楠葉の問題を掲げれば、六波羅が武士を結集しえたという事情の背後には、要衝の地楠葉において不穏な動向が醸成されつゝあったからとしかいゝようがない。事実、京都南方の政治的要衝として楠葉には関所が設置されていたし、鎌倉中末期以降、米商人・高利貸などの活動と結びついて、かつて名産であった河内鍋の生産の外に、麴生産が発展して新儀商人として台頭し、それまで杜郷神人らが独占していた石清水八幡宮境内四ヵ郷に割りこんできたりしていた（『石清水文書』）。

このようにみてくると楠葉鎮圧の口実は、荘園領主権力の擁護であったとしても、底流にあったのは北条氏・六波羅探題による淀川とその流域に対する支配の滲透の意図であったといえよう。

守護職の得宗兼帯、得宗領を国内に拡大して得宗被官や御家人を給主として送りこみ、御家人・地侍・農民、そして分業・流通に従事する人びとを排除し抑圧してゆくなかで、悪党蜂起が誘発され、そのとばっちりが関係のない荘園にまで及んだこともありえよう。しかもこの悪党問題は、『蜂相記』の著者や荘園領主側の目には、異形・頽廃の社会問題と映じたかも知れないが、ことは政治問題であった。

文保元年（一三一七）五月頃、住吉神社神主津守国冬は同社司兵部大輔・河内国住人臼井八郎蔵人らとともに、東大寺塔婆造営料所として宛行われていた摂津国三ヵ津目銭を押領した。かねて津守国冬らは数百貫文に及ぶ高利貸活動をおこない、悪党らはこれを借用して兵糧にあてゝいたという。この津守国冬はのち後宇多院の上北面となり、また南朝方の重要人物として活躍したことは著名だが、悪党の活躍の背景にはまた、このような権威をもつ名族と高利貸活動を続ける黒幕がいて、叛乱状況を創り出していたのである。

(2)　悪党と忠臣

元徳二年（一三三〇）二月、後醍醐天皇臨幸のもと延暦寺大講堂供養がおこなわれた。導師は妙法院尊澄法親王、呪願は座主大塔尊雲法親王（のちの大塔宮護良親王）であった。その時、太鼓の役を勤めたのは、さきほどの悪党の黒幕津守国冬の子国夏であった。こゝでの供養は表面をつくろう名目であって、その実は鎌倉幕府打倒の呪願にあったと考えてもよい。その二ヵ月後に、尊雲法親王は天台座主を辞し、護良親王として討幕計画の中心的人物となり実行に突入するのである。こゝで幕府・六波羅は態度を硬化し、翌元徳三年五月、日野俊基らを捕えて鎌倉に送り、これを斬った。八月九日、年号が元弘と改元され、同月二十七日に後醍醐天皇は笠置に潜幸し、こゝを皇居としたが、こゝで事態は決定的な破局を迎えたのである。

ちょうどその頃、臨川寺領和泉国若松荘で悪党楠兵衛尉なる人物が不法に居すわっているとの噂が流れた。この楠兵衛尉こそ、正確な記録のうえに最初に姿をあらわした楠木正成その人であった。楠木正成は河内国金剛山麓水分《みくまり》地方を本拠としていたらしいが、この若松荘近辺の大鳥郡和田《みきた》郷には一族の和田氏・橋本氏などがいた。和田氏は関東御家人である。

楠木正成は、鉱山業の頭目であったとか、物資輸送にあずかっていた散所の統轄者であったとか、最近では蔵人所が支配統轄していた大和国金剛砂の現地管理者的なものではなかったかとの説もある。関東御家人であったかどうか判然としないが、いずれにしても分業流通を担う集団の棟梁的存在として、激動の時代に新たな民族の血を流しこむために、政治の中枢におどり出たのであった。

和泉国若松荘はもともと皇室領であり、領家職は後醍醐天皇の皇子世良親王に与えられていたが、元徳二年九月死去したので、亀山天皇離宮の故地に建てられていた臨済禅苑臨川寺に施入されたのである。しかし翌三年二月、醍醐寺報恩院の内大臣僧正道祐が競望したので、後醍醐天皇は前言をひるがえして、道祐の領有を許す綸旨を与えたのであった。これに対し臨川寺はもとのように支配することを愁訴し、後醍醐天皇は三転して臨川寺の領有を認めたのである。しかしながら、楠木正成の不法占拠が続いたり、道祐から譲与されたと称して、和泉守護北条氏の代官が年貢などを収納して、荘園としての実をなしていなかった（『臨川寺文書』）。

楠木正成の若松荘への接触は、一地方武士としてのまったくの独断専行ではなく、領家職所有者たる道祐の指示によって正式に現地支配に関与したものと考えられる。この道祐は、後醍醐天皇と真言宗系寺院、とくに醍醐寺系寺社勢力とを結びつけた報恩院文観の弟子であって、オルガナイザーとしての敏腕をもつ人物である。後醍醐天皇の笠置遷幸も文観の弟子聖尋《しょうじん》の画策であったことを考えれば、楠木正成の若松荘の居坐りは、結局は後醍醐天皇の軍事的戦略につながるものに外ならなかった。臨川寺が若松荘など寺領の実態を嘆いたのは、後醍醐天皇が隠岐に配流され、光厳天皇が北条勢に擁立され、北朝年号正慶が決められた一ヵ月余後のことである。したがって、愁状にあえて後醍醐天皇の南朝年号である元亨二年を使用するわけにもゆかなかったが、後醍醐方にとって、臨川寺とても決して敵陣営ではなかった。そのような臨川寺からも「悪党」と評された楠木正成であるが、後醍醐天皇—文観—道祐ら陣営にとっては、もっとも信頼のおける最前線の軍事指揮隊長「忠臣」としての楠木正成であった。

楠木正成と後醍醐天皇との出会いを、『太平記』は、笠置にいた後醍醐天皇が夢のなかで童子にあい、南に枝をのばした常盤木《ときわぎ》のところに案内されたことがあり、そのことを「木の南」すなわち「楠」の暗示とみて、楠木正成を探し出し、笠置に招いたと伝えている。実はこの時、すでに正成は若松荘で軍事行動を起こしていて、南朝方での意志統一は、それ以前になされていたと考えざるをえず、『太平記』の叙述は真実を伝えるものではなかろう。下級ではあっても「兵衛尉」という朝官が与えられて、紛れもなく侍身分であるし、正成の雄渾な筆致は、一朝一夕でなるものではない。後醍醐天皇の筆趣にも似た書風は、かねてから大覚寺統につながる有力者との古い出会いを示唆している。

元弘元年（一三三一）九月、笠置陥ち、翌十月に赤坂城もおちて、正成は消息をたつ。翌二年三月、後醍醐天皇は隠岐に流謫の身となった。そしてその年の暮に楠木正成は河内国南部にふたたび姿をあらわし、赤坂城を奪いかえすのであるが、その頃には「左衛門尉」と自署している。この朝官昇進は決してお手盛ではなく、隠岐にいた後醍醐天皇との連絡があり、朝議の除目がおこなわれて、口宣案が与えられていたかどうかは不明であるが、隠岐にはかなり広範な軍事戦略を練る軍事司令所があったと考えざるをえない。

後醍醐天皇が隠岐から脱出し、公然と政界に復帰する理念や構想も立案されていたかと思われるが、何よりもその要諦は軍事力の結集にあった。文観は捕えられて、僧でありながら拷問にかけられるという屈辱にあいながら、これまた硫黄島に流されたという。だが建武中興成ったのちは帰洛して、家に巨万の財宝を積み、数百の兵士を擁して洛中を横行したことからみて、必ずしも高邁な理想を説くだけの僧ではなかった。その弟子道祐は幕府の虎口を脱れて西海にあり、水軍の組織に余念がなかった。それをすゝめるためには、後醍醐天皇の親政政治実現を必然とする宋学的理念だけで足りたわけではない。現実的な利益を約束する方便と、資金の調達の敏腕こそ重要であった。さらにいえば、南朝にとって「忠臣」を発掘してきたのは、文観や津守国冬らがその一端を現わしているように、中央・地方の寺院・神社が営んでいた高利貸活動すらその一半の役割を果たしていたことを見落すべきではなかろう。

(3)　天皇御謀叛

南朝の立場に立って編まれた『太平記』は、後醍醐天皇笠置落ちの直接の原因となった天皇による元弘元年五月の鎌倉幕府討伐計画を、「当今《とうぎん》御謀反」と記している。この用語は『太平記』著者の思いつきではなく、『無名記』にも護良親王が関東配流された時のことを「是れすなわち主上《しゅじょう》（後醍醐天皇のこと）また御謀叛の萌《きざ》すところなり」とあって、後醍醐天皇の政治的行為が「謀反」「謀叛」と評されていたことが注目される。

「謀反《むほん》」と「謀叛《むほん》」とは、八虐のうちでは異なった内容のものである。八虐のうちの第一が謀反であり、大逆ともいゝ、国家を危うくする謀《はかりごと》を指し、『式目抄』は「帝王ヲ背キ奉ラントスル人也」と述べている。「謀叛」は八虐のうちの第三であり、「国に背き偽に従う謀」をいゝ、『式目抄』は「世ヲ乱ント謀ヲ云、或ハ偽ル人ニカタラハレテ大人ナトヲ亡ホサントスル者也」としている。謀反は罰父子に及びともに斬罪、謀叛は本人死罪、父子遠流である。本来の法解釈では「国家を危うくする謀」と「国家に背く謀」との区別が存在していた。そこには「国家」と「天皇」との観念上の区別はなかったと考えられる。

しかし南北朝時代の観念や『式目抄』の解釈のうえでは、天皇と国家との乖離、相対立する二人の天皇の同時的存在などを論理のうえですでに前提とした発想が潜んでいる。天皇が国家を危うくする謀略を持ちうるとする考え方は、天皇の意志が国家公権の源泉であるとの大前提が崩れ、天皇の政治的意志のなかに私事がありうるということ、また逆に鎌倉幕府によって秩序づけられている支配体制のなかに国家公権の発動がありうることになる。

宣旨の形式で発せられる公家新制をうけて幕府が忠実に幕府追加法を出してゆく限り、公武両権力は権門体制として相互補完的関係を保ち、天皇の「公」に将軍の「私」が従属することにもなろう。しかし公家新制を幕府が無視するなかからは将軍・幕府の「公」的地位は増す。天皇の宣旨によって国家統治に「仁政」をあらわそうとした「徳政」が、鎌倉幕府の債務関係処理に矮小化したものを徳政とするような潮流のなかにもそれはある。幕府の発する過所（関所通過手形）が、諸国の関所を威圧したし、若狭国多烏浦の船徳勝丸は三鱗《みつうろこ》の北条家の紋を配し北条時宗の所領のものだと明記した旗を掲げて、北陸の航路を往反し北陸路を開拓したのである。

後醍醐天皇はその親政の実を貫ぬくものとして綸旨《りんじ》至上の政策を実行した。それは天皇の意志をもる綸旨に、国家統治の機能を托し、天皇と国家との即自的な統一を再現しようとする眼目であった。足利尊氏側近の武将が編んだものといわれる『梅松論』に後醍醐天皇は「朕ノ新儀ハ未来ノ先例タルベシ」といったと伝えている。新しい天皇制国家を樹立することに対する意欲が窺われる。だがこれは理念の世界だけのものであってよいということではない。綸旨を至上・不易なものとすることができるかどうかは、一にかかって権力機構そのものが盤石の体制であったかどうかの問題とかゝわっている。

建武政権は公儀を主宰し、天皇の裁可を執行する首席公卿を洞院実世→万里小路藤房→九条光経とすげかえてみても、綸旨は朝令暮改であり、古い綸旨は回収され、新しい日付の綸旨は古い日付の綸旨の訂正を示したのだと宣言するなど失態ばかりを繰返した。謀《にせ》綸旨など偽りの綸旨が横行しては、後醍醐天皇の政治的意志は、こと志と違って、いよいよ「私儀」に堕さざるをえない。

後醍醐天皇が隠岐脱出直後に、出雲杵築社に発した元弘三年三月十四日付の綸旨がある。綸旨は天皇に近侍する蔵人が天皇の意を奉戴して直接自身が認めるものであるが、この綸旨に限って奉者たる「左中将」は仮空の人物で、後醍醐天皇自筆の異例な綸旨であって、「宸翰綸旨」と呼ばれている（相田二郎氏は、左中将を千種忠顕として普通の綸旨としている――『日本の古文書(下)』）。当時脱出直後で蔵人が随侍していなかったともいえようが、自筆綸旨という異例さのなかに、自ら綸旨への異端を試みているように思える。

綸旨の異端といえば、さらにその年の四月二十三日付の綸旨が、伯耆国から薩摩国の名もない武士牛屎道覚に発せられ、軍勢として結集するよう催促された（佐藤進一『古文書学入門』）。さらに摂津国榎坂郷四カ村の住民に対してまで、軍勢催促の綸旨を発している（『今西家文書』）。臨戦非常の態勢のもとでは、当然ありうる対応であったといわざるをえないが、広範な民衆のまえに天皇が姿を現わそうとすればする程、天皇が政権にすがりつこうとすればする程、自らが新儀異端を冒した天皇の「私儀」が色濃く露呈されるのである。

すでに院政期に、院も非国家的存在となり権門の一つになり下ったといわれている（上横手雅敬「延喜天暦期の天皇と貴族」）。南北朝時代には天皇自身もまた非国家的存在に近づいた。

(2)　明王聖主への期待

後醍醐天皇と対立する立場にあった持明院系の花園上皇は、元亨二月十二月二十五日付の日乗のなかで「近日政道淳素に帰す、君すでに聖王たり、臣また人の多きか」と認《したた》めているが、これはその前年に院政を廃した結果成立した後醍醐天皇の親政に対する評言であった。それより四カ月前の八月十六日、虎関師錬は『元亨釈書』を後醍醐天皇に献じた時の上表文で「聖明の代、必ず著述あり」と文章を起こし、「皇帝陛下上聖の姿をうけ、中興の運にあたり、街談衢話、延天の至和に復す」とはさんでいる。すなわち、ここでは延喜・天暦の時代を復活する明王聖主への期待が、後醍醐天皇の素願通りに実現しつゝあったと虎関師錬は読みとっていたのであろう。

明王聖主待望論は当代儒仏の泰斗の脳裏にあっただけではなく、『太平記』の理念のなかにも流れている。そればかりか民衆の意識をもまきこんでいた。

建武元年（一三三四）五月、東寺領若狭国太良荘百姓らは、東寺の支配に数々の非法があるとして抗議の申状を提出した。それによると、「明王聖主の御代となり、諸国の御所務旧里に帰し、天下の土民百姓皆もって貴き思いをなす。（中略）いま関東滅亡して、当庄は東寺御領となり、百姓ら喜悦の思をなす。然るに御所務は御内御領の時に異ならず、加えて新増され、多数の使を付して、今時の農事の最中に苛責され愁吟絶えることなし」と述べている。

この太良荘農民らの愁状にみえる明王聖主観が広範な農民すべてのものであったとはいえないにしても、王朝貴族が天皇の理想像として使いふるしてきたこの「明王聖主」の漢語が農民の一部にまで拡大されてきていた事実は注目してよい。また自らを「天下の土民百姓」の用語で称している。建武政権の「地下人」に対する公称は「民庶」の用語が多く、武者所牒などに「土民」の表現がみえる（『壺井八幡宮文書』など）。むしろ「土民」は荘園領主や武士の農民の卑賤観念を反映した表現である。とすれば、この愁状の作者は、卑賤観念に毒されている太良荘の上層農民・地侍層など、荘園支配の末端にも繋がった階層であったといってよい。

それにしても若狭国における得宗専制支配の崩壊は、後醍醐天皇の親政政治に支えられて荘園領主東寺が本来の緩和されたあるべき所務へ復活することに期待をつながせたのである。現実の荘園支配のなかで古い時代の先例にかえるか、それとも新たな負担が加えられるかが、後醍醐天皇が明王聖主であるかどうかを決める民衆の立場である。民衆は直接に支配者として臨む荘園領主の在り方と分離して、天皇の政治に期待をかけ幻想をもってはいない。天皇親政は、外見上、荘園支配関係の外に立って、荘園のなかに渦まく矛盾を和解させてゆく公的意志とその実行力をもってはいなかった。このように民衆は生長していたのだが、それを示すもう一つの例をあげよう。

和泉国は全国的にみても、南北朝内乱がもっとも熾烈に戦われた地域の一つである。すでに楠木正成の居坐りでふれた大覚寺系皇室領若松荘では、正平六年（一三五一）にはそれが南村と中村の二つにわかれて惣村が結成されていて、中村では鎮守たる別宮八幡宮（もと式内社桜井神社）の宮座がつくられた。そして、その宮座の結鎮頭役が選任されることとなった。この頭役には、中村内の地侍層や有力上層農民が毎年選任されて当ることになったが、その宮座の記録が当初、南朝年号を採用しているのは、南朝勢の地盤であったことからみて、当然のことであったといえよう。

ところが、この中村宮座はその頭役の記録において文中二年（一三七三）までは南朝年号をとっていたが、翌年からは応安七年（一三七四）の北朝年号採用に変えたのである。何故変えたか。その時どのような内部的な議論があったか。もとより一切明らかではない。しかし結鎮神事は一月十五日の小正月の日に実施されるものであるから、北朝年号採用の決定は前年の終り頃か、当年早々の決定としか考えようがない。とすればその契機となった事件の一つは、北朝に帰投したかつての南朝軍の武将楠木正儀（正成の子、正行の弟）が、文中二年八月に長慶天皇の天野行宮を攻撃し、長慶天皇が吉野にのがれ、南朝の敗退がいよいよ決定的となった事件ではなかったかと考えられる。

この若松荘中村に南接する和田郷には楠木一族の和田氏が相変らず南朝勢として頑張っていたが、この和田氏が南朝の劣勢を見限り、北朝方に帰順したのは、惣村中村より半年以上おくれた応安七年の夏ごろであった。このような周辺の武士層の動きとの関連からみて、惣村中村による北朝年号採用の挙は、惣村自身の自主的な判断であった可能性が大きい。そこに惣村の政治性を考える一つの焦点がある。いずれにしても年号そのものは使用しなければならない。しかしそこには明王聖主が国家権力を掌握し、素淳な政治に期待をかけそれを貫き通す幻想はなかった。惣村を守るのは、結局自らの力のなかにあるとの自覚は急速に高まりつゝあったのである。

三　内乱のなかの天皇と民衆

(1)　皇位継承

永享五年（一四三三）、伏見宮貞成親王が子である後花園天皇に『椿葉記』を書き与え、在るべき天皇像を説いた。そこには、管弦・詩歌・和漢を修め、朝廷の公事・儀式に通じ、臣僚を統導することなどが細やかに説かれている。

天皇に伝統的な貴族文化の教養を修得することを要求するのだが、ここに持明院系天皇の不親政の立場がすでに色濃くもられているからといって、南北朝期から室町初期にかけて君主の権を喪失してゆく天皇の敗退過程を描いたものと速断するわけにはゆかない。すなわち天皇制の問題は万世一系の皇統継承に重要な判断基準をおくとすれば、『椿葉記』のように天皇が政治的な権力を継承することに絶対必要な条件をおかず、むしろ天皇不親政をこそ理想とする文化的資質に天皇のあるべき十分条件を縷述したところにこそ、むしろ天皇が強靱に存続する一つの秘密を説いたと考えられるからである。すなわち「有徳君主」「十善の君」など、天皇に対する道徳性の要求・宗教性の尊重にこたえて、徳政の涵養につとめた天皇が多かったことが、式微の時代にもなお皇運を存続しえた理由であり、その徳性涵養の一助となったのが、伝統的な貴族文化の学習にあったとする。むしろ後醍醐天皇の志向した天皇親政は、皇位継承にとって危険な異端ですらあったのである（水戸部正男『日本史上の天皇』）。

天皇家持続の条件として、土着化している王朝的な文化的伝統に配慮を払う必要がある。しかしそれは時々の支配階級の特質、国家権力の構造との関連を明確にするという対応がある限りにおいて有効と考える。ここでは天皇制観念のなかで継承されてゆくための絶対必要な条件が、どのように変質するかを追わなければならない。

その必要条件は三つあると思う。その一つは天皇の貴種性という「血の流れ」によって権威づけられる観念である。しかしこのことに対して、「血の流れ」は生きた肉体そのものであって物的で具体的な実体を備えたものであるといわれるかも知れない。しかし南北両朝の対立もそうであったが、大和朝廷の時代から平安時代初期にかけての、王位・皇位継承をめぐる熾烈な対立のなかで、すでに皇位を継承するに足る貴種性を備えた多くの人数のなかからとにかく一人にしぼり決定する過程で、権力闘争が展開されたことは自明なことである。こと中世において天皇家の貴種性を支えてきたのは、荘園支配の体制を構成する支配諸階級の階級的結集の在り方であった。それを一流に、さらに一人に絞ることができず南北両朝として分裂させ、最高の貴種を二つにせざるをえなかったこと自体、貴種性理念の敗北であり、階級的結集の破綻であったといわざるをえない。

第二の要件は神器・印璽という物的標章の相伝である。神器の授受・相伝さらにその真偽は南北朝内乱期のきわめて重要な問題として追求されてきた。したがって神器・印璽の確保は天皇必須の条件であったように思える。だが果たしてそうであろうか。

元弘元年九月二十日、後伏見上皇の詔をもって、皇太子量仁親王が践祚し光厳天皇となったが、当時後醍醐天皇は神器・印璽を携えて笠置にこもっていたため、この授受はおこなわれなかった。その八日後、笠置が陥ち、十月六日に神器・印璽が授けられ、翌元弘二年三月二十二日、太政官庁において光厳天皇即位の儀がおこなわれた。神器・印璽を相伝していない二十日間足らずの光厳天皇の治世のもと、天皇の重要な政務である除目が一回おこなわれているが、その時この践祚は寿永二年（一一八三）八月の後鳥羽天皇践祚の先例に従ったもので有効だと弁明されている。

院政は皇位継承を正当化する機能を、神器・印璽の授受にかわって果たしていたのだが、親政を主張した後醍醐天皇にとっては、この代替される機能の拒否こそ、その政治的命題があったといわなくてはならない。だとすれば神器・印璽を帯びず隠岐島にあった後醍醐天皇は天皇としての政務をおこなわなかったのであろうか。すでに述べたように楠木正成は元弘二年十二月九日までに、左衛門尉に昇進していて、隠岐で除目・口宣案が作製された可能性があり、よしそれがなくても政務が執行されたことは明らかで、それを楠木正成が天皇の公事と認めたから、彼の左衛門尉昇進もありえたのである。また元弘三年三月十四日付で杵築社に与えた宸翰綸旨も、王道・正理の恢復はまだだが、自ら朝廷を構成し、官軍を強める義兵を募っており、そこでの祈願はいうまでもなく勅願であるとの認識がある。神器・印璽をもたない天皇の政治に伝統的な王道の正理はないにしても、天皇の聖勅と朝廷の正当性は存在したのである。

したがって、後醍醐天皇は元弘三年六月に隠岐を脱出して帰洛しても、改めて即位の儀を経る必要性はなかった。神器・印璽があろうとなかろうと天皇は存在し継承したのである。延元元年（一三三六）の暮、建武親政政権が崩壊して、光明天皇に神器が渡され、後醍醐天皇が別の神器を携えて吉野に移り、南北両朝が分裂した時、神器の真偽が皇統の正当性の有無とかゝわって問題とされるが、神器が皇位の正当性を決定する条件は、後醍醐天皇自らがすでに否定していたのである。

第三の必要条件と考えられるのは、践祚・即位などの継承性を確認する儀式である。すでに触れたように、笠置行宮落城直前に、光厳天皇が北条高時に擁立された時、その皇位継承は後伏見院の詔が唯一の根拠とされた。それにしてもこゝでは、後伏見院がかつて皇位にあったという点で合法性は認められる。

しかし正平七年（一三五二）いわゆる正平一統が破れて、北朝の三上皇と皇太弟であった直仁親王が南朝に拘置されたあとで、光厳天皇が践祚した時には、僅かに残されていた寿永の先例すら喪失したのである。もちろん北朝の神器や壺切剣も取りあげてある。そこで足利義詮は光厳・光明両天皇の母であった広義門院が院政と同様に政務を取っていたことにし、二条良基を関白にして、光厳天皇の第三皇子弥仁親王を践祚させた。後光厳天皇がこれである。

皇位継承を正当化するためにいわば広義門院院政をデッチあげたのだが、これを広義門院自身は頑強に拒否していた。しかし『園太暦』には、「武命の厳密により、女院御許容」とあり、まさに北朝勢の内部分裂も深刻で、足利幕府権力を確立するうえで最大の危機にあったこの時に、足利義詮の発した「武命」が北朝の皇位継承を実現した。それでもなおこの現実にこだわった群臣は、このような皇位継承の形態に先例ありとして、日本においては継体天皇の即位と中国においては西漢孝文帝即位にそれを求めた（『園太暦』）。すでに正応元年（一二八八）、摂津島上郡の継体陵はあばかれて、副葬品の鏡などが盗まれるような社会相となっていたが（『公衡公記』）、北朝の公家官人らは、足利義詮の強行策につじつまを合わせるため、『記紀』の不正常な継体天皇即位の先蹤に僅かな活路を発見しているのである。足利義詮の深刻な現実的要請に応じて、『古事記』『日本書紀』の神話の世界が現実の政治のなかに復活したのである。

なくてかなわぬ神器は三宝院賢俊によって探し求められた。それは石清水八幡宮の後村上天皇の旧行在所に保管されていた仮神器を納めてあった朱塗の唐櫃であった。神器ではなく、その入れものである。賢俊はそれを自らが管領していた左女牛八幡に安置し、践祚当日、これを宮中に移して、伝国の璽としたのである（中村直勝『日本文化史　南北朝時代』）。北朝もまた神器の授受にこだわったが皇位継承の必要条件とはしなかったのである。

以上みてきたことで明らかなように、天皇・天皇家、さらに朝政につながる公家・寺僧のなかには皇位継承を捏造する知識と、武家には万世一系を演出する武力があった。万世一系の皇位継承を必然化したもののなかに幕府権力があった。しかしその力は幕府の自信のなかではなく、政権の危機と矛盾との深まりのなかにあったといえる。

(2)　武士と天皇

高師直・師泰兄弟は「都ニ王ト云フ人ノマシマシテ、若干《ソコハカ》ノ所領ヲフサゲ、内裏・院ノ御所ト云フ所ノ有テ、馬ヲ下ル六借《ムツカシ》サヨ、モシ王ナクテ叶フマジキ道理アラバ、木ヲ以テ造ルカ、金ヲ以テ鋳ルカシテ、生タル院・国主ヲバ、何方ヘモ皆流シ捨奉ラバヤ」といったという。南朝擁護の立場にある『太平記』作者が、師直・師泰の暴虐ぶりを誇張するために叙述したことであって、事実を伝えているとはいえない。しかし佐々木道誉が妙法院門跡亮性法親王に対してとった暴力的な言動などからみても、殺気だった武士の一部が天皇及び天皇家を、侵すべからざるものとしての認識をもっていたとはいえない。だがしかしとくに幕府権力の中枢部を構成する武将たちの多くが、北朝擁立・確保にきわめて重要な配慮をしていることからみて、幕府権力の安定強化と確実に結びつくものとして天皇の権威をみていたことは明らかである。

建武三年（一三三六）足利尊氏は京都での新田義貞との戦に敗れて九州に走る時、赤松円心の勧告に従って、光厳院の院宣を請うていた。尊氏が備後鞆の津に着いた時、三宝院賢俊が勅使として院宣をもたらした。『梅松論』はその時の様子を次のように記している。「三宝院僧正賢俊勅使トシテ、持明院ヨリ院宣ヲ下サル、文章常ノゴトシ、天下ノ事計ライ申サルベキ趣ナリ、コレニヨリ、諸人イサミノ色ヲ顕ス、今ハ朝敵ノ儀アルベカラズトテ、錦ノ御旗ヲ諸国ノ御方ニアグルベキヨシ、国々大将ニ仰セ遣ハサレルトコロナリ」と。「朝敵」という汚名を恐れ、官軍として「錦御旗」を掲げることの有利さを、将卒ともに熟知していたらしい表現である。

尊氏が国々にあって軍事主導権を与えた大将に、このことを通報し、忠節を促したことは、二月十五日付の御教書を尊氏が豊後の大友氏泰に送っていることからわかる。その御教書には「新院の御気色によりて、御辺を相憑て鎮西に発向候也」と述べられている（『大友文書』）。この二月十五日には尊氏の御教書が小早川景宗にも与えられ、安芸国の大将桃井義盛に属して、一族と相談して軍忠をあげよと促している（『小早川家文書』）。そして三月八日、まだ尊氏勢が北九州で菊池武敏らの軍と合戦している最中、桃井義盛は安芸国の武士吉川経文・三戸頼顕・熊谷直経・内藤泰廉らに、軍忠を賞して地頭職を与えるとの下文を発している（『吉川家什書』『毛利家文書』『萩藩閥閲録』など）。

このことからさらに末端の武士が官軍として軍事行動に結集参加する場合、一人々々が尽忠・殉忠して大義名分に生きようとしたのではないことも推測される。楠木正成の拠る赤坂城攻撃に参加した関東武士のなかには「命ヲバ相模殿ニ献リ、恩賞ヲバ子孫ノ栄花ニ貽サント思召ケル故ニコソ、人ヨリ先ニ討死ヲバシ給ラメ」と吐露したものがいたというが（『太平記』）、こゝに本音がこめられている。楠木方の武士にしても、また同様であったと思われる。武士が合戦に参加し、そこでの軍功を注進した文書を「軍忠状」といゝ、軍忠の内容として自分自身や従者さらに敵方の負傷・戦死などを明記しており、大将の確認の証判をえて、後日の恩賞の証拠書類とするものである。このような「軍忠状」の初見は鎌倉時代の弘安の役の時であるが、元弘の合戦以降に急速に増加し、南北朝内乱期に最も多い。武士が軍大将に絶対的な信頼をおかず、自らの実利主義を貫こうとする証左とも考えられる。

軍忠などに対する恩賞は地頭職などの安堵・補任という土地の進退・知行権だけではなかった。建武三年二月、尊氏の御教書をえた小早川景宗は当時左衛門尉であったが、同年七月、尊氏から軍忠を賞するいわゆる「御感御教書」が与えられ、さらに建武五年正月十六日付の足利尊氏の下文では出雲権守と宛名されており、その間に昇進したらしい。この小早川景宗の本家筋にあたる小早川貞平は建武四年三月十二日付の光明天皇口宣案によって備後守に任ぜられている（『小早川家文書』）。

このような朝官補任・昇任は幕府の推挙により天皇・院から与えられるものであった。足利尊氏の支柱の一人であった三宝院賢俊の場合は典型的である。尊氏は九州から東上し、湊川で楠木正成などを敗死させたあと、六月三日入京し、光厳上皇・豊仁親王を迎えたが、その日直ちに、光厳上皇は賢俊を権僧正に任じ醍醐寺座主に補したが、これは尊氏が推したからに外ならなかった。もちろん尊氏が推した場合、光厳上皇に拒否権があったとしてもそれが行使されうるはずはなく、尊氏の発議がすべてを決定したのであるが、すくなくとも尊氏が独断で決定することのできる性質のものではなかった。このようにみると武士を結集しうるのは天皇個人の権威ではなく、やはり天皇制という機構であったと考えてよかろう。

このような朝官が武士にとって何故必要なのであろうか。そのこともまた武士の実利につながっていることを小早川景宗の場合が示している。

小早川景宗の先祖は安芸国都宇竹原荘地頭職を相伝していたが、それが永仁年間（一二九三〜九八）に北条得宗家の営む建長寺の造営料所として寄進されてしまい地頭職を喪失した。訴訟の結果、元応二年（一三二〇）返還されたが、足利尊氏が九州で態勢のたてなおしを計っていた最中に、建長寺僧は再度その領有を訴願して、とりあげられなかった。相手は何分にも寺家であり小早川景宗は不安に堪えず、将軍家奉公の労により推挙にあずかって、かつて本領安堵の綸旨を下されたことの再確認をえようとした。そして明法博士中原章有の勘文を得て、天皇への内奏を経て、その領有は安堵されたのである（『小早川家文書』）。

武士の利益を確保するのは将軍家の実力だけではない。幕府の権力が直接及ばない公家寺社勢力のため武士が不利益を受けないために、朝官への補任、そしてこの場合具体的には、法家の勘文をかちえたうえで綸旨をふりかざさなければならなかった。幕府と武士との関係を私的な主従関係だけで貫くわけにはゆかない。お互いの関係がより公的な関係を装うために、武士の朝官補任は必要であったと思われる。とくに内乱を勝ち抜くためには。

(3)　天皇と民衆

幕府は天皇及び天皇家に権門以上の機能を要求したが、実質は八条院領・室町院領そして長講堂領の本所職をもち、中央官衙を通じて諸国の供御人や商手工業者を統轄する巨大な一権門にすぎない面があった。したがって、天皇家の支配をうける限定された農民や商手工業者だけをとりあげてみても、広範な民衆の全体像を明らかにしたことにはならない。だが一応そのような限定された民衆の南北朝時代の動向に触れておく必要はあろう。

摂津国島上郡の安満荘一帯は皇室領として美田がひろがっていた。左大史を世襲し太政官の事務をとっていた小槻家では、十一世紀後半期、当主であった小槻祐俊の時代、山城北常盤の地に氏寺常林寺を建立した。その常林寺領として安満荘の一部が寄進され、小槻家がその領家職を所有することになった。その時点が何時であるかは明らかではない。永万元年（一一六五）の綸旨をうけて小槻隆職が官務を世襲し、従弟にあたる小槻広房が算博士を世襲して官務を競してはならないと命ぜられ、両流は対立を存したまゝ壬生官務家と大宮家に分流した。その対立は、家領の常林寺領安満荘にまで持ちこまれていたが一応の和解ができた。その和解を安満荘の名主沙汰人に伝える両家連名の文書によると、「両家の和与の儀、内裏様として仰出されるの間、両方より相共に直務あるべし、もし他人にその沙汰にあるおいては、二重成たるべし」とあり、両家の直務支配が天皇の仰せにより決定されたといゝ、安満荘農民にとって、天皇は大きな権威をもつものとして映じた（『宮内庁書陵部所蔵文書』）。この安満荘のはるか西方にあたる能勢郡内には、壬生官務家が所管している採銅所があって、建武三年九月には光厳上皇院宣が玄蕃頭某に発せられて、乱妨な輩を取り締るよう命じていて、乱中にしてなお銅山経営は活発に続けられていた（『森川清七所蔵文書』）。こゝに働く民衆もまた天皇の権威に直接預かっていた。

天皇家とのつながりで注目されるのは中央諸官衙に属し、その官衙を直接支配する公家に隷している供御人である。すなわち近江国の粟津供御人・菅浦供御人、和泉国の網曳御厨供御人、そして山城の深草・山科供御人、諸国の燈籠供御人などがある。六波羅滅亡直後の元弘三年五月二十四日の日付のある「内蔵寮領目録」には、さらに大和国内の供御人などが数多くみられ、たんに天皇家や中央官衙の経済にとって重要な地位を占めていただけでなく、天皇の政治にとっても重要な役割を果たしていたことがうかがわれるのである。

このような集団と天皇家の結びつきについてその一側面を明らかにしておこう。天皇家が支配する材木産出の荘園に修理寮領丹波国山国荘がある。現地には多くの古文書・古記録がのこされているが、そのなかに数通の口宣案がある。その一通の永享五年（一四三三）二月二十一日付の後花園天皇口宣案は高山部国光なる人物を掃部允に補任するものである。彼の祖先にあたると思われる高山部重国上総介は元弘元年十二月に荘内の職（権利）と思われる介職なるものに補任された。康永四年（一三四五）六月に、この高山部重国本人かまた一族のものと思われる上総入道覚性なるものは、黒田荘名主大江重任が名主の地位を示すものとして与えられていた所役工田二反の作職（耕作の権利）を宛行われている（『吹上家文書』）。高山部氏は名主ではなかったとしても上層農民には間違いないが、そのような階層の高山部国重が口宣案で正式に「掃部允」に補任された。「掃部允」は南朝の権臣北畠親房が表わした『職原鈔』によると、宮殿・官衙の建物の鋪設のことを掌っていた掃部寮の下級職員で、「允」には「大・少」があるが、ともに六位侍をもってこれに任ずとある。このことからみて、高山部国光は国家公認の侍身分であったことになる。黒田荘では荘官・名主で朝官を名乗るものが多いが、これは荘内で住民が勝手につけ荘内だけで通用する性質のものではなく、修理寮の推挙をうけ荘内の名家・名族のなかから選任されて口宣案が与えられた天皇家公許・国家公認のものであるといってよい。

このようにみると天皇家領・中央官衙領荘園の農民のなかで下級朝官名を付したものは、そこに隷する侍であり直接的な軍事力ともなりえたと想定できよう。すでにのべた天皇家領和泉国若松荘内の惣村中村において、正平六年に結鎮座が形成されて、その頭役が選任されたが、まだ中村が南朝年号を使用している段階であった正平六・七・十・十一の各年に、頭役をつとめたのは右近允源八・刑部允五郎次郎・右近允紀六・治部允三郎太郎らである（『奥野健一文書』）。彼らも南朝によって侍的地位が与えられて、近隣の和田氏などに率いられた南朝方の農民兵であった可能性は強い。とすれば惣村中村の結鎮座結成自体も南朝の軍事動員体制とかゝわっているのかも知れない。後醍醐天皇は摂津榎並四ヵ村の住民に軍勢催促の綸旨を発したことはすでに述べた。そこで軍忠をあげた民衆に対する恩賞は何であったか、その一つが、このような下級朝官の補任と侍身分への昇格にあった可能性がある。

このような動向は分業・流通に従事する商手工業者についてもいえることではなかろうか。中世におけるその全面的な考察は、すでにふれた網野氏などの研究の成果に負うことが多いが、この南北朝内乱期という激動する戦乱期の一、二の例をいえば、南朝と連繋していたとして、足利尊氏に弾圧された堺浦魚貝商人（『春日神社文書』）や、供御人を統轄していた摂津国の渡辺惣官滝口左衛門尉源昭が延元二年十二月二十二日付の願文を南朝の祈願寺たる観心寺に寄せて、南朝への結束を約していることなどが典型的な例となろう（『観心寺文書』）。

さて、天皇及び天皇家と直接的なかゝわりをもたない民衆にとって天皇は何であったろうか。後醍醐天皇が隠岐に配流された時の行路近傍では、後醍醐天皇を祀る神社があり、厄除け・災難除けの霊験があらたかであると信じられているものが多いという（柳田国男編『山村生活の研究』）。このように民俗信仰にまで根をおろした天皇がたえず問題となるし、また重要でもある。だが注目されるのは、中世における悲劇の主人公、南北朝内乱期に即していえばたとえば後醍醐天皇・護良親王・楠木正成・正行らがそれに当るが、そのような悲劇の人物こそが神格化・カリスマ化しているという事実である。当時、隠岐配流中の後醍醐天皇自身は悲劇の主人公とは思っていなかったし、また広範な大衆が、天皇及び天皇家をそれほど呪術的・心情的なものとしてとらえていたかどうか明らかでもない。しかし民衆による身辺の日常生活における清浄化への緊張は、神宮・神社などの経済をも支えている御師の信仰活動や、自らは清浄で神聖であるべきだとする都市貴族たちの権力意志に誘われて誘発されるということである。室町時代の典型的な一例を示しておこう。

嘉吉元年（一四四一）三月十七日、万里小路時房は召し使っていた下男を叱責し、出入りを禁止したことがあった。その理由は、将軍足利義教の伊勢神宮参拝のため、万里小路家では清浄を保ち、馬と馬副とを奉仕させる日を待っていたが、その下男は、下女が死去して穢所となっていた扇屋に出入りしていた息子を不用意にも万里小路邸に連れてきて、清浄であるべき邸内を穢したというのである。その後、万里小路時房が穢れの発した扇屋を調査したところ、扇屋は将軍参宮に随伴する武家供奉人・被官人が立ち寄ることになっており、下女が屋内で死去すると汚穢と同火することになるのを恐れた扇屋の当主が、危篤状態の下女を運び出し、今出川辺の河原（川崎）にあった乞食の家に預けたのである。その下女は数刻の後に死去し、扇屋にとってはまさに危機一発で死穢をのがれたのであった。このことを知った時房は自らの早合点を恥じ、下男の再出仕を許したのである（『建内記』）。

三代将軍義満の時にはじまった将軍の伊勢参宮という国事行為が、洛中に居住する諸身分諸階層の住民に、清浄の緊迫を強いたのである。そして洛外の河原に居住する非人乞食に汚穢がなすりつけられ、そのような時になって非人乞食の政治的・社会的有用性が認識されたのである。天皇の宗廟伊勢神宮の清浄と洛外非人乞食の汚穢とが、国王としての将軍足利義教の権力を媒介として社会的関係を確実にもっていることを民衆は発見した。

そしてこの危機を脱れたのは、時房から「穢れざるの条、神妙の者か」と感嘆された扇屋の判断である。しかしこの扇屋には伊勢参宮の供奉人・被官人が寄宿するといっているところから、この扇屋は伊勢名産の扇を洛中に売りながら、伊勢参宮をすゝめる御師であったかも知れない。時房にとってのみならず、支配階層にとって、この神妙な扇屋は、その伊勢信仰を貫くことによって、すなわち触穢思想を機敏に率先することによって、まさに国家社会の秩序を保った教科書的民衆であった。天皇崇拝をおりこんだ謡曲「金札」「弓八幡」「絵島」「大江山」「田村」などの発生と流布を、以上のような論点と無媒介に説くことはできないであろう。

室町幕府政権の確立とともに、天皇及び天皇制はいよいよその走狗的地位を占めてきたが、しかし公武の領主階級と広範な民衆のきびしい対立関係の発展のなかで、かえって天皇は現実には悲劇の主人公の形をとり、過去には威徳をそなえた尊貴なものとの形をとり、とくに権力の神聖性・清浄性と、民衆の住む地上に清浄さをもたらすものとして情緒的・文化的姿態をとりながら強く認識させてゆくのである。しかしこの認識は、川崎の乞食のように洛中に住めず、死人を眼前に見とりながら、汚穢を一身に蒙らなければならない被差別的な賤民を生む一つの源泉でもあった。

四　むすびにかえて

(1)　倭　寇

国家としての国際的緊張関係は、鎌倉時代にも南北朝時代にも、ともに存在した。前者はいうまでもなく元寇であり、後者は倭寇禁圧の要請である。だが形態と内容には大きな違いがある。すなわち、前者は異民族の軍事的侵攻に対して幕府権力が主導した軍事的対応であり、後者は対馬島住民を主体とした北九州沿岸に住む在地領主や民衆が主導権を握った暴力性にとんだ進出を、朝鮮や中国側の国家的要請にもとづいて規制・統制を加えようとするものである。こゝでは外交権と国家権力の掌握が同時併行的に要請されていた。このことは、将軍足利義満の時代、南北朝内乱の終焉と時をほゞ同じうして、勘合貿易体制が成立するなかで、足利義満によって成功したといえよう。こゝではその成功にいたるまでの過程と問題点を私なりに総括して、本章のむすびにかえたい。

朝鮮に対する倭寇の開始を、朝鮮高麗王朝の側では、一三五〇年（日本では正平五、観応元年にあたる）としているし、その最も激しいのは、日本では三代将軍として足利義満がつき、細川頼之のもと室町幕府がそれまで内部矛盾としてもっていた軍事権と統治権の乖離を、管領制によって解決するメドが立ち、南朝勢力が決定的に後退する一三七〇年代である。

一方、中国との関係でいえば、一三六八年に明太祖が即位し、直ちに倭寇の処置について大宰府にいた南朝の征西将軍懐良親王と交渉をもとうとして相手にされず、応安四年（一三七一）になって、懐良親王は倭寇が拉致した明人七十余名を送還して、外交を積極的におこなうべく政策を変えてきた。しかしこの段階で、明ははじめて北朝との交渉によって、倭寇問題解決はより有効に果たされると認識を変えてきていた。

一三七〇・八〇年代は、朝鮮の王朝の記録によれば倭寇のもっとも激発した時代であったし（井上秀雄編『セミナー日朝関係史1』）、中国では倭寇の侵略地域が山東から南方に拡大される時期でもあった。もちろんこの倭寇が略奪した主要なものは米麦・人間・船舶などであって、以前とその内容にほとんど変化はない。しかし対馬島や北九州沿岸の在地領主や民衆がうち続いた内乱によって、軍事力に停滞をきたし、日常生活の貧困化の深まりだけでその理由づけをすることはできない。すなわち、懐良親王の態度の変化からみて、南北朝内乱という臨戦下の外交とのかゝわりを考えないわけにはゆかない。

(2)　外交の成立

一三七〇年代に懐良親王により被虜明国人の送還がおこなわれたのにつゞいて、将軍義満・九州探題・大内氏・島津氏・対馬の宗氏・松浦党の諸氏などの名において被虜民の朝鮮への送還がおこなわれている。これらは未熟だが、中世における「外交」の開始として注目すべきことである。

一三七〇年以降、幕府の正式な使者でないものが使者と称し、和戦両様を使いわけながら交易をおこなうあやしげな商人の往来が激しくなったし、先述の懐良親王も貿易の利によって南朝勢を有利に導こうとする意図のもとに、数度にわたって僧如瑤を海外に派遣した。被虜民の送還は、朝鮮・中国の王朝から平和的手段でもって貿易の利を誘い出そうとする目的をもっていたことは明らかであろう。だとすれば被虜民と、その送還数が多ければ多いほど、倭寇禁圧を要請する両国から友好的で有利な貿易を引き出すことができたのである。

だがこの外交の意義はそれだけではない。足利尊氏が建武三年に九州に下って、九州から瀬戸内海沿岸の武士を結集しながら東上してきた時、松浦党らの国人は、わざわざ現地に留められて、武器及び兵粮米の補給の任にあたらせている（秋山謙蔵『日支交渉史研究』）。この使命を帯びた松浦党が、むしろそれを果たすために倭寇を実行することが考えられるのである。そしてそれが果たせるかどうかは、松浦党をはじめ北九州地方に根拠をおく海民的武士団が、足利方としてよく結束するかどうかにかゝっているといえよう。

管領細川頼之の強い支持をうけながら、今川了俊が九州探題として、北九州に下ったのは応安四年（一三七一）のことである。そして今川了俊の弟今川仲秋は松浦党の結束のため尽力し、応安六年（一三七三）五月、宇野御厨内上五島地方の松浦党を一揆契諾させることに成功し、次第にその輪をひろげていった。しかしこの一揆契諾は、南北朝内乱終結によって自然消滅した（稲垣泰彦編『荘園の世界』）。倭寇の一部は松浦党によって指揮され、また松浦党の構成員が参加して実行されたこともあろう。むしろ略奪した米麦や船舶は足利方の陣営に投入されたとみて誤まりはない。またその被虜民の一部は売買されて軍資金にかえられ、また一部はすでに明らかにしたような目的のため、本国に送還された。まさに松浦党は南北朝内乱に生き、足利方を勝利に導いた「死の商人」であったといえよう。松浦党一揆とはそのような意義をもつ政治的結集体であった。

足利方にあった「死の商人」が南朝方にまったくなかったとはいゝ切れない。松浦党の一部やさらに熊野水軍・瀬戸内海の村上水軍などはその可能性があるが、それは結果的にみれば勝利には導かなかった。しかし足利方にしても、このような「海民としての武士団」を組織しえたことが、のちに外交権を掌握し具体的に運用する条件となったことは間違いない。

「死の商人」の動きは、沖縄に波及した。各按司が沖縄の海外交渉権の掌握を一つの課題としつゝ対立抗争を強め、尚巴志によって一四二九年に沖縄統一が実現した。そしてそれ以後、沖縄はアジア貿易の要としての地位を固めるのである。「南北朝内乱期にみる天皇と民衆」を終るにあたって、その時代の天皇と民衆をさらに明らかにするためには、国内の問題だけではなく、東アジアに進出してゆく日本人の政治的・社会的な動向をふまえて考えてゆく必要があろう。いずれにしても万世一系でありえた天皇制の構造は、時々の国家権力を構成する支配階級の一つ一つの危機の局面から解いてゆくことの重要性を感ずるのである。

第二章　加地子得分の形成と一色田の動向

はじめに

わが国における荘園村落において、村落民の中核をなすのは名主層である。しかしその名主層も鎌倉中期頃を境としていわゆる本名主が衰退し、中小名主が簇生することが注目されている。荘園村落にはこのような名主層の外に、「小百姓」「脇名百姓」「脇住」「間人」などとよばれる弱少農民がいたが、かれらは名単位に賦課される公事、夫役などを負担せず、名田の一部や領主直轄荘田である一色田などを請作して、その再生産を支えていた。一色田を請作する農民は一色田作人（または一色作人）とよばれているが、その請作は本来期限つきの耕作委託に類するものであったから、安定した耕作権を確保することができず、たえず流亡の危機をはらんでいて、村落内での定着性は少ないものであった。本稿は、わが国の荘園村落における弱少農民の一つの代表とされている一色田作人が、南北朝時代から室町時代にかけて、どのような動向を示すかということを、山城国の三つの例をとりあげて考察したいと思う。

一、山城国小泉荘随身名の場合

山城国平安京の右京にあたる地域に小泉荘随身名という名田があった。その名田はほゞ一町歩で、北限は六角坊門小路、南限が六条大路、東限が山小路、西限は西京極大路の四至のなかに散在し、そのうち巷所を開発して水田化したもの二反八十歩を含んでいた(1)。この名田は、条里制でいえば、六条四坊の十一町から十四町にわたっていて、小泉荘の南西部に位置するが、永保二年（一〇八二）正月、荒廃田畠となっていたものを、僧知増が在地刀禰に開発申請をおこない、それが許されて開発をおこなって耕地化し永作手権を獲得した。(2) そして寛治三年（一〇八九）八月、僧知増の嫡女夫智満に処分されて、(3) 智満の占有権が確立し、「知万名」と呼ばれるようになったらしい。この開発された知万名は、小泉御厨の四至内の名田であって、平治元年（一一五九）の春、越後守某から左先生某の給田に充てられたものであったが、知万（さきの智満と同一人物ではないにしても、その子孫であろうか）が本作人と号して妨げたとして争論がおこり、小泉御厨下司・公文・刀禰に対してその横暴を停止させるよう下文が出されている。(4) ここで開発にもとづく占有権・耕作権を主張する知万名主と小泉荘の四至内と主張する上級領有権との間の対立がみられたが、この決着がどうつけられたか明らかではない。

久安三年（一一四七）二月、源歓乃丸はこの一町二反に及ぶ田地（路二反半部分も含む）を管野末延の口入を介して内舎人大中臣季時朝臣に売却した。さらにこの大中臣季時は、応保二年（一一六二）九月、関白近衛基実の御随身下毛野武安に売却したのである。(5) ここで下毛野氏の相伝が確立し、その家業たる関白御随身の身分に由来して、知万名とは別に随身名がこの名田の呼称として使用されるようになったと思われる。建保五年（一二一七）三月、左近衛番長下野（下毛野）武致は、家地と所領二カ所を二男下毛野武房に譲ったが、その所領は摂津垂水東牧のうち西時枝名とこの山城国西院小泉荘内田地一町一反であった。(6) しかしその子孫下毛野武村の代に及んで、その田地はすべて売却され、下毛野氏の手から随身名が全く離れるのである。すなわち、弘安六年（一二八三）にまず一反がゆわう御前に売却され、翌弘安七年にまた残りの一反が同人に売られ、弘安十一年にも一反が、正応二年（一二八九）に一反が、翌三年、四年、五年と一反ずつがいずれもゆわう御前に売られ、正安二年（一三〇〇）やはり一反がゆわう御前に売られて、その売却総面積は計八反に及んだのである。(7) そして正安三年三日、知万名二反小が代金二十四貫五百文で帥律師房に売られた。(8) かくして随身名売却代金の総額は八十貫五百文に及んだのである。

このようにして随身名の一町歩余は下毛野氏から離れたが、はじめに売られた八反とあとで売られた二反小とは、恐らく康永二年十月の小泉荘随身名田注文にみえる七反三百二十歩の午田と二反八十歩の巷田とに当ると思われる。ゆわう御前が買得集積した田地八反はまもなく他に相伝されていたが、永和元年（一三七五）から以後は名は名のみのこり、実は一色田経営に似た経営がおこなわれていたことが明らかである。

すなわち永和元年二月三十日、随身名百姓職がかい阿弥陀仏に宛行われたが、年貢は反別本所枡一色二石、うち反別七斗五升は本所方へ納入され、一色二石を納めた残りは銭にして九品寺に納め、また反別百文の請料銭と反別十束の藁を納入することが義務づけられ、同日作人かい阿弥陀仏が請文を呈したのである。この百姓職宛行状の発給者が誰であるのか、文書案文で署名者明示がなく、また百姓職請文にも「当院より預かり申候」とあるだけで明記がないが近衛家政所と思われる。(9) それより約二十年前の延文三年（一三五八）三月の随身名八反の地主得分を示した史料では、

分米四石八斗　反別六斗宛 拾合升定
藁八十束　段別 拾束宛

とあって、とくにこゝで注目したい請料銭はみえていない。(10) また応永十八年（一四一一）閏十月の荘園領主の収取を示す随身名年貢公事注進によると、

一、六石三斗四升本年貢　なしハらとのへ
一、うしのかいれう公事　このゑとのへ
正月百六十文　五月百六十文　九月百六十文
三ねんに一度きぬのつなのようとう
四月三百廿文　　うる月五十三文

一、寺家得分

　三石二斗にて候へとも　少分なくて不納候、

とあって、[11]こゝでも請料銭は明記されていない。しかしこゝで注目されるのは、永和元年に作人かい阿弥陀仏が八反を請作するに当って反別百文納入したという請料銭計八百文と、作人が随身名から近衛殿に納入した本所公事のうち牛飼料八百文（閏月は五十三文加算されるが）とが全く同額であるということである。これは全く偶然の結果ではなく、荘園本所側では公事として理解していたものが、実は随身名耕作農民にとっては請料銭としての負担に他ならなかったことになる。作人は藁の公事などを納めているし、年貢は反別二石一色できわめて高斗代であり、請料銭反別百文を納める、これは一色田請作と形態・内容ともに同じものとみることができる。

一色田請料銭が反別百文であった例はきわめて多く、その一例を示すと、寛正四年（一四六三）頃の近江国菅浦関係文書のなかの次のような記録がある。

　散田を作人に宛行時の請料の事ハ、代官に相尋処に、一段別に百文宛請料を出す事ハ候、地下の法として、名主とも請作の儀皆如此、その百姓未進懈怠なきにいたってハ、雖為何ヶ年、無改替之儀（下略）

これによると散田（一色田）請料銭が地下の法として反別百文となっていると記され、しかも、年貢未進がなければ作人の耕作権は半永久的に認められていたことがわかる。[12]請料銭反別百文を負担して耕作する田地なるものは、地下の法として、すなわち農民の一般的なうけとり方としては、一色田（散田）であった。

康応元年（一三八九）十一月、随身名八反が紀氏宗悟の手から、後世菩提を弔うために大徳寺如意庵に寄進された。その寄進地子額は反別八斗とあり、[13]八反合計では六石四斗に相当するはずであった。しかし応永十八年閏十月の「西院随身名年貢公事注進状」によると、[14]寺家得分は三石二斗であると記していて、その所定の量のちょうど半分である。この理由をその「注進状」は次のように述べている。

四条ほりかわのみつかからす候間、むめつのいれうをいたして作候、下地よくもなく候間、毎年の本年貢六石三斗四升を、寺家の得分をもて、入たて申候てさた仕候、

とあって、四条堀川の灌漑用水が引水できず、梅津用水を井料負担して引水しているため、下地悪く収獲が低くゝ、梨原殿への本年貢完納を優先するため、寺家得分のうちから本年貢を割譲することもあったと記している。こゝでなお本所年貢を如何に納入するかが作人はもちろんのこと地主得分をえている大徳寺如意庵にとっても第一に重視しなければならなかったことがわかる。こゝで「百姓職請文」に明記された作人かい阿弥陀仏が上納した請作地八反分の諸負担が、どこにどれだけ納まったかを明示すると次のようになる。

図1　随身名年貢・公事等収取関係

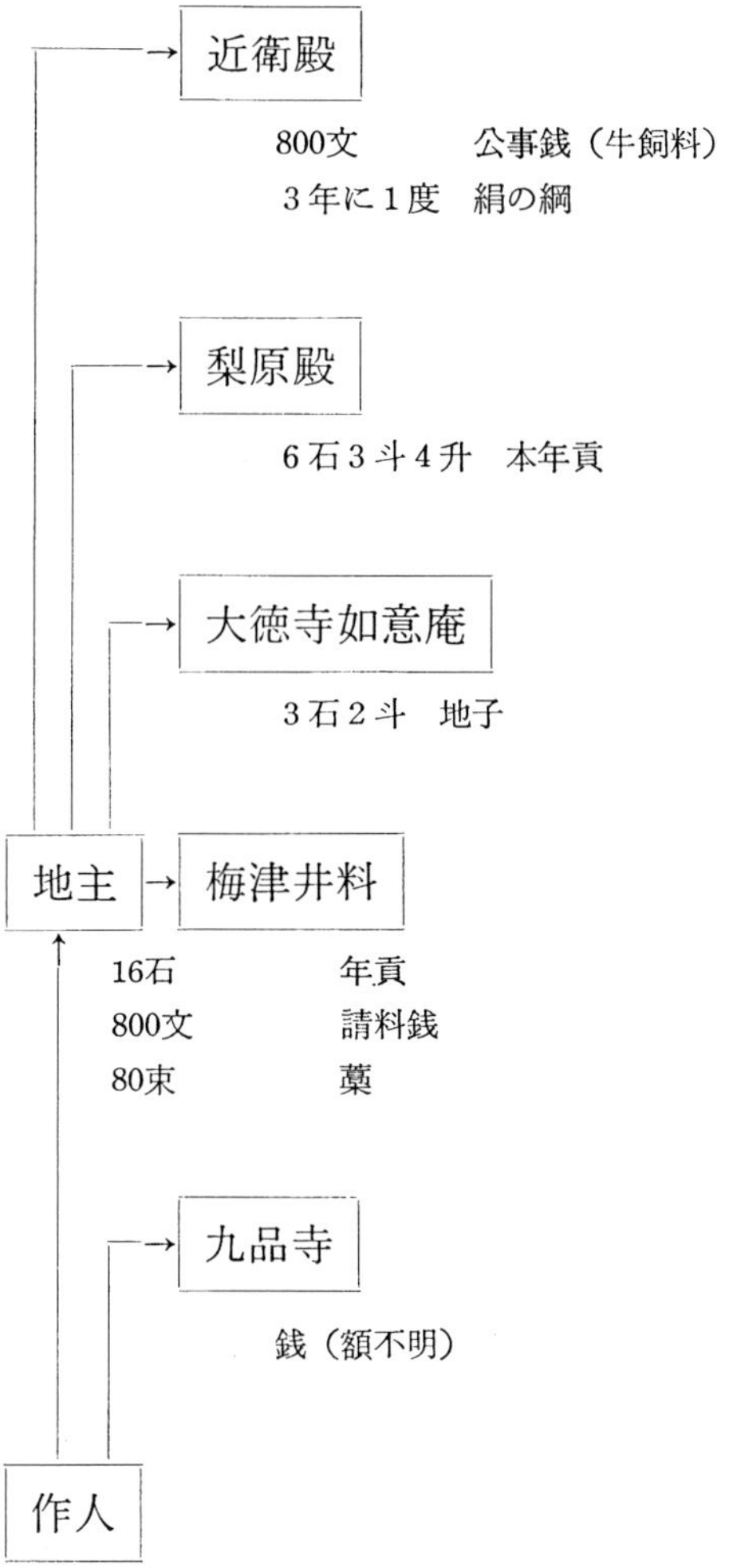

このように図示すると地主紀代宗悟の得分は藁八十束と、地子六石四斗余となる。梅津井料と近衛殿に対する閏月

公事銭は地主の負担となると思われるから、これよりやゝ減少することはまぬがれないが、随身名の領主梨原殿の本年貢とほゞ比適する額が紀氏宗悟の得分ということになる。延文三年三月の地主得分は八反で分米四石八斗であったが、(15)この時の得分が十合升定であるに対して、紀氏宗悟の使用桝が本所桝であるから、単純にその収取の増加を論ずるわけにはゆかないとしても、大徳寺如意庵寄進分をも合算すると十石近くが紀氏宗悟の自専に任される剰余生産物となり、よし使用桝の相異があったとしても中間得分の絶対額の増加は否定できない。

この紀氏宗悟のもとに余剰生産物が次第に集中することは、荘園本所・領家対随身名々主との表面的な収取関係には何ら反映しておらず、むしろ相変らず荘園領主的土地所有は強固に存続しているかにみえるが、経営の実態は一色田に似たものとなり、また名主と作人との関係は一変していて、もはや家父長的な関係は消え、むしろ契約的な関係に近づいているようにみえる。すなわち随身名の経営耕作は全く作人にまかされ、名主は実は地主として得分のみを獲得する地位に変化している。その地主と作人の関係がこの随身名については詳細にはわからないが、すでにふれた近江国菅浦では散田作人に年貢の懈怠がなければ、その耕作権が没収されることのない地下法のあったことを示していた。

東寺領山城国上久世荘出作田六反余の田地は、本名主大蔵のもと、上久世荘住人道賢・弥三郎・兵衛四郎・三郎次郎などが耕作に当っていたが、うち二反三百歩を本名主大蔵が御北向様某の中間太郎三郎に売却した。東寺代官代長尾忠久の支援もあって、その新名主太郎三郎は牛瀬の左衛門四郎を作人にすえたのである。これに対し、道賢をはじめ弥三郎等上久世荘住民は、文安四年(一四四七)四月、東寺に訴状を捧げて、作人改替の非法を糺されんことを請うた。その訴状によると、

往古より当所の御公事等、他所者仕たる事なく候、既になゑをするゑ、あせをぬり、こゑはいを入候て作し候、其上正月より廿四人の夫役を仕、御年貢公事等、無懈怠、其沙汰をいたし候を、なにのくわたいも候ハぬニめしあ

けられ候事、不便次第にて候、

とあり、まず苗をすえ（苗代を設け早苗の生育がほゞ完了していることを意味するのであろう）、畦を塗り、肥料を施すという、水田に対する労働投下をしている事実をとりあげ、しかも夫役を負担し、年貢・公事等完納していることをあげて、作人改替の不当を言及している。(17)このように荘園領主や名主さらに地主によって、一方的な作人改替がありえたが、それはもはや非法であるとする地下法が確認され、農民の抵抗の思想の拠りどころとなっていた。一色田の経営が、このような一色田作人の成長によって支えられていたことを注目すべきであろう。

（1）康永二年十月、小泉荘随身名田地注文、『大徳寺文書』六巻、二一二八号文書。
（2）永保二年正月、小泉荘田地宛行状『同右文書』六巻、二一二六号文書の八。
（3）寛治三年八月、小泉荘田地処分状『同右文書』六巻、二一二六号文書の七。
（4）永暦元年三月四日、某下文『同右文書』六巻、二一二六号文書の六。
（5）久安三年二月十七日、源歓乃田地幷路売券、応保二年九月十九日、内舎人入道僧念西（大中臣季時）田地幷路売券、『同右文書』六巻、二一二六号文書の一・二。
（6）建保五年三月一日、下野武致所領譲状『同右文書』六巻、二一二六号文書の五。
（7）弘安六年三月廿三日、下野武村田地売券、他七通『同右文書』六巻、二一二七号文書。
（8）正安三年三月三日、下野武村田地売券『同右文書』六巻、二一二六号文書の三。
（9）永和元年二月卅日、西院随身名百姓職宛行状案、同年月日、かい阿弥陀仏百姓職請文『同右文書』六巻、二一三五・二一三六号文書。
（10）（15）延文三年三月、西院地主得分注文『同右文書』六巻、二一二九号文書。
（11）（14）応永十八年閏十月三日、西院随身名年貢公事注進状『同右文書』六巻、二一三九号文書。
（12）寛正四年、松平益親陳状『菅浦文書上』三一八号文書。
（13）康応元年十一月廿四日、宗悟田地寄進状『同右文書』六巻、二一三七号文書。
（14）文安四年四月、上久世荘下作人等申状『東寺百合文書』六巻、を二一七号文書。

二、山城国宇治伊勢田・槇島の場合

宇治市巨椋池干拓地に南接していま伊勢田町があり、またその干拓地に東接して槇島町がある。その二ヵ所には三条家の家領があったが、康暦元年（一三七九）八月、その給田のうち伊勢田分一丁歩と槇（真木）島分四反とが大徳寺の言外和尚に寄進された。(1)まずこの伊勢田等の寄進が、前述した西院随身名と違う点は、名主＝地主によってその中間得分が寄進されたのではなくて、領主によって本年貢部分が大徳寺に寄進されたことであって、三条家は伊勢田・槇島の一丁四反に及ぶ家領の年貢を喪失したのである。

嘉慶元年（一三八七）八月、伊勢田下司大野範能の請文によると、(2)

一、一町一反内三反ハ十合升、一反へちに八斗つゝのさたし申へく候、

一、御ねんくハ御ひやくしやうのもちもちに、御てらへおさめ申へく候、

とあり、伊勢田からの大徳寺への年貢は伊勢田百姓から個別的に納入されていた。一方三条家は公事を徴収しているが、永徳元年（一三八一）四月の伊勢田下司大野範能の請文によると、(3)

さんてう殿くしあしの事、うけれう反へちに百文つゝの内、七百文ハまいねんしんへく候、三反ハ中一ねんやすむへく候、一くハんの時も七百文時も、百文ハさた人給へく候、（中略）

正月御いはい反へち一まいつゝ、一升もちい、いせ田のさんてう殿一町ふんハ、かくの御くしにて候、

とあり、請料銭として七反分については毎年反別百文宛で計七百文を、隔年に休耕する三反分については隔年に計三百文宛を三条家に納入し、また毎年正月に一反別一升餅を祝餅として納めるのである。その請料銭は毎年六月に三条家に納入され、また瓜・茄子も納めたようである。(4)また本所富家殿に対しては、七年間に二度、修理のための雑役を百姓役として出している。(5)この本所への負担は決して重いものではなかったが、富家殿の荘田を耕作する農民にとっ

表1　大徳寺領山城国宇治伊勢田・槇島作人変遷表

	永徳1(1381)4	永徳2(1382)8	明徳2(1391)12	享徳2(1453)7
伊勢田	1反　大輔殿	1反　大輔殿	1反　長金殿	1反　太郎四郎兵衛
	1反　御房次郎大夫	1反　御房次郎大夫	1反　〃	1反　〃
	1反　〃	1反　〃	1反　二郎大夫	1反　兵衛五郎
	1反　藤三郎	1反　藤三郎	1反　二郎大夫	1反　総持庵
	1反　左衛門三郎	1反　三郎左衛門殿	1反　三郎右衛門	1反　霊感寺
			1反　下司給	1反　下司給
	1反　十郎	1反　十郎	1反　大夫二郎	1反　掃部
	1反　弥太郎	1反　弥太郎	1反　源内二郎	1反　掃部
	1反　八郎大夫	1反　八郎大夫	1反　彦太郎	1反　右衛門太郎
	1反　左近入道	1反　左近大夫	1反　衛門二郎	1反　太郎三郎
	1反　藤五	1反　藤五	1反　耕隠庵	1反　江隠庵
槇島	1反　右兵衛四郎	1反　兵衛四郎	1反　又二郎	
	1反　〃	1反　〃	1反　左近五郎	
	1反　重阿	1反　重阿	1反　大夫三郎	
	半　徳阿弥	半　徳阿	半　与志	
	半　吉五	半　吉五	半　吉五	
出典	大徳寺文書4 1575号文書	同左文書 1577号文書	同左文書 1581号文書	同左文書 1591号文書

てはその権威を保証する名誉ある負担であったと思われる。

以上のように伊勢田部分の農民の地位を負担の面からみると、年貢・公事を納入していて、決して一色田作人というわけにはゆかないが、反別百文の請料銭を納めていることをとらえれば、荘園領主に対する一色田請作契約に似た方法がとられ、それにみあった収取がおこなわれていることが注目される。この伊勢田・槇島については、「坪付注文」「内検帳」「田地帳」などが八通残っている。年月日の明記してある永徳元年（一三八一）、同二年、明徳二年（一三九一）、享徳二年（一四五三）の四通は作人の変遷をたどることができる史料である。いまそれを表にすると表一（一四一頁）の通りである。

永徳元年と同二年とでは作人に変化がみられないが、作人のなかに大輔殿、三郎左衛門殿のように「殿」の敬称をもつものがおり、これは荘園村落記録等の一般的な例からみて、百姓身分のものではなく、地侍身分のものとみてよく、直接耕作に当る勤労農民とみることはむつかしい。

年月日未詳「富家殿内三条殿田数坪付」には伊勢田坪付中に下司給の記載がみえ、これを合わせると伊勢田の荘田は一丁一反となる。(6) 永徳元年四月の「富家殿内三条殿下司大野範能請文」では、

此ほか一反ハけししき作

とあり、(7) これは永徳元年四月の「田地坪付注文」に「一反下司号也」の記載があり、明徳二年十二月の「給分田田地帳」に記載された下司給田を指すものであり、この下司給田経営の内容がどのようなものであったか明らかではないが、下司給田の作人は、明徳二年十二月の「給分田田地帳」では僧宗空とあり、こゝでは契約的な経営であったことを予想させる。(8) 年月日未詳「伊勢田坪付」には「長者下司給　美作入道」となっている。(9) この伊勢田下司長者美作入道は、年未詳であるが、五月二十八日付で紫野如意庵弘永坊宛に書状を呈している「宇治長者美作守光則」のことであろうと思われる。その書状のなかに、

仍如意庵御年貢之事、此間も催促申候へ共、今之時分柄之事ニて候間、わせ出候迄、わひ事申候てくれ候へと申候、如何ニ御座候哉、

と述べ、(10) 伊勢田下司として、年貢納入催促の任に当り、農民の年貢納入難渋の処理に苦慮していることがわかる。永徳元年段階の下司であった大野範能は嘉慶元年八月の請文を最後に記録にあらわれてこない。それにかわって新しく下司となった宇治長者美作守光則は、槇島を本貫とする山城守護代家真木(槇)島氏の一族であると思われる。(11) 応永元年(一三九四)から応永六年頃にかけて、宇治の大徳寺如意庵領が武士によって違乱を受けた時、真木島氏は大徳寺による支配が全うできるよう尽力し、

自然、此辺之御領可預御尋候者、本望候

と述べたりしている。(12) 宇治を本貫とする守護代真木島氏の関与なくして同地方の荘園や荘田、さらには加地子徴収は不可能な状態になりつゝあったことがわかる。

大徳寺如意庵領田地の作人としては、江隠庵・総持庵・霊感寺など在郷の寺庵衆や、吉阿弥・徳阿弥など阿弥号をもつ住民と思われるものなどがある。年貢は各自が大徳寺に納入していて、作人としての集団的な行動を推測することはむつかしく、ともに作人身分として耕地請作をおこなっているようにみえる。しかも同じ作人でありながら、在地における社会的地位としては真木島一族と思われる土豪からむしろ農民までを含んでおり、その間に主従関係を結んでいるものがないとはいえない。そこで重要なことは、伊勢田一丁が大徳寺如意庵に寄進された当初、伊勢田一丁のうち地味劣悪で隔年作であった三反歩については年貢が十合桝定反別八斗代、他の七反は七合桝使用で反別一石の斗代と年貢収納が画一的でなかった。しかし伊勢田支配に守護代真木島氏一族が関与しはじめた頃の明徳二年(一三九一)十二月に作製された伊勢田・槇島両方の「田地帳」によれば、その全十五筆に及ぶ田地定米は合計で七石一斗一升二勺と算出されている。このことは、以前の二様の使用桝が改められ、如意庵領については、画一的な桝使用が決定さ

れたことを思わせる。それがどの様な事情のもとで統一されたのか明確ではないが、一色田（散田）請料銭「反別百文」という一般的な基準が荘郷をこえて畿内・近国一円でひろくみられるようになったのに対応し、それまで荘田、加地子田の収納枡が多種多様でありきわめて不統一であったものが、次第に改められてきたことを暗示するものである。もちろん全国的な量制統一は近世をまたねばならないが、その契機は、武士による領域支配の形成や自治的な農業村落の発展を反映して、地域々々のなかで発展しつゝあったと考えてよかろう。

（1）康暦元年八月十七日、安居院知輔寺領寄進状『大徳寺文書』四巻、一五七二号文書。
（2）嘉慶元年八月廿九日、富家殿内伊勢田下司大野範能請文『大徳寺文書』四巻、一五七八号文書。
（3）（7）永徳元年四月十九日、富家殿内三条殿下司大野範能請文『同右文書』四巻、一五七六号文書。
（4）（5）（6）（年月日未詳）富家殿内三条殿田数坪付『同右文書』四巻、一五九四号文書。
（8）明徳二年十二月十三日、富家殿内三条殿給分田地帳『同右文書』四巻、一五八一号文書。
（9）（年月日未詳）三条殿内伊勢田坪付、『同右文書』四巻、一五九五号文書。
（10）（年未詳）五月二十八日、長者光則書状『同右文書』四巻、一六一八号文書。
（11）本書第一編第一章「中世における畿内の位置」参照。
（12）応永元年十月二十二日、山城守護代槇安房奉書、応永元年十一月三日、黒沢義実打渡状、応永三年十一月二十四日、光忠書状、応永六年十月二十一日、幸長・長友連署奉書『同右文書』四巻、一五八二・一五八三・一五八四・一五八五号文書。

三、東寺領山城国女御田・拝師荘の場合

畿内地方の一色田耕作農民の新しい動向を典型的に示しているのは、東寺領山城国女御田・拝師荘の一色田耕作に当っていた竹田農民の至徳元年（一三八四）の動向である。

東寺領女御田・拝師荘は山城国紀伊郡幢里・杜里・真幡木里・穴田里・跡田里・須久田里などに散在する耕地より

なっていたが、鴨川がほゞその中央を北東から南西に向って流れていて、河川の氾濫による荒廃もあり、決して安定した耕地ではなかった。この女御田・拝師荘内には東寺領一色田があり、須久田里に南接する竹田里に集落をかまえていた竹田農民のなかにそれを請作する農民がいた。その農民十八名が至徳元年に一味連署し東寺に上状を呈したのである。[1] それによると、

上進　女御田并拝師庄百姓謹申、
右件旨趣者、何も一色之百姓と申なから、殊更女御田者、昔反別一斗四升の定免を給候しによて、正月の御祝権(儀)仕候処ニ、すか殿時より、定損被召放候間、雖歎申、不叶候間、重人夫を被懸候間、為歎申候参候百姓等被召籠候事、御領之亀鏡、言語道断歎にて候、彼女御田者、地頭本所之地にて候間、我等ハ下作之百姓かと存候処ニ、無先例公事等被懸候間、無百姓得分地にて候、我等在所者、本所一円の御領として、致一色名田作候、更無万雑公事候、本所亀鏡難儀候間、下地悉上申候也、

とある。その内容を要約すると「我々は一色作人とは申しながら、女御田分については反別一斗四升の定年貢とされ、毎年正月に祝餅を上納していた。ところがすが殿の時から、定年貢が停止され、農民として打開の方法もなく歎いていた。さらに重ねて人夫役を課せられたため、その不当を訴えに参上したところ、その農民が監禁されてしまった。この賦課と処置は女御田を支配する東寺の態度としてはあるまじきことである。女御田を請作する竹田農民は下作の百姓の地位にあり、それに応じた義務負担に留まるものと思っていたにかゝわらず、先例に背いて人夫役の公事を課せられては、耕作農民として全く得分のないことになってしまう。一色田として請作している農民に対しては万雑公事を課さないのが慣習的な在所の法であるのに、これを破られる東寺に対しては、今後請作を続行する意志がもてず、下地を返上したい。」というような意味のものである。

まず一色作人に人夫役などの公事を課さないのは従来の一般的な支配の慣習であったが、その慣習を東寺が破った

時、それまで荘園領主に対して有期限請作をしていた地位の低い一色請作人が一味同心して抵抗していることが注目される。しかも東寺の一色田支配論理そのものの不当性を指摘している点で農民の成長が端的にうかがえる。東寺が竹田農民に課した不法な人夫役というのは、同年八月頃、東寺がおこなった道造り工事の人夫役徴発であったかと思われる。(2) 京都近辺の散所民と共に一色田作人人夫役を勤めていることが注目される。いずれにしても、竹田に居住する東寺領一色田作人を東寺は、下賤で不安定な弱少農民と位置づけていて、一方的に先例を破棄し、負担を加重するような蔑視策をとるが、竹田農民はそれを一方的に黙許し、服従する程、もはや弱少でも従順でもなかった。それは東寺の支配論理そのものに異議をとなえていることからも知られるが、さらにそれはたゞ意見として観念的に打ち出されただけのではなかった。

すなわち、本来一色田請作は、毎年春さきに、耕作することを希望する農民が荘園領主に請料銭とともに請文を捧げ、荘園領主から宛行状を与えられて、はじめてその東作から西収までの耕作がまかされ、所定の年貢を納入し、少額ではあろうが耕作者としての得分をえて自己の再生産の支えにしたのである。一色田に対する請作人の耕作権は一年限りのもので、耕地に対する農民的占有権の発生は本来困難であった。それが至徳元年前後にどのような傾向にあったかを考察してみよう。

表二は至徳元年十二月に東寺に言上状を呈した竹田の農民を中心に作成したものである。そのうち約半分に該当する人物は嘉慶二年まで一色田請作人として名前がみえ、その年の内に一色田年貢が完納できず、翌年の四月・五月にいたってなお未進しつゞけていることがわかる。この未進が不作や弱少な農民であるが故の未進であれば、東寺の一色田作人に対する改替権が強い限り、ふたたび一色田請作人として名前を連ねられることはまず考えられない。場合によってはこの未進はむしろ一色田請作人の故意の未進とも考えられるところであり、東寺が一色田に対して強力な支配を貫徹することはもはや困難となっていたことを示唆している。一色田請作人として竹田居住農民が女御田・拝

表2　女御田・拝師荘一色田請作竹田農民一覧表

年	永徳3（1383）	至徳1（1384）12	至徳2（1385）2	至徳3（1386）2	嘉慶2（1388）4	康応1（1389）5
人名	善願					
	弥四郎	弥四郎	弥四郎	弥四郎	弥四郎	
	円林	円林	円林	円林	円林	
		彦大郎	彦大郎	彦大郎	彦太郎	彦太郎
		安次郎	安二郎	安次郎	安次郎	安二郎
		浄円	浄円	浄円	浄円	浄円
		衛門四郎	右衛門四郎	右衛門四郎	右衛門四郎	右衛門四郎
		五郎四郎	五郎四郎			
		善覚	善覚	善覚	善覚	
			藤阿弥	藤阿弥	藤弥阿	藤阿弥
			七郎入道	七郎入道		七郎入道
			五郎			
			右衛門二郎		右衛門次郎	右衛門二郎
		万阿弥				
		介四郎				
		定阿弥			定阿弥	
		七郎次郎			七郎二郎	七郎二郎
		刑次郎				
		覚正				
		覚円				
		和泉				
		又九郎		弥四郎脇又九郎	又九郎	又九郎
		彦六				
				弥四郎分脇後家	後家	
				五郎	五郎	五郎
				助四郎	助四郎	助四郎
				立阿弥		
						源五郎
出典	永徳2年分年貢算用状 教王護国寺文書2―612	竹田百姓言上状 東寺百合文書の39―42	至徳1年分年貢未進徴符 教王護国寺文書2―621	至徳2年分年貢未進徴符 教王護国寺文書2―627	嘉慶1年分女御田年貢未進徴符 教王護国寺文書2―645	嘉慶2年分女御田年貢未進徴符 教王護国寺文書2―651

師荘に出作し、次第に長期的な耕作権を確保しつゝあったことが推測されるのである。

至徳元年十二月の竹田農民の言上状提出に当って、反東寺運動の指導的地位にあったのは円林であった、彼は女御田の西方にあった芹河荘の代官に補せられたこともある有力者であり、この当時、数百人の野伏を率いて、芹河荘々田の作稲を刈り取る非法をおこなったこともある。いわば京都周辺の都市の浮浪人や弱少農民の数百人程度動員しうる小武士団の首魁的地位にあったと思われる[3]。したがって東寺領一色田請作人とはいっても、政治的・社会的には他の一般竹田農民とは自ら違った役割を果していたものと思われる。「至徳四年分東西九条女御田目安帳」によると、

女御田内竹田下地除事　至徳四年勘定時、注之

一反　一石　七郎

半　石代　□(五)斗　右衛門二郎　円林分

□(六)十歩　石代　一斗六升六合六勺六才　右衛門　円林分

などとあり[4]、東寺側では円林分として把握しながらかれが耕作者でなく、耕作者は他にいたことが知られる。そのような例は、先にかゝげた表二のうち至徳三年二月の記録に示された至徳二年分の年貢未進にかゝわって一色田請作人弥四郎とその脇の後家・又九郎とみえる二人をあげることができよう。「脇」は「脇在家」の略記かとも思われるが、弥四郎家に何等かの束縛をうけ隷属している農民であり、その間に一定の身分関係があろう。この身分関係が譜代のものであったか、新しい債務関係によって形成された地主小作関係であったか不明である。たゞ後者の側面が大きな比重を占めはじめてきたことを以下、この女御田・拝師荘の場合を例に考えてゆこうと思う。

暦応三年（一三四〇）拝師荘下司仏成房は東寺から与えられていた下司給田などを勝手に他に売却したため、東寺から下司職を解任され[5]、仏成房にかわって新しく下司職に補任された成安が、前下司仏成房が売却した田地の調査をおこない、領主に実情を報告することになった。その調査報告書は、仏成房が売却田地を「永代沽却分」「年作契約

分」「仏成刈取分」の三種類に別け、その類別の一筆々々について詳細な注記をおこなっている。

まず「永代沽却分」という半永久的に仏成が他に売却した田地は、仏成房が強固な保有権をもっていた名田であったと思われる。すなわち売券の文言として普通「先祖相伝の私領云々」と書かれるものである。問題となるのは「年作契約分」と類別されているものの内容であるが、その調査報告書の一部分を例示すると、

一、鳥羽手里二十二坪　一段半　作人仏成房
　　買主　信乃小路東洞院藤六
　　一段　作人釈迦次郎入道 当作仏成房
　　買主　九条室町さん所法師

の如くである。「年作契約分」という標目の意味が問題になるが、さきの「永代沽却分」が下司仏成房が売主となって永代売買をしたのに対して、「年作契約分」とは仏成房が売主となって一カ年間という制限つきで売却をおこなったという意味であろう。売買の形態として「永沽却」と有限の「本物返」「年紀沽却」があるが、「年作契約」とは「年紀沽却」を意味し、しかも「年作契約」という表現からして一カ年間だけの耕作権売却であったように思われる。しかも注目すべきことは、この「年作契約分」の田地に対する売主仏成房の関係は作人であって、このことは彼が売却したのは、名主職でなく作職であったということである。しかもこの「年作契約分」のなかには東寺から仏成房に与えられていた下司給田があり、しかも給田が領主直轄地を割いて与えられることが多いこともあって「年作契約分」というこの田地は東寺領一色田であった可能性がある。同田地の経営にあたって仏成房は一色田請作人であったといってよかろう。すなわち仏成房は一色田請作の手続に従って請文を捧げ、東寺から宛行状を与えられて一カ年間耕作を請負った権利を、さらに他に売却したことになる。したがってこの売却行為は法的にも年作契約たらざるをえない。その間に仏成房は請料銭と年貢を負担する責任者であるから、その負担を上まわる私的な得分をえて、中間的

利益をえる保証があったと思われる。しかし領主としては請料銭、一色田年貢が皆納されさえすれば、一色田請作人が再沽却することに関心はなかったとすれば、名主を排除して直轄荘田たる一色田を設定し、農民の分裂支配を実現するという領主側の本来の意図は果されなくなっていたことを示唆している。仏成房が「年作契約分」のなかに含まれていた下司給田を売却して、領主から下司職を解任されたのであったが[6]、経営上問題となるのは、下司給田の有無ではなく、一色田請作地を一色田請作人がさらにその耕作権を他に売却するという行為がもつ意味である。

一色田には公事がかゝらず、春の田植から秋の収獲までの期間経営・耕作の全てが任され、年貢を納入すれば、その経営と耕作の権利は喪失するのが一般である。しかし二毛作が普及し、裏作が独自な意味を持つようになって、その年間を通じての経営権、耕作権が誰に帰属するかということが問題にされはじめてきた。応永年間、東寺領拝師荘一色田請作人たる竹田農民が、年々年貢未進したために、東寺が検封をし、夏麦に点札したところ、農民が検封を切り、夏麦を刈り取ってしまうという事件が起った。その農民として名を連ねるのは、定阿弥、浄円、成阿弥、兵衛次郎、兵衛三郎の五名であった[5]。定阿弥、浄円は女御田・拝師荘一色田請作人として名前の出る人物である。このことからこの地域においても裏作として麦が作られていたことが知られる。この刈りとられた浄円などの作麦が一色田裏作として作付されていたものかどうかは確定はできないが、その可能性はある。また請文の上ではもちろん夏作は稲を予想しているものの、夏作の野菜や、食用・燈油用の荏胡麻・続随子・赤荏・唐胡麻など実際には換金される作物が栽培されることも考えられる。そしてこれを売却し、代金で米穀を購入し所定の年貢を納入すればよいことである。

いずれにしても、一色田請作は、本来それによって不安定な請作人の再生産を支える性格をもっていたが、次第に中間層が中間的利益をうる性格のものに変化するような方向に向っていたということができよう。すなわち、生産力の発展は、直接耕作農民の土地占有権、耕作権を強化するのに促進的役割を果したことは否定できないし、一色田請作人が連署して政治的要求を掲げて領主に抵抗するというような政治的地位の向上をもたらしたことも明らかである。

しかし、その生産物剰余は直接耕作農民のもとに集積されず、一色田請作を請負い、それをさらに他に貸し出して、中間得分が土豪や有力農民のもとに収奪されていったことも注目しなければならない。

仏成房の一色田を年間契約で買得したもののなかに京都九条室町の散所法師がいたことはすでに史料を掲げて示したところであるが、賤視されていたという散所に作職を買得する余裕がなかったというのではないが、この仏成房請作地を散所が主体的に買得したというよりも、仏成房の中間的利益をもたらすために押しつけて買わされたか、散所が仏成房に帯びていた債務を、仏成房請作地を再請作さゝれることによって、債務の肩替りを余儀なくされたことがあったのではないかとも考えられる。こゝでは、仏成房のごとき売主がその家財政の破綻のために売却し、買主はこれによって家財政の拡大再生産が約束されたと単純にとらえることは困難だという事態のありうることを認め、逆に、売主が経済的、政治的優位を示し、買主がむしろ債務奴隷的地位に甘んじなければならない事実関係におかれていたこともありうることを、中世の文書のなかからは汲みとらねばならないことを指摘しておきたい。竹田農民中の賤民について附言しておくと、至徳元年十二月の一色田作人言上状に署名している「和泉」は賤民の可能性がある。中世後期の宿非人の長吏に当るものに国名を名乗るものが多いのである。室町初期和泉国大鳥近辺の宿には「丹後」なる人物がいたし、(8) 十六世紀、和泉国日根郡の宿には「薩摩」がいたが、(9) これは一つの例にすぎない。

東寺領拝師荘・女御田の下司であった仏成房や、芹河荘下司であった円林、さらに竹田荘下司道忍などの東寺に対する下剋上的な活動には、それに指導され、随伴する数百名の集団がいたが、そのなかには名主、百姓、一色田作人などがいて、もはや荘園領主の力ではとらえ切れないものであり、場合によっては散所や宿者、都市細民までも編成していたと考えねばならない。

（1）（3）　至徳元年十二月、東寺領山城国女御田、拝師荘竹田百姓上状案『東寺百合文書』の三十九—四十二、女御田、拝師荘の一般的考察、ならびに至徳元年のこの竹田農民の動向については、須磨千頴氏「山城国紀伊郡の条里について」（『史学雑誌』

六五―四)、「山城国紀伊郡における散在所領と村落の地理的考察」(『中世の窓』第四号)、「山城国紀伊郡拝師荘史の一考察」(『歴史学研究』第二三七号)、「山城国紀伊郡東西九条女御田に関する一考察」(『南山大学経済学部創設記念論文集』)、「山城国紀伊郡における荘園制と農民」(『中世の社会と経済』)などに詳しく、小稿もそれに負うところが極めて多い。

(2) 至徳元年八月晦日、造営方算用状『教王護国寺文書』巻二、六二〇号文書。

一、道作分
(中略)
九日
百文　　竹田人夫ケンスイ
三百文　　散所ケンスイ

(4) (年月日未詳)『教王護国寺文書』二巻、六三七号文書。

(5)(6) 須磨千頴氏「山城国紀伊郡拝師荘史の一考察」(『歴史学研究』二三七号)。

(7)(8) 本書第三篇第二章「下剋上の時代の一側面」参照。

(9) 本書第三篇第一章「惣村の起源とその役割」の註(55)の表を参照されたい。

むすび

一色田請作体制が展開する中世前期の時代は、公事・夫役を納めず、原則として一カ年限りの請作権設定しかできない一色田作人は、荘園村落のもとでは名主層のかげにかくれた存在であった。しかし中世後期の一色田作人には公事・夫役が課せられることも多くなっていた。また公事・夫役を本来負担しない、また村落の共同体的規制をうけないという点からいわば荘園領主の支配、村落の共同規制から相対的な「自由」さをもっていた一色田作人が、反荘園領主闘争も辞さない動きを示すようになっていた。このことは、荘園領主の膝下たる山城国において、しかも荘園領主の直轄地たる一色田において展開したのであるからその意義は大きいといわなければならない。

しかしながら荘園が名田と一色田という二つの支配体系のうえに成立していたことを母斑としていたが故に、小農民経営の一般的自立によって、農民的土地保有のうえでの大きな差異は次第に克服されてきたとはいえ、中間的な得分を集積する地主層の展開と、その中間的な得分を生み出すために都市近郊の細民が年間契約的な形態で農業生産に従事することも展開したと思われる。

わが国中世末の都市の発達は、自治的な町組といゝ、自立的な防衛といゝ、次第に都市民衆の主体性の獲得に向っていたし、農村では自治的な惣村が形成されてきて、土一揆、徳政一揆などの母体となっていたが、そのような都市にも農村にも完全に抱えこまれることなく、しかも都市や農村がそれぞれの発展過程で克服しきれなかった矛盾を一身に背負わされた民衆がいた。とくにその中の賤民は中世後期を通じて分化し、一部は差別を克服して都市民や農民になったのであるが、一部分は中世末期に新しい形態の賤民として登場しはじめていて、ついに近世の未解放部落形成につながってゆくものもあった。中世後期の農村史の流れのなかで、さまざまに辿る弱少農民の動きを、こゝでは畿内地方の一色田作人を素材として明らかにしてきたが、いわゆる賤民の動向とも対応させながら、より全体的な像を描くことは、今後の重要な課題である。

第三章　十四・五世紀における二毛作発展の問題点

はじめに

平安時代末、農業発展の方向が農奴主経営を媒介とする耕地の外延的拡大と安定化にあった段階にあって、その諸活動の根幹となったのは「門田」とよばれる農奴主が手作する熟田であって、そこで日本における二毛作が発展していった。(1) そのような起源をもつ二毛作は、鎌倉時代中期以後になると、瀬戸内海沿岸地方や北九州地方にかなり普及していたことは『鎌倉幕府新編追加』文永元年（一二六四）四月二十六日付関東御教書や肥前守護少弐氏の施行案らしき文書などによって知られるところである。(2) この二毛作の発展普及は、日本中世における農業生産発展の重要な指標であるが、こゝでの主題は十四世紀から十五世紀にかけて、二毛作の発展普及がどのように社会関係のなかに反映してきたかを論ずることにある。

さきほどの『新編追加』所収の関東御教書には、古来からの租税の法では、二毛作の裏作として作付され収穫される田麦には所当を課せず、全収穫を農民自専のものとして認めているにかゝわらず、領主のなかには田麦に所当を課するものがあるが、鎌倉幕府御家人はこれを課してはならないと誡めている。田麦そのものの起源が平安時代末であってみれば、田麦所当を課さなかったという租税の法なるものも、そう古いものではないことになるが、この史料が二毛作普及の史料として重要である一方、農業技術の画期的成果ともいうべき田麦作付が、大方の領主層によって早速に収奪の対象とされていたところも注目される。鎌倉幕府のこの威令は御家人を対象として発せられたものだが、それとても実行されたかどうか確証はえがたい。それにしても、本来麦は調の系譜をひく公事物としては収奪されたとしても、関東御教書が所当として収取できないと明言している以上、本年貢として収奪されることはなく、やはり農民の食糧等に供されていたとみるべきであろう。

正応二年（一二八九）頃、和泉国唐国村刀禰の非法が農民によって指弾されているが、その時の非法として、米については二重所当の徴収、所当を責め取る時の夫役徴発などをあげているが、麦収取については桑とともに並べ「所当」とは記していない。[3] この場合の麦が田麦であったとは断定できないが、所当としての収取はしなかったとしても麦を在地領主が収奪すること自体、非法行為として農民から非難されていることは事実である。田麦はもとより麦一般が農民自専であるという慣習には強いものがあったと思われる。農民は二毛作を普及させながら集約的な経営の実現に努刀を払うかたわら、田麦収獲を「所当」あるいは「公事」の形で収奪する領主階級との闘争を展開しなければならなかったのである。

（1）河音能平「二毛作の起源について」（『中世封建制成立史論』所収）。
（2）佐藤進一・池内義資編『中世法制史料集』（第一巻、鎌倉幕府法）。
（3）「松尾寺文書」（正応二年頃）非法条々事書。

一　一色田経営と二毛作

十四、五世紀になると二毛作の様相は、平安時代末の二毛作開始時期とは異なったものになっていた。もう農奴主層の「門田」のなかで模範的に作付けされる二毛作の意義はなくなっていた。応永二十七年（一四二〇）、日本にきた朝鮮回礼使宋希璟が『老松堂日本行録』のなかで、摂津平野辺での三毛作らしきものの描写をしている。三毛作が実施されていたかどうかは疑わしいが、かなり広範に多毛作が展開していたらしいことを窺うに足る。このような二毛作の普及は、従来の荘園領主の農民支配の根幹にあった名主・小百姓と一色田作人との差別的構成を崩壊させ、一色田部分における請作人の耕作権が強化され、名田と同様、一色田に対する地主的土地所有権の公認を荘園領主は余儀なくされてきたのではないかという問題が投げかけられている。[1] この指摘をうけて、少し具体的にその動きをみてみよう。

『教王護国寺文書』の巻三の九七六号文書として、次のような文書が所収されている。

（端裏書）
「竹田村百姓交名」
東寺領拝師庄内竹田村百姓依年〻未進、加検□（封）幷点札於夏麦之処、任雅意、切検封、抜□点札、致苅麦、百姓罪科交名事、

一、定阿弥　　検封百姓
一、浄円　　点札百姓
一、□（成）阿弥　　同
一、兵衛次郎　　同
一、兵衛三郎　　同
　已上
右、交名注進、如件、
　　応永十□年十二月廿一日

東寺領荘園拝師荘を耕作する竹田村農民五名が年来年貢を未進したため、東寺は夏麦を検封し、点札して刈り入れを禁止し、農民に制裁を与えようとしたのである。しかし竹田村農民はこの制裁を無視し夏麦を収穫してしまったのである。

作毛の検封・点札は農民にとって決して軽い制裁ではなかった。たとえば宝徳二年（一四五〇）八月、東寺は東寺八幡宮領柚木本薗農民が隠田、年貢未進したので、守護方の力をかりて稲の点札を実施したことがあったが、問題解決がのび、裏作開始期の九月末になっても点札は解除されなかった。そこで当地方の在地領主で柚木本薗の代官であった三浦為継は、万一あくまでも農民の未進が続けば、東寺側として農民の作職を没収されるなり夏麦を押し徴されるなり、また自分の私領田地の何処なりとも没収されて結構だとする請文と書状を東寺に提出して、点札の即時徹去と、稲刈りと田麦しつらえの早期実現を懇願している。(2)何にもまして代官と農民が田麦作付けに異常な執着をもっていることが窺えるが、守護権力を背景にしているとはいえ荘園領主の点札に対する強い態度とその点札が農民に対する圧迫として実効力のあったことが印象づけられる。

検封・点札に対する農民の対応を示すこの二つの事例から、柚木本薗の農民は弱く、竹田村農民は強いと断ずることはできない。点札主体はともに東寺であっても、それを実行するに当って守護勢が介在しているかどうかも問題にしなければなるまいが、ここでは米所当未進を稲作毛点札することによって制裁するという領主支配の法論理が農民によって認められていたかどうかである。明らかにさきの竹田村農民のとった行動は米所当未進を夏麦作毛点札を通じて制裁することが領主支配の法論理だとして農民は納得していなかったことを示している。領主点札にどう対応するかは、その点札された資財物資が農民の生活や権利にどのようにかゝわっているかによっても決められるものであろうと思う。そのようなことを勘案したうえであっても、竹田村農民の政治的成長は注目されるのである。

東寺領拝師荘で点札引き抜き事件があった時より約二十数年前の至徳元年（一三八四）十二月、やはり東寺領女御田と拝師荘の一色田を請作する一色田作人であった竹田村農民十八名が一味し連署して、東寺の支配を非難する言上状を提出した。その内容を要約すると、一色田作人として反別一斗四升の年貢と正月祝餅を上進しきたったところ、中途より定斗代が廃止され人夫役が課役されるにいたった。その不当を訴えた農民が監禁されるなどした。一色田請作をする竹田村農民は東寺に対して下作百姓の地位に留まるものと理解していたが、先例を破り人夫役を課せられては農民として得分皆無の状態におかれてしまうので、請作の下地を返上したい、というようなものである。(3) この行動に出た十八名の竹田村農民のうちには、実は応永年間に東寺から検封をうけた定阿弥と点札をうけた浄円の二名が見えるのである。

十八名の農民は東寺に提出した上状のなかで自からを下地百姓身分の尫弱な農民であることを強調しているが、同時に強調しているのは年貢納入を専らにすれば人夫役を負担する必要のない一色田作人であり、それは在地における慣習的な法の保証するものであるということである。このような主張を文章化して荘園領主につきつけること自体が一色田作人成長の大きな証明である。こゝで注目されるのは、本来なれば秋の収穫が終り年貢を完納したのち、春の植付前に請文を提出して一色田作人が選定されるまでの冬の期間は、一色田に対する全ての権利は荘園領主のもとに帰属していて、十二月はまさにその様な期間内であった筈だが、その十二月の時点で改めて下地を返上するという動きのなかに、なお自分たちが占有しているという意識が存在していることは明らかである。耕地占有の意識は、耕地において私的な生産労働が展開しているという事実を抜きにしては発生しない。そこには荘園領主が関知しないところで裏作が一色田作人自専のもとに展開していたと考えざるをえない。暦応三年（一三四〇）、拝師荘でおこった下司仏成房解任事件についてはは別稿でふれたところであり、(4) 次項でも再説してみたいと思うが、荘園領主の関知しないところで一色田裏作が展開していたと思われるし、(5) 前述した検封・点札された竹田村農民のうち定阿弥や浄円はかなり恒常的な未進をおこなっていたにかゝわらず、一色田作人としての地位を保ち続けていたことから、(6) もはや一色田に対する作職は名主職と同様耕作権の強い内容のものとなり、本来認められなかった一色田請作経営内部での私的関係——すなわち有期的売買行為と中間搾取の形成——が展開してきたのである。

一色田作人のなかには他荘の代官であるものなども現われ、このような小領主層・地主層を指導者として、一色田作人身分の農民をも結集した惣村的結合が展開してきた。竹田村農民の東寺に対する動きはその典型的なものであったとみることができよう。

（１）村田修三「中世後期の階級構成」（『日本史研究』第七七号）。
（２）『大日本古文書』家わけ第十・東寺文書之六を二三三・を二三四号文書。
（３）「東寺百合文書」（の三九ノ四二）至徳元年十二月、東寺領山城国女御田幷拝師荘百姓上状案。
（４）本書第二篇第二章「加地子得分の形成と一色田の動向」参照。
（５）本書第三篇第二章「下剋上の時代の一側面」参照。
（６）本書第二篇第二章「加地子得分の形成と一色田の動向」表二（一四七頁）・女御田・拝師荘一色田請作竹田農民一覧表を参照。

二　二毛作普及と農民生活

暦応三年、東寺領山城国拝師荘下司仏成房は下司給田などを売却したため、下司職を東寺から解任され、新下司職に補任された成安が、前下司仏成房の田地売却の実状を調査することになった。その調査報告書が提出されたが、それによると、仏成房売却田地は、「永代沽却分」「年作契約分」「仏成刈取分」の三種類にわけられ、その一筆々々について詳細な注記がある。(1)「仏成刈取分」は仏成が私的に押し刈りをし、収穫を非合法的にとり込んだ分を指すものと思われる。「永代沽却分」と称されるものは九反歩あったが、その記載の一部を紹介すると、

一、真幡木里八坪　二段　作人木幡六郎
　　　買主七条坊門烏丸兵衛三郎
　又重沽却高辻烏丸有之、名字不知候、

とあって、下司仏成房が作職の二重売買をおこなっていることをみると、仏成房は真幡木里八坪の二段についてはもともと名主職を保有していて、その得分を七条坊門烏丸兵衛三郎と高辻烏丸に住む某に売却していたものと思われる。

しかし他に、一色田として一年間の期限つきの請作地にかゝわる売却と考えられる「年作契約分」は数筆あってその合計は五反半となるが、その一部分を示すと、

一、鳥羽手里二十二坪　一段半　作人　仏成房
　　　　　　　　　　　　　　　買主　信乃小路東洞院藤六
　　　　　　　　　　　　　　　　　　苅取了
　　　　　　　　　　　　　　　　　　当作仏成房
　　　　　　　　　　　　一段　作人　釈迦次郎入道
　　　　　　　　　　　　　　　買主　九条室町さん所法師

などとあり、鳥羽手里二十二坪にある二筆二反半の田地については仏成房が作職をもつものである。建長八年（一二五六）東寺領若狭国太良荘の「勧農帳」の分析から、太良荘の均等名と一色田とを区別して支配する体制のもとで、名主職と作手職とが区別されていたと考えられているが(2)、それと同様にこゝでも「年作契約分」の荘田に対しては仏成房は作手職を保有するにすぎないものであったことがわかる。その作手職の内容は至徳元年竹田荘農民の上状が、自からたてまえとして告白しているように下作百姓であり、本来、経営内部に作手職所有者と他の耕作者との間に如何なる恣意的な私的関係も発生する余地はない筈である。にもかゝわらず、下司仏成房が下司給田を売却したことによって解任されて、実状を調査する過程で、仏成房に作手職が保留されたまゝ現実の耕作権が散所法師などに売却されていることが暴露されたのである。こゝで明らかなことは、荘園領主は請文を提出し請料銭を支払い年貢を納入するものを一色田作人として把握するだけであって、現実の耕作の実態は十分に掌握していないということ、一色田作人のなかには一色田経営の請負業者的役割を果すものがおり、地主的土地所有が展開していたということ、そして更に、もともと劣悪な生産条件のもとにあった一色田（たとえば至徳元年の竹田村農民の上状には一色田分の定斗代反

別一斗四升とあり、低斗代である）から中間搾取部分を請作者がうわ積みして、さらに他に再契約して耕作させてもなお耕作者に得分があったと考えざるをえないことなどである。そしてその問題を解く鍵は二毛作の普及により裏作作付を一色田請作人が思いのまゝにするという事実の展開にあろう。

裏作は定阿弥の検封対象が夏麦であったということから推測して、麦類が主だったものであったと思われるが、それだけではなく、裏作可能なものとしては、土壌の性質によって適不適があり多様性はあるが、葱（一文字）・蕗・茗荷・薺・苣・芹・唐芥・夏菜・わけぎ・たかな・紅花・菘菜・拘杞など、野菜を主とした商品作物もあり、とくに都市近郊農村として重要なのは商品作物であった。『清良記』などの記事から窺うと、葱・薺・苣などは苗代で苗を育成し移植して、耕地の有効な利用と収穫の安定化がはかられていたことが想像される。また表作としては米を年貢として納入することを約束されていたとしても、稲作それ自体を強要されるわけではなく、米の商品化が進んでいる条件のもとでは、利益の大きい野菜などの作物を仕付けることは充分にありうるのである。そのような夏作作物としては大豆・大角豆・小豆・なたまめ・垣豆・葛豆・高野豆などの豆類、茄子・牛蒡・烏芋・生姜などの野菜があり、竹田近辺においては最近まで烏芋栽培が多かったという。茄子は苗代栽培野菜としては典型的で代表的なものである。その他重要なものとして燈油原料たる続随子・荏胡麻・赤荏・唐胡麻があり、これらは直蒔きと苗代方式が併用されていたと考えられる。

このようにみると二毛作は稲・麦の輪作を主な形態とするが、稲作以外の作物での苗代経営の発展もあって雑穀・豆類・野菜類など多様な作物との二毛作形態があったと思われる。このように多様な二毛作形態の発展普及が、一色田作人の農業生産者としての社会的地位を強め、作手職の権利強化や一色田作人の惣的結集という政治的高揚への物資的背景になったとみてよい。それにしてもこの経済的発展が、耕地に対する占有強化の農民意識や法の論理にどう結びついてきたのかということを考察する必要があろう。その辺の事情を大和国内の一事件からさぐってみよう。

収穫に万全を期するために、領主にとっても農民にとっても地味肥えた耕地・土壌を維持・確保することは重要な関心事である。にもかゝわらず冬季休耕期にこの貴重な田地の土壌を採取して生産活動を続けなければならない手工業者に土器生産者がいる。土器座・鍋座・火鉢造座・炮碌座などがこれである。しかし二毛作普及によって休耕期・休耕地がなくなってゆく段階で、この生産はどうなるかという問題が起ってくる。

文明七年（一四七五）、興福寺の大乗院・一乗院両門跡に属している土器座衆十三名が興福寺にある要求をおこなった。(3) それによると、「土器座では土器土（土器製造の原料となる土壌のこと）を如何なる権門高家のものであろうとも憚ることなくその荘園荘田内に適したものがあれば自由に掘り取ってきたが、最近薬師寺阿弥陀院の田地内から土器土をとろうとした時、追い散らされるという事件が起った。このようなことが続けば春日社・興福寺南円堂などへの土器献上は中止せざるをえなくなるし、興福寺から薬師寺に対し従来通り土器土採取を許すよう話をつけてもらいたい」というものである。そして土器座衆は薬師寺に対しては薬師寺領内の土壌を掘り取らせてもらっているため、年貢銭を毎年二貫四百文支払っていることであるから、土器座の主張に同調し、興福寺を支援して阿弥陀院の暴挙に成敗を加えるよう要請し、土器座と同様な憂目にあっているものに、火鉢造座・炮碌（法楽）座があったと述べている。

土器座が薬師寺領内の耕地から土器土を採取したのは、興福寺を本所とする権威を背景としてであり、農業生産活動に大きな被害を与えながらも神仏への土器備進を口実に続けられてきたのである。土器座衆自身は、郷中の垣内畠から土器土を採取するのではない、麦を作付していても田地であるから土器土を採取してきたのであると主張している。そこでは垣内畠の作麦と荘田での田麦とを明確に区別していることが注目されるのである。それに対して阿弥陀院は、畠土を採取させないのは麦を作付する耕地であるからである。したがって田地であっても麦を作付している場合は採取することはできないのであるという論法を用いている。麦は農民自専である。だから麦を現に作付している耕地はすべて農民自専であるという論理であり、いわば「麦の論理」をもとに「耕地占有の論理」を展開し、それが荘園領主及びそれに附属する特権的な座の収奪に対する抵抗の論理になっているのである。二毛作普及は荘園領主の需要を支えている特権的手工業それ自体の反農民的性格を暴露するとともに、そのような手工業の発展・維持を阻止するような客観的な役割を果すものであった。

このような二毛作普及について、大乗院門跡尋尊は、近年農民が水田に雅意にまかせて麦を作っているが、地主にとっては不便なことである。すなわち耕作（稲作）が遅れがちになり毎年の旱損の原因となる。したがって昔より田麦を停止してきたところであるが、さらに二毛作普及が土器生産の問題にまで波及してきたとあからさまに不快を述べ、田麦経営に反対し二毛作普及をにがにがしく思っていたことがわかる。田麦経営をした作人に対しては、損免を認めない領主も登場してきた。(4) これは農民の「麦の論理」に対する「米の論理」の新たな展開とでもいうことができるであろう。こゝには農業技術の発展の重要な成果である二毛作普及に反対しながら収奪を確保しようとする意図が明確に示されている。いずれにしても荘園領主が畠麦・田麦を年貢所当として収奪することは困難であった。しかしこれを別の形態をもって収奪しようとしたのである。

（1）本書第二篇第二章と第三篇第二章参照。
（2）黒田俊雄「鎌倉時代の荘園の勧農と農民層の構成――若狭国太良荘のばあい――」（『日本中世封建制論』所収）。
（3）『大乗院寺社雑事記』文明七年三月十七日条。
（4）「勧修寺文書」二十貞和五年九月八日、八幡田里坪在所斗代注文。

むすびにかえて―麦の論理と田の論理

鶴岡八幡宮では上総国埴生郡佐坪郷から夏麦を徴収していたが、応永三年まではその納入が遅延していたので、応永四年以降は、五月中に納入するよう決定したがそれでもなお延引しがちであった。(1) 応永六年六月には、今後納入約束の期限が切れた場合は、一倍を加えて納入させるよう佐坪政所に対して指示し、農民への通達を命じている。

ここでの麦収取は「夏麦銭」と呼ばれていた。応永二年閏七月五日付の鶴岡八幡宮社家書下案によると、

夏麦事、佐坪者畠一口分各五段五十歩、除屋敷弐文分定分段別五十文宛ハ可為弐百六十参文候、各肆文無其沙汰候、如何候哉、為向後必々可有執沙汰之状、如件、

とあり、佐坪畠では五反五十歩を「一口」という基礎単位として編成し、反別五十文、したがって一口別二百六十三文（三百六十歩一反とすれば一口分約二百五十七文になるが、何らかの名目で六文の補加があるらしい）を納入する。この夏麦銭が、もともと年貢であった夏麦の銭納化か、公事物としての夏麦の銭納化かは明らかでない。しかし反別銭納の形式による夏麦徴収が、はじめは公事銭であったものがついには年貢銭と呼ばれてゆくことは事実であろうと思う。

たとえば寛正五年（一四六四）十一月九日付東寺から備中国新見荘三職宛の書下案によると、

一、御年貢廿弐貫五百文旦沙汰、是又驚入候、夏麦・早田以下済々可納候間、割符七・八も可上候歟之処、小事之沙汰言語道断事候(2)、

とか、寛正六年七月二十五日の祐成代官職請文中にみえる、

一、御年貢米大豆麦等商売斗之事、以小斗可売之、不可為大斗之事(3)、

によって、荘園領主も現地の代官も大豆・麦を米同様に年貢として取り扱っていたことがわかる。荘園領主側から要求される代銭納は、「米による収奪の論理」を否定するのみならず、農民の抵抗の論理としての「麦の論理」をも解体させ、剰余生産物を総体として搾取してゆく役割をもつことに注目したい。

このような方法による麦を所当年貢として収奪することの動きと併行して、田麦をも所当年貢として収奪することがおこなわれてきた。暦応二年三月、法隆寺天童米蔵に盗人が侵入し米が奪われたが、投書があって徳丸なる人物が

犯人とわかり、徳丸は四月に斬首され、彼が作付している二反余の田麦が寺家公文によって点定された。この田麦点定について、五月に入って、二反余の田地の地主である舎利堂から異論が出た。その異論というのは、この二反の田麦のうち、半分は作人徳丸の作得分であるから公文が点定を実施することができるが、半分は地主分であって太子御領であるうえは点定はできないというのである。そして同様な事件が起った時にも、半分は点定されたが半分は荘園領主から舎利堂に別進されたという先例をあげて説明を加え、さらに徳丸が耕作していた供田支配の慣行としては、所当米を決めて収納する方法をとらず、毎年稲も麦も、地主半分、作人半分というように作半に刈り別けて収納していた。種子を蒔く時から半分の収穫はすでに舎利堂のものとして決定しているも同然であるし、地主得分たる半分を点定することはできないと述べている(4)。

ここでは薬師寺阿弥陀院が興福寺や土器座に対して主張した「麦の論理」は通用せず、いわば「田の論理」を拡大することによって田麦が収奪されたと理解してよかろう。だがこゝで注目されるのは、刈別け小作の法を田麦に適用しているのは、荘園領主としての法隆寺ではなく、地主であるところの一子院舎利堂であったことである。この舎利堂は、すでにふれた薬師寺に属する一子院たる阿弥陀院と相似のものということができる。さらにいえば、竹田村の一色田作人を結集して東寺に対抗した定阿弥・浄円などにも共通した行動があり、それは等しく小領主層・地主層としての立場から発せられたものといえよう。

彼らは二つの相異なった発言をする。すなわち荘園領主に向っては、農民を代表して「麦の論理」を主張して、在地における農業生産力の増大を自らの得分拡大に結びつけようとするし、現実に農業生産労働にたずさわっている弱少な耕作者にむかっては「米の論理」を適用しながら、やはり得分の拡大に結びつけるのである。いずれにしても彼らは二毛作普及の推進者であると同時に、それによって獲得された富の集積者であったといえよう。二毛作は、かくして間違いなく階級闘争のまっただなかで発展し普及していったのである。

(1)「鶴岡事書案」。
(2) 瀬戸内海総合研究会編『備中国新見荘史料』(二八六号文書)。
(3)『同右史料』(二九九号文書)。
(4)「嘉元記」。

付一　ある中世村落寺院と置文

一　置文の内容

和泉国和泉郡黒鳥村にあった安明寺は、建長八年（一二五六）五月二十五日に、村人が八貫五百文を醵出して買得した十八町歩の山林荒野を、そっくり寄進されたことから記録にみえ、近世になって廃寺になったと思われる典型的な中世村落寺院であった。その安明寺関係文書は、近世には庄屋保管の村有文書として伝来してきたらしい（「河野家所蔵文書・同解説」『日本史研究』二〇七号）。この文書のなかには数通の中世の「置文」が残されているが、その一通に暦応二年（一三三九）六月の日付のある「安明寺置文」がある。

置文は五カ条から成っているが、その内容は追記を含めて八項目に及んでいる。すなわち、それを意訳すると次のようになる。

(1)納枡として斗子枡を使用する。

(2)年預倉に未進されている米は弐斗ある。寺物―米―は年預が収納・管理・分配にあたり、年預はその収支決算（結解）を毎年七月十六日に安明寺の老僧に報告し確認をうる。

(3)正月八日の仏供餅は年預と住僧とが用意する。

(4)年預は白木池の池水利用者から池料として反別米を徴収し、また燈油田二反歩から燈油料米を徴収する。

(5)諸方から徴収する地子米は年預倉に納める。

(6)和泉国分寺でおこなわれる涅槃会に使用される造花はその法会の頭役の任に当る年預と住僧とが共同して用意する。

(7)年預の収支決算に間違いがあった場合には、年預は起請文を提出してそれを弁明する。もし弁償のない時は年預を衆中から追放する。その際、一人として異議を挟んではならない。

以上が置文の具体的内容であるが、ほぼ同時に記されたと思われる次のような追記がある。すなわちこの結解の座には、人衆としては六人衆・東座六人衆・末座五人（衆）と次年度・次々年度に年預になることが予定されている二人の出席が許され、それ以外のものの出席は認めない。

この安明寺置文には、上座道慶・権律師良海の二名の署判があり、安明寺以外の上級寺院による指示乃至確認を経たうえでの置文制定の可能性がないわけではないが、安明寺を構成し、安明寺を支える、老僧・住僧・年預と、人衆たる六人衆（本座か）・東座・末座の主体的な参加があって成立し運用されるものであったことに間違いはない。

二　寺座と盂蘭盆

この置文で注目されるのは、池料・燈油料・地子米として年預が収納するものを寺物と認識していることである。しかしその使用を仏供餅・涅槃会造花に限定し、しかもその(7)項で年預の私用を厳禁しているところから、いわゆる「互用」を禁じた「仏物」と同義のものであったと考えてよかろう（笠松宏至「仏物・僧物・人物」『思想』六七〇号）。

このような寺物の収支決算を年預がその責任において報告し、老僧・住僧・人衆らが確認するのが毎年七月十六日に決められていたことは興味深い。すでに述べたように、安明寺は黒鳥村住人を丸抱えにした寺院であるし、安明寺の寺物の管理運用に直接的な責任をもつ年預は、次年度・次々年度までがすでに予定されていることからもわかるように、年預として一年間その任に当る複数の人物たちによる座的構成（衆中と表現している）をとっていたと考えられ、それは、正平二十四年（一三六九）六月十七日と応永二年（一三九五）二月十日などの「安明寺五座置文」にみえる五座（僧座・本座・南座・新座・弥座）のうち、筆頭の座と推定される「僧座」に繋がってゆくものと考えてよかろう。この「僧座」は山城国綴喜郡の禅定寺四座のうちの一つである「僧座」ときわめて似た位置にあったものと思われる（黒田俊雄「村落共同体の中世的特質」『日本中世封建制論』所収）。年預の衆中も人衆もともに黒鳥村の住人であったとすれば、この置文は安明寺の寺物に関する置文であると同時に、黒鳥村住人そのものの置文であったといってよい。

七月十六日はこのようにして、安明寺にとっての会計年度の終る日であり、黒鳥村にとってもまた同様な意味をもつ日であったということになる。この七月十六日は、いうまでもなく七月十五日の盂蘭盆の翌日にあたる。祖先の霊のために食を備えて、いわゆる施餓鬼をおこない（『今昔物語集』巻二四）、七月十四日の夜、家ごとに長い竹竿を立て、その先端に燈籠のような型の紙提燈をつるし（『明月記』寛喜二年七月十四日）、また堂に僧俗群集して説教があり（『沙石集』巻八）、七月十五日前後には惣村が小村ごとにわかれて風流念仏を競いあうこともある（『政基公旅引付』甲）。盂蘭盆は中世の歴史のなかで、彼岸会とならんで日本における最大の仏教行事として発展した。

私の生まれ育った愛媛県の山村地帯では盂蘭盆行事の一つとして村をあげての施餓鬼の法要がおこなわれていた。それは前年の施餓鬼以後に死亡した新仏を供養するためのもので、村内の家々から一人あて出て村寺に集った男たちが、東西の二つの席にわかれて座り、鉦と太鼓にあわせて、何とも意味のわからない「オーナミドーパイ」という文句を東西交替しながら大声で合唱する。そのなかを、新仏を出した家族・親戚のものが列をつくって次々と焼香してゆくのである。この時の合唱で声が小さくて敗けた方の席に属した家族のなかから、次の一年間に死者が多く出るといわれていて、敗けることのできない競演でもあった。日中戦争・太平洋戦争と続くなかの村の施餓鬼で、村に残された老人たちの悲しげで血の出るような合唱が、若い戦死者の霊を送るため、これからの一年に戦死者を出さないための祈願をこめて、夜に入るまで続けられていた光景をいまもって忘れることができない。

このような曹洞宗寺院檀家の一山村の施餓鬼の行儀を一般化することはできないが、盂蘭盆と施餓鬼は、その功徳によって七世の父母の餓鬼界における苦しみ、および次世の父母の苦悩を除き、いわば存生中の父母が福楽にして寿命窮りないものにするためのものでもあった（『禅学大辞典』盂蘭盆の項）。中世村落・都市において次第に普及した盂蘭盆は、住人たちが集団として一年間の生死を確かめ、次に来る一年間の住人の福楽と長寿とを予祝するものであったように思える。だとすれば、一山村の施餓鬼のなかにも、豊かな知慧のあることを知らされるのである。

中世人にとって、一月一日に始まる一年もあれば、一月十五日の小正月前後におこなわれた射礼の神事に始まる一年もあったのであろう。しかしいまの私達にとってはきわめて重いものになっている四月一日に始まる学年暦・会計年度が中世人にはなかったかわりに、盂蘭盆・施餓鬼とともに終り、また始まる一年というものが、大きな比重を占めていたと考えてよいのではなかろうか。

三　村落の自治

とりあげた安明寺置文は、七月十六日の寺物収支決算報告が承認されることによって、年預は交替したことを思わせる。すなわち寺院と村落とを繋ぐもっとも重要なポストである年預の人事移動がおこなわれるのである。しかもこの時、年預の収支決算に不正があれば、その場に出席したものの名において、換言すれば村人全体の意志として、年預は年預が属する座的構成たる〝衆中〞から追放されるのである。この決定には、年預衆中（のちの僧座）より地位の低い人衆の三座（のち四座）も出席が義務づけられているのであるから、村落の中堅的な農民が、村落の上層を構成する殿原層を寺物の論理のもとで裁くことになるのである。

この置文は暦応二年六月に「改之」（これを改む）とあり、以前にあった置文に部分的な修正を加えたものであったことがわかる。以前の置文が現存せず、修正箇所は明示できないが、その置文の内容から、年預及び年預衆中の寺物の管理運用や村落行政の面での独断専行を規制しようとする意志が強く反映しているように思える。

厳しい南北朝内乱を生き抜こうとするこの村落は、ある時は北朝年号を称し、ある時は南朝年号を唱えるという動揺を示すが、住民の意志を村落寺院の擁護という目標を掲げて結集しながら、いわゆる農民たちの〃人衆の座〃を増加させ、その階層の立場を強化することによって村落を守り抜こうとした。そのような気概をこの置文のなかからも汲みとることができるのではなかろうか。

付二　南北朝内乱と畿内村落

はじめに

南北朝内乱がもっとも熾烈に戦われた畿内地方において、農民の生産活動や日常的生活はさまざまな危機的状態に陥ったこともあったが、そのことを今日に伝える伝承はそう多く残ってはいない。むしろ古文書その他文献のうえでも、また遺物・遺跡とそれにまつわる伝承でも新たな農民生活の展開を伝えるものが多く、農民生活の新たな基盤づくりが南北朝内乱を画期に展開したことを想像させるのである。

鎌倉時代末から南北朝期にかけて畿内及び近国各地に展開した悪党活動は、その歴史的評価についてはさまざまな議論のあるところだが、畿内地方を中心にした自治的な惣村生活・惣村組織の展開のなかでは、悪党はその活動の基盤を喪失したと考えざるをえない。このことは悪党活動に象徴される在地諸階層・諸集団の政治的経済的矛盾が室町幕府を頂点とする権門諸勢力による中間層の新たな領主階級への政治的編成によって一定の解決をみたことや、また都市と農村のそれぞれの内部構造の変化や、都市と農村との新たな分業関係の形成に繋がることもあろう。すなわち農村の中間層や農村在住の商工業者の都市集住化による都市と農村のより強固な分業関係の成立による社会的秩序の恢復である。悪党活動の南北朝内乱期における衰退・消滅の背景には多様な政治的経済的な動きがあったが(1)、畿内における村落生活の視点からみれば、この顕著な動きのなかから、南北朝内乱期の村落研究にあたって、政治的局面とのきわめて有機的な関係を重視する必要があるように思える。

石田善人氏は日本封建社会の構造分析を村落共同体の分析を通して明らかにしようとして、鎌倉期における支配機構の末端組織としての惣荘から南北朝・室町期における住民の抵抗組織としての惣村へというシェーマを立てゝ中世後期の村落共同体の全体的な構造を明確にしたかにみえたが、惣村とその内部にあって惣村構成単位であった小村＝垣内、また惣荘（惣郷）と惣村との二重構造の問題や、惣村の自治的組織である村座（宮座・寺座）と講などのより小規模な組織の関連が問われ、惣村を構成する惣村指導者たる村落領主層（地主層）と小百姓層との内部矛盾の問題、さらに惣村から排除されて差別視される宿住民（のち近世において未解放部落につながるものもある）の形成も、この惣村内部の矛盾とのかゝわりのなかで明らかにしようとする見解が出され、(2) 惣村自治の理念と実態は、内部からも外部からも問い直されようとしている。

そればかりでなく、中世前期において村落領主や百姓には固有のイエ支配権の強さがあり、そのことが中世前期における領主権の狭隘さや脆弱性の原点としてあり、このことが政治権力の中央集権的構造の基盤をなしているととらえ、中世後期において地縁的共同体＝村落の強化とみえる現象は、村落領主や百姓の固有のイエ支配権の自立性の崩壊・否定であり、領主制が自らのイエ支配＝主従制的支配権を基軸にして、公的・領域的支配を強化してゆく過程であるとの重大な提言がある。(3) 村落領主・農民による村落の地縁的結合の強化、すなわち惣村の形成発展は、村落領主・農民の固有のイエ支配権の喪失、領主制支配から相対的に「自由」な存在を放棄する過程であるとみるのであって、一九二二年（大正十一）に牧野信之助が惣村をとりあげて追い続けてきた中世村落の自治組織の問題は、中世後期における歴史学的課題としての位置を問い直されようとしている。すなわち、在地領主制の展開と切り結ぶ本格的な惣村論の展開が要請されているように思える。畿内近国で形成され展開していたと論じられた惣村論は、領主制展開と対立する方向や位置をもつものととらえられ、それは黒田俊雄氏の日本中世における非領主的展開の体系として理論化されている。いまその課題を、全面的に論ずる能力はないが、この小稿では南北朝時代の惣村をとりあげ、その解決に対する若干の視点を示してみたい。

(1) 小泉宜右「内乱期の社会変動」(岩波講座『日本歴史』中世二)、佐藤和彦『南北朝内乱史論』(第二部・諸国悪党の蜂起)。

(2) 佐藤和彦「中世村落史研究の視点」(『歴史評論』三七四号)参照。なお講の問題については同氏『南北朝内乱史論』(第一部・農民結合の実像、第一章・惣結合と百姓申状の「十三日講」に注目されたい。

(3) 大山喬平「中世社会のイエと百姓」(『日本中世農村史の研究』)。

一　村落をめぐる政治的状況

私はこれまで和泉国大鳥郡若松荘内の中村、同国和泉郡上泉郷梨子本里と坂本郷飛鳥部里とにまたがって成立したと思われる黒鳥村、同郡内池田郷内春木荘や唐国村、同国和泉日根郡熊取荘内の熊取谷惣などをとりあげて、惣村の宮座・寺座の組織を追い、宮座構成員の階層的支配秩序の在り方や加地子集積の実態、さらに惣村的秩序から排除される賤民的集団の存在について論じてきた。(1) それらの惣村では在地領主の支配が展開する芽をはじめから欠いていたわけではない。次に掲げた第一表、和泉国の郡・郷と御家人・国人・地侍(村落領主)関係表をみていただきたい。

大鳥郡若松荘中村に若松氏の支配が継続していた可能性がないわけではないし、和泉郡春木荘・唐国村の在地領主横山(岡)氏は南北朝内乱の過程でむしろ村落領主化し、近世大庄屋として継承された。和泉郡黒鳥村でも酒人氏また地頭藤原氏などが在地領主化する契機は十分にあったが鎌倉時代末から南北朝時代にかけて基盤を喪失したし、日根郡熊取荘には給人行松氏がいたが、十五世紀半ばに田畠・屋敷地・茶園などを中家・根来寺成真院に買却して、没落をしている。(2) 同一地域内で在地領主と村落領主・農民の連合体がまさに勢力として競合し、在地領主が敗退した歴史を辿ることが出来る。

中世における村落支配のヘゲモニーを在地領主が掌握するか、村落領主や上層農民の家父長制的支配を軸とする身

第1表　和泉国郡・郷と御家人・国人・地侍（村落領主）関係表

郡	郷	正嘉2(1258) 御家人	文永9(1272) 御家人	応永3(1396) 地頭・御家人	康正3(1457) 国人	中世末 国人・地侍
大鳥	大鳥	大鳥右衛門尉	大鳥新右衛門尉	田代豊前守季綱		田代道徳
	日部	菱木左衛門尉 菱木右衛門尉	菱木左衛門尉			菱木五郎
	和田	和田左近太郎	和田修理亮			和田左近将監助量，和田助高
	上神	若松刑部丞	若松右衛門尉 若松右衛門尉			
	大村		陶器左衛門尉	陶器美作守正朝		
	土師					土師新左衛門
	蜂田	八田兵衛尉 八田後源次	八田周防次郎左衛門尉			
	石津	石津左衛門尉	石津左衛門尉			
	塩穴	塩穴中務丞	塩穴左衛門尉 向佐渡入道			寺田又右衛門 松浦安大夫
	深井	高志右衛門尉	高石兵衛尉			沼間任世
和泉	信太	信太右衛門尉 信太神主 取石大進房	信太右衛門尉 信太左衛門尉 取石大進法橋	（成田氏）		成田伊豆守
	上泉			田所修理亮基家 惣官次郎左衛門尉景俊		河合和泉守 辻村壱岐守
	下泉	宇田伊賀房	宇多左衛門尉	（惣官景俊）		惣官美濃守，玉井遠江守ほか2家 藤林佐右衛門他1家，斎藤主膳
	軽部			（田所基家）		田所大和守
	坂本					坂本近江守
	池田	池田中務入道 池田馬入道 箕形右衛門尉	池田兵衛判官 池田上村左衛門尉 箕形熊石丸			池田長三郎資晴

			横山右衛門入道			横山岡（岡）
	八木	八木左衛門尉 八木近藤左衛門尉 八木弥平次太郎				八木少輔，小松里心西入道 吉井五郎九郎，大路新左衛門尉
南	山直					積川四郎右衛門，多治米重左衛門
	掃部	沼間馬太郎（磯部兵衛尉）				土生重右衛門，熊辺右京之佐 磯上無人入道
	木島					沼間伊賀守
	近木	近木金剛丸 神崎四郎 馬郡左衛門尉				今木肥前守 高田（甲田）孫右衛門，行松盛吉 根来右京
日	上			佐野隼人佐倫景	上郷二郎左衛門尉光景 新家新二郎影頼 日根野加賀守秀盛	多賀宮内 日根野若狭守
	男	信達源太 籾井参河房		籾井石見守定秋	籾井伊豆入道道永 籾井幸持丸	樫井太兵衛， 樫井又右衛門
根	鳥取	鳥取兵衛次郎		鳥取遠江守忠継 淡輪因幡守長重	鳥取備中守光忠 鳥取備後入道寿松 淡輪河内入道道本 箱作肥前入道道春	淡輪太郎兵衛 沼大隅守
本貫地不明		加□南□義連房 林兵衛尉		酒匂四郎左衛門尉頼直		
出典		和田文書	和田文書	淡輪文書	日根文書	地侍伝（元禄年間のもの）和田文書，田代文書，九条家文書，中家文書など

分的階層的支配が把握するかの競合が、ほとんどの村落で展開されたものと考えねばなるまい。後者がそれを把握した時が、村落領主や上層農民による村落構成員全体に対する階層的支配を実現し、自治組織としての秩序を形成した時と考えざるをえない。このような村落的自治組織の成立が、村落的剰余の形成にとってきわめて大きな役割を果すことはいうまでもないことであるし、このような村落が散発的に形成されたことは、在地領主によって領域的な支配をされている近隣の村落住民にとっても有利な運動・闘争を展開する一つの条件となることもありえよう。

しかし村落の自治は村落領主や上層農民の家父長的乃至は階層的支配によって実現しているが、その中味は、村落領主や上層農民が下人層に対して家父長制的支配をおこない、また村落内の小百姓層以下に対して階層的支配を実現するということであり、剰余労働を搾取する村落内の支配階級であることは間違いないところであるから、自治であればあるほどその自治は、国衙権力や荘園領主権力を媒介として展開される国家公権と対立し自立する農民的権力樹立への接近ということになる。中世後期に展開した自治的村落＝惣村はそれほど自立的でありえたのか、さらに言えばアナーキー的でありえたのかということは問いなおさねばならない。

第2表　和泉国中村宮座頭役勤仕者（抜萃）

年	本　名	官　名
正平6(1351)	源　八	右近允
〃 7(1352)	五郎次郎	刑部允
〃 10(1355)	紀　六	右近允
〃 11(1356)	三郎太郎	治部允
〃 16(1361)	菅藤三	案　主

（奥野健一氏文書）

中世における村落領主・農民上層のなかに中央官衙の下級官位を称しているものが散見される。たとえば正平六年（一三五一）から記録されている前述若松荘中村の結鎮神事の頭役勤仕者を列ねた宮座文書「中村結鎮御頭次第」には上表のような官名を付したものがみえる。この官名は若松荘中村に対し南朝勢力の支配が及んでいた十四世紀の六〇年代まで記録に留められている。このことは、それまで近隣の在地領主層が口宣案を与えられて称していた官途名を模倣した、村落民のまったく恣意的なもので、これこそアナーキーな状態を伝える典型な事例ともとれる。しかし中世後期修理職領丹波国山岡荘の名主層が、口宣案を与えられて、「左近将監」・「中務允」・「左近允」などの官途名を称しているところからみて、(3)南北朝内乱期に、皇室領・臨川寺領であったこの若松荘内の上層農民（名主層）に南朝方から口宣案にもとづいた官途名が与えられた可能性がないわけではない。(4)

そのような動向は何故発生したのか。いうまでもなく南北朝内乱という非常事態のもとで南朝方がとった軍事的行動・政策と密接な関連がある。摂津国豊島郡榎坂郷四カ村住民に対して、軍忠を尽せという後醍醐天皇の綸旨が二通伝えられている。(5)正月四日と正月七日の日付をもつ二通のこの綸旨は、延元元年（一三三六）正月という風雨急を告げる時点のものであったと推定され、軍事的に重要な西国街道ぞいの拠点を占めるためその近隣の榎坂郷住民に対するこの軍勢催促・軍忠呼びかけとなったと思われる。

この綸旨の宛先は「榎坂四ヶ村輩」ならびに「榎坂郷四ヶ村軍勢并甲乙人等」となっていて、榎坂郷内の在地領主層・村落領主層の小規模武士団に期待をかけるとともに、明らかに村内農民層に呼びかけるものであったことは明らかであり、等しく「勲功あるにおいては勧賞あるべき」ことを約している。この綸旨が榎坂郷の支配機構を通じ内部の階層的支配機構を介して住民に伝達されたと推定され、その判断は個々の住民に委ねられるのではなく、集団的自律的に応否の決定が下されたものと考えざるをえない。

摂津国島下郡の勝尾寺に対して、足利方の摂津守護は同郡内山田で行動する南朝勢攻撃のために、勝尾寺領内の荘官沙汰人の軍事催促をおこない、武勇に堪えないものは弓箭を整えて軍大将方に納めることが要請されている。(6)また和泉国和泉郡内の松尾寺に対しては、後醍醐天皇綸旨や護良親王令旨が発せられ、松尾寺宿老は後醍醐天皇方の勝利のため祈禱を修し、寺内の若輩は弓箭を帯して軍陣に参加することが促され、事実、討死・負傷したり、幕府方に捕虜となるものがいたと伝えている。(7)

当地の地方有力寺院を構成する準聖職者集団が周辺近隣農村の村落領主や有力農民の一族子弟によって構成されて

いることは多く、また和泉国安明寺の寺座が、その寺院を外護し村寺として結集する黒鳥村々人の村座の機能を果しているとこからみて、[8] 寺社を媒介とした上層農民への軍事徴発は畿内地方においてはかなり実施されていたとみなければならない。

このような非常の外部からの軍事的働きかけが村落の自治的な組織化を促進する契機となったことは否めないし、このような軍事的行動の恩賞として村落上層住民の官途名が村落組織を媒介として付与されたこともありえたと想定されるのである。南北朝内乱期における畿内近国での自治的村落組織の形成発展は、国家公権の極端な下降分有との関連で論じなければならないことを暗示している。

かつて暦応二年（一三三九）六月の日付のある和泉国和泉郡内にあった村落寺院の置文をとりあげ、この置文が和泉国惣講師の承認・了解のもとに定められたこと、その置文が規定する安明寺々院財政に直接的な責任をもつ年預衆・六人衆・東座六人衆・末座五人（衆）の四つの座的構成が、同寺を氏寺とする黒鳥村住民中の村落領主層や有力上層農民層の出身者によって占められていることを述べた。その置文の一カ条に、

国分寺涅槃会於造花者、為頭人之沙汰、年預・住僧相共可為支配者也、

とあって、和泉郡内の池田郷にあった国分寺における二月十五日の涅槃会に安明寺の寺座衆がその荘厳役を分担していることが示されている。[9] 一村落寺院が村落外の寺院の法会に参加することが、まったく地域住民の自立的な宗教圏の形成とかゝわって展開したこともありうるが、この場合、和泉国惣講師の和泉国内における諸法会執行の主掌と関連をもつものであろうことは疑えない。

正平十年（一三五五）三月十日、南朝方の和泉国主の下文が和泉国衙に発せられて阿闍梨良盛を和泉国衙方惣講師職に補任したことが伝えられ、同年十月八日、和泉留守所はそれをうけ宮里四郎左衛門尉に下文を発して、そのことを伝え、仏事法会を懈怠なく勤仕させ、そのことを国中平均に周知するよう命じている。[10] 宮里氏の地位は不明だが、

和泉国分寺に近い和泉郡池田郷内宮里に本貫をもつ在地領主であろうと想定される。この惣講師職については南北朝内乱のなかで、和泉郡内の名寺たる薬師寺穴師堂と松尾寺との間で争い続けられてきたが、この正平十年の惣講師職補任は薬師寺穴師堂に関係のあったことが知られる。これは自寺の僧で惣講師職を占めるのみでなく、惣座頭として諸寺での仏事供養導師を勤めることの競合であって[11]、具体的には和泉国内の諸寺の住僧や年預をあたかも国分寺涅槃会の造花役を安明寺の住僧・年預が頭役として勤めさせたように、統轄差配する権限をもつかどうかにかゝわっていたのである。いわば自立性を強めてきた村落寺院は国衙支配機構の一つの柱として機能していた惣講師を媒介として、国内の公的な仏教行事を分担する末端機関として編成されていたことは明らかである。さらにいえば村落領主・有力上層農民で構成された村座組織は、その組織自体が国衙公権の一端を担う公的機関の手足となり、村落内部秩序を超えて独自に特定な役割を果していたのである。

和泉国のみならず国衙行政は郡司・郷司・保司さらに村刀禰などを通じて、まさに国衙諸職の官制機構を介して統治支配されるのであるが、ここ安明寺々座は国内の有力寺院の法会に惣講師の指示のもとに参加し、国衙の宗教的統治機能を補完していたことを示している。しかもこの安明寺は天台宗系寺院であることは明らかだし、室町時代初期の応永年間に、和泉国惣講師職をめぐり薬師寺と松尾寺とが争いを継続していた時、幕府はその惣講師職の活動の実態を和泉国在庁官人と和泉国内の有力寺院たる高蔵寺・巻尾寺・神於寺さらに大鳥郡五師とに報告させている[12]。これらの諸寺はいずれも天台宗延暦寺末寺であり、しかも郡に五師が配置されていることが注目され、顕密体制は国衙行政と密接に結びつきながら、村寺と接触し、寺座を掌握しながら地域支配を宗教の面から実現しようとしたのである。

（1）　本書の第三篇第一章に収めた「惣村の起源とその役割」や、「中世から近世初頭にかけての和泉国における賤民生活の実態」（『歴史評論』三六八号）、「日本中世における 地域社会」（『日本史研究』一二三号）、「ある中世村落寺院と置文」（岩波書店『日本思想大系』月報六五、これは本書第二篇の付一として収めた）などでふれた。

（2）　「中家文書」のなかから、行松家の売券を整理すると次の如くである（次頁、第三表）。

第3表　日根郡熊取谷行松家田畠等売却関係表

年　月　日	売却物件面積	値　段	買　主	備　考
大永8(1528)12.13	畠1所，加地子5升	300文	若左近	潤甫禅師私領
享禄2(1529)12.24	行松知行地上米3斗8升分の耕地	1,300文	中左近太郎	
〃 3(1530)11.19	田　30歩	2,500文	成真院	潤甫禅師知行加地子5斗代
天文15(1546) 3.一	田　1所	1,500文	〃	
〃 15(〃)10.29	田　1反	2,000文	〃	給分の田地カ
〃 15(〃)11.11	田　1所	1,200文	〃	給分
〃 15(〃)12. 5	田　1所	1,200文	〃	加地子3斗
〃 16(1547) 3.一	畠　1所	400文	〃	加地子1斗
〃 16(〃) 6.一	家屋敷　1所	2,000文	〃	加地子5斗
〃 16(〃) 6.一	田　1所	1,600文	〃	加地子4斗
〃 16(〃) 8.一	田畠　各1所	1,600文	〃	
〃 17(1548) 3.16	畠　1所	700文	〃	加地子1斗8升
〃 17(〃) 3.一	屋数　1所	600文	〃	加地子1斗5升
〃 17(〃) 6.一	田　1所	600文	〃	加地子1斗5升
〃 17(〃) 9.一	田畠　1所	米2石5斗	〃	加地子2斗
〃 17(〃)12.一	田畠　2所	700文	〃	加地子1斗8升
〃 19(1550) 3.一	田　1所	200文	〃	加地子5升
〃 19(〃) 3.一	茶園　1所	200文	〃	
〃 20(1551) 6.28	下地　1所	250文	中左近	1斗とり

(3) 仲村研「中世における立身と没落」(三浦圭一編『日本史(3)』中世2)。

(4) 「臨川寺文書」正慶元年六月臨川寺寺領目録。

(5) 「今西春定文書」(年未詳)正月四日、後醍醐天皇綸旨と(年未詳)正月七日、後醍醐天皇綸旨、この綸旨が発せられたのは延元元年(一三三六)と推定される(『豊中市史』第一巻、第二章中世の豊中、第三節南北朝時代の豊中の建武新政の項参照)。

(6) 「勝尾寺文書」建武五年九月五日、摂津守護代沙弥円道遵行状。

(7) 「徴古雑抄・松尾寺文書」建武元年五月、松尾寺住侶等言上状案。

(8) 前掲拙稿「日本中世における地域社会」と「ある中世村落寺院の置文」。

(9) 註(8)の拙稿。

(10) 「堤家文書」正平十年三月十日、和泉国司庁宣案、正平十年十月八日、和泉国留守所下文案。

(11) 「穴師神社文書」正平二十三年五月十一日下知状。

(12) 前掲拙稿「日本中世における地域社会」。

二　村落意志の決定

安明寺の置文が定められた暦応二年（一三三九）六月といえば、北畠顕家を敗死に追いこんだ摂津国南部から和泉国一円にかけて激戦のあったほゞ一年後であり、安明寺のあった黒鳥村にはまだ余燼がくすぶっていた時期であり、国衙周辺の地域や惣講師職など国衙関係の諸職は足利方の掌中に握られていたと思われる。黒鳥村と安明寺が北朝年号たる「暦応」を使用して置文を定めたのはそのような理由による。しかし正平三年（一三四八）五月頃になると、和泉国分寺近くの横山・宮里で合戦が始まり、(1)春本荘刀禰実算がその所領所職を子息権守丸に譲る譲状では正平六年（一三五一）九月という南朝年号を使用している。(2)また沙弥堯光は大鳥郡伊勢高野村を売場とする安明寺々座支配の飯荷（麴荷）一荷を楠王丸に譲与しようとして譲状を認めたが、その年号は正平八年正月という南朝年号である。(3)黒鳥村に北接する信太郷地頭が信太郷内上原山の安明寺知行を安堵した文書は正平十二年六月の南朝年号を使用したらしいし、安明寺の寺座が五座編成となって最初に定めたと推定される黒鳥村惣物及び飯荷（麴荷）に関する置文は、正平二十四年六月十七日日付で、これもまた南朝年号使用である。(4)

しかしすけ三郎が浜我孫子の麴売場を担保にして安明寺から借銭した証文は応安七年（一三七四）二月三日付で北朝年号であるし、さきの正平二十四年の安明寺五座置文に本座の一﨟として署判した行阿弥陀仏がしばらくして坂本郷飛鳥郡の六人部の田地小を安明寺に寄進したが、その寄進状の年号は北朝年号の康暦二年（一三八〇）である。(5)

この南朝年号と北朝年号の使いわけは、黒鳥村・安明寺とその近隣地域における内乱にともなう政治的情勢を鋭く反映しているものと考えざるをえない。このような状況のもとにあっては、二で述べたように安明寺とその寺座が、北朝側に立つ国衙や惣講師から和泉国分寺涅槃会の造花荘厳の頭役を指示されても、それが忠実に実行されたかどうか疑問がないわけではない。そのことを惣村の公的記録での年号使用とかゝわって述べてみたい。

和泉国大鳥郡若松荘中村の惣村記録「中村結鎮御頭次第」は、南朝年号正平六年から記録されているが、その南朝年号は文中二年（一三七三）までであって、その翌年は応安七年（一三七四）という北朝年号使用となり、以後、一貫して北朝年号使用を押し通し、南朝年号を称することはなかった。この記録は正月十五日の小正月前後に鎮守社社頭で惣村の祭礼として実施される結鎮神事の頭役を勤めた人物名を書き継ぐことを目的に作成されたものであるから、応安七年の北朝年号採用決定は正月十五日前後までに決めたと考えざるをえない。このことは南朝勢力に背を向ける惣村全体の意志表示とみることができる。

惣村中村がこの北朝年号使用に踏み切った応安七年前後の近隣における政治的状況をみると、正平二十四年（応安二）正月、足利方に帰投して、和泉国主の地位を安堵され和泉守護に補任されていたと思われる楠本正儀が、応安七年七月十一日には大鳥郡土師保にあった造酒司領名田段末に関する相論に裁許をおこない[6]、同年七月二十六日には、民部大輔橋本正督から和田助氏に対して幕府に帰投することが勧められている[7]。土師保は若松荘の北部にあり、和田氏の本貫は若松荘の南部に接した和田郷である。惣村中村は南北両朝勢力が鎬を削る政治戦・軍事行動を展開している真っ直中にあって、周辺の惣村や武士の動向を窺いながら、しかし独自な判断でもって足利陣営への接近を計ったものと考えられる。

このような惣村の集団的な意志表示はどのような構造のもとでおこなわれ、またそれはどのような意義をもつものであろうか。

暦応二年（一三三九）六月に定められた黒鳥村安明寺置文の第五条で、安明寺の財政に直接責任をもつ年預に、財政収支決算時に不正のあった場合は、年預は起請文を書いて弁明・弁償し、それを実行しなければ年預衆中から追放し、その際一人として異議を差し挟んではならないとしている。またその置文の追記では、財政収支決算時には安明寺の老僧衆、住僧衆・年預の外に、ひとしく「人衆」とよばれる六人衆・東座六人衆・末座五人（衆）と次年度・次々年度の年預に予定されている二人の出席が許され、それ以外のものの出席は許されていない。こゝで安明寺々座すなわち惣村黒鳥村の村座が安明寺の下級僧侶（住僧）衆と村民の中から出た年預によって日常的に運営されているが、重要な寺座の意志決定は、さらに村民によって構成されていた六人衆・東座六人衆・末座五人（衆）の参加によって決定されたことがわかる。

また正平二十四年（一三六九）六月の安明寺置文は僧座・本座・南座・新座・弥座の五座によって定められ、暦応二年の年預衆が僧座に、人衆たる六人衆・東座六人衆・末座五人（衆）が、改編・改称されて本座・南座・新座・弥座になったと推定され、寺座＝村座の意志決定は、僧座を中核とした五座がおこない、この座に編成されない一般住民はその意志決定から排除されていたことが明らかである。それぞれの座は、年預が暦応二年置文で次年度・次々年度まで予定されていることが明らかなことから、年預衆中＝僧座は少なくとも三名くらいで衆中を構成していたし、他の座は六人衆・東座六人衆・末座五人（衆）などの表現からして五・六名によって構成されていたと考えられ、それぞれが年齢階梯的に構成されそれぞれの一臈が座の署判者であろう。しかも座は階層的秩序をなし、これが村落内の住民の階層的意志を反映するものと推測される。また人衆の諸座が暦応二年段階の四座から正平二十四年段階の五座に増加していることは住民のより多くを寺座＝村座に結集して、その運営を円滑にし、その意志決定をより多くの住民要求に基礎をおいたものにしようとすることを示唆するものとして注目される。

惣村の自治的組織を表現する村座（宮座・寺座）には単一のもの、東西などの両座のもの、また黒鳥村のように五座のものなどまで多様であり、それを区別・差別する基準を明らかにすることはいずれも困難である。たゞ座の機能の面に関していえば、鎌倉時代中期にすでに成立をみていた山城国綴喜郡禅定寺の寺座の例から、農民層によって形成されていた本座・新座・弥座に対して僧座は格別の特権を行使しているわけではないが、禅定寺修二月会の頭役を勤仕することになっていたということが判明する程度である。(9) 若松荘中村の結鎮座には「殿」を称される殿原層も編成されている。農民層が宮座新入りをして一定期間をおいて頭役を勤め、その宮座内部における年齢階梯制による秩序の貫徹が推測されるが、殿原層子息には宮座新入りを示す記録はなく、頭役勤仕の記録はあるから、農民と同様な通過儀礼を必要としなかったことが示されている。[10]

このように自治的組織の内部には階層的差別がまったく無いわけではなく、禅定寺々座において十三世紀の半ば頃、修二月会の荘厳役など負担をめぐって、僧座に対する弥座衆の非難があり、諸座負担の均等化がはかられたといゝ[11]、こゝでは寺座内部に存在する階層的支配秩序はその格差を縮める方向に動いていたことがわかる。

このようにして惣村の自治組織は内部構成上さまざまな矛盾をもちながらも、内部の住民に対する自律した公的機関たることの主張を強めたのである。それを村座置文の検断的側面から触れてみよう。

若松荘中村の応永年間のものと推定される惣村置文に次のようなものがある。[12]

一、主・親之蒙勘気、又親恨ヲモ成、逐雲輩者、免許アリテ後、望者帰座不可有子細、

一、幼少ヨリ親離、他国シ、成人之後立帰テ、座ヲ望者、能糺而不可有子細、

一、大犯夜焼・盗人殺人輩者、努々座交不可叶、所定置如件、

第一条から、宮座新入りをした有力農民家族の子弟が主人あるいは親（父親とのみ限定することは困難である）から義絶され、また親に恨みを抱いて村から出奔して、宮座により一旦座席喪失が確認された後、主人または親から勘気を解かれ、帰座を希望する場合は宮座復帰を認めるとしている。第二条は幼少の時、宮座新入り以前に家を出、惣村から離れていたものが、成人し宮座々席を占めうる年齢に達したのち帰村し、座入りを希望した場合には、宮座の協議を経たうえで座入りを認めることがありうるとしている。

この置文二カ条から明らかなように、村座は個々の農家で展開していた主従制的支配・家長権にもとづく支配を保証し補強する役割を担っている。しかし幼少時にすでに主従制的支配、家長権にもとづく支配から一旦脱していたも

のについては、宮座入りが可能な家筋に属するものだけが、本来の資格に基づき、宮座の独自な協議・決定を経て、宮座入りの可否が判断されるのである。このことは宮座々席を有する階層の農民の家にとって、家の継承を公認されるかどうかの権限を村座が持ちえたということを示している。すなわち座席は一家族に原則として一座席しか与えられず、特定階層の一家族の男子すべてに座席が与えられることはないというのが座の原則だからである。第二条は座入りを希望するということは、一家族としてそれまで確保していた座席を継承できるかどうかということにかゝわっていたのである。

さきに掲げた応永末年頃の作成と推定される惣村中村宮座置文の袖部分には、次のような注記がある。

於飯盛カイ(垣内)。「ト」庄司大夫一期上ハ免
一期之後者、跡不可続、

惣村中村を構成する飯盛垣内（小村）に居住し中村宮座に座席をもつ荘司大夫の現在の座席は一代限りとし、子孫に継承させないという判断を示したものである、「中村結鎮御頭次第」のなかから飯盛垣内の庄司大夫関係記録をみると応永十八年（一四一一）庄司大夫子が頭役、永享二年（一四三〇）前半の頭役を庄司が勤め、この庄司は永享四年の頭役にもみえ、永享八年以後には飯盛垣内の藤内が頭役を勤め、文安四年（一四四七）八月に藤内の子が宮座新入りした。このようにして飯盛垣内で座席を占めるのは藤内家に移るのである。宮座記録にみえた飯盛垣内の庄司大夫家の席座はその子と思われる荘司までは継承されたが、永享四年を最後に、飯盛垣内の根本住人の系譜をもつ家と推定される荘司大夫家は宮座座席を喪失するのである。これは子孫が絶えたという不可抗力な原因によるものではなく、農民として座席を占めるものとして不当な行為があったことに対する制裁措置によるものであった。

犯罪人の跡式が住民に分散配分されまた売買されるのが一般的な慣習であったと思われるし、(13) 惣村中村の応永末年頃と推定される自検断に関する置文の第三条に大犯（夜焼・盗人・殺人）を犯したものに対する村八分の制裁が示さ

れているが、その耕地の耕作権没収、その家族の生活権剝奪もありえたのである。

この座席継承権の村座による保証の問題は、農家の再生産構造に対する重大な介入を意味するのであるが、一方では農民的名誉を村落のなかで擁護するかどうかにもかゝわっている。観応年間（一三五〇～一）東寺領播磨国矢野荘では是藤名をめぐって実円と慶若丸とが相論したが、その時、慶若丸は実円の祖父が公文の母に買得相伝されていた下人であるといゝ、一方実円は、慶若丸の祖は海老名源三郎重代の下人であったといっている。名主職相論が相手の家筋・先祖の卑賤な出自をあげつらうことで非難し、自己の正当性を主張しながら繰り拡げられることが注目される。[14]下人の身分解放・独立化傾向と、有力農民としての立身という南北朝時代の著しい社会変動を物語ると同時に、家筋に対する観念化、血筋による農民的名誉や卑賤が論ぜられる時代が到来していたのである。これは鎌倉時代での本来的な農民のイエの自立性が著しく崩壊してきた事実を明示するものであろう。しかしこの深刻な課題の展開を、農民結合の立場で受けとめたのが「百姓法例」であった。[15]

以上のようにみてくると、「百姓法例」の成立を畿内村落の動向に即していえば、惣村置文の作成とそれを実施・実行してゆく村座（寺座・宮座）の機構そのものの成立であったといえよう。南北朝内乱期の惣村組織は惣村内部の家長権をその家長の名誉をふくめて保証し補強するため、村落内部の階層的支配秩序を確立してゆくのである。そのような役割を果すことによって村座は村落生活にとっていよいよ公的な役割を果すことになるとともに、村落外部の地域的諸集団に対する関係において村座の果す立場はいよいよ重要になってくるのである。

（1）「淡輪文書　乾」貞和五年八月、淡輪助重軍忠状。
（2）「松尾寺文書」正平六年九月二十三日、実算刀禰職等譲状。
（3）「立石家文書」正平八年正月十九日、沙弥堯光飯荷譲状。
（4）「河野家文書」正平十二年六月、信太地頭某安堵状案、正平二十四年六月十七日、安明寺五座置文。
（5）「河野家文書」応安七年二月三日、すけ三郎利銭借状、康暦二年七月五日、行阿弥陀仏田地寄進状。

（6）佐藤進一『室町幕府守護制度の研究　上』（第一章畿内の河内・和泉の項）。

（7）「和田文書」応安七年七月二十六日、民部大輔橋本正督書下。なお民部大輔を橋本正督にあてることについては『貝塚市史』（第一巻通史・第二編の第五章鎌倉・南北朝における武人の活動）の考証による。

（8）「河野家文書」暦応二年六月、安明寺置文と前掲拙稿「ある中世村落寺院の置文」。

（9）「禅定寺文書」正安三年八月、禅定寺僧鋳鐘入供用途注文。この寺座については黒田俊雄『日本中世封建制論』（「村落共同体の中世的特質」）。

（10）本書第三篇・第一章「惣村の起源とその役割」。具体的な例を示すと、次の通りである。

〔大年〕彦三郎――――次郎（彦三郎子）
　至徳三、新入　　　応永三三、新入
　応永一一、正頭

〔森〕孫四郎――――孫六（孫四郎子）――――丹生童（孫六子）
　正平一八、新入　　至徳四、新入　　　応永二六、新入
　永和二、正頭　　　応永一二、正頭

〔　〕内はその家族の出身垣内（小村）を示している。この例からは、新入り後、十四年目乃至十九年目にして頭役を勤仕していることがわかる。

（11）「禅定寺文書」弘安四年二月一日、禅定寺修二月堂荘厳式目。

（12）「奥野健一氏所蔵文書」である「中村結鎮御頭次第」の応永四年（一三九七）次の記録の紙背にある案文である（『堺市史・続篇』第四巻所収）。永和三年（一三七七）次の記録と至徳二年（一三八五）次の記録との二ヵ所の紙背には、応永十年（一四〇三）十一月二十七日と同月二十八日の二通の高蔵寺から中村結鎮衆中への田地売券二通の写しがあり、ともに正文は鎮守社宝蔵に保管してあると注記されている。紙表の頭役記載とその紙背の売券案文との年代の差は二十六年から十八年であり、この置文も案文であり、その作成年代はせいぜい応永末年までと考えてよかろう。

（13）「政基公旅引付」永正元年閏三月三日・四日条。

（14）佐藤和彦『南北朝内乱史論』（第一部、第三章惣荘一揆の展開）。

（15）前掲註（14）に同じ。

三　惣村と小村

惣村の歴史的性格を、国衙公権との関係、農民のイエとの関係で論じてきたが、こゝでは南北朝時代における惣村の再生産構造を惣村内外の動向のなかから探ってみよう。

村座であらわされる惣村の自治組織は、置文において、また北朝年号の採用という特殊な事例において、またとくに百姓申状提出の際などにおいて、著しく政治的な行動体として顕現する。しかしそれは惣村の再生産構造を自律的に維持しようとする一つの表現にすぎないのであって、決して抽象的な集団的権利の主張ではない。その再生産構造とは具体的にどのようなものであろうか。

河内国交野郡の惣村楠葉の鎮守社交野天満宮には嘉禎四年（一二三八）三月と応永九年（一四〇二）二月との二枚の棟札が伝えられていて、ともに社殿造営にあたって神体を仮安置した建物を警固守衛した惣村内の小村＝垣内による結番体制が記録されている。その両度の結番体制をまとめると第四表の如くである。

第4表　交野天満宮結番体制表

嘉禎4（1238）3		応永9（1402）2	
8日	河原	1番	野田
9日	林村	2番	男山
10日	垂井・男山	3番	西村
11日	津島	4番	林・高田
12日	千富口	5番	小鳥部・塚原
13日	早窪	6番	大鳥部
14日	岸島	7番	岸部
15日	鳥部	8番	河連
16日	南西村	9番	津島野
17日	南東村	10番	中小路
18日	布施辻	11番	千富口・栗林・金井

（『枚方市史』巻第1）

この表からみて、嘉禎四年段階においては三月八日から同十八日までの十一日間の警固守衛に原則的には一日一垣内制が貫抜かれている（ただし十日には垂井・男山の両垣内が当っているが、これは両垣内がとも小規模であったためであろうか）。しかし応永九年段階では全体の垣内数が十二から十五に増加したにかかわらず、伝統的な十一日間の警固守衛日程・体制は固定化されていたため（だから具体的な日付ではなく、一番から十一番まで「番」で表現されるにいたった）四番・五番・十一番は複数垣内の混成による結番体制を組まざるをえなかった。結番体制形成の契機が、警固守衛の実際的な必要日数に由来することを暗示しているが、南北朝内乱期を挾んでのこの結番体制確立過程において、垣内そのものの発生・消滅また地名変更があったことを物語っている。嘉禎四年から応永九年にいたる一六五年間に変化のない垣内は男山・林・千富口・津島（津島野）にすぎず、つながりの可能性のあるのは、河原↓河連、岸島↓岸部、鳥部↓大鳥部・小鳥部、南西村↓西村であり、垂井・早窪・南東村・布施辻は消え、野田・高田・塚原・中小路・栗林・金井が新しく興った。

開発を主導する根本住民的な農奴主家族とその家族と縁につながる脇在家的自営農（小百姓層）による垣内の成立と展開は、全体的にみれば発展しているが、複数の農奴主家族と数十に及ぶ自営農家族とを擁した安定的な垣内は、まだ惣村内の半数くらいなものではなかったかと推定される。垣内規模での再生産の困難さを示しているし、そのような垣内の特定な場所への定着が容易でなかったことを物語っている。

天文二〇年（一五五三）七月の若松荘中村の成願寺鎮守造営棟札銘写が残されている。当時惣村中村の宮座の本結衆の代表者であった殿原層や有力農民七名の名前が書かれているが、その本結衆の一人であった庄司の下に、「半結衆五十八人」と注記されている。この半結衆は本結衆たる庄司の属する垣内住民でありながら、宮座から排除された一般農民であることは明らかである。(1)この半結衆が一般農民のどのような家族層を指すのか明らかでないが、そこではもう安定した垣内であったことを暗示するものであろう。

それにしても垣内・小村が自己完結的な再生産構造をもっていたとは考えられず、したがって、垣内内部だけで農奴主層（村落領主や上層農民など）による自営農民層以下を階層的に支配することは困難で、再生産を支えうる惣村規模の拡がりを背景にし、垣内・惣村の安定的な再生産を実現する力量を発揮することによって農奴主層ははじめて自営農民層以下に対する階層的支配が可能になったのである。

暦応二年正月の黒鳥村安明寺の置文では第二条で白木池段別米は年預として沙汰することが規定されているが、これはたんに段別米徴収を意味するだけではなく、建長八年（一二五六）に黒鳥村住人が沙弥蓮覚から梨子本里山林荒野十八町歩を購入し、その荒野内に白木池が含まれており、その売得地を村寺安明寺の寺物・仏物にした時から、白木池の維持管理権は安明寺々座に移ったと考えざるをえないし、白木池などの番水制度には安明寺々座が関与していたと想定される。(2)また黒鳥村の北部に拡がる信太郷内上原山は黒鳥村々民共有の山林荒野であって、安明寺の寺物・仏物として寄進し、村人の再生産を支えていたのである。この事実を地頭にも認めさせることによって、黒鳥村の一般住民に対し寺座は公的な機関としての存在意義を認めさせることができたといえよう。

村落内の不特定多数の村人にとって信仰の対象であった小社・小堂が、村人の共同体的な生産活動・日常の生活全般にわたって規制を加える宮座・寺座をもった村社・村堂として質的な転換を遂げるのは、宮座・寺座が村落の再生産構造を掌握することがあったからに外ならない。

このような動きは、黒鳥村での推移からも明らかなように鎌倉時代中期にすでにみられるのであって、決して南北朝内乱期に特徴的なことではない。ただ南北朝内乱のなかで畿内地方においては、在地領主層が村落の再生産構造を維持管理する役割を果さず、再生産をめぐる村落内部の矛盾を調停する機能を喪失するものが多く、村座の果す役割は著しく増大せざるをえなかった。

正平二十三年（一三六八）七月、春日神社領和泉国和泉郡春木荘本村の住民らは、同村内の山田里西辺にある荒野に対し唐国村住民らが乱暴を加え領有を主張したとして訴えたことがあった。この荒野は田を開き池を築く谷間があり、草柴を刈り牛馬を飼うための丘陵が拡がっていた。(4)そして対立する春木荘の村人と唐国村の村人とは、近世における記録からみて、中世後期においては、春日神社とその神宮寺（冬堂）を鎮守とする松尾谷惣村を構成していたことは明らかである。[5]したがってその係争地はもともと松尾谷惣村の共有地であり、住民の再生産を支える重要な山林荒野であったが、南北朝内乱期において春木荘住民と唐国村住民との間で、分割占有する動きが顕著となり、それが争論の原因となったのである。

このような惣村内部の垣内＝小村の自立化の動きは、惣村的秩序を崩壊させるような性格を伴いながら各地で展開され始めたものと思われるが、この顕在化の背景にはそれを調停する国衙公権の後退があった。

こゝでとりあげた春木荘と唐国村とにはもともとそれぞれに刀禰がいた。春木荘では正平六年（一三五一）九月、荘刀禰実算がその所職・内免田を一子春木権守丸に譲っているし、[6]唐国村では延元元年（一三三六）まで御家人横山平三衛門入道観心が唐国村刀禰職を相伝していたが南朝によってそれは金剛寺僧実弁に与えられた。しかし金剛寺僧による刀禰職が実際に機能した確証はなく、前刀禰横山氏一族は、文中元年（一三七二）頃、南朝方から御家人として組織され、唐国村内の居屋敷・新田の知行を安堵されようとしていた。国衙公権との関係は後退して、在地領主から村落領主へと後退する過程を辿っていたのである。[7]国衙公権を末端で行使すべき刀禰層が、このように分裂し後退するなかで、惣村内部で展開される再生産をめぐる争論を調停する実力と機能とを発揮することはできず、現地ではアナーキーな状況が繰り拡げられたのである。このようななかで地域の有力寺院たる松尾寺がその調停に独自な役割を果したのかも知れない。

このようななかで惣村組織は垣内・小村の個別的利害をこえて、垣内・小村の浮沈に直接的な援助や制裁は加えなかったとしても、垣内・小村の矛盾対立を調停する機能を備えた農民機関として自主せざるをえなかった。このことは国衙公権を事実上肩代りするものとしての役割を担っていたのである。

すでに和泉国衙機構と密接な関係にある和泉惣講師の威令の及ぶ範囲は、十四世紀初頭の段階では、和泉国内の和泉郡と南郡の範囲を出ず、北部の大鳥郡と南部の日根郡はその枠外にあったことを述べたことがある。[8]このことは和泉国衙の権力支配が及ぶ範囲も、せいぜい和泉郡・南郡の範囲にすぎなくなっていたことを暗示するものであろう。黒鳥村安明寺の寺座が和泉郡内にある和泉国分寺の涅槃会の際、造花荘厳の頭役を勤めるのも国衙と惣講師の権力の及ぶ範囲内とその及ぶ時代との制約を受けている限りで実行されたと考えられる。

しかし一方、この安明寺寺座は南北朝内乱期から高利貸と麹生産販売とも顕著な動きをみせはじめる。高利貸活動はすくなくとも史料の現存する限りでは、黒鳥村周辺に限られているが、安明寺々座のもとで生産される麹を販売する麹荷の支配では惣講師職の活動もすでに及ばなかった大鳥郡内から日根郡内までに及んでいることは明らかである。[9]安明寺々座による和泉一国内の麹荷支配が鎌倉時代以前の国衙権力との繋がりのなかで成立したものであろうことはほゞ間違いのないことであろうが、国衙権力自体が南北朝内乱期を画期として、著しく後退し縮少するなかにあって、安明寺々座は逆にその独自な分業流通を通じて和泉一国内の排他的な領域を維持したと考えざるをえない。

それにしても、南北朝内乱期に国衙・守護の行政が分裂し、混乱している和泉一国のなかで、一惣村に基盤をおく安明寺々座の麹生産が一国規模の流通を実現するためには、各地に自立する惣村の一国的秩序の形成を考えねばならない。南北朝内乱期の和泉一国内の惣村は、次第に南朝方に見限りをつけ、足利方=北朝方に近づいていたものの、南朝方と北朝方とに分裂している状態は各地で存在していた。どちらの側に属するかという高度な軍事的判断や政治的配慮が惣村の再生産を維持する責任をもつ村座にとって無関心で済まされる性質のものではなかった。正平二十四年頃の春木荘住民と唐国村住人との対立が、惣村内部の南北朝内乱であった可能性がないわけではない。

安明寺々座にしても、讃阿弥陀仏が加地子五斗分の田地を安明寺常燈料として寄進した文書には建徳元年（一三七〇）十月十二日という南朝年号をとっているが、[10]すけ三郎の安明寺からの利銭借状は応安七年（一三七四）二月三日付の北朝年号を使用している。[11]応安七年といえば、すでに触れたように惣村中村の「結鎮御頭次第」の記録が、はじめて北朝年号を使用した年であり、かなり一斉に和泉国北部の惣村が北朝年号使用に踏み切ったのが十四世紀七〇年代

前半であったと考えられる。(12)

応安二年一月、南朝軍の総帥楠木正儀が北朝に帰降し、和泉国内の南朝武士団に大きな動揺を与えたが、その余波が惣村に及んだことは明らかである。しかし安明寺々座の麴荷支配がむしろこの時期を、安定・拡大の方向で経過していることからみて、その余波が安明寺々座が和泉一国内の麴本座として自立を強めるものであったことを暗示している。

この発展を支えたのは、国内の個々の惣村の発展と一国規模での惣村的秩序の形成であろうと思われる。惣村内部に対する村座の階層的支配は、その村座によって構造を異にするが、惣村内部に埋没して封鎖性を強め惣村の個々の孤立性を強めるのではなく、地域社会のなかで相互に繋がって惣村的秩序を形成し、全体としてその分業流通を通じて再生産の基盤を強化してゆくのである。南北朝内乱末期に大鳥郡・和泉郡の両郡にまたがった融通念仏宗の大本尊廻在の信仰圏が成立したといわれているが、このような信仰組織の新たな成立も、このようなことと無関係ではなかろう。

(1)　本書第三篇第一章「惣村の起源とその役割」。
(2)　前掲拙稿「日本中世における地域社会」。
(3)　註（2）に同じ。
(4)　「松尾寺文書」正平二十三年七月、春木荘内本荘氏人等申状案。
(5)　「辻家文書」文政三年八月、氏神祭礼幷年中行事書（『和泉市史・巻第二』所収）。
(6)　「松尾寺文書」建武四年六月三日、和泉寺護畠山国清書下、正平六年九月二十三日、実算譲状。
(7)　「松尾寺文書」延元三年七月二十八日、後醍醐天皇綸旨案ほか。「岡家文書」文中元年七月十日、橋本正督安堵状ほか。
(8)　前掲拙稿、註（2）に同じ。
(9)　前掲拙稿、註（2）に同じ。
(10)　「立石家文書」建徳元年十月十二日、讃阿弥陀仏田地寄進状。

（11）「河野家文書」応安七年二月三日、すけ三郎利銭借状。
（12）「開口神社文書」建徳二年九月十五日、沙弥高阿弥如法経田寄進状、康応元年十一月十四日、野遠屋周阿弥如法経田寄進状の南朝年号から北朝年号への使用変更は堺津周辺の動向を示すものであろう。

むすび

鎌倉時代における農民のイエの自立性が崩壊してゆくことは事実であるが、それが在地領主のイエ支配＝主従制的支配権のなかに包摂され、公的・領域的支配が強化される必然性につながる方向性があっただけではなく、農民のイエの自立性の崩壊・否定は、惣村の階層的支配の自立として結集される方向のあったことをみる必要があろう。中世後期、惣村組織が展開した畿内村落の農民にとって、自立する惣村組織は公的な機関ですらあった。南北朝内乱の過程で国衙権力はこの惣村組織を積極的に掌握し、軍事・政治・宗教をめぐる厳しい競い合に勝とうとした。しかしこの動きは惣村組織と惣村勢力とをますます強める結果を招き、領主層は惣村の横に拡がった「惣村戦線」ともいうべき動きに全面的に対決しなければならない時代を迎えざるをえなかった。幕府権力に対して一定の自立性を保ち、和泉守護支配から除けものにされがちであった和泉国人層が、室町時代に入って、さまざまな国人一揆を結ばなければならない理由は、「惣村戦線」との対決のなかに求める必要があろう[1]。

（1）福留照尚「中世畿内の村落と国人一揆」（大阪歴史学会・地方史研究協議会編『地域概念の変遷』所収）。

第三篇　室町・戦国時代

第一章　惣村の起源とその役割

はじめに

わが国中世における村落は、鎌倉時代中末期をひとつの画期として、内部的構造とその歴史的役割を異にする。戸田芳実氏は、律令制の物質的基礎を変革した階層分解を前提とし、その過程で形成された家父長制的で階層的な中世前期の村落共同体を第一次的村落共同体とみ、中世後期に村落が法的主体として独自な法と組織をもつ、主として畿内的な惣村を第二次的村落共同体として、区別している。(1) また石田善人氏は、中世の村落共同体はその全過程を通じて、つねに村落支配の末端機構としての機能と、村落支配に対抗する抵抗組織としての役割をになっていたが、しかし中世前期の村落共同体は支配機構の末端組織としての側面を強くもち、後期においては抵抗体としての性格がより強いとみ、すぐれて制度的・政治的観点に立って、前者の村落共同体を「惣庄」(鎌倉的惣)、後者を「惣村」(室町的惣)として類型化している。(2) このようにわが国中世における村落共同体の問題は、その構造と歴史的役割に関して、第一次、第二次または「惣庄」「惣村」と区別されているが、こゝで取りあげようとしているのは、中世全体の村落共同体の全般的な問題ではなく、中世後期とくに十六世紀を中心とした「惣村」がまさに権力支配にたいして抵抗組織として活躍する典型的な時代を、しかもその闘争において輝かしい歴史をもつ、主として和泉国内における惣村を素材として分析をおこないたいと思う。

「惣村」の歴史が輝かしいのは「土一揆」との関連においてである。「土一揆」の研究についていえば「惣村」の研究よりもむしろさらに古く、そしてむしろ苦しい研究史をもっている。戦後における日本封建制研究における動向を、永原慶二氏は三つの段階に区別し[3]、その第一期を一九四五年から一九五〇年頃までとし、研究の基本が「克服すべき対象」「悪しきもの」＝封建社会という価値基準に従って展開され、この研究は国民の「反封建」実践のための知的武器として利用され、いわば国民的実践に直結していたと特徴づけられている。そこで土一揆研究も活発であり、惣村内部の秩序、階層の問題、土一揆の指導者の問題など実証的な面、さらに土一揆とヨーロッパ中世における農民一揆（たとえばドイツ農民戦争）との対比に関する理論問題が深められた[4]。しかし一九五〇年頃から一九六〇年頃までの第二期では、『『なお悪しき封建』』という実践的問題意識は残っていたが、農業経営と農民の存在形態、社会的分業と流通の問題、領主制支配の問題等、社会構成の全体を統一的に把握しようとする方向」にむかい、一面ではアカデミックな傾向を強め、現実との直結性は稀薄化した[5]。どちらかといえば土一揆をぬきにした惣村の経済構造が独自な課題として追究される傾向をおびた[6]。しかし一九六〇年頃から以降今日までの第三期は、「従来の封建制研究が積極的、消極的の差こそあれ、西欧封建制ないしはそれから抽象される理念型を一つの基準として念頭におきつゝ、それとの対比によって、日本封建制の姿をとらえようとする方法をとっていたことに対する根本的な批判に向っている」。そして、「日本封建社会の歴史を東アジア史全体の展開のなかでみなおそうという試がある」[7]という時期を迎えた。

そのような観点に立った「惣村」の評価を村田修三氏は次のように考えている。鎌倉時代中末期からの社会的生産諸力の発展によって、従来在地領主の家父長的奴隷制の隷属下にあった農奴的農民が、個別小経営を成立させるとともに、小農奴主＝地主を中心として組織されていた特権的村落秩序から体制的に疎外されていた広汎な小農民層が土地保有権を確保することによって、生産活動を進める中核的な小経営農民に成長した。そして小農奴主はいぜん再生産され、小農民の小経営が完全に自立再生産をおこないうる生産力の段階をむかえてはいないが、惣村的村落共同体の成員たる地位をえ、そのことによって小経営農民はその再生産を維持し発展させることが可能となった。このようにして、「惣村」は基本的には小経営農民が構成する政治的・経済的共同組織の性格を強めたとするのである。(8)しかしこれに対して、峰岸純夫氏は批判を加えた。すなわち「室町・戦国時代における村落内部での階級矛盾（基本矛盾）は、萌芽的であれ、顕在的であれ、地主と農奴的農民との間で設定できるが、この時期の主要矛盾は荘園領主・国人領主階級連合と、地主、平百姓の惣百姓的農民統一戦線の間に設定しうる」とし、その段階での歴史過程として、下人、所従など、家父長制的に農奴主に隷属する農奴が部分的に自立し解放することはみられるが、自立再生産の困難な小経営農民の下人化、隷属化、いわば農奴化の方向が基本的であったとする。(9)もちろん両者の業績をこの点にだけ凝集して対比させることは正しくないが、当時の勤労人民にとって、惣村や土一揆がどのような意味をもったかという点では見解に相違がある。しかもそれはすぐれて、現実的な思想情況のもとで、人民に依拠した人民の歴史をどう叙述しなければならないかという現実的な課題ともかかわりをもつものである。

戦後、土一揆はエンゲルスの『ドイツ農民戦争』との対比で問題にされた。しかし、一八四八年のドイツ革命が反革命に終った後で、十九世紀におけるドイツ革命の歴史的前提を十六世紀のドイツ農民戦争のなかにみようとしたものを、一九六七年の日本において十六世紀の土一揆問題を明らかにするうえでどう適用するかということは、かならずしも解決された問題ではない。そのことを念頭におきつゝ、ここで私は「惣村の起源とその役割」という小稿を草したが、それは、惣村の経済的実態、いゝかえるならば、惣村内部の階級関係を明らかにしようとする側面を「起源」と表現し、また一定の経済的土台をもって成立し、その階級関係を反映する上部構造たる惣村の制度的・法的な側面を「役割」として表現することによって、いわば惣村をめぐる階級と身分の問題を明らかにすることにある。

（1）　戸田芳実「山野の貴族的領有と中世初期の村落」（『日本領主制成立史の研究』所収）。
（2）　石田善人「惣について」（『史林』三八巻六号）。

(3)(5)(7)　永原慶二「戦後における日本封建制研究の思想的背景」(『歴史評論』一八四号、『日本中世社会構造の研究』所収)。
(4)(6)　木村礎編『日本封建社会研究史』(第二章第三節三郷村制と土一揆)。
(8)　村田修三「日本封建時代の土地制度と階級構成」(その中の第四章)(歴史学研究会・京都地区歴史部門研究連絡協議会編『一九六四年、北京科学シンポジュウム歴史部門参加論文集』所収)。
(9)　峰岸純夫「中世社会の階級構成――とくに『下人』を中心に――」「室町・戦国時代の階級構成――とくに『地主』を中心に――」(『歴史学研究』三一二・三一五号)。

一　惣村内部の経済構造

(1)　土地所有にかかわる問題

畿内地方においては、すでに中世の全過程を通じて、生産力の基本的な発展方向は集約化にあった。[1] 封建的土地所有諸形態が形成展開される段階では、在地領主のもとでの家父長制的な農奴主経営が生産力を高める歴史的役割を担っていたが、[2] 鎌倉時代中末期を画期として、在地領主のもとでの農奴主経営が生産力を発展させることは期待できなくなったのであり、農奴主経営を基礎として在地領主が所領支配を貫徹することは困難となり、[3] そのため在地領主が一般的に勧農領主から流通領主へと変質したり、また勧農の面からみれば、領主的勧農から農民的勧農に向って変化したりすることが既に明らかにされていて、[4] 農民的勧農の実現は主として畿内およびその周辺における集約経営の発展、小経営農民の簇生、ひいては惣村的村落共同体の形成の基盤とかゝわりをもつものであった。このことは、石田善人氏がその村落共同体が「惣村」であるかないかを検証するための尺度として示した惣有財産の有無と次の様な点でかゝわりをもつ。氏は惣有財産が成立する過程として、買得や地下預りなどがあるという。このように買得や地下預りの方法を通じて、それが惣有財産となること、すなわちそれが農民的剰余となるためには、勤労にもとづいた農民的土地保有権が確保されて、農民的剰余がすぐれて歴史的に形成されていたことを前提として認める必要があろう。ここでは、一般的な農民剰余の成立を、和泉国日根郡熊取荘の具体的分析を通じて明らかにしたいと思う。(5)

(1)　本年貢（公方年貢）＝荘園領主的・国人領主的土地所有

中世の売券類に「上米・公方何斗何升」と書いて、売買された田畠にたいする上級の土地所有者の収取を明示するものがある。このような「上米・公方」とは、本来、荘園領主や半済法などを通じて荘園を事実上分割領有した守護や在地領主に納入する本年貢を農民的立場から表現したものである。荘園領主的・国人領主（在地領主を意味する）的土地所有にもとづく現物・貨幣地代をさすものである。いま「中家文書」を中心として、十五・十六世紀段階で本年貢の収取者がどのようなものであったかを明らかにしたい。

守護・守護給人　「中家文書」では「公方中沢殿方」「公方行松給分」「上米行松方知行」「公方ハ国方」などが拾いあげられる。「国方」が守護方を指すものであることは、『政基公旅引付』にも散見されるところである。(6)「中沢殿」というのは永正八年（一五一一）十月九日の乙丸畠地券などにみえるものであるが、これは和泉上守護代中沢新兵衛尉重貞かその一族であろうと思われ、熊取荘に在地するのではなく堺に居住していた。(7)行松氏は熊取荘内に館を構える守護被官であった。(8)以上のように、在村するかしないかにかゝわらず、公方年貢と称されるものはまず守護乃至その家臣、被官に納入すべき年貢をその一つとして示しているとみられる。

村落内外の神社仏寺　「公方大宮免」「公方大宮節句免」「公方大宮三月三日免」「公方野田宮」「公方岡本地下堂免」などとみえる一群がある。大宮、(8)野田宮は熊取荘内の神社であり、(9)岡本堂は現在泉佐野市内羽倉崎東南の岡本にあった寺社ではないかと考える。これら「免」は荘園領主・守護から仏神免として与えられたものであって、社寺の仏事神事の費用にあてられると同時に、社殿堂寺の修理料にも充当されるし、三月三日など節句など特定な使用目的をもって与えられたものもあった。

池　「公方道立ノ池」「公方向代池」「公方池領」「公方ヲ中ノ池免〔越〕」などと記載されるものがある。この「道立ノ池」「越中池」は熊取荘内の池である。(10) この他の諸池で現在確認されるものは多くないが、かつて荘園領主・在地領主が勧農権を掌握していた段階で、与えられていた池免がそのまま継承されていたであろうし、また当時農民自身が築いた新池に対しても、池免を獲得することもあった。池免獲得は荘園的法体系内での合法的な農民的剰余獲得手段であったと思われる。当時、和泉国において領主的勧農の事実は殆んどなく、大部分が農民的勧農に支えられていたことは、犬鳴川からの用水樋修理が、日根野荘・入山田村さらには隣接する上郷・長滝荘などの農民の見事な協同作業によっておこなわれたという『政基公旅引付』文亀二年九月一日条の記録に象徴的である。

番頭　「中家文書」の享禄三年（一五三〇）十月「長松庵田地売券」によれば「上米ハ神領方四人番頭之衆の酒にて候」と注記されている。番頭給は本来荘園支配の末端につらなる番頭の役務給として与えられ、荘園村落の支配に事実上重要な機能を果していたが、十六世紀にもなると番頭給は、上層農民のたんなる得分となり、頽廃の因となっていたこともあった。近江堅田の「本福寺跡書」の次のような記録はそのような傾向のあったことを端的に物語っている。

隣郷イカナル里ニモ、老《オトナ》ニ成テ得分アリ、堅田ニモ浦々ヨリ、河役ヲトリテ社中ニ食コトアリ、ナクサミアリ、番頭キウ〔給〕アリ、御門徒ノ老ハナニヲカフリテナクサマンヤ、道場ノモノヲクウタコソトクヨ、ツカフタコソ得ナレト、アレニカクシ、コレニカクシ、クイツヤスハカリナリ、是カスイフンノ老ソト心得タリ、永正七ヨリ天文七年ニ至テ、サイハンノ老カクノコトシ(11)

以上の例示からもわかるようにこの場合の本年貢、公方年貢は、本来、荘園領主さらに在地領主の封建的土地所有のもとで、いわゆる職の秩序のもとで発生するものであった。しかし鎌倉時代中期以後、その職の秩序は次第に崩れはじめ、中世末になるとそれはきわめて限定されたものとなっていった。そして、本年貢を寺社免・池免などとしてではなく、売買を通じて農民が合法的に獲得する事態が広範に起ってきた。たとえば「中家文書」売券のなかに、(12)

（上略）
合三斗八升
　下地ハ行松方知行也、作人ナツテノ太三郎
右かのうわ（上）米ハ行松方知行分
（下略）

という内容のものがあり、守護給人行松盛吉が、守護給分乃至は私領として知行していた田地の本年貢部分を中家に売却しているのである。ここで買得した中家が守護給人として守護領国支配の統治権の末端を構成したり、在地領主としての一つの歩を進めたかというとかならずしもそうではない。さらに中家は天文二十四年（一五五五）二月には、根来寺松室坊内大弐公が買得相伝していた紀伊国名草郡岩橋荘の半分を直銭百三十八貫文で買得している（質流れの可能性もある）。ここで中家が荘園を買得し、本年貢を収取する立場に立ったのであり、形式的には中家は地方の一小荘園領主となったのであるが、果して彼が荘園領主階級かというとそうではない。中家はあいかわらず農民身分の家である。

　荘園領主的諸職がなお存続し、荘園領主的・国人領主的土地所有が、十六世紀段階まだ残存していたとはいえ、農民的剰余は右のような形をとりながら、荘園支配の体制を合法的に利用し、しかも荘園制的秩序を実質上破壊しながら形成されてきていたのである。

（2）　加地子（作間）＝地主的土地所有

　いかに荘園領主的・国人領主的土地所有の変容過程を論じても、それが自ら崩壊し消滅するわけではないし、惣村の歴史主体としての形成を明らかにするうえでは、あくまでも副次的な動きを示すにすぎない。中心はやはり加地子の問題にある。宮川満氏は、加地子収取者＝地主的占有と作人的占有という占有形態の分化と、それを反映する職が加地子名主職と作職に分解しているような構造をもった村落を典型的な郷村共同体とみ、先進地帯ほど、また時代が下るほどその傾向が強いことを明らかにした。(13) 宮川氏のいう郷村共同体というのはいわゆる惣村制がふまえている共同体を指すのであるが、その「起源」を論ずに当って、生産力の発展にともなう地主的占有（宮川氏はこれを加地子領主的土地所有にもとづく占有であるととらえている）の形成、すなわち地主的剰余の一般的成立を重要な基軸にすえようとしている。こゝではこのような地代を実現する土地所有を封建的所有の一つの形態である地主的土地所有としてとらえておく。(14)

黒川直則氏は「加地子名主職」の具体的内容を次の様にみている。(1)まず得分権をあらわすにすぎず、何んら下地に対する権利を含むものではない。したがって独自な加地子徴収の体制や作人に対して耕作権を没収する権利は含まれていない。(2)加地子名主と作人の間で本来身分的な隷属関係はともなわない。(3)加地子名主職は、農民の手許に一定の剰余生産物をうみだす一方、国人領主・荘園領主がそれらを全一的に吸収しえないような歴史的段階において形成される。(4)加地子名主――作人、また作人――下作人という関係は契約売買関係として成立するものであり、上級領主権の承認を必要としない。(15) 以上である。このようにみてくると、加地子は地代ではないのか、加地子名主を加地子収取者として、すなわち加地子名主を支配階級たらしめているものは、なまの暴力なのかというもっとも重要な問題は解けなくなる。このことを念頭におきながら中家・成真院の加地子集積の状態を分析してみよう。

まず中家・成真院の加地子集積に投じた米銭を表にしてかかげると第一表（二〇九頁）の通りである。(16) 売券のなかから、具体的な負担形態を明らかにしうる史料を二例抄出する。

(a)合五十歩　開　加地子五斗五升
此内一斗五升ハ高蔵寺へ奇《(寄)》進
取四斗

第1表　中家・根来寺成真院　加地子集積関係表

年代	年間	中家			成真院		
		銭	米・雑穀	筆数	銭	米	筆数
応永9～明応9 (1402～1500)	99	25,450文	2.0石	17	—	—	—
文亀1～永正7 (1501～1510)	10	95,200	—	41	—	—	—
永正8～永正17 (1511～1520)	10	109,600	0.55	44	6,600文	—	3
大永1～享禄3 (1521～1530)	10	62,350	2.00	31	34,500	—	9
享禄4～天文9 (1531～1540)	10	362,260	1.8	138	110,300	2.5石	23
天文10～天文19 (1541～1550)	10	255,800	1.25	80	402,050	21.3	193
天文20～永禄3 (1551～1560)	10	254,450	1.0	24	423,750	64.8	76
永禄4～元亀1 (1561～1570)	10	14,300	8.5	7	45,350	16.7	13
元亀2～天正8 (1571～1580)	10	22,000	47.0	9	—	5.5	2
天正9～天正19 (1581～1591)	11	—	27石余 3石大豆	37	7,500	94.0	15

(b)合一反　公方一石七斗代
　加地子一石窪村へ出
　作間三斗代

などとみえるものがある。まず史料(a)は「開」とあるところから、新開田であることが推定される。十六世紀の売券で「新田」「新開」などと註記された売券はかなりあり、小規模な開墾を想定させるが、このような新開田に「公方年貢」すなわち本年貢記載のあるものが比較的少ないことは、このような田畠が、荘園領主の検注をほとんどうけず、荘園領主にとっては「隠田」、農民にとっては保有権のきわめて強い田畠であったことを示している。そしてその生産物は農民的剰余の重要な一部分をなしていたことがわかる。この五十歩の新田の加地子は合計五斗五升で、うち一斗五升分はすでに高蔵寺(17)に寄進されており、ここで売買されたのは四斗分である。(b)は、本年貢一石七斗が課せられているほか、一石は窪村(熊取荘久保)へ、そして「作間」の三斗がこの場合の売買の対象である。したがってこの一反の田地には荘園領主権と、窪村という垣内的集落全体の規制と、そして新しい加地子名主の支配という三者の規制をうけ三者の進止に属していたのである。(a)(b)ともに直接耕作者にたいして加地子名主が排他的な家父長的隷属を強いることは困難なようにみえる。加地子名主職は耕作権を作人に保留したまゝ、その剰余部分を売却することによって成立するものであるが、第一表として掲げたもののなかにも、いわゆる加地子名主職の散りがかり的所有関係を示すものを多く数え中家・成真院が全ての下地に対して排他的な進止権を獲得したものとはいえない。しかし売券のなかには「未進なくば作末代」と註記するものがあり、加地子を未進した場合、作職没収の法的主体を加地子名主が持っていたことを示している。さらにこの点について具体的な史料を次に示す。(18)

（上略）
西堂ノ上田儀、加地子無沙汰ニて、蜜（マヽ）（中）左近御腹立候て、彼作之儀被取上候、然共、成真院へ色々わひ事申候て、
彼作之儀請申候、重而無沙汰仕候ハヽ、彼作御上可給候、（中略）
永禄十一年三月廿日　　大二郎衛門太郎（略押）
成真院
まいる

熊取荘大浦村衛門太郎が西堂の上にある水田の作職をもって耕作していたが、中左近に加地子未進をしたため、中家から作職を没収された。しかし成真院に詫を通じ加地子収取者たる氏人中家から作職還付をうけたのである。そして以後加地子未進しないことを誓い、未進した際に作職を没収されることは当然受けるべき処置だとしている。こゝで没収・還付の対象となっている「作」とは耕作権とは別な作職であるから耕作権の没収を意味するものではないとも考えられるが、註(18)でふれておいたように、こゝでの「作」は耕作権そのものの没収と考えた方が妥当であろうと思う。さらに加地子未進によって加地子名主に首を切られるということも、また地主——作人関係のなかでは合法なものと認められている史料もあり、このことについては改めて後述するが、黒川氏がいうように加地子名主の権利

が弱く、作人の耕作権が強くて、両者の関係が契約売買関係だけをもつ、温和な関係であると一般化することはできない。

そこで加地子未進にさいして、加地子名主がどのような措置をとるか、すなわち地主的土地所有をどのように貫徹させてゆくかという問題についてふれてゆこう。

（端裏書）「永「禄」。九「年」。十二月廿四日ニきわめし　中ノ
ツホ〱ノモノ　」

色ミ佗言申て相果候文書事、
八坪・明ノハサマ・トウ（堂）ノムカ井此三坪ノ本米大分ニなり申候を クホ又五郎 ミラカ源三郎 カイト（垣内）ノヲウ（仰）シヲモツテ、サマ〱
御わひ事申候て相はて可申候、
永禄十年ヨリ
九石ニテわひきり候て、永禄十年ヨリ六年ノ間ニ一石五斗ツ、ワタシ可申候、
万一徳政行候共、違乱不申候、サタマル分米下可申候、
永禄十年ヨリ
二石五斗ハトウノムカ井ノ田地衆中ヨリ永禄十年ヨリ五年ノ内ニ五斗ツ、渡可申候、

クホノ源三郎（略押）　チヤノ木ワラノ源二郎
あつかい衆　木ノ下又五郎　ミやノかいとの与七（略押）
大ラノ衛門太郎
永禄九　十二月廿五日ニ
成真院

まいる

熊取荘窪村の又五郎とミラカ源三郎の二人が堂ノ向などにある田地の本米を、根来寺成真院に未進していたので、垣内[20]の仰せにしたがって謝罪し、永禄十年（一五六七）から未進を返済する方法を示したものである[19]。その方法とは未進したうち九石分は未進作人が毎年一石五斗宛六ヶ年間に返還する。まだなおそれでも足りない二石五斗分は、未進当事者又五郎と源三郎らとともに、堂ノ向の田地を耕作する農民が田地衆中として連帯責任をもって五斗宛五ヶ年間に返済するというのである。未進当人や田地衆中の又五郎・源三郎・与七・衛門太郎が居住するのは窪・宮垣内・大浦・木ノ下という垣内的集落で、近世にそれらは久保村という行政村となった[21]。「チヤノ木ワラ」「ミラカ」は未詳であるが、窪などと同様もと久保村の内部にいくつか点在する垣内的集落であったと考えられる。堂ノ向の成真院加地子田を耕作する者の連帯保証体制がしかれていたことが注目される。それが共同耕作している者ではないことは、又五郎・源三郎と二人だけに未進当事者が明示されていることによっても明らかであり、この当事者二人の複合経営の可能性はあるとしても、原則として個別経営であったこともわかる。経営不安定な小経営農民の連帯保証体制、いゝかえるならば垣内的規模での地下請体制が地主的土地所有を実現する一つの制度的構造であった。

加地子分の二重、三重の売却によって加地子名主職所有者が横へ増加することがみられ、地主的土地所有者内部での利害の対立が深まると同時に、一方では地主が加地子収取の確保をはかるために、地主階級としての結束を強めざるをえない。またこの地主的土地所有のうえに荘園領主・国人領主的土地所有が重層的に存在し、この領主階級が本年貢に加えて段銭などを増徴すると、あくまでも農民身分であって村落の代表者たる地主階級との対立を深め地主階級相互の結集を強めるとともに、その増徴部分は、当然、加地子分と加えて地主のもとにある作人＝耕作者に転嫁され、かれらの再生産をさらに困難にし、一方では小経営農民相互の連帯保証体制を政治的に強めて、惣村結集への傾向を強める。と同時に、他方小経営農民が剰余部分を更に売却して小作人に転落し、地主のもとへの加地子名主職集積を促進するのである。地主階級がなお農民身分として、惣村のなかで農民の代表者としてとゞまらざるをえない基本的な理由は、かれらが農奴主経営をおこなっていたというところにあった。十六世紀の中家の経営実態を示す史料がないので江戸初期の一般的状況を加えながら、少しふれておこう。

江戸初期、中家が熊取谷の農民一同から訴えられたことがあった。それによるときわめて多岐にわたる中家の非法条々が対象となっているが、そのうちの一条には、

一、谷ノ家よミの事われのほしきまゝに御よミ被成候て、われわれ迷惑仕候、かた（さ）ねて家よミ被成候共、中左近・左右衛門御出被成候事いやニて候、（中略）又中左近・左右衛門内ノ者共も家をもちたるもの共ニハ、これも家ヲかたくよミつけ、山せん（銭）をハ御させて可被下候（下略）

とある。熊取谷にかゝってきた山年貢割付にあたって、中家がかなり恣意的に村人への割付けをおこなったこと、中家の内者で家持ちのものをその割当てからはずしたことが、一般農民にとって非法とされたのである。これによると内者＝農奴的農民のなかにも[22]、家持ちと家持ちでないものがいることがわかる。こゝでは加地子名主と表現してきた地主の他の面、すなわち農奴主の具体的な家族構成、経営形態についてふれておく必要がある。中家の「内者」といえば、寛永二十年（一六四三）十二月二日の「備中国乙嶋村家付人付帳（写）」にみえる、有力上層農民の「内子」「下人」で家を持つものに似た性格のものであろう[23]。こゝにはその他に家持ちでない下男下女もおり、これは家内奴隷的な隷属農民であろうが、中核的な労働力ではなく、基本的には、家族持ち家持ちの農奴的な「内子」「下人」が上層農民の手作地経営を支えたとみてよかろう。中家の十六世紀における経営も、部分的には家内奴隷的隷属農民によったことを否定するものではないが、その手作地経営は家持ちや家を持たない内者（農奴）の経営に基本的に支えられていたであろう。それが他に隔って大きいことが中家の居住垣内たる御門村において村主としての地位を決定し、それが中家の農業経営のもっとも安定的な部分となっていたことは明らかであり、中家が農奴主階級の一面をそなえていたとみてよかろう。

地主が村落内の支配階級でありながら、農民身分のものとして農民的惣村的村落の担い手として土一揆の指導者たりえたのは、農民がまさに領主から本年貢部分を獲得したことと逆の方向のことが、すなわち守護勢が加地子名主職を否定し農民的剰余を収奪しようとする動きがあったからである。そのことを次の和泉守護の動向は適確に物語っている。

今日定雄・長盛等越日根野、根来寺ニ所買得之加地子、悉従守護勘落、上守護披官ハ吉井、下守護ニハ斎藤之披官若林等令乱入、加催促云云、(24)

以上のことは、本年貢と加地子とを合わせた、いわば剰余の全てをめぐって、まさに守護勢と地主が闘っていることを示唆するが、これが十六世紀における和泉国内の政治的競合の基本的な動向である。

小経営を自立させ家父長的農奴主などのもとから解放された小経営農民が共同体成員となることによって農民的惣村的村落共同体が成立したが、しかしそれら小経営農民が完全に再生産することのできない弱さが、新しい困難をうんだ。すなわち地主的土地所有のもとでの地主―小作関係である。その小作人の田畠保有権は、以前の「一色作人」「間人」などに比較すると強固である。しかし貧農として惣村的村落共同体のなかで無権利にされてゆくことにおいて変りはなかった。しかも、「一色作人」や「間人」は特権的な村落秩序から排除され、差別されたけれども、そのすべてが封建的半プロレタリア農民ではなく、他から入作する富農もいた。だが十六世紀の小作人は、惣村的村落共同体成員ではあったけれども、下層の身分であり、村落共同体的秩序から排除されて、たえず下人化される危機と、封建的半プロレタリア農民になる危機との二つの道しか残されていなかったのである。

いわゆる「惣村」は小経営農民のこの二つの危機を内包し、地主階級と小農奴主階級に指導され、安定的な小経営農民や複合家族により経営を支えた農民らを中核としつゝ、法的主体を農民身分のものによって築いた組織であったといえよう。

（2）高利貸活動と社会的分業の問題

惣村的村落共同体の段階で、村落上層が農奴主経営を保ちつゝ、加えて地主経営を実現しながら、なお領主化しえなかった情況を伝えるものに高利貸活動がある。

「中家文書」のなかに享禄元戊子年（一五二八）三月三日の日付をもつ売券がある。大永八年が享禄元年に改元されたのは八月二十日のことであるから、[25]厳密には享禄元年三月三日という日付の文書は存在しない。したがってこの文書は享禄元年八月二十日以降に書かれたものに間違いはないが、だからといって偽文書とすべき性質のものではない。文書の内容は田中左近太郎が田地を中左近に売却したことを示すものであるが、その売買の事実は八月二十日以後に両者の間で確認され、その確認に従って売券が作成されたのである。しかしこの売買譲渡につながるような実質的な契約は、すでにそれより少なくとも五ヶ月半以前の三月三日になされていたとみなくてはならない。すなわち三月三日に田中左近太郎が中左近から借金し加地子一斗五升分の田地を質入れし、それと同時に中左近が債権者として加地子名主となったのである。八月二十日以降、田中左近太郎が負債を返却することができない事態にたちいたって、改めて三月三日に遡及して、実質は質入だが田地の売券としてこの文書は作成されたのである。借状が売券として文書化されることは他にも見られるところである。[26]

当時根来寺の僧侶が広範な高利貸活動をおこなっていたことは、すでに刑部少輔畠山政清が根来寺宝持房から銭五千疋を借りたことや、根来寺山伏覚伝が和泉国菟田荘の代官となったが、それは彼が理覚院先師僧正の銭主であったことが原因であったなどといわれている例が暗示している。[27]根来寺成真院も中家もまた高利貸を営んでいた。「中家文書」によると、

天文廿二年癸丑九月廿七日算用状

リフン《(利分)》二文子
合析足四十三貫七百卅一文
同米六石三斗二升二合五勺
右件銭米者来秋中返才《(済)》可申候、
野田宮刀禰中より
蔵本中左近殿

とある。利二文子という低利さは注目されるが、それは負債者が熊取荘内の野田宮刀禰中という宮座であった特殊事情によるものであろうと思われ、他の借状では五文子なども見えるところである。また貸主中左近を「蔵本」と称していることは近世の用語例がすでにこの時代にみえるものとして注目される。黒田俊雄氏はこの中家が、高利貸活動を通じて惣山を売買してゆく動向に注目して、その頽廃的な村落支配を論じている。(28) これは江戸初期の史料を通じての評価であるが、その傾向はすでに十六世紀から広範にみられるところであり、その一部が、すでに第一表として掲げた田地集積の一部となってあらわれているであろうし、文書にあらわれないもの（債務が清算されて借状が破棄されたもの）を合計すればその資本は莫大であったと思われる。

このような在村の高利貸業を必要とした階層は、中央・地方の荘園領主、守護被官などの在地領主国人層から、在地の寺社、農民の諸階層、さらには宿の住民にまで及んでいる。その活動を大別すると、一つは荘園領主的・国人領主的土地所有にもとづく職の秩序を崩壊させる面と、もう一つは、いわゆる「惣村」の自治的農民的秩序を破壊する面をもっているということである。前者は階級としての農民が、階級としての領主と対抗してゆく変革的な歴史過程としてとらえられるし、後者は階級としての地主が階級としての一般農民、封建的半プロレタリア農民を搾取し収奪する反動的な歴史過程として把握される。その顕著な一例を近江国堅田にとってふれておこう。応仁二年（一四六八）正月、堅田浦衆は京都花御所造営用材を湖上運送するにあたって、緩怠があったとして、比叡山の攻撃をうけたが、その抵抗を指導したのは同浦の全人衆であった。(29)全人衆はもともと供御人の系譜をひく殿原衆に隷属していた直接生産者であったが、土地占有権をえ、非農業的生産に関与することによって、全人衆としての独自な身分的結集と惣村堅田の結合を強めたのである。しかし殿原衆が戦国大名の被官化することによって惣村堅田の中世は終るとされている。(30)しかし惣村堅田の崩壊は、殿原衆の惣と全人衆の惣という二重構造の中に求めるだけでなく、全人衆の惣そのものの内部に求める必要もあろう。すなわち応仁二年の抵抗は全人衆に指導されたとしても、注目すべきことはその際「倅《かせもの》」などが参加しているということである。「倅」とは「稼者」を指すものと考えられ、戦国の動乱期に田畠の耕作権を奪われ家族分解したのちにあらわれた封建的半プロレタリア農民であり、農奴主経営に参加するが、その人格まては農奴主の所有とはならず、その点で下人とは区別されるとされている。(31)このような堅田の倅は、「地下住人」と記録され、堅田惣の成員であることに間違いはなく、だからこそ闘争にも参加したのである。その倅はまた「間人・旅人」ともかゝれており、(32)堅田惣発展とともに、かつては間人・旅人などとして村落共同体から排除されていたものが村落共同体成員になっていたことを暗示している。しかし文明二年、堅田惣は比叡山に礼銭を出し詑を入れて、地下に還住した。その礼銭はまず惣次の負担、すなわち惣全体で拠出したが、それは堅田惣の正式な構成員に割り当てられたのであろう。というのは下人、譜代下人とよばれる惣の有力住民のもとで家父長制的に隷属し、したがって村落共同体成員ではなかったものにはその詑銭の割り当てはなかったが、倅は村落共同体成員であったが故にそれを割り当てられたのである。しかしながら割当詑銭を負担できなかったものは、その時を限りに、村落共同体成員からはずされ、堅田への還住はできなかったという。全人衆の中で法住、法西、大北兵衛、法円などは三百八十貫文から八十貫文の詑銭を別に出したようである。

堅田浦の法住に当るもの、それが熊取荘においては中家であり、堅田浦における「倅」は、熊取荘においては加地子田作人と対比させることができよう。枠がまた小経営農民が惣村的村落共同体成員になったことは、勤労人民の大きな歴史的成果であるが、そのためにかえって、高利貸資本の餌食となり自らの崩壊を招くという新しい困難な課題を背負っていたのである。堅田法住が紺屋として富を貯えていたが、中家はこれから述べようとする麴屋として商業活動をおこなっていたのである。

郷村制の成立にあたって、上層農民の商業活動が一つの契機となっていることについてはつとに重視されてきたところである。(33) しかし、大山喬平氏は、これまでの中世商業史が直面している隘路は、零細な小農民たちの貨幣との接触、すなわち下層農民の商品流通への依存を否認しようとして、ついに否認しえなかったことにあるとして、中世村落の安定的な上層農民とそれに雇仕されて再生産を支える下層農民の存在という二重構造を体制的に維持するために、貨幣の果した役割を重視した。(34) 氏が言うように中世商業の担い手が、村落上層農民か零細農民かという、あれかこれかの問題で解決しないことも事実である。だがこの村落内の二重構造を認めたうえで、さてその構造が、たとえば惣村的村落共同体の歴史にとってどのような役割を果したのかということ、これが説明されるべきことではないだろうか。

「中家文書」（京大影写本）のなかに次のようなものがある。

（端裏書）「クロトリ（黒鳥）　中」

宛行　麴室粁頭之事

合壱荷者

右件麴室粁頭之事、任先例、左近太郎ニ宛行所也、支証為明鏡如斯、但於館場日根野中嶋十一荷之内、仍為後日

宛状如件、

文明十一己亥天十月十三日

本座（花押）

南座（花押）
新座（花押）
弥座（花押）
僧座（花押）

麹室は酒・味噌製造に必要な麹生産をおこなうものであった。[36]その麹室が宛行われた左近太郎は端裏書の註記にもあるように中の左近太郎であり、中家の一人であったとみてよい。宛行われた単位たる「荷」について豊田武氏は「座」としている。[37]その和泉国内の麹座人に対して麹座頭職（料頭）を宛行う本座・南座などの五座は和泉国和泉郡黒鳥村にあった。[38]「館場」は立場・立庭とも別記し、独占的な売場とみられる。[39]中左近太郎が日根野村中嶋を館場とする十一の麹室座のうちの一座の座頭職に補任されたのである。中家と同様、文明十六年（一四八四）七月には、日根野村宮石丸が日根野村中嶋十一座のうちの一座の頭役を宛行われている。[40]日根郡の一荘（規模はかなりの大きい荘園であるが）内に十一の麹座があるとすれば和泉国全体では百座を十分に超えていたと思われる。十六世紀になるとこの日根郡の麹室料頭職の宛行者は和泉上守護代松浦守であり、享禄二年（一五二九）十二月二十五日に千楠なるものが松浦守に佐野三ケ荘の麹室売場を宛行われているし、翌三年二月十四日にはやはり松浦守が日根野村宮内二郎に長滝・安松・岡本・吉見・嘉祥寺・新家・兎田を売場とする麹室を宛行っている。[41]荘園制的職の秩序に支えられた分業体制下で和泉国全体を統轄する麹室本座が、次第に守護領国の支配体制のもとに組みこまれていたとしても、その分業体制からみれば、麹座頭職を与えられた中家などは、限定された売場に他の座頭とともに平等に参加する麹生産者乃至は麹の販売商人でしかなかった。すなわち荘園文書、守護関係文書に、中家は身分の低い一人の座人として登場するにすぎない。しかし堅田浦船頭が上乗り権すなわち湖上交通の立場の売買をしていたと同様に、和泉国の麹生産販売の権利も麹室・麹荷として売買されていた。[42]

売渡申飯室事
　合壱所者　泉州日根郡是
　　　　　　有日根野村拾一ヶ固（荷）
右件飯室ハ奥刑部売得、雖然、今依有要用、直銭弐拾実（貫）文ニ根来寺小谷泉春房江売渡申。「処」実正明白也、加地子金升参石、同本券ソヘ申候、売ハ（場）上ハ限佐野河、下ハカシ（樫）ノ井河、路其中佐野三ヶ所・平・加詳（嘉祥）寺・吉見・新家・ウサ（兎）キ田是也、仍為後日正（証）文状如件、

享禄弐年カノトノ牛十二月十三日
　　　　　　　　口入人野口ノ源三郎（略押）
　　　　　　　　売主　ヲクノ形（刑）卩（部）（略押）
　　買主泉春房

飯室（麹室）が売買されたからといって、ただちに売主がその麹の生産販売を止め、買主がそれを集積して麹生産販売の直接的経営を拡大したと考えることはできない。というのはここに加地子三石が記載されているところからみて、麹室の権利が得分として売買されたのであって、旧売主が相変らず麹を直接生産するか、あるいはまたその販売をおこなっていたとみなければならない。その直接生産者は「室屋」といったらしいが、十六世紀を通じて麹屋は分解し、麹の生産販売をおこなう生産者兼商人と、その生産販売を通じてえられた剰余部分を加地子として収取するだけの座頭職所有者に分化したと考えられる。この分業体制の方向、すなわち麹室座頭職の集中は加地子の集中であって、生産組織そのものの集中拡大化＝大経営には向わないで、むしろ弱少経営に生産販部門が分散されてゆく傾向をみなければない。これは地主的土地所有の展開に対応し高利貸資本の蓄積にしか向いえないことに対応した未熟な社会的分業の発展方向であったと思われる。その直接生産にたずさわる室屋の存在形態を直接示すものはないが、一つの示唆を

与える史料をあげよう。(43)

渡し申畠之事
　アサナハキ子シマ
合一所（中略）
所者紀州阿ら河（荒川）嶋ニ有是
右件田畠者室屋平五郎雖知行、有依（マヽ）用要、米《見》銭五貫文ニ宛、限永代、菩提谷七番成真院へ売渡し申こと実正明畠（白）
也（中略）、

　　　　　　口入成真院中
　　　　　　　大蔵公（筆軸印）
　　　　　　売ムロ（室）屋主平五郎（筆軸印）
　　　　　　作人　九郎二郎
　永禄二年《カノトヒツシ》八月吉。「日」
買主成真院まいる

紀伊国那賀郡荒川荘キネ嶋にある畠を室屋平五郎が根来成真院に売却したものである。この売券には室屋平五郎とは別に作人の名前が明記してあるところから、室屋はこの畠地の直接耕作者ではなく、たんなる加地子収取者にすぎず、かたわら麹生産に当る半農・半工・半商的性格のものと思われる。室屋がまだ村落から離れていないことが注目される。しかも売買された畠地は、荒川荘キネ嶋にあるというが、当時、小字名としてみえる「嶋」は賤民が主体となる集落・垣内を指すことが多い。宿・嶋の住民が嶋以外の耕地を保有することは多いが、宿・嶋以外の住民で嶋内の耕地を耕作するものはほとんどない。したがって作人九郎二郎が宿・嶋の住民であった可能性は大きいし、室屋にもその可能性がないわけではない。この問題はあとでふれるとして、和泉地方における十六世紀段階の商手工業者の動向についてふれよう。

和泉国日根郡内において土器屋・米屋などで番頭の地位を占めているものもあるが、飴屋・茶屋・土器屋・紺屋・索麵屋・鍛冶屋・茶屋・桶屋などがみられ、いずれも田地売券に登場し、農業から遊離しているわけではない。[44] この点は室屋（麹生産販売業者）がなお村落内に散在し、商工未分離であることと同様である。紺屋に必要な灰の生産も、まだ村落共同体のなかでおこなわれており、まだ小商品生産に発展した状態ではない。[45]

また市場は佐野市場があったが二、七の日に立つ六斎市であった。[46] なるほど貨幣経済には農民もかなりまきこまれており、商品流通に参加しなければ再生産の困難な状況にあった。この地域の市場が在郷町として転換をとげるのは、貝塚御坊が築かれそこに寺内町が形成される天文十四年以降の段階である。[47] 中家などに加地子として集積された米穀はどこで換金されたのであろうか。その一つは、麹室を通じて麹となり、さらに味噌・酒類として立庭内で売買されたり、索麵・飴などに加工されたり、さらに佐野荘内番頭として米屋がいることなどからわかるように[48]これらを通じて地域市場で売買されていたと思われる。中家は、荘園制的職の体系に支えられた分業体系に半ば依存し、また地域的市場に半ば依存していたが、まさに地主として地域的市場圏の形成を促す主体であったとみてよかろう。

中家と堺との結びつきが当然考えられるがそれを直接に示す史料はない。たゞ天正五年（一五七七）一月二十七日、堺商人銭屋から日根郡鶴原荘内にある田地二所、計二反六十歩（加地子合計二石一升分）を直米二十四石で買得している。[49] 堺商人が日根郡内の田畠を買得し加地子を集積していることからみて、また堺商人から中家が加地子名職を買得していることからみても、上層農民が商品流通・高利貸活動を通じて堺との結びつきがないとは言えない。また中家所属の古文書は、十五世紀までは概して粗末な紙質のものが多いが、十六世紀になると守護代が麹室宛行状に使用した紙質と同様な良紙となってくる。堺とのつながりを考えないでは解決しない問題のように思われる。それも中家などが直接堺商人と結びつくのではなく、永禄三年、佐野荘藤田氏が根来寺から佐野浦銭の徴収を命ぜられていることから判断し、藤田家は信達・嘉祥寺・佐野・近木など海浜に点在する農民的商人や船主などとの連繫を保ちつゝ堺その他の港湾都市と接触していたことも考えられる。その際、麹本座や守護代から宛行われた麹の販売や、それと関係する味噌・酒などの販売にあたっては封鎖的な商業圏が強制されたであろうが、にもかゝわらず麹荷の問屋的集積があり、米穀など広範的な流通をみたであろう。しかも混乱した戦国時代にあって、商業活動を支えるものは、商人自身の実力であり、他地域の商人団との連繫である。また紀泉両国にあっては根来寺をその背景とした点は無視できないし、物資運送集団としての宿・嶋の住民との結びつきを考えねばならない。

(3) 小　括

惣村内部の経済問題を主として売券の分析を通じて論じてきたが、この分析には決定的ともいえる欠陥がある。というのは、使用した売券は中家に集積されたもので、農民層の動向を伝えるものであるとしても、地主層と再生産不可能な弱少農民との関係だけを、おもに示すにすぎないという限界がある。売券は多数であるとしても、そして小作人として登場する人物は多く、また中家と同様な動向を示す地主階級は、たとえ垣内的集落に数人づゝいたとしても、惣村的村落共同体成員として再生産を続けている一般農民はそれに数十倍するであろう。これが惣村の中核であり、勤労農民の中枢であり、惣村の歴史を変革する歴史的主体である。昨日まで柴を荷いで泉南の山路を歩く賤夫が、京都の能師も及ばない猿楽をやってのける、豊かな中世農村の文化の担い手であった。[50] しかし、ドイツ農民戦争がそうであったように、惣村が荘園支配や守護支配さらには在地領主による支配と闘えば闘うほど、「分裂の芽ばえをもまたたくまに発展させ、すくなくとも、わきたつ大衆のなかの、めいめいの全生活状態によって、まっこうから対立しあっている構成部分をふたたびひきさき、彼らの正常な敵対的な地位にたちもどらせずにはおかなかったのである」。[51] すなわち、村落共同体の土地所有とまっこうから対立して展開するのが地主的土地所有であった。

中家を論ずるのにも一つ重要なことがある。それは荘園年貢、加地子などを徴収する代官としての側面である。佐野荘の藤田十郎太夫が根来寺西蔵院の代官であった。[52] 中家も根来寺成真院に子弟を送りこんだが、同時に成真院の熊取荘及びその周辺の荘・村の年貢・加地子を徴収する代官であったと考えられる。なるほど成真院は加地子名主職だけを所有する地主階級であったかも知れない。しかし根来寺は本来、荘園領主として出発したものであったことを疑うわけにはゆかない。

中家は守護勢によって熊取惣村が攻撃をうけ、近隣のいくつかの惣村が組郷に結集してこれに抵抗した時、一定の積極的な役割を果したであろうし、[53] 天正十三年（一五八五）三月、豊臣秀吉が根来、雑賀を攻撃したとき、和泉の農民は根来、雑賀と一揆して、和泉国南郡にあった千石堀・畠中・積善寺・沢の四城に割拠して防戦した。その農民戦線の指導者であったといわれるのは、佐野十郎太夫、奥左近、菊左近、上之郷源次、日根野源六、大木新太郎、西左近、若左近などに加えて、この熊取中左近である。[54] なるほど、この農民一揆の背後には紀伊国守護畠山氏や、また戦国大名の一翼を担っていたとも考えられる本願寺がある。しかし、農民一揆としての独自性を失なってはいない。だが反面、その指導者は地主層であり、農奴主や代官としての側面をあわせ持ち、在地領主に転化しようという運動の方向を抛棄したわけではない。しかし在地したまゝ領主的土地所有を実現するのに必要な、惣村全体の生産力を一般的に高めるいかなる権力も機能も独自には持ちあわせていなかった。

泉南地方の地主階級が、高利貸活動をおこない、加地子収奪をおこないながら、土一揆を指導こそすれ、土一揆の攻撃を受けなかったのは何故か。根来寺の宗教的権威があったからか。実はそれだけではなく、地主階級は惣村のなかで支配階級として自らを支える強制力＝兵力をもっていた。その一つは惣村から排除されていた宿・嶋の住民にあったと考えたい。

熊取荘近辺の宿・嶋の住民のなかには、「旦那職」をもつものがあり、その権利が売買され、そこに加地子得分が発生している。[55]この「旦那職」とは、近世に入って和泉国内の未解放部落民が株として所有していた斃牛馬を排他的に処理しうる区画（請場・持場・得意場・入所などと呼ばれている）の占有権をさすものであろうと思われる。[56]このように賤視される職業をもつ住民集落は「宿・嶋」と呼ばれ、鎌倉時代には奈良坂や清水坂の宿と本末関係を結び、宿相互が連繋を保ちつゝ再生産をしていたことは周知のところである。和泉国南郡、日根郡、紀伊国紀ノ川流域の宿・嶋の住民が保有する田畠屋敷・旦那職を中家や成真院が買得しているものは、その全売券のうち約一割を占める。それだけ彼らの再生産が困難であったことにもなるが、中家や成真院がそのような屋敷や旦那職を買ったからといって、彼らが賤民になったのではない。賤民を隷属させる主人となったのである。

文亀二年八月から九月にかけて、佐藤惣兵衛なるものに率いられた溢者の徒党が、和泉国日根郡の農民に重苦しい圧力をかけたことがある。[57]この溢者は、根来寺や神於寺の小法師が多かったが、彼らは自分の村を追い散らされたものであったという。近江堅田惣に還住できなかった枠を思い出すが、惣村的村落共同体の歴史的発展段階にあって、農民として再生産を断たれた弱少民の一つの行方は、「枠」「溢者」「賤民」化であり、彼らは農業日雇層として地主、農奴主の農業経営に参加するか、物資輸送集団として代官や商人に雇仕されるか、また惣村防衛に当っては惣村全体や地主・農奴主階級の兵力として編成されたのである。『紀伊続風土記』には名草郡鳴神村有馬皮田の条で「天正十三年、豊太閤太田城水攻めの時、岩橋荘鎌子地名の屠児堤を築きて最も力を尽せり、因て此地を与へてこれに居らしむ。これより穢多村となる」[58]とある。屠児＝賤民が軍事力の一部を荷せられていたことは明らかである。一般的に未解放部落の政治的起源は豊臣秀吉との関係で述べられているが、その社会的起源は惣村の歴史との関係のなかに求めることができよう。

地主的土地所有が惣的村落共同体と矛盾しながら展開する過程が惣村の一つの歴史であり、同時にそれは未解放部落の起源でもあった。慶長十三年（一六〇八）十二月の近江国宇治川原村惣の「条々事書」の一ケ条に次のようなものがある。

一、先年いつミ村之かわた《(皮田)》杣へ参候て、年より牛をかい《(買)》候て罷帰り候時、彼下河原にてこしぬけ候を、はう《(棒)》を入、にない候て植村之さんまい《(三昧)》へ参候を、宇治川原の与七郎と申者見付候て、何とて此牛ハにない候て参行候と、とかめ候ヘハ、牛くたひれ候間、如此仕由申候を、うち川原《(宇治)》ノかわた《(皮田)》又と申ものニつけしらせ候ヘハ、おいかけ申やうニ、此方下河原にてはう《(棒)》を入にない候て参り候儀、不及覚悟由申、いろ〳〵せんさくニ罷成、郡中惣かわた《(皮田)》へ上候ヘハ、悉くかわた《(皮田)》罷寄、異見申様ニ、うち川原《(宇治)》領之下河原ゟにない越候儀越度之由ニて、いつミのかわた《(皮田)》ゟ宇治川原之かわた《(皮田)》又と申ものへ樽を入、礼を申させ候、則与七郎見付候て、しらせ候儀まんそく之由申候て、かわたの又と申者ゟいはらかりの手ふくろ一つくれ申候（下略）[59]

下河原をいわば持場とする一人の賤民の動きが注目される。特に皮田の斃牛処理をめぐる争論は、郡中惣皮田の組織でまず処理されるのである。その惣村連合組織から排除される起源は農民を主体とする郡中惣の形成とともにあるといわねばなるまい。[60]

このように宿・嶋の住民をまさに賤民として惣村から排除することに手をかし、彼らを軍事力として使い頼みにすることによって、村落上層は土一揆という変革的な運動を指導したが、あわせて歴史を歪曲する役割を果さねばならなかったのである。

（1）宝月圭吾「中世の産業と技術」（岩波講座『日本歴史』中世四）、古島敏雄『日本農業技術史　上』（第四章中世後期の農業技術）。
（2）戸田芳実「中世の封建領主制」（岩波講座『日本歴史』中世二）。
（3）黒田俊雄「村落共同体の中世的特質」（清水・会田編『封建社会と共同体』所収、のち『日本中世封建制論』所収）。
（4）工藤敬一「日本中世の土地所有の理解について」（『歴史学研究』二四二号）がその全般的構造についてのべ、大山喬平「国衙領における領主制の形成」、同氏の「日本中世の労働編成――灌漑と開発労働の場合――」（ともに『日本中世農村史の研究』所収）さらに島田次郎「在地領主制の展開と鎌倉幕府法――下地分割法の成立の法史的意義――」（稲垣・永原編『中世の社会と経済』所収）などは、主として在地領主制成立展開と勧農の問題を論じている。黒田俊雄氏は「鎌倉時代の荘園の勧農と農民層の構成」（『歴史学研究』二六一・二六二号）で荘園支配の中での勧農の役割を分析している。

（5）大阪府泉南郡熊取町中克彦氏所蔵文書は、かつて「中氏文書」としてそのごく一部が影写され現在京都大学文学部国史学研究室に影写本として架蔵されている。この史料の分析を通じた研究としては、黒田俊雄氏「畿内荘園における在地の諸関係」（『日本史研究』一七号）と宮川満氏『太閤検地論』第一部（三〇七頁）があるが、その一部分についてふれられているにすぎない。しかし先年、その影写本に数倍し、合計約千点に及ぶ鎌倉時代末から江戸初期にいたる売券を主とした文書が発見された。それは中家自身のものと中家から根来寺成真院に入寺していた僧が、天正十三年、秀吉に根来寺が破却された以後、生家に隠棲するに当って持ちかえった根来寺成真院関係の文書である。あるいは持ち帰ったというより、根来寺成真院代官であった中家にもともと保管されていたものかも知れない。中家文書は、鎌倉時代末期以後、とくに根来一揆がもっとも華やかであった十六世紀の文書が中心となっている。しかも散逸したものは少なくその全体の動向をかなり正確に伝えうるものと思われる。戦国時代根来寺そのものは、紀泉地方においてそれ自体戦国大名たる側面をもち、成真院々主大納言坊も、天正十三年根来寺破滅後一時隠棲はするが、徳川幕藩体制が確立する過程で岸和田城を支える徳川方武士根来盛重となり、のち江戸に移って旗本となっている（『寛政重修諸家譜』千六十九）。中家もまた根来寺を支える有力な土豪的側面をもつ。しかし『政基公旅引付』文亀二年七月二十九日条に、九条家領で中家が本貫とする熊取荘に南接する日根野村・入山田村の代官職をもったこともある人物として熊取荘下司高田氏の内者藤田を伝えているが、この藤田氏と中氏は婚姻関係にあったといゝ、両家は中世末においてほゞ同等な村落内での地位を占めていたとみてよい。守護給人としての在地領主層でもなければ下司代官などとして荘園領主的職に直接つながって熊取荘を支配する立場にもない。基本的には日本中世の荘園制的な身分編成のもとでは、農民身分であったとみてよかろう。

（6）『政基公旅引付』文亀三年十月二十五日条で、日根野荘東方に対して国方が年貢催促をおこなったとあるが、同月二十九日条で、それが守護方を指すものもあることが明らかである。

（7）『政基公旅引付』文亀元年三月二十七日以前の条、同月二十九日条など参照。

（8）『政基公旅引付』永正元年四月五日条に「熊取之給人共之館両三ヶ所シュンチ・行松 大カイト以下悉令焼放チ」とあり、少なくとも三人以上の守護給人がいたようにもとられるが、行松の館は「中家文書」調査の限りでは「大垣内」にあったようであり、一人が数ヶ所に館を構えていた可能性がある。「シュンチ」についてはいまのところ不明である。「食野家文書」（『泉佐野市史』史料篇所収）にも当時の売券が多く、その中に「公方」に当る記載部分に、公方とは明記してないが「多賀殿御方」と注記されているものがある（一五四・一五五号文書）。この多賀氏も守護被官として佐野荘内に館を構えていることは『政基公旅引付』文亀三年五月十六日条によって明らかである。

(8) 熊取町小垣内にある大森神社のことである。同神社の境内を流れる見出川にかゝる橋を大宮橋と呼んでいる。

(9) 熊取町野田成合にあった菅原神社のことであって、明治四十一年九月、小垣内の大森神社に合祀された。中盛彬『かりそめのひとりごと』七一「熊取谷野田村の天神」に慶長十八年当時、中家が宮座の頭役的立場にあったことが古文書を引用して示されている。

(10) 「中家文書」。

(11) 笠原一男『真宗における異端の系譜』の巻末に所収。『蓮如・一向一揆』（日本思想大系）にも所収。

(12) 享禄二年十二月二十四日、行松盛吉田地売券。

(13) 『太閤検地論』第一部（二〇三頁）。

(14) 前掲『北京シンポジュウム参加論文』。

(15) 黒川直則「十五・十六世紀の農民問題」（『日本史研究』七一号）。

(16) 当時の売券の特徴として、売買される田地の面積を表示せず「一所」と記すものが多いから、田畠面積の集計値を出すことはできないし、また買得者が加地子名主職を集積することによってえられる加地子量は注記しないものも多く、この集計も不可能である。ただ直米銭はほとんど記載されているから中家や成真院が田畑の加地子名主職集積過程で投じた米銭の集計はかなり正確に出せる。しかし後述するが、中家・成真院は一方で高利貸を営み、この売券も実は質流れに当るものがかなりあると思われ、かれらが投じた高利貸資本はこれに数倍することと思われる。

この米銭高が具体的にどのような実効をもつものかについて適確な材料はないが、『政基公旅引付』永正元年閏三月二・三・四日条によると、盗犯の罰により処罪された入山田荘の中核的農民正円右馬は、田二反十八歩、畠九十歩、二百八十歩の屋敷地をもち、家族は右馬本人と十四歳の女子以下三人の子供がいる。その死罪後の跡職を売買すれば三・四十貫に相当するであろうと番頭は述べている。但しこれは直接耕作権をも含めた値段であるから、加地子名主職の場合とは性質を異にすることはいうまでもない。

成真院のものが永正七年以前にないのは、加地子名主職を買得していないとか、売券を紛失したとかいうものではなく、この後に中家の子弟が根来寺成真院に入寺して、中家が成真院の氏人としてこの段階に成立したものであろうと思われる。

(17) 熊取町小谷にある法雲山興蔵寺のことであろう。弘安五年紀州由良興国寺の法燈国師の開基といゝ、臨済宗妙心寺末。天文年中三好光親がこゝに城を築いたが、そのため天正十三年根来寺の僧の攻撃をうけて焼失したという（井上正雄『大阪府全志』巻五、八八五頁）。

(18)（端裏書）「ヲウラ《大浦》ヨリ」

（附箋）「井ケクヒノ衛門大郎ヵ田アケルトキワヒコト」

とあり、附箋の「田アケルトキ」とは田の没収、すなわち耕作権の没収を意味すると解してよいであろう。

(19)「本米」と表現するものは「本年貢米」の略ともとれるようであるが、成真院が熊取荘でもつのは加地子分がその殆んどを占めているのでこの場合は加地子分と考えてよかろう。あつかい衆の一人として署名する大浦衛門太郎は前項で述べた加地子未進により耕作権を没収されようとした衛門太郎と同一人物である。

(20) この垣内が中家であるのか、クホ又五郎・ミラカ源三郎の居住する垣内全員を指すのか明らかでない。

(21) 明治二十二年四月、町村制施行とともに熊取村に合併し大字久保となったが、その中の小字に久保・宮・大浦・和田・上高田・下高田があり、江戸時代の村高は一、二五三石二七〇三であり、熊取村全体の約四分一以上を占めている。

(22) この章の註(5)で、熊取荘下司高田内者藤田有次というものを紹介したが、この内者とは奏者・又代官というような意味であり、この中家の内者とは内容的に異なっている。

(23) 滝沢脩作氏所蔵文書（宮川満『太閤検地論』第三部収録。二七六頁以下）。

(24)『政基公旅引付』文亀二年十月六日条。

(25)「公卿補任」大永八年戊子の項参照。

(26)『政基公旅引付』文亀三年五月二日条。

(27)『親元日記別録』文明九年四月十日条、文明十年八月二十五日条。

(28) 註(5)にあげた『日本史研究』一七号論文。

(29)「本福寺跡書」。

(30) 新行紀一「一向一揆の基礎構造――近江国堅田を中心に――」（『歴史学研究』二九一号）。

（31）松本新八郎「室町末期の結城領」（『中世社会の研究』三九六頁）。『貞丈雑記四』は「かせ者と云ふハ倅者と書く、一向いやしき雑役の人夫也」といゝ『松屋筆記一』では、「挊ニ、カセハ、カセグと同じ人柄筋目にもよらず、みずからかせぎて立身杯するものをカセモノとハいへり」と述べている。

（32）「本福寺由来記」。

（33）石田善人「郷村制の成立」（岩波講座『日本歴史』中世四）。

（34）松本新八郎「郷村制の成立」（『中世社会の研究』三七〇頁以下）。

（35）大山喬平「中世史研究の一視角」（『日本中世農村史の研究』一七三頁）。

（36）京都北野社の麴生産の独占は有名であり（豊田武『中世日本商業史の研究』一四九・四一九頁）また大和国麴室座は室町時代五座があって、国内の専売地域を分割し、またそれをめぐって争いもあった（脇田晴子「中世大和における商品経済の発展」『史林』四七巻四号）。

（37）豊田武「前掲書」（三一九頁）。

（38）『和泉市史』一巻（三一一頁）。

（39）堅田衆も湖上の諸浦にたいする上乗権を所有し、その支配する浦を「タチハ」と称していた。「上乗ヲウリカイニシテ、タチハタチハヲサウコクシテ、命ヲ果コト度々ナリ」（本福寺跡書）。

（40）京都大学影写本「中家文書」。

（41）「中家文書」。

請取　㪽頭之事

合壱荷

右件之飯室者日根野村宮内二郎先祖相伝之私領也、但立場者長滝・安松・岡本・吉見・嘉祥寺・新家・菟田也、任先例、知行不可有相違者也、仍如件

享禄三年庚寅二月十四日　　　　　　（松）守（花押）

文書形式としては、請取状と宛行状を兼ねている。洛中洛外の麴室から三割の運上をとって西京麴座神人が北野神社の神事をおこなっていたことが知られているが、こゝでも和泉守護代が麴室から補任料をとって、これを支配しようとしていたことがわかる。なお松浦守については『政基公旅引付』に散見される（文亀二年十月二十六日条など）。

(48)

年　号	場　所	職　名		出　典
永喜1(1526)	信達荘岡田	飴　屋	耕地売却	中家文書
天文1(1532)	鶴原荘	茶　屋	〃	〃
天文3(1534)	鶴原荘嶋	茶　屋	〃	〃
天文6(1537)	日根野村領家方	土器屋	番頭	〃
天文11(1542)	熊取荘箕和田村	土器屋	耕地売却	〃
〃 11(〃)	鶴原荘	紺　屋	〃	〃
〃 11(〃)	近木荘	索麵屋	〃	〃
〃 11(〃)	〃	鍛冶屋	〃	〃
〃 19(1550)	熊取荘	桶　屋	耕地売買の口入人	〃
〃 19(〃)	佐野荘	鍛冶屋	耕地売買	食野家文書
元亀3(1572)	佐野荘？	米　屋	番頭	〃

(42)「中家文書」。

(43)「中家文書」。なおこの文書の負担部分には次のような記載がある。

今一所者四斗五升マメ
　　　　四斗五升ムキ　銭五十文〃〃〃公事ニ公銭出ニル(マヽ)
　　　　　　　　　　　〃〃〃〃　　〃〃〃〃〃
ウネ(畝)かヅ十九ウね
ウワマイ(上米)ニアハ(粟)一斗四升
夏ムキ一斗四升
公事銭百文
公事銭五十文

きわめて詳細な負担記載であり、室屋平五郎自身が耕作に参加している可能性も大きい。

(45)『政基公旅引付』文亀三年九月五日条によれば入山田荘に灰座衆四十余人がおり、座に加入しないと入山田村内の山で灰を焼くことはできなかった。

(46)『政基公旅引付』文亀元年六月十七日条。

(47)脇田修『近世封建社会の経済構造』（二八八頁）。

(49)「中家文書」。

(50)『政基公旅引付』文亀元年八月十五日条。

(51)エンゲルス『ドイツ農民戦争』（国民文庫本、八九〜九〇頁）。

(52)『泉佐野市史』（一五六頁）。

(53)『政基公旅引付』文亀元年九月二十三日条には、日根野荘・熊取荘・上郷が組郷をつくり、互いに連絡しあいながら、守護勢に対抗していたことがわかる。

(54)「具塚御座所日記」天正十三年三月条、「甫庵太閤記」天正十三年三月条、「根来軍記」「春生随筆十四」など（いずれも

『貝塚市史』第三巻・史料篇五一～六頁参照)。

(55)　「中家文書」のなかで、宿・嶋住民関係文書の一覧表を掲げると次の如くである。

宿・嶋住民の田畠屋敷旦那職等売買表

年月日	売主	買主	売買物件	直米銭	口入人
明応8・11・4	鶴原ノ聖あんちく佐兵衛	嶋ノ五郎衛門	公田　半	一、五〇〇文	
享禄4・12・15	野々（島）五郎衛門	中　左近太郎	新田　六〇歩	二、五〇〇	
〃 4・12・22	野々サル介三郎	〃	畠一反小四〇歩	一、五〇〇	五郎衛門
〃 5・2・8	鶴原妙仏又三郎	〃	畠　六〇歩	八五〇	野々(島)四郎大夫
〃 5・2・8	嶋　五郎三郎	〃	屋敷　六〇歩	九〇〇	五郎衛門
〃 5・2・15	野々　源二郎	〃	田　小	九〇〇	五郎衛門与七
天文1・11・5	〃	〃	新田　小	一、〇〇〇	
〃 1・11・5	野々右近大夫娘子々コセ	〃	新田　一五歩	一、〇〇〇	五郎衛門
〃 1・11・5	野々　五郎衛門	〃	名田　半	一、八〇〇	
〃 1・11・5	〃	〃	畠　一所	七〇〇	
〃 1・11・5	〃	〃	公田　小	一、五〇〇	
〃 1・11・5	野々　刑部太郎	〃	田　小二〇歩	三、一〇〇	
〃 1・11・5	野々五郎衛門与七	〃	公田　半	一、五〇〇	
〃 1・11・20	鶴原茶屋次郎衛門	薩　摩	畠　六〇歩	一、六〇〇	
〃 1・12・11	嶋　二郎三郎	中　左近太郎	新田　一五歩	六〇〇	
〃 1・12・28	嶋　五郎二郎	〃	畠　一所	五〇〇	
〃 2・2・16	嶋　二郎三郎	〃	名田　小	三、〇〇〇	
〃 2・7・26	嶋　助次郎	〃	屋敷　六〇歩	一、三〇〇	
〃 3・5・2	鶴原茶屋三郎衛門	成真院	畠　大	一、四〇〇	太五郎
〃 3・12・2	嶋　太五郎	〃	畠　一〇〇歩	五〇〇	

天文5・2・10	嶋　源大夫	成真院	畠	小	九〇〇文	介六郎
〃11・12・8	嶋　道場衛門	中左近	新田	半	二、二〇〇	
〃13・2・19	嶋　衛門	成真院	田	小	二、五〇〇	衛門三郎
〃13・12・19	〃	〃	田	大	五、五〇〇	〃
〃14・11・5	嶋　右近大夫	〃	新田	小	二、七〇〇	孫八・与四郎
〃14・12・26	嶋　与四郎	〃	公田	一反	一、三〇〇	孫四郎
〃14・12・26	嶋　孫五郎	〃	公田	小	一、〇〇〇	五郎衛門・孫四郎
〃15・6・24	嶋　道場衛門	〃	新田	小	二、〇〇〇	与四郎
〃15・6・24	嶋　衛門太郎	〃	畠	一反五〇歩	一、一〇〇	〃
〃15・7・4	嶋　ノ三郎	〃	畠	九〇歩	三〇〇	
〃15・7・4	〃	中左近	畠	小	二〇〇	
〃15・12・22	嶋　孫四郎	〃	公田	大	一、七〇〇	
〃15・12・28	嶋　与三郎	成真院	公田	二五歩	六〇〇	衛門
〃15・12・28	〃	〃	畠	(?)	五〇〇	与四郎
〃15・12・28	嶋　孫四郎	〃	畠	大	一、四〇〇	〃
〃15・12・28	嶋　五郎二郎	〃	公田	小	一、三〇〇	〃
〃16・5・10	嶋　又九郎	〃	新田	三〇歩	五五〇	
〃16・10・18	嶋　孫四郎	〃	新田	四五歩	二、五〇〇	
〃16・12・10	宿村サツマ太夫	〃	一	所	五、〇〇〇	新二郎
〃17・10・18	嶋　衛門三郎	〃	一	所	一、〇〇〇	
〃17・10・18	嶋　右近大夫	〃	一	所	一、四〇〇	
〃17・11・12	嶋　孫七	〃	新田	四五歩		与四郎
〃17・12・	嶋村　二郎五郎	〃	屋敷内畠	大	一、五〇〇	衛門
〃17・12・	嶋　孫四郎	〃	新田	小	四、七〇〇	嶋与四郎

天文17・12・	嶋　衛門三郎	成真院	屋敷　小	一、七〇〇文	衛門
〃　18・7・20	宿村二郎九郎	〃	畠　二〇歩	一、〇〇〇	サツマ
〃　18・12・16	宿ノカチウ	〃	屋敷　二〇歩	一石一斗	サツマ
〃　19・3・3	嶋　二郎衛門	〃	新田　小	二、七〇〇	孫四郎
〃　19・3・28	嶋　衛門三郎	〃	畠　小	一、〇〇〇	衛門
〃　19・3・28	嶋　右近太郎	〃	七山村旦那	五〇〇	〃
〃　19・3・28	嶋　孫四郎	〃	屋敷　小	三、五〇〇	〃
〃　19・10・23	嶋　二郎五郎	〃	鶴原一円　朝代の旦那	三、八〇〇	
〃　19・10・23	嶋三郎大夫・嶋五郎二郎・嶋ヲト	〃	屋敷一所	一、三〇〇	
〃　19・12・8	ウス木村万アミ・サヰシ	〃	ウス木道場一所		
〃　19・12・8	宿村・弥五郎・弥六・サツマ	〃	畠　八〇歩	一、一〇〇	
〃　19・12・8	〃　〃　〃　〃	〃	畠　三〇歩	一、〇〇〇	
〃　19・12・8	〃　〃　〃　〃	〃	畠　六〇歩	一、〇〇〇	
〃　19・12・8	〃　〃　〃　〃	〃	畠　六〇歩	一、〇〇〇	
〃　19・12・8	〃　〃　〃　〃	〃	畠　六〇歩	一、五〇〇	
〃　19・12・8	〃　〃　〃　〃	〃	畠　三〇歩	八〇〇	
〃　19・12・8	宿村・弥五郎・弥六	〃	(田畠不明)五歩	四〇〇	サツマ
〃　19・12・8	ウス木西真	〃	ウスキ垣内一所	五、六〇〇	
〃　19・12・8	ウス木万阿弥	〃	畠　一所	三、二〇〇	
〃　19・12・8	宿　新四郎	〃	畠　半	一、〇〇〇	サツマ
〃　19・12・10	宿村弥九郎	〃	屋敷一所	一、〇〇〇	〃
〃　19・12・10	ウス木高道	〃	垣内屋敷一所　堂屋敷一	一、〇〇〇	〃
〃　19・12・10	宿村サツマ新二郎	〃	屋敷一所	六、〇〇〇	サツマ大夫
〃　19・12・21	宿村サツマ太夫	〃	屋敷一所	七、〇〇〇	

天文19・12・16	嶋村弥二郎	成真院	屋敷一所	一、〇〇〇文	衛門・孫四郎
〃19・12・28	嶋　四郎五郎	〃	畠　小	五〇〇	衛門
〃19・12・28	嶋　与七	〃	？	四、〇〇〇	〃
〃20・1・22	瓦屋蛸壺屋衛門三郎	〃	畠　半	九〇〇	高路
〃20・11・9	麻生鳥羽嶋孫二郎	〃	田　半	？	衛門
〃20・11・9	嶋　衛門三郎	〃	畠　半	一、五〇〇	〃
〃20・11・9	嶋　かんねひ	〃	新田　六〇歩	二、五〇〇	〃
〃20・11・11	紀州名手嶋源蔵女	〃	新田　小	三、七〇〇	〃
〃21・1・16	嶋　衛門太郎	〃	新田　大	三、二〇〇	〃
〃21・3・11	紀州名手嶋源蔵女	〃	畠　一所	一、一〇〇	〃
〃21・3・11	〃	〃	新田　三〇歩	一、六〇〇	〃
〃21・12・29	嶋村孫二郎	〃	麻生郷鳥羽嶋田　九〇歩	一、三〇〇	鶴原嶋五郎衛門
〃21・12・29	麻生鳥羽嶋彦六郎	〃	〃　六〇歩	一、八〇〇	〃
〃22・1・22	嶋　宮内	〃	畠　一所	四〇〇	
〃22・1・22	ウス木村万阿弥	〃	屋敷一所	六、五〇〇	
永禄5・11・	穢多五郎三郎・太五郎	〃	田一反一一〇歩	三、五〇〇	鶴原又四郎

(56)　浅野安隆「近世未解放部落成立の一過程」(『部落問題研究』一一輯)。

(57)　『政基公旅引付』文亀二年八月二十一日条など。

(58)　渡辺広「近世における紀州の未解放部落」(『未解放部落の史的研究』二一七頁)。

(59)　「滋賀県水口町宇川区有文書」、朝尾直弘氏の御教示による。深く感謝する。

(60)　郡中惣については、石田善人の「甲賀郡中惣と伊賀惣国一揆」(『史窓』二一号)や「郷村制の形成」(岩波講座『日本歴史』中世四)などがある。

二　惣村の身分編成

前節で明らかにしようとしたのは、中世の農民が惣村として政治的な結集をとげ、中世社会における法的主体となってゆく過程で、農民が領主支配にどのように対抗し、また農民内部にどのような矛盾が展開しつゝあったかということであった。すなわち、惣村をめぐる階級関係すなわち経済問題が主題とされてきた。こゝでは、惣村が日本における封建的村落全体のなかでどのような役割を担っていたのかということをとりあげようと思う。それは制度的な実態、すなわち惣村内部の身分編成の分析が主な内容である。

(1)　加地子斗代の決定

土地そのものが資本主義的な商品となっていない封建社会下の土地売買にあっても、売買される田畠屋敷山林の面積、および買得者がその一定の土地から獲得する諸権利また別の表現をすれば売却者が負担すべき諸義務、そしてその売買される諸権利義務の価格決定がなされねばならないが、それをおこなうのは果して誰なのであろうか。たとえば中世後期の和泉国日根郡入山田村においては、次の様な例がみられる。

永正元年（一五〇四）三月四日、入山田村において農民正円右馬が盗犯の罪により、当時在村していた荘園領主九条政基によって死罪に処せられたことがあった。その時、同村の番頭と古老の農民は、正円右馬の跡職注文を整えて、その一切が三、四千疋の価格に相当する資財であると注進している。そしてこの評価は、かつて同村で同様な事件が起った時、当時代官であった根来寺寺僧がとった措置を一つの典拠としていることを明らかにしている。(1)この場合、農民跡職の価格決定は、最終的には代官であり荘園領主であったとしても、それらの先例を基準とし典拠として、農民の間で一般的な価格決定を内示する事態のみられたことが推測されるのである。そしてとくに、荘園領主権力の及ばない加地子売買が農民の間でひろくおこなわれている背後には、農民の間ですでに売買される土地に対する地域的な価格体系がある程度現地でできあがりつゝあったと考えねばならない。しかしこのことをさらに具体的に考察してみよう。

(a)　売券に田畠を追記する場合　一度認められた売券が売買確認の過程で訂正されることは多い。それが新しい売券として書き直されるのではなく、もとの売券に追記された場合、いくつかの問題をなげかける素材となる。いま「中家文書」のなかからそのような一例を示すと、次の通りである。

永代売渡申田地放券文之事
「同小池二ツ」。(追筆)
合壱所者　泉州日根野郡熊取庄之内向田高松在之、
「同畠一所アリ　公方ムカイノチソウ(地蔵)エ二升
　在所ハクチナシイケノ北ニ在之、
　東ハミソ　南ルイチ
　西ハ路　北ミソ　」。(追筆)
限四至
　東ハ向前ミソ　南ハいミそ
　西ハルイチ　北ヤマ
右件之田地ハ元ハ上又三郎方ノ先祖相伝雖為、只今依有要用仁、直銭弐拾弐貫八百文仁宛、限永代、御門中左近殿へ売渡申処実正明白也、然上者、天下一同雖為御徳政、於此田地者、違乱無妨、末代可有御知行者也、仍為後日支證明鏡之文状如件、
天文拾参季甲辰閏十一月　　売主上ノ又三郎(略押)

買主御門中左近殿へ
まいる

売主又三郎は二十二貫八百文の銭貨がとにかく必要であった。そこでとりあえず熊取荘内向田高松にある田地一所を売ってそれに当てようと中左近に売却を試みたが、中左近側は二十二貫八百文に相当する田地としてそれはなお不足であるとし、少なくとも小池二ツと畠一所の追加を要求し、又三郎はその要求に応じて、田畠池を合せたものを二十二貫八百文で売却したのである。いずれもその田畠の面積は不明であるが、前述入山田村正円右馬の跡職一切が三十貫文乃至四十貫文と評価されているところからみて、そうとうな面積であったと考えられる。しかも追加売却された畠部分には本役の記入があるが、田地には本役記入がないし、その剰余は全く農民又三郎のものであったとも考えられるし、また売却した池二ツは、農民又三郎の私有権の強い池であったとみなければなるまい。二十二貫文余の諸職売却が可能であった又三郎は、もともと熊取荘内のかなり裕福な農民であったとみてよいが、この売買行為によって、恐らく主要な保有地を手放して、中左近の小作人的地位に近いものに転落したものと考えねばならない。池二ツを手放したことは、この用水池懸りとして又三郎の残余の保有田地があったとしても、その田地に対する保有権・経営権にまで、買主中左近の規制を受けなくてはならなくなったと思われる。

(b)　**売券に標示された斗代の変更と加地子桝の指定を追記する場合**　売券には買得者の得分を示す斗代が訂正され、また斗代がどのような桝を使用して決定されるかを註記したものがみられる。その一例をやはり、「中家文書」のなかから示すと、次の通りである。

（端裏書）「山田」

売渡申　田地新立放券文之事

加地子一石　此外公方一斗七升アリ、

合一段者

「一斗三升」。（追筆）

東(在)和泉日爾(根)野郡熊取庄山田萩原ニ之（四至略）

右件田地元者源右衛門尉先祖相伝之雖為領、今依有用要(要用)、直銭伍貫文宛、限永代、御門中左近之方へ売渡申事実正明鏡也、然上ハ縦天下一同之御徳政行候共、於此下地者、無違乱妨、毎年一石ツ、「一斗三升」○(追筆)之年貢を可被召物也、若又自他違乱有ハ、則盗人御沙汰可有物也、仍為後日如件、

天文九年庚子十二月三日

源衛門尉（筆軸印）

同源四郎（略押）

中左近方へ　まいる

源衛門尉某が水田一反を五貫文で中左近に売却するに当って、加地子一石の負担を予定していたが、中左近はそれ以上を求めたと考えられ、そこで一斗三升を増徴することで売買が成立したのである。この水田に対しては本年貢が一斗七升賦課されており、その本年貢量にも相当する加地子が新しく追加されていることは、作人源衛門尉某にとって、中左近の収奪が追加は少額であっても全体として大きな負担となったことを認めねばならない。

売券に加地子計量に使用する枡が追記されている場合もある。たとえば「中家文書」の次のようなものにそれが示されている。

ウケカイ申　加地子之事

「納ノノ(衍)マスナリ」。（追筆）

合定一斗六升、水損日損不行候、田畠可為同前、

右件加地子之儀ハ一タヒ人の畠共ヲヌスミ候て、成真院ゑウリ申候て、ソレカアラワ(衍)ラレテ、ステニクヒヲキル
へきよしをヲウセラレ候処ニ（中略）
元亀三年ミツノヘサル　二月吉日
筆者　快（花押）
畠中ノ　左近五郎（略押）

畠中左近五郎が根来寺成真院に対して加地子納入の請負を約した証文である。その際、成真院が加地子一斗六升を「納枡」で計量して納入することを作人に指示したとみるべきである。しかも地主として水損旱損をいっさい認めない態度も示されていて、作人に対する厳格な規制がうかがわれる。宝月圭吾氏の研究によって、名主枡・加地子枡・片子枡などとよばれる枡が、名主職得分を計量する専用枡として、すでに鎌倉時代末期から使用されてきたことが明らかにされている。(2) 和泉国日根郡熊取荘で使用すべく、根来寺成真院が指示した納枡が、どのような定量をもち、どの範囲で使用されたのか明らかではないが、地主である根来寺成真院が指定する枡として熊取荘周辺でその加地子計量にひろく使用されていたとみてよかろう。

(c)　**直米銭の変更**　売券に表示された直米銭（価格）が訂正されている場合もみられる。たとえば「中家文書」で一例を示すと、次の通りである。

（端裏書）「三松ノ」
売渡申　田地新立放券文之事
合三百ト者(歩)　弐石三斗代内六十六文四月銭 二百卅四文段銭・公事銭 三斗五升二合やく
同作共
右泉州南郡木嶋三松村東ニ有（四至略）

右件田地元者善観房地行（知）といへ共、今用々（要用）有ニ仍、直銭八貫五百文（二百五十文）ニ限、永代成心（真）院方へ売渡申所実正明白也、若又天下一同之御徳政行候共、於此下地者、違乱有間敷者也、仍為後日「証」文之状、右如件、

売主善観

秀誉（花押）

永禄四年卯月卅日

成心（真）院

参

買得した三百歩の田地から成真院が収取する米は二石三斗である。銭三百文と米三斗五升二合は荘園領主か守護方に納入する本役等に当てねばならず、それを差し引いた部分が根来寺成真院の得分となる。これを売却するに当って、善観房秀誉は八貫五百文の値段を期待し売券をそのように作成したのであるが、買主成真院は二百五十文を値引きして買得したのである。

以上売券にあらわれた、面積・斗代・使用桝・価格の補筆訂正を素材として、田畠屋敷などを売買するにあたって、たえず売主に不利に、買主に有利に処理され決定されてゆくことをみた。いうまでもなく、このような田畠屋敷などの売買は、おもに単純再生産が不可能な農民の発生が前提となっておこなわれるのであるから、売券の文面にこのような傾向が反映するのもまた当然なことであった。この売買契約は、村落共同体成員たる一般農民が小作人的な隷属農民に転落する傾向をあらわし、それは村落共同体そのものの崩壊を促すものであった。一たん小作人に転落した隷属農民が、加地子を未進した場合、地主から私的な処罰を受けることもかなり一般的であった。一方では、前節でふれたように連帯保証体制もとられていて、小作人層がさらに転落することを阻止する独自な結集が可能な余地も残されていた。こゝに惣村段階における地主と小作人との独自な関係、すなわち地主にとってなお村落共同体による規制を全く棄て去れない限界があった。村落共同体の内部規制は、領主権力の支配にたいして農民全体の利益を擁護する

集団的結束の紐帯ともなり、土一揆という政治的闘争の過程で農民の統一戦線成立に大きな役割を果したことを見落してはならない。農民諸階層を擁した生活のなかで村落共同体規制は、名主層の利益を擁護するために利用されるか、また直接耕作に従事する小百姓の利益を支えるために機能するか、といういわば階級的な利害をするどく反映せざるをえなくなっていた。しかもその村落共同体規制が勤労人民を抑圧するために村落上層農民によって利用されるようになる時代、それが惣村の時代であったとみてよかろう。それを売券の分析を通じてみたのであるが、それをさらに要約的に述べておこう。

文明二年（一四七〇）六月、日本中世において典型的な惣村が展開した好例とされている近江国菅浦荘において、(3)「前田内徳置文」が定められた。(5) その記録を示すと、次の通りである。

（端裏書）「まゑ田内徳をきふミ」

まゑ田之内徳之事

旱水によん（つ）て土田之時者、七斗の内徳あるへからす候、雖然、熟年之時者不可有相違候、仍惣庄として定処如件、

文明二年六月日

菅浦惣庄乙名共

在判

この「内徳」とは、文明七年十一月二十四日付「菅浦妙善田地売券」の次の様な記録によって、(5)

売渡申　畠田之事

在所ニ、タラウ谷、北ハ限二郎大夫畠、南ハ限造（道）キワヲ、上ハ弥二郎畠カキル、下ハ右衛門殿田ヲカキル、此地内ホリキリヽノ下アリ、但公事銭ハ春秋ニ六十文也、内徳菅浦升七斗四升也、此外万雑公事ナシ、

合半一所者

すなわち「加地子」を意味する菅浦惣荘の独特な表現であったとみてよい。文明二年の菅浦は乙名清九郎らの奔走に

よって、菅浦惣荘の独立が強められ自治が発展した時期であったが、それは具体的には、菅浦惣荘の乙名達の支配権が菅浦に古くからあった耕地にまで及ぶようになった時期であった。(6) この「前田」は延暦寺花王院の荘田であったが、それが惣荘住民の間で売買され、そこに加地子が発生していた。当然反当りの加地子率は売買の実情に応じて本来個別的に異なったものであったと想像されるが、こゝで「前田」における加地子斗代を、加地子名主的な地位にあたる乙名が、熟年における上限として反当り七斗と決定したのである。もちろん桝の問題もあって一概にはいえないし、また前田には当然本年貢・公事も賦課されていて、反当り七斗の加地子はむしろ低いといわなくてはならない。しかしこゝでは斗代が高い低いという問題ではなく、乙名層が村落内部に対する規制として加地子斗代を決定したということにある。また、斗代の決定は、使用桝の決定が付帯しなければ意味はない。こゝでは荘園年貢計量用桝とは別に「菅浦桝」を「前田」部分における加地子計量に使用することを法的に決定したこともあわせて重要である。(7) 加地子計量の専用桝のこのような決定は、加地子名主の村落内での支配階級としての地位が体制的に確定したことをあらわすといってよい。菅浦荘においては乙名層の支配体制が出来あがり、加地子斗代や加地子計量専用桝が乙名層の法的秩序のもとに画一的に決定された意味で惣村の典型であるが、和泉国の各地域の惣村で、それほど地主の支配が体制として整備されたかどうかは確認できない。しかしその傾向は和泉国日根郡内でも否定することはできないであろう。

(2) 身分編成

惣村はその内部に上層農民による家父長制的支配の原理を構造的にもっているし、(8) また惣村のなかには国人支配の基盤となり、権力にたいする抵抗性をまったく喪失し、小農民などを抑圧するだけの役割しか果していないものがあったことも事実である。(9) こゝでとりあげている和泉国内における惣村が果してどのような性格を担っていたかを、惣村内の身分編成の分析を手掛りとして明らかにしてゆきたいと思う。

(1)　和泉国大鳥郡若松荘中村の場合

『政基公旅引付』の分析を通じて明らかにされた和泉国日根郡入山田村の村民の身分編成は、まず最上層に年寄・古老などと呼ばれ番頭や職事を選出する母体たる惣村の指導者階層があり、その下に若衆の指導者的役割を担った中老、そして惣村の戦闘的要員たる若衆より成り立っていた。そして全体の構成は、年齢による階梯制の原理が優越し、比較的平準化された村民構成であったとされている。(10) しかし入山田村をとりあげるに当って注意しなければならないのは、在地領主が在村せず、しかも荘園領主自身が在村して直務支配を実施しているという極めて稀有な事情の下にあって、むしろ当時では異例な村落であったということである。またなによりもその分析の典拠となる九条政基の「日記」が位人臣を極めた公卿の農民観を強く反映しているものであるということを忘れてはならない。したがって、王朝貴族と守護及びその被官・根来寺僧、農民などの身分関係を追究するのには適切な史料であっても、農民身分内部の実態を明確に分析するのに適切な史料とは思われない。農民内部の複雑な矛盾を把握する能力をもはや当時の王朝貴族は持ち合わせていないし、またその必要もないから、農民相互間の矛盾を的確に表現することは不可能であった。こゝでは村落領主が在村し、和泉国内においてはむしろ一般的な政治的環境下におかれていたと思われる和泉国大鳥郡若松荘中村における惣村内部の身分編成についてまず論じてみよう。

とりあげようとする史料は、和泉国若松荘のなかの惣村中村の鎮守である別宮八幡社（式内社桜井神社のこと）の宮座の頭を、正平六年（一三五一）から明治年間まで書き継いだ「中村結鎮御頭次第」という二巻の宮座記録である。(11)

(a)　**頭・正頭**　頭は鎮守祭礼に当って礼拝を主催する役である。日根郡入山田荘鎮守滝宮（式内社火走神社）では毎年八月二十四日に祭礼があり、文亀元年（一五〇一）には地下の老で大木村の職事が立烏帽子浄衣で祭礼をおこなったらしい。(12) 中村での頭役は毎年更改されるが、永和三年（一三七七）の条には「騒動シテ正頭ヲ勤メズ」と書かれ、永和四年、同五年もまた「正頭ヲ勤メズ」とある。また応永二十一年（一四一四）の条には「日照ニヨリ、御頭止ル」、寛正二年（一四六一）には「旱魃ニヨリテ退転」と記し、寛正二年に畿内近国で広範におこった飢饉が和泉国にも及んでいたことを証拠づけ、その年の記事に頭役は記されていない。このように、内外で引き起された戦乱乃至は騒動、さらには旱魃などによって惣村全体が疲弊した場合には頭役の選出もなく、宮座が正常に運営されず、祭礼も中止されたことが明らかである。このような惣村生活にとって非常な場合を除いて、頭は原則的に選ばれた。いまその頭になったものを分析すると次の如くである。

〔村落領主〕　頭のなかに「森殿」「西殿」「多米殿」「東殿」など「殿」という敬称をつけたものが四家選ばれている。そのうち「森殿」は、元禄九年に作製された「和泉国分間絵図」に、惣村中村内の片蔵と豊田の中間に「森貞正古城」と示された城跡が記載されている個所があり、これが森一族の城・館跡であろうと推定されることや、(13) また文安二年（一四四五）頃のものと推定されている「和泉国寺社東寺修理奉加人交名」の末尾に異筆で「森殿壱貫文」と追記されていること(14)から、この森殿はまず当地の村落領主と考えてよかろう。他の諸氏については、いまのところ何の手掛りもえていないが、森殿は正平十二年（一三五七）・応永五年（一三九八）・永享六年（一四三四）の頭としてみえ、西殿は正平十三年（一三五八）・応永八年（一四〇一）・永享十一年（一四三九）・明応八年（一四九九）・天文五年（一五三六）・永禄十一年（一五六八）に、多米殿は応安八年（一三七五）・応永二十九年（一四二二）・寛正七年（一四六六）・大永五年（一五二五）に、東殿は文亀元年（一五〇一）・天文八年（一五三九）・永禄九年（一五六六）とそれぞれ頭になっており、恐らくいずれも在地土豪で守護被官になることもある村落領主層であったと思われる。この家族からの頭役選出は間欠的ではあっても永禄年間まで続き、その段階まで在村したと考えられ、中村は村落領主支配下の惣村としての性格をもったものといってよかろう。

〔農民〕　頭を勤めた他のものとして「長畠庄司」「片倉庄司」「桜井庄司」「栂庄司」「逆瀬川庄司大夫」「井守垣内ノ庄司」など集落（小村）の地名を冠した「庄司」がかなり見える。また「治部」「刑部」さらに「右近」「左近」や、それらに「允」を附したもの、また「衛門允」など中央官人を模した名前のものなどもみえる。庄司などはやはり番頭クラスに多くみられるし、(15) 治部・刑部や「……允」などを附するものも、南北朝内乱初期の一時期、それぞれの村落を代表するものにきわめて多い呼び名である。(16) 頭役勤仕者の名前としては、その他に源八などの俗号、道泉などの法名、さらに源阿弥などの阿弥号をもつものも多い。これらは、中村という惣村を構成する内部の小村、すなわち垣内とよぶにふさわしい集落の根本住人・上層農民とみてよかろうし、番頭制がしかれている荘園村落内では番頭として史料に出る階層とみてよかろう。

頭または正頭とよばれるものは、年令階梯などの選任方法によって、まさに「正当」に選ばれたものをいうのである。そのことを証拠づけるのは次の料頭・込頭との関連においてである。

(b) **料頭・込頭《こみがしら》**　この「頭次第」には、頭・正頭の記載のほかに、料頭・込頭と記載されたものがある。

同七年(正平)壬辰　五郎次郎刑部允　カリヤ料頭
永徳二年壬戌　刑部次郎　多米料頭
応永十三年丙戌　ヤクラシ道信　宮カリヤノ料足ニコム
応永廿八年辛丑　長畠刑部　食堂ノイタシキノ時コミ頭
永享六年甲寅　トカコミ頭左近五郎　森殿コミ頭
同十一年己未　二番西殿カリヤコミ頭
文亀三年癸亥　ハタ衛門大郎コミ頭頭田買時
　　神田衛門コミ頭頭田買時

宮仮屋・食堂の板敷の時、頭田を買う時などの記載に対応して料頭・込頭がみえるということは、神社建造物の修理や造営、さらには結鎮頭役の用途にあてる田を買得する時などの料足を負担することによって頭役を勤めることになったことを示している。寄進行為・買得行為によって頭になることもありうるが、それは正当な宮座の規式に従って頭になったのとは別であるため、頭・正頭とは記さず、料頭・込頭と別記しているのである。

とすれば、正頭は村落領主・村落上層農民の出自で特権的な家格をもつものだけしかなりえない地位・身分であったのに対し、料頭は経済的な実力さえもてば村落共同体成員の誰でもなりえたようにも思われる。そのことをさらに次に追究してみよう。

(c)　**宮座新入＝本結衆（内座）化**　「中村結鎮御頭次第」をみると次のような記載がみえる。

長禄三年己卯　トヒクラ六郎二郎コミ頭 旱魃依テ
文明八年丙申　外トヒクラ六郎二郎ノ脇岩　新入
大永三年癸未　池尻中ノ庄司子松代脇座　八月新入
天文二年癸巳　トカノ小五郎ノ跡三郎五郎　八月本結衆内座
　　　　　　　神田ノ大夫ノ跡与三郎　八月本結衆内

長禄三年（一四五九）富蔵の六郎二郎は、旱魃によって村内が困窮していた時、寄進扶助行為をしたことによって込頭となったが、文明八年（一四七六）、その六郎二郎の脇として岩が宮座に新入りした。大永三年（一五二三）、池尻中ノ庄司の子松代が、その父の脇座として八月に新入りした。この宮座新入りは正月と八月におこなわれているようである。その新入りの際、宮座に以前から席をもつものの「脇」「脇座」としてその位置が与えられるということが注目される。その脇とは、副え座のようなものであろう。六郎二郎・中庄司がまだ在命中で宮座の構成員であるうちは、宮座に入ってもこのような位置しか与えられず、六郎二郎・中庄司が死去したのちに「本座」が与えられるのかも知れない。さらに「脇ノ脇」などもある。天文二年（一五三三）三郎五郎は栂ノ小五郎の跡職をついで八月に新入りしたが、この時は「本結衆」「内座」とよばれている。「本結衆」これが、中村宮座の中心的な構成員であることがわかり、それが「内座」であった。「内座」がある以上、「外座」があってしかるべきであり、そのことについては後述するが、こゝでまず確認しておきたいことは、正頭はもちろん、料頭・込頭として頭役を勤めるものも、外座から内座入りをとげた、いわゆる本結衆から選ばれる原則があり、外座衆にあたるものから外座衆だけの決定にしたがって頭には選ばれないことが確認できると思う。ただし、「……殿」と敬称づけられた村落領主の子弟が新入りに記載された形跡はなく、頭役にはなるが、本結衆を経る必要はなかった。やはり身分的には全く異なったものと考えざるをえない。

外座にあたる地位から内座入りし本結衆化するためには、内座の一座席を占めていた人の跡を継ぐ形式をとるか、その座席の脇に副える方法しかなかった。また十六世紀初頭となると新入りの人数が増加する傾向がみられ、本結衆員数の全体的な増加があるが、その際にも「親ノ脇」「脇ノカリ座」「脇ノ脇」という形式がとられており、本・脇の秩序関係が多様となることはあっても、直ちに本結衆が増加し内部の平等化がみられるわけではない。しかもその新入り・脇座・跡職継承は、父子相承の関係、または寄親・寄子の関係が強いとみなければならない。

以上のことから「中村結鎮御頭次第」は本来、「柏原区有文書」などに見られるように朝拝頭役の氏名のみを書き継ぐものであったが、次第にそれに附加して本結衆の交名に似た性格のものとなったのである。毎年の新入り者の交名は記すが、本結衆の死去者または脱落者の記載がないので年々の本結衆の総員数は確かめられないが、おそらく全体として二、三十名を出るものではなかろう(17)。

(d)　**外座＝半結衆**　中村の鎮守であった別宮八幡社（桜井神社）に、天文二十年（一五五一）七月二十五日の棟札銘の写しが残っている。次に掲げた通りで中村鎮守別宮八幡社の神宮寺である成願寺の堂宇建築上棟に際して納められたものと思われるが、そこにみえる本成就院源照はその住持であろう。その両脇に名を列する人名のうち森殿・西殿・多米殿とあるのは若松荘中村に在村する村落領主=殿原層であるが、その他の人物を知るために、「中村結鎮御頭次第」の天文二十年前後の部分から関係記事を抄出すると、次の「　」の中の如くである。

森殿　西殿　多米殿　南禰宜　浄円　庄司半結衆五十八人　　天文弐拾年辛亥敬白
（梵字）奉造栄（営）一宇棟札　泉州上神若松庄成願寺鎮守諸願成就所也
寺本成就院源照　道仙《トヨタ》　三《トカ》庄（郎）五郎　衛門太郎《カマムロ》　小田井大工新衛門　七月廿五日中村結衆
カモウ谷藤五郎衛門　カワラ大工

南禰宜　「同（天文）五丙申　サカセ川南禰宜　同（社頭ノツクロイニコミ）」

逆瀬川出身者で、天文五年（一五三六）鎮守社修理料を負担したことによって込頭=料頭になっていることがわかる。

浄円　「同（天文）五丙申　ハタノ浄円社頭ノツクロイニコミ」

浄円は畑出身で、逆瀬川南禰宜と同年に、おなじく、鎮守社修理料足を拠出したことにより込頭となっている。

道仙《トヨタ》　「同（天文）十五丙午　池ノしり道泉八月新入斬頭
弘治弐年丙辰　道泉《トヨタ》ノ子衛門太郎正頭」

豊田村字池尻出身で、天文十五年八月、本結衆に新入りすると同時に料頭となっており、弘治二年（一五五六）には、道泉の子衛門太郎が正頭となっている。

三郎五郎《トカ》　「同（天文）七戊戌　三郎五郎《トカ》斬頭

同十三《(天文)》甲辰　トカ三郎五郎ノ脇菊松八月新入

永禄三年庚申　三郎五郎《トカ》リョ《(料)》頭」

天文二十一年の栂の三郎五郎は、天文七年料頭であった栂三郎五郎の脇をかりて、天文十三年八月新入りした菊松のことであろう。それが天文二十一年までには三郎五郎を襲名していたものと考えられ、永禄三年（一五六〇）に料頭となっている。

衛門太郎《カマムロ》　「同十五《(天文)》丙午　衛門太郎《カマムロノ料頭》

同十六《(天文)》丁未　衛門太郎《カマムロ》ノ子脇千松新入

同六年《(永禄)》ミつのとのい　かまムロノ衛門太郎　正頭」

天文二十一年の釜室の衛門太郎は、天文十五年釜室の料頭となった衛門太郎の子で、天文十六年に父の脇座として新入りした千松である。それが天文二十一年までに父の衛門太郎を襲名し、永禄六年正頭となっている。

以上「庄司」を除いた棟札に名をつらねる人物は逆瀬川・畑・豊田・栂・釜室出身の本結衆である。「庄司」は個有名称ではなく「庄司」とのみ記された人物の検索は困難であるが、天文二十一年頃「庄司」と呼ばれた本結衆を列挙すると、

同十四《(天文)》乙巳　惣取成　菊松《小山ノ庄司》　八月新入

同廿《(天文)》辛亥　惣取成　正司《ヤナキ谷》　わき　与五郎正月新入

与三郎《サクライ》　正司脇　つる松　八月新入

などとあり、この天文二十年の庄司が「小山」「柳谷」「桜井」いずれの「庄司」か確認はできない。しかし他のものと同様中村結鎮の本結衆であることは右の考察や棟札の左下隅に「中村結衆」とあることによって知られる。たゞこゝで庄司某についてだけその下に細字で「半結衆五十八人」と註記してあることが注目される。これこそ宮座本

結衆「庄司」が出自した垣内の成員であって、宮座の本結衆を支え、これと区別される「半結衆」身分を構成するものと考えられ、鎮守の内座に対するいわゆる外座衆にあたるものとみてよかろう。この五十八人が、「小山」か「柳谷」か「桜井」かその所属を明らかにしないとしても惣村の小村（垣内的集落）――たとえば日根郡入山田荘内の土丸・若崎・大木・菖蒲・船淵などというものに当るが――を成構する一般農民諸家族の家長または若衆入りをとげた男子を総計したものと思われる。

　以上の考察から、若松荘中村における惣村組織を構成づける諸身分は上図のようなものに図式化することができよう。

侍身分 ｛村落領主・上層農民｝
農民身分 ｛上層農民・上層農民・一般農民｝
村落領主・上層農民 ―― 頭　頭
上層農民 ―― 脇座衆・脇座の脇衆
正料 ｛本座衆・脇座衆・脇座の脇衆｝
本結衆（内座） ｛頭頭・正料｝
一般農民 ―― 半結衆（外座）

　惣村的村落共同体の中核的構成員たる小農民は垣内的集落内においては、集会をし発言をする法的主体として成長しているが、垣内的集落の枠を超えて他の垣内的集団と独自に結合する法的主体とはなっていない。半結衆の惣村的規模での結集は、それぞれの垣内的集落を代表する本結衆の機構を通じてしか合法的には成立しない。このような半結衆が中村における内座に対して「外座」を構成していたのである。

(2)　和泉国日根郡熊取荘の場合

　熊取荘も若松荘中村と同様、守護給人行松氏などが在村する点において、その政治的環境はさほど異ならない。しかしこゝで分析しようとする文書が売券を主としているという性格上、惣村の身分編成を適確に結論づけるには一定の困難さがともなう。

(a)　氏人　ふつう「氏人」は「村人」と対置して使用されるもので、歴史的には純粋な同族的族縁共同体が崩壊し、地縁的隣人的協同体が個人にたいする拘束力を強めるような段階、すなわち惣村的村落共同体が一般的に形成される段階において、神事頭役を勤仕する地位のものが、自らの家父長制的支配を維持するため、鎮守の神をイデオロギー的に利用しながら、特権的封鎖的に父子相承してゆく宮座にみられるものである。[18] 氏人とは、若松荘中村の宮座における本結衆に当るものであり、村人とは半結衆であると理解してよい。熊取荘における「氏人」は一般的にはこのような歴史的役割と地位をもっていたといってよい。『政基公旅引付』に次のような記載がある。

当国中（和泉国）之百姓之子為根来法師ヲ、号氏人也、件氏人日根野村之百姓之子共之中来而在庄之後（下略）

和泉国内では農民の子供で根来寺に入寺し、法師となったものをとくに「氏人」と呼んだと読みとれる。[19] この氏人は具体的にいえば中家の子弟が代々の院主であった成真院のように、根来寺内の諸谷々に独立した子院を営む。根来寺にそのような地位の子弟を送りこみうるのは、中家のような村落上層農民しかいなかった。いま和泉国南部においてそのような氏人を送りだした家（氏人家）を他に求めると次の如くである。

〔近木荘神前氏と大福院〕　戦国時代末、根来大福院院主の弟に神前国友なるものがいて、武名をあげたと伝えられていて、神前氏が近木荘土豪であるところから、その氏人としての関係が推定される。[20] 天正十七年（一五八九）五月二十四日、大福院祐算が熊取荘内住吉はざまにある加地子二石一斗取の田地二所を、直米一石二斗で中左近太郎に売却している。[21] あるいはその神前氏の氏人の一族かも知れない。

〔佐野荘藤田氏と西蔵院〕　永禄三年（一五六〇）八月十日、幸福院永正・西蔵院秀賀・覚安院明算らが連署して根来寺泉識少路泉徳院領の知行を藤田十郎大夫に命じ、公方（年貢或は加地子）と佐野浦銭の収納に当らせているが、これをみると藤田氏が泉徳院代官職に補任されていることがわかる。永禄十年十二月十八日に、佐野上方開納所が守護給人寒川秀清など七名の連署で売られているが、その買得人として「根来寺西蔵院藤田十郎大夫殿」と記されており、藤田家が西蔵院の代官であると同時に藤田家が西蔵院の氏人とみられることは成真院と中家の場合と同様であろう。[22] 天正四年（一五七六）二月二十九日佐野荘惣借米日記の端裏に「佐野惣借米日記　氏人中」とあり、前述西蔵院の外、西禅院・福成院・功然院・福蔵院・藤本坊・花厳院などがみえるが、[23] 藤本坊は根来西谷藤本坊であるし、そ

の他もいずれも佐野の土豪で氏人の可能性がある。(24)

根来一揆が和泉守護勢などと戦い、さらに織田信長・豊臣秀吉の和泉進出に抵抗したことはいまさらいうまでもないことであり、それに和泉国南部の広範な農民が結集したこともまた著名である。その際、この氏人を通じて、農民の武装化はもちろんのこと、惣村そのものから排除されつゝあった宿・嶋の住民をも含めて土一揆が組織されたと考えられる。

和泉国南部でいう氏人とは根来寺内に一子院を独自に営みうる院主層をおくりこむ村落上層農家に対する一般農民の尊称をも意味する独特なものである。これは惣村内だけの身分編成をあらわすものではなく、根来寺の支配領域全体の秩序にかゝわるものであることは明らかである。中家のことを村人は「村主」（むらぬし）と称呼していることも文書にみえるところであり、これは垣内的集落の開発主とか、また現実に垣内の頂点に位置する居住者という意味であり、一般農民からみた物心両面にわたって村に君臨する農民にたいする尊称をこめた称呼であったと思われる。

(b)　惣役　「中家文書」のなかに次の様な文書がある。

（上略）
在和泉国日根郷熊取庄朝社地蔵前在之（四至略）
右件田地元者朝社宝願寺々領也、而今依有要用、直銭参貫文限永代、大くほ西左近大夫売渡進処実正明鏡也（中略）
天文八年己亥　九月十七日　　売主村人　惣役宮内三郎（略押）
買主大くほ西左近大夫

（上略）
在和泉国日根郷熊取庄朝社井テ上向在之（四至略）
右件畠地元者朝社宝願寺講衆中之雖為知行、今依有要用、直銭四百文限永代、御門中左近方へ売渡進処実正明鏡

也（中略）

天文十三年甲辰　十一月廿五日　　朝社惣揺（マヽ）売主太次郎（略押）

御門中左近参

（上略）

在和泉国日根郷熊取朝社里在之（四至略）

右件田地元者朝社村人雖為知行、今依有要用、直銭五貫五百文限永代、御門中左近殿売渡進処実正明鏡也、

天文廿年辛亥　十二月廿一日　　村サハクリ左近大郎（略押）

この三通の文書は、熊取荘内朝社村（今は朝代と書く）の村有田および宝願寺講衆の共有田が中左近・西左近などに売却された際に作成された売券である。[25] その売主は朝社村村人であり、宝願寺講衆であるが、その署名者は村の惣役（惣揺とも記し、惣サハクリと呼ばれている）たる個人であった。さてこの惣役がどのように選ばれたのか明らかでないが、朝社村人や講組織を代表し、共有田を管理する地位にあったことは明らかである。時代は下るが、文政三年（一八二〇）八月に書写された和泉国和泉郡唐国村の「村座規式」には「惣役」がみえ、その村落での役割を記しているがその記事をとりあげ、考察の素材としよう。[26]

「唐国村村座規式」の一項に次のようなものがある。

一、捌理行事之事　但し家持と女房迎候人計リ相勤候、壱年ニ弐人ヅヽ、座下リニ廻リ候事、
正月三日修正之節、牛王布施等、夫レ〳〵に払、扨荘厳之紙其日之余リ受取、八日ニ的を張リ、其余リ有之候ハヽ、弐人分取、紙枚少分なれハ有次第ニ仕候、次ニ十三日之御弓之拵、霜月冬至之日傍示塚改、両座之年寄幷庄屋壱人〆九人之衆を饗ス、次ニ十一月廿一日ろくなりの米取ニ村中を廻ル、其外座中仲間として食を給候事有之時ハ、捌理肝煎申候、且又宮寺・御公義之御蔵修覆造営等之節、触流シ等捌理之役也、其外雨乞・大念

仏、堂宮筋ニ掛リ候事ハ何事ニよらす捌理肝煎候事、

とある。「捌理」すなわち「サバクリ」であり、朝社村では惣役に当るものであるが、これは、家を持ち女房をもつ村落成員であれば、一年間を任期として二人宛、座順次第にその任に当らねばならなかったことがわかる。その任務は、座の年寄のもとにあって、座儀執行の準備を整え、当時は年中行事化していた村境確認のために村座年寄が巡廻する際の案内や饗応をし、宮寺・郷倉の維持管理の雑役を差配するのである。村座の諸座儀が年寄を中心におこなわれて、惣役はその座儀の円滑な実施を準備する役に当り、決して権威のある権限をもつものではない。したがって「唐国村村座規式」にも、もっとも最後の項として記載されているにすぎない。しかし、座儀そのものが、この役を抜きにして実行される筈がないし、しかも惣村の自治という面からみて、村民一同を代表し、惣村年寄を補佐する重要な役割を担っていたことは明らかである。

大鳥郡若松荘中村の村座の頭や、日根郡熊取荘の氏人らが、ともに惣村を代表する地位を占めると同時に、他方惣村の支配者としての矛盾した側面をもっているのに反して、惣役は、惣村内の垣内の農民を忠実に代表し垣内・講衆の共有財産の忠実な管理者であり、そこに個別的な能力や家柄が反映する余地少ない点からして、まさに惣村内の垣内の代表者としての身分にふさわしいものであったということができる。たとえば、すでに例示した朝社村惣役に関する三つの売券をみても、朝社村の所在を記すに当って、「和泉国日根郡熊取荘」とあるべきところを、「日根郷」と記していることが注目される。他の売券にも日根郷と誤記した場合がないでもないが、惣役関係文書がすべて「日根郷」と誤記していることや、またふつう「売渡申処実正明白也」と書くべきところを、三通とも、多少異例な「売渡進処実正明鏡也」という文言を一貫して使用しているところからみても、文書作成にあたって、先例に忠実な惣役の事務執行ぶりがうかがわれるように思われる。

この惣役は、必ずしも惣村の宮座の年老衆ではない。和泉郡唐国村は、もともと中世においては春木谷惣村のもと

での一つの垣内にすぎなかったが、近世に独立行政村となり、中期以降は本座・南座の両座の年寄と庄屋の支配下にある独立の宮座を形成した。大鳥郡若松荘中村においても、熊取荘や唐国村に存在していたような惣役にあたるものがいて、本結衆の支配下にあって各垣内の運営に当っていたであろう。しかも、重要なことは十六世紀に入って、熊取荘中家などのような村主・氏人があってはじめて惣役が存在するのではなくて、惣役があって村主・氏人が存在しうるような状況、すなわち若松荘中村においても本結衆があってはじめて惣村の自治が存在するのではなく、惣役のごときものがいて、はじめて宮座が運営できうるような状況が展開していたことである。

「中村結鎮御頭次第」のなかに「惣取成シ」と記載された年次がいく度かある。その一例を示すと次の通りである。

同（大永）五年乙酉　惣取成シ　多米殿新頭

同六年丙戌　惣取成　外座トヒクラ戌二月ノサカセ川馬二郎

禰宜ノ子アト衛門五郎コミ　乙法師同コミ　ハタ西寿ノ子ワキ衛門太郎同コミ

サカセ川孫四郎ノワキ与五郎同コミ　同南禰宜ノ子ワキ孫三郎同コミ

已上五人ノ分戌ノ二月廿六日　柳谷反三　新

「惣取成シ」という記載は右に掲げた大永五年（一五二五）より見えはじめることであるが、その特徴は、「正頭」が全くみられないことである。このことは年老順に本結衆のなかから正頭が選ばれて宮座が運営されなかったという異常な事態を示している。しかし、右に掲げた大永五年と大永六年の二年分の記録によっても明らかな通り、「料頭・込頭」は選ばれているのであって、宮座が全く運営されていないというのではないが、大永七年（一五二七）・享禄四年（一五三一）・天文三年（一五三四）の各年次などには「惣取成シ」とだけあり「料頭」の記載もないことから正頭のみならず料頭の選出による宮座運営すら不可能であったことを示している。

大永五年以前でも宮座が全く運営されなかった年次がいく度かあった。たとえばすでにふれたように寛正二年（一四六一）は全国的規模で飢饉があった年であるが、和泉国においても長禄三年（一四五九）から翌四年（寛正元年に改元）そして寛正二年にかけて旱魃があり、寛正二年に宮座が退転したことを記している。また永和三年（一三七七）から同五年にかけて、「騒動シテ正頭ヲ勤メズ」とか「正頭ヲ勤メズ」とか記されている。こゝで正頭が選出されなかったのは、旱損などによる村民生活の窮迫、または惣村内外の政治的動乱による村民の危機などによるのであろうことを推測しておいた。

若松荘中村「惣取成」年表

年号(西暦)		年号(西暦)	
天文18	┃	大永 5(1525)	┃
〃 19(1550)	┃	〃 6	┃
〃 20	┃	〃 7	┃
〃 21	┃	享禄 1	┃
〃 22	┃	〃 2	
〃 23	┃	〃 3(1530)	
弘治 1		〃 4	┃
〃 2		天文 1	┃
〃 3		〃 2	
永禄 1		〃 3	┃
〃 2		〃 4	┃
〃 3(1560)		〃 5	
〃 4		〃 6	
〃 5		〃 7	┃
〃 6		〃 8	
〃 7		〃 9(1540)	
〃 8		〃 10	
〃 9		〃 11	┃
〃 10		〃 12	┃
〃 11		〃 13	┃
〃 12	┃	〃 14	┃
元亀 1(1570)	┃	〃 15	
〃 2	┃	〃 16	┃
		〃 17	┃

（━━で示した年が「惣取成」の実施された年次を示す）

しかしながら注意すべきことは、大永五年以前は、惣荘惣村の危機的な情況によって、正頭が選ばれなかった時は、宮座の機能がほとんど停止し、退転する年次さえあったのに対し、大永五年以降では正頭は選ばれなくても、同七年以降は料頭すら選ばれなくても、「惣」によって「取リ成シ」がおこなわれ、伝統的な宮座の運営が本結衆のみならず、それまで宮座から排除されていた半結衆も参加してなされていたと思われる。いま若松荘中村の宮座が「惣取成シ」された年次を表として掲げると、右に掲げた別表の通りである。

若松荘中村の宮座が「惣取成シ」によって運営された年々に、どのような政治的事件が起っていたのか、また旱損などの危機がどのような深刻であったのか、それらは今後詳細に解き明さなければならない問題であるが、ごく大雑把にいって、三好氏が堺に進出する前後から、松永久秀が抬頭するまでの間の時期であり、一向一揆・根来一揆が活躍し、守護勢が次第に敗退する時期であり、いわば和泉国における戦国時代の頂点をなす時代であった。

この十六世紀の和泉国の農民の歴史は、北部と南部とでは、一方が堺の影響を強くうけ、一方が根来寺の影響を強く受けている点で多少異なった動きをしたことは否定できない。大鳥郡若松荘中村の宮座「惣取成シ」でみたように、北部においては一般農民の政治的・身分的な結集が強固となって上層農民の後退がみられたのに反して、南部においては、中家の動向から明らかなように、それとは逆に一般農民の経済的・身分的な凋落が進み、地主階級の抬頭がみられ、一見、全く異なった歴史が展開したようにみえる。これは地域差の問題であると同時に十六世紀の農民の歴史のなかでこのような相い対立する二つの運動が村落領主・上層農民と一般の農民との非和解性を強めながら進行していたとみなければなるまい。二つの異なった種類の農民の記録から、全く異なった村落のイメージを与えるような事態が展開していた農民全体の歴史こそが問題であろう。

(c)　番親・番頭　前項で述べた日根郡熊取荘朝社村の惣役は、朝社村宝願寺に結縁する朝社村講衆＝朝社垣内の村落民の代表者であった。したがってこの朝社村惣役が他の垣内の惣役と、どのような連繋を保っていたかは明らかでない。しかし、明らかに他の垣内との連繋を保つ役割を担っているものに、番親・番頭がある。

まず番親について「中家文書」から一例を示そう。

永代売渡申田地新立放券文事

合一所者　公方ナリ　大宮三月三日免
泉州日根野郡熊取庄内西カハナ在之、（四至略）
右件之田地者、元ハ大宮三月三日雖為免、只今依有要用仁、直銭弐貫五百文仁宛、限永代、根来寺成真院へ売渡
申処実正明白也、（中略）
天文拾一年十一月八日
売主ハ大宮三月三日
番ヲヤ《（親）》ノ衆　下殿（略押）
吉本（略押）
宮《ヲウラ》内太郎（略押）
太《ナリアイ》二郎（略押）
衛《池ツメ》門太郎（略押）
二《ミノワタ》郎五郎（略押）
宮《ヲウエ》（略押）
左《ヲウラ》近太郎（略押）
兵《ヲナカ》衛
買主根来寺井谷成真院

この文書は、熊取荘の鎮守社である大宮で、毎年三月三日に惣村の行事としておこなわれる三月三日節句の神事にあたって、その運営費にあてるため荘園領主から与えられていた免田を売却した時に作成されたものである。この免田売却は権利全体を根来寺成真院に売ったのではなく、剰余部分を加地子として根来寺成真院に売却しただけで、本年

貢部分は従来通り節句免として大宮に収納されていたとみた方がよいであろう。この売券署名者は大宮三月三日節句行事の運営乃至節句免田の経営に当っていたものであって、下殿・吉本の二名は在村する地侍層であり、その他ものは、「大浦」「成合」「池ツメ」「箕和田」など今日でも熊取町内の大字・小字として残っている垣内に居住していた農民である。これは若松荘中村の宮座における本結衆に相当するものと同一の性格をもつものであって、こゝでは「番親」と表現されている。番＝垣内を代表し、鎮守社の特定の神事に関与する番親は、衆中とよばれる一つの組織をもっていて、この免田の売買が番親の協議とその責任でおこなわれたことを示している。

この番親はいわゆる番頭に当る。当時における当地方の番頭が、年老による階梯制的性格が強いものであって、そこに身分的な支配被支配の関係をみることはできないという見解があり、それに対してはすでに疑問を出しておいた。なるほど『政基公旅引付』などをみると、惣村全体にかゝわる重要な決定は、番頭衆だけで専決できなくて、鎮守社頭をかりた一衆集会・惣村評議でおこなわれたことが多いし、(27)また惣村民に対する円滑な統轄支配ができなくて、番頭が逃亡せざるをえなかったこともあった。(28)しかしながら、惣村のなかで、番頭の統轄をうける番衆（番子衆）、いわば一般的な小農民や、地主のもとにある小作人、また枠者さらには宿・嶋の住民など、絶えず差別され抑圧されている住民大衆が、鎮守社頭集会を独自にひらく自由をもち、また住民大衆の主張を支障なく発言することができたであろうか。いわば惣村全体の歴史が、勤労大衆の利益をそのまゝ反映し、それを実現しつゝ展開していったかどうかということである。なるほど中世前期のいわゆる惣荘段階に比較すると、小農民の成長が顕著であるし、結局はこのことが、惣村の歴史を形成してきたことを否定するものではない。だが、階級関係を重視しつゝ、しかも勤労農民大衆の立場に立って惣村の歴史を解明しようとすれば、惣村の自治のなかで農民の年老による秩序階梯制の発展や、小農民自立の問題だけを追究するわけにはゆかない。

封建制下の村落において、勤労人民の階級的な成長が展開すればするほど、そしてかれらの自治が顕著となればなるほど、領主・地主などとの階級的な矛盾は深刻となり、そこで支配階級がとる解決策の一つの方向は、いわゆる階層制的秩序を強め力による抑圧にならざるをえない。

(3) 小括

惣村の自治的規制を法文化したものを一般に「惣掟」などといい、その初見は、文安五年（一四四八）の近江国蒲生郡今堀のものとされている。この「惣掟」が衆議会合によって決定されていることが注目され、そこで農民として独自な法的訓練を積んでいることが高く評価されている。[29] また南北朝内乱から土一揆にいたる時代の民衆運動の高揚と、それによる民衆意識の変革に支えられて成立したといわれる狂言は、また農民の文化的訓練の高かったことを示している。[30] また農村芸能も優れたものがあり、和泉国日根郡入山田村で農民がおこなった風流念仏は、九条政基をすら驚嘆させているのである。[31] 和泉国日根郡熊取荘中家の文書は田畠売買に関する証文類が大部分ではあるが、それにしても農民がこのように大部な私文書の作成に参加し、またそれを保管していることだけをとってみても、いわゆる近世地方文書の起源は、少なくとも和泉国においては十五世紀末から十六世紀初頭にまで遡りうることができるといってよい。もちろんその売券は形式的には売主によって作成されるものであるが、売券の年月日が接近しているもののなかには同一筆跡と思われるものがないでもなく、また同一年次の干支を一様に誤まって記しているものすらあり、買主や村落内の誰かが売券を代筆したこともあったと考えてよい。しかしながら、誤字・脱字・当て字が数多くみえ、たどたどしい筆致の、しかも従来の売券の形式に全くとらわれない、直接勤労農民が作成したと思われる売券もその数は多い。その一例を「中氏文書」（京都大学国史研究室影写本）の中から示すと、次の通りである。

合三十ト(歩)タ(田)アリ
ヨ(要用)、アるニヨ。テ「ッ」、二貫五百文「ニ」。

ウリワタシモスン《(マヽ)》、イ《(永)》エ《「イ」》。タ《(代)》いヲカキリ、
ヒカシワアせヲカキリ
ニシワアせヲカキリ
ミナミワアせヲカキリ
キタミチヲカキリ
テンカイチトウノトクセイ。ク《「イ」》トモ
いラ《「ン」》。サマタケ、アるマシクソヤ、
　　　　ウリ人ひこ九郎（略押）
　　　カイ人左近太郎
ツチのエトラノトシチヤ《(長)》ウ《(禄)》六三年四月廿八日

右のようなものがあり、その最たるものである。惣村のなかで、地主の権利と小作人の義務を明示した田地売券の作成を必要な前提として展開する地主的土地所有関係のなかで、作人層の文化的訓練がおこなわれたのである。さらにいえば、領主や地主に対する闘争とともに、勤労農民の文化性が鍛えられたということができる。しかもこのことが、地域によってそれぞれ多少異なる独自な惣村の文化的伝統を形成したものと思われる。

さらに農民文化の成長を論ずるに当って重要なのはその内容である。惣村の自治組織をとりあげるに当って、集会をもつことの重要な意義についてはすでにのべた。しかしそこでの発言だけが惣村の歴史的動向を決したのではない。

「本福寺跡書」は次のように記している。

惣中ニハ親子ノチカヒアラバ、ワレ悪名ツケアケント、ミイタサン〳〵トスル人ノミナリ、ウトクニテ志ノアル人ハ昔カラ何事モイハレヌソ、テカカレテモノノイルコトヲキライ、スコシノトカモアレハ、ヨシス、メノサヘ

ツルカコトクソヤ、

有徳人が無言のまゝ惣の歴史を動かしていることを善とし、一般村落民の、他人の親子の間での不和をあげつらい疑心暗鬼の日常生活を悪とする、そのような惣村の姿を有識者は描こうとしている。惣村内部における小生産者の増加が、村落民に多様なものの考え方を植えつけていったことがわかり、しかも有徳人とそれ以外のものを惣村内部での日常的な行動様式を通じて区別しようとしていることが注目される。

すでに熊取荘近辺の農民が、成真院への加地子を未進して地主成真院から斬首されようとしたことがあったことを述べた。その時、死罪に処せられることが当然だとされた道理は、加地子未進が加地子田の横領と同じことと判断されるところに求められた。「惣掟」のなかには、せいぜい盗犯人に対する制裁として、村座交りの禁止や村からの追放を規定するものが多いが、地主層は盗犯とは他人の資財道具米銭を盗むだけではなく、加地子未進なども含まれていると主張したことに注目されるし、農民が農民を死刑にすることも村落の秩序を維持するためと称して合法化することもみられつゝあったのである。

熱田公氏は「狂言の人間像は、対立関係にある人間を登場させるという狂言独特の形式によって多数の人間を描きながらも、それは深く追究されず、対立関係も人間性の深刻な葛藤として描かれるよりは、容易に妥協し和合し、したがって著しく類型化されている」と述べている。(32) なるほど狂言が人間像を描くのに限界があるにしても、庶民の生活を対立関係のなかで描こうとする主題を発見したこと自身大きな中世農民の成果であると言わなければならない。そこには身分が意識され、従って階級関係が反映されている。またすぐれて特徴的なことは、村座関係記録はもちろん、田畠売券という十六世紀の地方文書に女性はほとんど登場しない。そこにまず惣村内での大きな差別をみなければならない。しかしながら、狂言には生活力をもち、自己主張をもつ女性が数多く登場する。なるほどそこには女性を差別することを当然とし、個性の強い女性に対する嘲笑がなかったとはいえない。しかしその個性のなかに改良や変革の力がかくされていた。惣村内部の身分秩序や身分差別がいよいよ明確となり、また従って階級矛盾が深化したことが、狂言の主題として対立と差別を描かねばならない理由であった。しかもそれが一つの演劇として上演され、日本民族の文化的伝統として今日まで伝えられたのは、家父長制的な規制に対する痛烈な批判のなかに、勤労人民の感動がかくされていたからと考えたい。

和泉国の惣村自治の歴史は、天正十三年（一五八五）三月の根来攻撃による敗北の結果、統一権力下に統轄されたことによって終ったといってよい。日根郡熊取荘の惣村の指導者たる中家の出であった根来寺成真院住持大納言坊は、根来寺破却後、熊取荘に隠遁していたが、慶長五年（一六〇〇）には根来同心を率い徳川方に帰属し、慶長十九年（一六一四）の大坂冬の陣にも加わり、翌年の大坂夏の陣には根来同心五十名を率いて伏見城を守衛したという。その間に根来右京進盛重と改名し、旗本となったのである。元和八年（一六二二）には和泉国代官となり、寛永二年（一六二五）には大和国宇智郡のうちにおいて采地七百石を領し、寛永十八年七月、八十六歳の高齢をもって大坂で没した。(33)また中家は和泉南郡の郷士代官となった。(34)文禄三年（一五九四）八月、浅野長政を奉行として和泉国の太閤検地が実施されたが、その時、和泉国南郡沢村に落首の札が立てられたという。それは、

百姓は九月のその熟し柿
　棹にうたれてびしやとつぶれた

という一首の狂歌であったが、検地による農民の一時的な敗退とそこから生じた挫折感を明らかにしている。(35)上層・下層をとわず、農民の被官化が、惣村の崩壊をもたらしたことは既に明らかなことである。しかしながら、勤労農民はかつて惣村自治の指導者が、実は惣村全体の支配者に転化したことを明確に見てとるにいたったのである。根来盛重が和泉国代官であった頃、熊取谷の農民は、郷士代官中家に、非法ありとして、その改易を根来盛重に訴えている。その訴状は十五ヵ条に及んでいるが、その二、三を示すと次の通りである。

一、谷ノ家よミの事われのほしきまゝに御よミ被成候て、われ〳〵迷惑仕候、かた《(さ)》ねて家よミ被成候共、中左近・左右衛門御出被成候事いやニて候、御門村たゞいま左近又ハ中左近たうりやう《(棟梁)》にて御座候いつれとも、谷にていちくちを被成候つるが、今程ハ中左近・左右衛門ほしきまゝに仕候て、才一郎・作右衛門又ハ源左衛門数多ノ子共、又彦左衛門数多子とも壱人も公事を不仕候事谷ノめいわくにて御座候、此等之もの共かたく公事を仕候やうニ被抑付可被下候、又中左近・左右衛門内ノ者共も家をもちたるもの共ニハ、これも家ヲかたくよミつけ、山せんをハ御させて可被下候、(下略)

一、小谷村長げんが事、おふでがおぢにて御座候故か、谷ニ池川ノ御ふしん御座候時も、竹枝ニて谷ノものヲ打擲仕候、又ハ中左近よこ座ニなをり、谷ノれき〳〵を下ニおき、異見かましき事、これも中左近分別ちかいかと存事ニ候、又きしのわた《(岸和田)》ノより竹切又ハ三かんつけ、いつれのかうないの物つけニ御座候時も、此長源さし出、我々の所ニて奉行衆とおなしことくにめし酒くい申事、向後ハいやニて候事、

一、谷之もの御つかい候事もかわらや・中庄なみに壱年ニ二日ツヽ御つかい被成候て可給候、あまりにひらき《(開)》・うへ《(植)》・くさ《(草)》と申、壱年ニ廿日・卅日ツヽも御つかい被成候へハ我々勘忍罷成不申候、左様ニ候とても五日大夫殿なとハ谷ノもの壱年ニ一度ツヽハ御ふるまい被成候ツるが、今ノ中左近・左衛門なとにハ、かねを持事本ニ仕候て、谷ノもの共ニひや水一はいふるまいたる事無御座候事、

一、(上略)去年も中左近・左衛門の蔵へ入申候米三千六拾四石八斗か。《「と」》存事ニ候、又家役ニ入申候米銀共ニ百八十石かと存事候、又きしのわたへのはらいハ六ツなりニ御はらい被成候よう承候、左様ニ候へハ千八百石かと存事ニ候、これニてくまとりか立候ハんか、立候間敷候か、右京様ノ御むねニ御座候ハんと存御事ニ候、此上ハ右京様を御天頭共谷ノ氏神共存事ニ候、いかやう共此十五ヶ条之趣、中左近・左衛門へかたく被仰付候て、てんをかけ候て可被下候、左様ニ無御座候へハ谷ノ小百姓皆〻ちくてん仕候(下略)[36]

中左近・中左衛門が、郷士代官の地位を利用して年貢収納に非法をし、開墾・田植・草取などにあたって熊取荘内小百姓を不当に駆使し、また譜代農奴家族に対する不当な優遇を加えていることなど、まさに中世の在地領主が試みた農民に対する支配がそのまゝ継承されているようにもとれる。しかし熊取谷の農民は、中世の農民と違って、このことを不当と判断し、農民の理によってこれを訴えている。「小百姓としての逃散」を云々するように、小百姓としての利害を主張している。代官根来盛重が中家の出自であったから、中家に処罪を与えたとは思われないが、代官根来氏と中家の矛盾も当然深まらざるをえなかったと思われる。そして中家が在村したまゝで領主化することはついに実現しなかった。

惣村の役割は、まず荘園制を崩壊したことにあるが、同時に、この荘園制に依存しながら、しかもこれに対立する役割を担って登場した在地領主をも、在地しながら領主化を遂げることを決定的に不可能としたことにある。さらに、荘園領主や在地領主の存続を許した村落領主や地主は、惣村内において被支配身分から脱出することと、支配階級として自らの利害を擁護する地域的な権力体制の形成を期待したが、部分的にはともかく、全体的にそれは実現しなかった。そして遂に、中世を通じて、領主階級と闘いながら生産力の発展に積極的な使命を果していたことすら果せなくなって、勤労人民の抑圧と農村文化の頽廃の部分を代表しなければならなくなったのである。それにひきかえ、勤労人民には、身分的差別と階級的抑圧がさらに厳しく及んだが、差別と抑圧を不当なものとして意識する思想を学びとったところに惣村の役割があったといえよう。

（1）『政基公旅引付』永正元年三月四日条。
（2）宝月圭吾『中世量制史の研究』（第三章中世量制の崩壊過程、第二節職枡、第二項名主職枡、第三項室町時代における職枡の発展と同章第三節小地域枡、第四節個人枡）、参考までに十五・六世紀、熊取荘近辺で使用された枡の二・三の例を一覧表として次頁に掲げる。
（3）永島福太郎『中世の民衆と文化』（創元歴史選書、二二六～二三〇頁）。

年　月　日	西暦	枡名称	使用対象	使用場所	出典
嘉吉 2. 2.10	1442	大　　枡	加地子	不　明	中家文書
文明 8.12.25	1476	大　　枡	〃	〃	〃
永正 7. 2	1510	宮　　枡	〃	〃	〃
大永 1. 2. 6	1521	斗 結 枡	〃	和泉国日根郡近木荘	〃
享禄 2.10.11	1529	堂　　枡	〃	不　明	〃
〃 3.12.14	1530	地下売買枡	〃	和泉国南郡木嶋北上方	阿部文書
〃 4.10.24	1531	カ ネ 枡	〃	不　明	中家文書
天文 4.12. 3	1535	納　　枡	〃	和泉国日根郡熊取荘御門村	〃
〃 13. 9	1544	カ ネ 枡	〃	和泉国日根郡熊取荘	〃
〃 13.11.25	〃	納　　枡	〃	不　明	〃
〃 19.12.19	1550	納　　枡	〃	熊取荘御門村	〃
〃 19.12.19	〃	納　　枡	〃	和泉国南郡麻生郷麻生川	〃
〃 20.12	1551	一和尚枡	年　貢	不　明	〃
永禄 1.10	1558	三松大目枡	加地子	和泉国南郡三松村	〃
〃 3. 2	1560	小　　枡	年　貢	〃	〃
元亀 3. 2	1570	納　　枡	加地子	和泉国南郡畠中	〃

(4) 滋賀大学日本経済文化研究所史料館編『菅浦文書　上巻』（三五一号文書）。

(5) 「同右」（三五〇号文書）。

(6) 赤松俊秀「供御人と惣—近江菅浦の歴史—」（『京都大学文学部五十周年記念論集』所収）・「戦国時代の菅浦」（『京都大学文学部研究紀要』第五、ともに『古代中世社会経済史研究』に収められている）

(7) 赤松俊秀「前掲論文」。

(8) 関口恒雄「惣結合の歴史的位置について」（『歴史学研究』二九一号）。

(9) 朝倉弘「戦国期惣結合の動向について—大和平群郡五百井惣を中心とする—」（『日本歴史』二〇六号）。

(10) 石井進「『政基公旅引付』にあらわれた中世村落」（『中世の窓』一三号）。

(11) これは堺市奥野健一氏所蔵文書である。堺市が「堺市史続編」を編纂する過程で調査されたもので、堺市史編纂室の御好意でこゝに発表させていただいた。巻首に

　年来旧帳者、依錯乱、引失之畢、正平六年大歳辛卯　源八左近允

とあり、その巻首の数ヶ年の部分は同筆で、旧帳紛失後、案文か記憶をもとにして再録されたことは確かである。したがって、別宮八幡宮における結鎮頭役が正平六年に創設されたかどうかは明らかでない。

「柏原区有文書」の永正四年から天正九年にいたる「朝拝之頭注文」も、「中村結鎮御頭次第」と同様な内容のものであるが、こゝでの頭は正月一日の朝拝を勤仕している（『ヒストリア』四一号所収）。

(12) 『政基公旅引付』文亀元年八月二十四日条。

(13) 和田良昭所蔵。

(14) 「教王護国寺文書」（巻五、一三八四号文書）。

(15) 『政基公旅引付』文亀元年四月十四日条に日根野荘東方番頭障子（庄司）がみえ、文亀二年四月二十六日条に日根野荘東方番頭に庄司源次郎がみえる。「中家文書」にも日根野村番頭に北庄司源次郎とみえる（天文九年五月二十六日）。

(16) 「藤田家文書」永享三年九月二十八日、十二谷下地契約状の署名者などその典型的なものである（『泉佐野市史』）。

(17) 本結衆・脇座として新入りした時は少年乃至は青年の時であり、頭に選任されるまでには、かなりな年月を要し、そのため中途で改名しているため、新入りから頭役補任までの追跡は、かなり困難であるが、可能なものをひろうと二六九頁の表の通りである。

氏名	系譜	出身地	新入年号	西暦	頭役勤仕年号	西暦	所要年数	備考
孫四郎		観音寺	正平18	1363	応安 7	1374	11	
五郎三郎		森	正平20	1365	応安 8	1375	9	正頭
孫六			建徳 2	1371	応永12	1405	33	正頭
藤内次郎		今林	応安 8	1375	応永 3	1396	22	料頭
又四郎		釜室	永和 2	1376	康暦 3	1381	5	
治部次郎		辻	〃 2	1376	応永 4	1397	21	料頭
刑部次郎		多米	〃 3	1377	永徳 2	1382	5	料頭
左近四郎	幸阿弥子		〃 5	1379	応永 9	1402	23	
彦三郎		大年	至徳 3	1386	応永11	1404	18	
左近太郎		畑	〃 4	1387	〃 12	1405	18	料頭
次郎三郎		観音寺	明徳 1	1390	〃 6	1399	9	
六郎		畠中	〃 1	〃	〃 9	1402	12	料頭
刑部三郎		富蔵	〃 5	1394	〃 24	1417	23	
小法師	逆瀬川庄司子	逆瀬川	応永 8	1401	嘉吉 4	1444	43	込頭
次郎三郎		辻	〃 12	1405	永享 3	1431	26	辻から二尾に移住
虎石	観音寺　右近子	観音寺	〃 29	1422	文安 2	1445	23	込頭
次郎	彦三郎　子	大年	〃 33	1426	享徳 4	1455	22	
松若	右馬子	富蔵	文安 4	1447	寛正 2	1461	14	
庄司大夫	池尻大夫子	池尻	寛正 5	1464	文亀 1	1501	37	料頭
五郎		畠中	文明 7	1475	〃 1	1501	26	込頭
与五郎		逆瀬川	〃 9	1477	大永 6	1526	49	込頭
千松	太五郎子（太五郎左近子）	畑	明応 4	1495	天文 9	1540	45	
三郎	衛門三郎子	桜井	永正 5	1508	大永 8	1528	20	正頭
与四郎	与二郎禰宜ノ跡	逆瀬川	天文16	1547	永禄 5	1562	15	正頭
源五郎	ハヤカリ大夫脇ノ脇	釜室	永禄10	1567	天正 5	1577	10	正頭
与四郎	橘大夫跡	釜室	〃 10	〃	天正13	1525	18	込頭
与五郎		釜室	元亀 4	1573	天正11	1583	10	込頭
与三五郎	中井庄司ノ脇ノ脇	豊田	天正 4	1576	天正14	1586	10	込頭
彦五郎	南禰宜ノ脇ノ脇	逆瀬川	〃 5	1577	〃 17	1589	12	込頭
五郎二郎	南禰宜ノ跡	〃	〃 6	1578	〃 10	1582	4	込頭

(18) 和歌森太郎「氏人より氏子へ」「神交と頭家」(いずれも『中世協同体の研究』に収められている)。
(19) 『政基公旅引付』文亀元年閏六月二十六日条。
(20) 『貝塚市史　第一巻通史』(三九九頁)。
(21) 「中家文書」。
(22) 『泉佐野市史　史料篇』藤田家文書。同じく『泉佐野市史　史料篇』食野家文書として収められている永禄八年十月九日の太郎兵衛畠地売券に泉州日根郡佐野井原の番頭が二人いて、一人が西蔵院と記されており、氏人が農民身分として佐野荘内で在地していた可能性を物語るものといえよう。
(23) 「同右家文書」。
(24) 『泉佐野市史　史料篇』食野家文書天文十三年十一月二十九日、衛門三部畠地売券。
(25) 宝願寺はいま法願寺といゝ、曹洞宗梅溪寺末寺で、創立年月は不明である。
(26) 和泉市唐国町「辻家所蔵文書」。

(表紙)

文政三年 氏神祭礼并年中行事書 泉州泉郡唐国村 辰八月改之　本座　南座　両座中

その奥書は次のように記されている。

右ハ元禄年中之行事書ニ有之候処、百三十年も年を経候ニ付、書物蟲喰ニ相成リ候故、此度両座老并中老惣代立会之上、書改申候、尤昔之振り合を中古相改替候処ハ、唯今相勤候式法之通書記添申候間、万事取斗之儀此行事之表後年ニ至迄無違乱相守、古格古例を不失候様可仕候、依之全座老并両座中老惣代連印仕置候所、仍而如件。

とあり、部分的に近世後期の変容もみられるが、その内容に関しては近世初期、さらには中世末に遡りうるものもあろう。この村座規式の中に、「一、捌理行事之事」という一項目が立てられているが、この「捌理」は「サバクリ」と訓することができ、熊取荘朝社村でいう「村サバクリ」「惣役」と同一の性格を示すものとみてよかろう。この「唐国村村座規式」の全文は『和泉市史　第二巻』の史料篇に収録しておいた。参照されたい。
(27) 文亀三年八月二十七日条など。
(28) 文亀元年四月十四日条など。
(29) 前田正治編著『日本近世村法の研究』(一三〜四頁参照)。
(30) 熱田公「民衆文化の台頭」(岩波講座『日本歴史』中世四)。
(31) 『政基公旅引付』文亀元年七月十三日〜十六日条。
(32) 熱田公「前掲論文」。
(33) 「寛政重修諸家譜」(巻第一〇六九、根来氏)。
(34) 「かりそめのひとりごと」(一八、八人荘屋と六人支配の村々)。
(35) 「同右」(七三、当国文禄の検地)。
(36) 「中家文書」。

むすび

鎌倉時代中末期を劃期として、家父長制的な大経営が分解して、中小名主職所有者が抬頭し、名主のもとにあって家父長制的な支配をうけていた奴隷的乃至は農奴的な隷属民が、それぞれより自由な身分にむかって解放をかちえ、またより安定的な経営にむかって自立を遂げつゝあったとされている。そしてこのような研究は、つゞまるところ、単婚小家族による安定的な自立経営と、それに基づく典型的な、したがって純粋に領主対農民の一元的な関係が、次第に形成されてゆくことを論証しようとする背景をもっている。いわば中世後期に顕著となる土一揆は、そのような純粋な封建制に近づく過程の階級闘争であったし、惣村は純粋な農奴を形成する過程にあらわれた村落組織であると考えている。しかしながら、土一揆といゝ惣村といゝ、それが家父長制的な支配関係と、したがって未熟な生産力の発展段階にとどまっていたのであれば、農民があれほど熾烈な闘争を荘園領主や守護大名・戦国大名に対しておこないう筈はなかったし、またあれほど長期的で組織的な惣村の自治を実現する筈もなかろう。しかもこの土一揆と惣村自治の歴史的過程において、農業生産力の全般的な後退がみられたわけではなく、開墾なども小規模ながらおこなわれているし、生産力はむしろ発展の傾向にあったとすらいえる。

封建社会の全過程を論ずるに当って、単婚小家族経営に支えられたいわゆる自立した小農民の形成の問題は、もとより基本的な課題の一つではあるが、わが国の中世後期にあらわれた惣村の歴史的局面を明らかにするにあたっては、その小農民の形成だけを基軸にすえることはできない。本稿でとりあげた和泉国内の二・三の惣村をとってみても、「半結衆」とも表現されたことのあった、いわゆる惣村の中核的な成員が、単一な階級としてまた単一な身分として、惣村全体を思い通りに動かしたのではなかった。すなわち、惣村内部の自治的な結集といゝ、他の惣村との連帯的な政治的行動といゝ、かれらによって主導されたのではない。大鳥郡若松荘中村の宮座の正頭・料頭には地侍層をも含み、日根郡熊取荘の中家は、もともと「沙汰未練書」がいうように地頭・領家の進止をうける名主・荘官などの系譜をひく家柄ではあったが、十六世紀にはその実力において、かつての地頭をしのぎ、根来寺をも動かす地位にあった。また惣村の内外に対して、高利貸資本家として、また有力な商人として、また地主として君臨し、農民身分ではありながら支配階級としての利害を擁護するために内外の権威や権力を利用した。また身分・職業・住所の三位一体の差別をうけつゝ形成されてきた宿・嶋の住民も、その卑賤視を受けた職業を通じて、部落相互の連繋を強めて再生産を維持できたし、高利貸商人・地主を媒介として、惣村の防衛に一役を担わされたのである。少なくとも、地主・小農民・小作人・宿・嶋の住民という四つの身分がとりなす組織の総体が惣村の自治を構成している。惣村に自治があるとしても、それはあくまでも限界性のある「自治」なのである。そして真の自治を目指すような、その意味で真の民主主義を目指すような状況はまだどこにも登場していない。従って惣村に自治の前史のみを追究することはむしろあまり生産的なものとはいえないであろう。むしろ農民大衆とよばれるものの具体的な身分・階級の分析と、その相互の関係を明らかにすることが必要ではないだろうか。

私は惣村の歴史が中世人民の地域的結集――フォルクの発展――をした点で日本の歴史の輝やかしい歴史の一齣であることを疑うものではない。小稿では、従来、美化されすぎるきらいのあった惣村の自治をとりあげ、極めて多様な側面にわたって、惣村の歴史がまさに惣村であるが故に避けることのできなかった内部矛盾を明らかにしようとした。しかしその内部矛盾を明確にすることによって、中世の勤労人民にとって民主的で自治的な惣村形成がいかに困難であったかを明らかにし、そのことによってかえって、惣村の歴史のなかで、日本人民の輝やかしい民族的伝統を正しく探りうるものと考えている。いずれにしても、西欧的な封建制の発展法則の呪縛からの解放という問題意識を、私がどれだけ惣村のなかで具体的に実証したか疑わしいが、少なくともそれを追究しようとした意図だけはもっていたことを告白しておく。

第二章　下剋上の時代の一側面

――嬰児殺害・一色田・散所――

はじめに

鎌倉末期から南北朝内乱期にかけて、畿内地方を中心にして、自治的な農業村落が、広汎な小経営農民を構成員に含みながら成立し発展してきた。鎌倉期以前に成立していた特権的村落秩序のもとから自立化しつゝあるこれら小経営農民はその時期にまだ全面的に成立しうる生産力水準にはなく、まだ農奴主層の経営があり再生産不可能な小農民層が依然として残されていたとはいえ、村落が小経営農民の参加する政治的・経済的共同組織の性格を強めつゝあったことは否定できない。(1) このように中世後期の畿内地方を中心とした村落の歴史は、小経営農民層の動向を主流として展開してゆく時代を迎えていたといえる。稲垣泰彦氏は生産手段に結びついた農奴の意識的戦術的集団的な反抗を「庄家の一揆」としてとらえ、これをわが国封建社会下における農民闘争の基本形態として特徴づけられるとしている。(2) また熱田公氏は、狂言の諷刺と反逆の精神は、南北朝内乱から土一揆にいたる民衆運動の高揚と、それによる民衆意識変革に密着し支えられることによってのみ成立しえたとしている。(3) この民衆運動の高揚に、前述した小経営農民層を予定しているとみてよかろう。

このように、中世後期の畿内地方を中心として展開する自治的村落は、小経営農民層の広範な成立に関連して、いわば明るく総括されている。にもかゝわらず私はかつて、十六世紀を中心とした和泉国内の二、三の自治的村落を分析し、当時なお農奴主・地主層と、自治的村落から排除されて悲惨な差別を強められている封建的半プロ農民との特殊な結びつきが、自治的村落と矛盾しながら秩序づけられていることを論じた。[4] 小農奴主・地主層と封建的半プロ農民との関係は、どうみても明るい自治的村落の様相とは逆のものだが、その関係が小農民を中核にしながら展開してゆく自治的村落の歴史にとって反動的なものであったとしても、中世後期の農村の特質を論ずる場合、私にとってはどうしても捨象するわけにはいかなかった。

こゝではそのことにかゝわる問題を中心に、思いつくところを述べてみたい。

（1）「日本封建時代の土地制度と階級構成」（『一九六四年、北京科学シンポジュウム歴史部門参加論文集』所収）。
（2）稲垣泰彦「土一揆をめぐって」（『日本中世社会史論』所収）。
（3）熱田公「民衆文化の台頭」（岩波講座『日本歴史』中世四）。
（4）本書第三篇第一章「惣村の起源とその役割」。

一　嬰児殺害

中世後期の農業村落について語るまえに、同時期の都市の問題について触れねばならない。イエズス会の宣教師ルイス＝フロイスは『日本史』を著述しているが、彼は、生来の歴史家といえるほど好んで仔細にわたって事実を伝える人であったといわれるが、[1] その『日本史』に彼が堺で見聞した一つの事柄を次のように述べている。

日本では女が堕胎を行ふのは非常に多い事であつた。或ものは貧困から、他のものは多くの娘を持つのを嫌がるために、また他のものは人に召使われてゐる身であるために、これを行はなければ勤めを充分果して行けないために、などの理由であつた。かうして此の事は誰も咎めない程一般の事柄になつてゐた。生れた子供の喉に足をのせて詰め殺すのもあれば、或種の草を服んで、堕胎を催すものもあつた。さうして堺の町は大きく、人口が多かつたから朝夕岸辺や濠端に行くと、時々その中に投げこまれた此の種の子供を見る事があつた。生れてから棄てゝしまふ積りの子供に対して母親が幾分の人間らしさを示さうとすれば〔すぐには殺さないで〕子供を岸辺に置き、やがて満潮と共に殺されて了ふやうにするか、或はいつも犬が食ひに来る濠の中に子供を投げ込むかする。

或夜の事、コスメ・コーゼンといふ商人で、富裕な教徒が数珠の珠を爪操りつゝ、祈禱しながら岸に沿つてやつて来た。その時岸に引き揚げてあつた小さい舟の中で小さい子供が泣くのが聞えた。そしてもう舟の周りには、いつもかういふものを食て生きてゐる犬が、二、三匹、子供の泣く声を聞き付けて走りまはり、舟に入り込んで子供を食はうとしてその方法を求めてゐた。この老教徒はよき人であつたから、この憐れな光景に情けを催ほし、事の有様を急ぎパドレに告げた。パドレは彼に、出来るだけ急いで行つて犬の食はないうちに子供を連れて帰り、その晩に洗礼を施す様にと云つて、子供にはイザベルといふ名を与へ、コスメに託して、彼にこの教父となり自分の費用で養育するように命じた。コスメは喜んでこれを引き受け、堺から六哩はなれたサンガドノの領にその子を送り漁夫の妻に銭を施して養育を依頼した。（中略）

此の事があつたのち、堺の教徒はパドレに向つてかういつて忠告した。パドレはこれからあの様な愛の事業の相手にはならない様にすべきである。でなければ、一般の人民や下女や貧困な女が子供を引取つてくれるといふ話を聞くとすれば、朝方には八人から十人位もの子供をパドレの戸口に見出すやうになるかも知れない。かういふ子供を育てるには決まつて大きい金が要るばかりでなく、その他に尚、数多くの忍び難い事情がその為に起きて来るであらう。さうなれば、こんな子供を育てる事を兇兆のやうに思って、養育してやらうとする女もなくなるだらう。そして僧侶は此を以て、パドレはたゞ子供を食う目的であんな事柄を引受けてゐるのだといひふらす機会とするであらう。(2)

長文を引用したが、この『日本史』第三章では、さらに、いるまんフェルナンデスが、山口で日本人の三大悪事について辻説法した時に、第一と第二はデウスの信仰のないことの罪にふれているが、第三条においては、母親の嬰児殺しと堕胎が人道に反する最大に残忍なものであることを強調している。(3)

宣教師にとって黙止すべからざる惨状が、当時の日本人にとっては日常化し、痲痺しているかの如き様子が伝えられている。

中世の都市および近郊における下層民の悲惨さは、応永二十七年（一四二〇）来朝した李朝回礼使宋希璟の日記にも記されている。すなわち四月二十日、兵庫を発して京都に入る途中、西宮を通過する際に作った詩のなかに、

処処神堂処処僧　人多遊手少畦丁
雖云耕鑿無余事　毎聴飢民乞食声

日本人多、又多飢人、又多残疾、処処
路辺会坐、逢行人、則乞銭、(4)

というのがあり、朝鮮に比してこの日本においては、街道にそった諸地域に人口が集住し、信仰による法悦と飢餓の苦呻が混在する奇妙な雰囲気のあることを描き出している。彼は帰路の六月二十七日、尼崎に宿し、その近郊農村の多毛作の普及と生産の高さに驚嘆している。荒廃と繁栄とが、近接する西宮と尼崎に併存していた。畿内地方を中心とした農村と都市において、日本人の大部分が痲痺している特殊的な情況があった。

子供を盗んで病人の薬にする行為は、悪行として退ぞけられるにしても、子供を薬にする呪術は完全に否定されてはいない。(5)宋希璟が注目した残疾・飢餓の実体を、同時代の日本人が全て無視したのではない。応永二十九年九月六・七日の両日に勧進僧が京都五条河原で大施餓鬼をおこない、前年の飢饉による餓死者に対する供養を修し、死骸の骨をもって地蔵像六躰を造り、大石塔を築いたという。この勧進僧は「往来囉斎僧」が相い集まったものと註記があり、勧進僧自身は真剣な供養をおこなったのであるが、一部からは囉斎僧といって蔑視された。この施餓鬼法養に

よって、貴賤衆庶から喜捨を乞う勧進行為も、一種の見せ物だとして嘲笑するものもあった。事実「万人皷操打桟敷」とあり、しかもこれら勧進僧と京都河原者との間に喧嘩が起こって、僧一人が殺害され、施餓鬼供具などが取り散らされ、河原物でこれを奪うものがあったという。(6) 僧侶のなかには、中世末に宣教師が示したような貧民に対する救済事業を、僧侶の使命と感じておこなうものもあった。たとえば、寛正二年（一四六一）には畿内及び近国で広範な飢饉があって、多数の餓死者を出したことがあったが、その時、禅僧雲泉大極や時衆僧願阿弥などのように、悪政に対する非難をしながらも救済に当った人がある。(7) 文亀元年（一五〇一）閏六月、和泉守護勢に捕縛されていた和泉国入山田村農民が、脱獄し逃亡の途中、追っかけてきた守護勢にふたゝび捕えられて殺害されようとした時、代わりに科銭を支払って助命を懇願した三昧聖があった。(8) しかし多くの僧侶は、たとえば高野聖がそうであったように、思想的に頽廃し宗教者とは認めにくいほど転落の道をたどったものもいる。(9) 狂言「地蔵舞」は、坂東の曬斎僧が、西国を廻行し修行をする途中、往来の者に宿貸す事が禁制されている惣掟の大法を口才で破って、民家に一夜を明かすことを語っている。こゝでは、自治的村落の展開とともに他国者を排除しようとする惣掟が定められてゆくことに対し、民衆の中から出て民衆に法を説くべき下級僧侶が、「口才」をもってしか民衆にとりいることができず、自らの思想をたかめることもできず、民衆の貧困な教行を教化することができないものもいた。(10)

下級僧侶といっても諸階層があろう。しかし少なくとも中世後期の民衆を代表する僧侶にして、どのような倫理感をもったのであろうかを探る必要がある。

中世後期の高揚する民衆意識をとらえたのは親鸞の信仰と本願寺の「思想」であった。(11) 本願寺教団を手がかりに、その一つの思想を探ってみよう。

近江国堅田における一向一揆の基礎集団となったのは堅田地下惣の全人衆である。近江国堅田には、供御人の系譜をひき、名主でもある同地の根本住人「殿原衆」と、かつては殿原衆に隷属する同地の直接生産者層であった「全人衆」とがある。その全人衆が土地占有権をえ、非農業的生産にも従事することによって、次第に自立していって、全人衆として独自な身分的結集組織を形成してゆくが、その自治的組織を地下惣といゝ、殿原衆の惣と対立する面を強めてくる。この全人衆が同地における一向一揆の中核となり、堅田本福寺に結集するのである。禅宗を外護する殿原衆が戦国大名の被官化することによって一向一揆は抑圧され、いわゆる堅田における中世は終焉する。[12]この堅田における地下惣の歴史は堅田本福寺の歴史でもある。堅田地下惣はわが国中世における宿駅港湾を中核として成立した惣の典型であり、したがって農業村落とは異なった開明性をもった惣の代表であるとすれば、その地下惣で政治的宗教的に指導的地位を継承してきた堅田本福寺の僧侶たちが描き出した歴史観や倫理性は、もっとも日本中世民衆に密着した歴史観や倫理性を描き出したものであったとみてよかろう。

本福寺は紺屋法住が存如・蓮如に帰依したことから始まった。法住は寛正六年（一四六五）正月、本願寺が延暦寺の僧徒によって焼きうちされた時に蓮如をまもる大功を立てたこともあり、本願寺教団の継承・発展にかけがえのない重要な役割を果した寺である。法住は同国野洲郡金森の道西とともに近江門徒の中核となって活躍した人物である。本福寺住持職は明顕・明宗と受け継がれたが、しかし明宗の代に本願寺から前後三回にわたって破門をうけ、ついに第三回目には明宗は餓死してしまった。その本福寺住持三代にわたる記録が『堅田本福寺旧記』であるが、[13]それには、まずルイス＝フロイスをはじめ渡来した宣教師の心胆を寒からしめた嬰児殺害と堕胎について一言もふれていないのに気がつく。本福寺住持の見聞する近隣の世界にこのような現実が絶えてなかったのではあるまい。その事実があっても、それを重大なことゝみることのできない思想的限界があったからに外ならない。その思想的限界は果してどこからくるのであろうか。蓮如上人が定めたという九十箇条制法の第八十三条にその一端をみる。

ワカ召仕ヒノ下人等ヲムサトオトシメアラケナクアタルヘカラス、其故ハ、今生ノ福報ニ厚薄アルユヘニコソ、主人トモ成リ、下人トモナリヌレ、弥陀如来ヨリタマハル信心ニハカハリメナシトコ、ロヘテ、如来ノ平等ナル御

コ、ロニハチテ、ヨロツナサケモナキコ、ロモツマシキ事。(14)

この文章からも明らかなように、主人と下人という身分の差別とそこから生じる支配と隷属という現実の関係は、もともと弥陀如来の慈悲のもとでは平等な関係にあるべき人間でありながら、たまたま今生の福報に厚薄があることによって生ずるものであって、仮りの姿であると理解するのである。したがって結局は、嬰児殺害・堕胎をしなければならない母親も、またそのようなことを許さざるをえない家族も、また殺害される嬰児も胎児も、ともに今生の福報の薄きものとして情をかけることを説くことになる。右の制法にもみえるように、主人が下人を支配するに当って、蔑視し暴力を振うことがあってはならないことを誡め、恩寵と慈愛を説いているが、それは現実には下人が主人に対して幻想を抱かせるに役立つのにすぎないものである。このようなことを事新しく説かなければならないこと自体、主人と下人の非和解性の深刻な展開を物語るものに外ならない。いずれにしても、現実の社会が投げかけている問題から、本来の教義を新しく具体化することにそれほど積極的ではない。このような本願寺のイデオロギーは、末寺の僧侶や村落上層の信徒にもちこまれ、本願寺に対する強力な帰依の軸にしようとするが、それは決して貫徹したわけではない。永正三年（一五〇六）細川政元が畠山義豊と河内で戦った時、本願寺実如は細川政元の要請をうけて、河内門徒に出陣を勧めたが、河内の門徒も僧侶も、

いまだ左様のことは仕付けず候えば、兵具もなし、如何にして俄に仕る可く候か。元より開山聖人以来左様の事当宗になき御事に候。

ときびしく拒否している。(15)本願寺教団はもともと、その支配機構がととのえばととのうほど、いよいよその教義は現実の信徒がかゝえている問題から離れてゆく傾向をたどったようにも思える。教団の武装強化は、門徒のための自治的武装とは乖離し、むしろそれを抑圧する部隊として構成されざるをえない傾向を強めていったといえよう。

もともと民衆の救済から出発した親鸞の教えは、救済されるべきものが一層増加する中世後期にいたって研ぎすま

されるのではなく、かえってその意義を喪失してゆく一面があったように思われる。だからこそ、河内門徒をして「開山聖人以来左様の事当宗になき御事」と、痛烈な批判を受けねばならなかったのである。

　僧侶の多くが教義や行動のなかから救済を忘れてきたことは、ひろく見られるところである。たとえば「多聞院日記」の天正十九年（一五九一）七月二十三日条には、

　今井与市トヤラン、女房子指殺、腹切、家ニ火ヲカケ死了、浅猿々々、金商ニ被責立、無為方、如此、沈思々々事也、

と記しているが、筆者にとって負債に窮した一家心中の悲劇は、福報に恵まれない人のあさましい行為であり、沈思すべき出来事にすぎなかった。窮乏し弱身の他者にむかって福報の厚薄という諦観を説きながら、富裕で強身の自分自身に向って他者の福報のための現実の行動を起すことを説きえないのは、支配階級の支配思想の常態でもある。

　応仁二年（一四六八）正月、堅田浦衆が京都花御所造営用材を湖上運送するに当って緩怠があったとして比叡山の攻撃をうけたことがあったが、その時、地下惣が抵抗し全人衆がこれを指導した。その時、地下惣の下人はもちろん、「枠《かせもの》」までが参加した。この地下惣防衛に当って、全人衆は下人・枠に向って、自力による武力的抵抗が今生のより厚き福報を約束するという、およそ「他力本願」とは縁の遠い「自力本願」を説いてその糾合をはかったに違いない。しかしそれが敗北し、詫銭を強いられた。その負担が醵出できなかった枠は堅田への還住ができず、流浪の旅に出たのであるが、その時、全人衆は、枠に助成せず、今生の福報の厚薄を説き、冷酷な「他力本願」に立ち戻ったと考えざるをえない。(16) 仏法の慈悲の平等と現世の福報の差別を説く基準に流動性があることは、『堅田本福寺旧記』のなかにも見事に描かれている。


　物ヲ預ケテ違ヌ人ハ、仏法ノ志アリテ、コトニ世帯心安、有得ノ人ハ惣シテ、モノヲチカヘヌモノナリ、

とか、

有得ノ人、十人、廿・卅人ノ人ヲ扶持スルモノハ、ソレホトニ拍子カ相テ、首尾調ヲルソ、尾籠ノモノ計会ソハ、ワカ身一人シテ調ノヘントスレトモ叶ハヌモノソ、仏法領ニモノヲツカヘハ、上々御内衆モ用求シタマイ、アレカコレカト、言葉ヲカケタマフ、タトヒ日頃ハ山ホトツカフタレトモ、イマ〳〵会釈・挨礼ヲセサレハ、見ヌ顔ニテ、言葉ヲカクル人ナシ、分限ニテ物ヲツカフホト、万事叶フナリ、

昔カタ、ニ有得ノ人ハ、能登・越中・越後・信濃・出羽・奥州、ニシハ因幡・伯耆・出雲・岩(石)見・丹後・但馬・若狭ヘ越テ商セシホドニ、人ニモナリ経廻モセリ、イマハ湖ノ端ハカリ廻テハ、ナニノマウケノアルヘキソ、ソノハタハリカクシテ心根ヲソロシク候ソ、分限ナレハ心ユタカニ仏法ニ物ヲ投クルモノナリ、

などとあって、現実に富をもつ「有得」の人が誠意をもち、豊かな人情のもち主であり、その様な人の行動が他人を納得させ、結局は仏法の福報を支えてゆくのであるという、実利的な考え方を示している。なるほど、この『堅田本福寺旧記』は、本福寺住持の心がまえとして「当住持人ニホメラレントスルハ、コ、ロノヒカミ偽、奸シキ心ヨリオコリテ……」と書き、世俗の毀誉褒貶に惑わされない大切さを説いてはいるが、他方で混乱した時代に生きぬく現場の寺僧の方便はまことに勝れたものがある。このように、本願寺末寺の僧侶が地下惣と一味して自治的惣の防衛のために闘った歴史的経験から生まれたものとして『本福寺旧記』をみたとき、親鸞の教義を現実の世界の中で豊かにうたいあげたという感動よりは、処世の方便をみじめさのなかに発見したということの方が目につくのである。もちろん『本福寺旧記』の敗北主義的な思考は、堅田地下惣の現実的な敗北とかゝわりをもつ。

本願寺の教団支配、とくに一家衆機構による支配体制と、それを支える破門権の行使が――事実、本福寺住持明宗にとっては、この破門権が死を意味したのであったが――いわば堅田地下惣と本福寺の矛盾を深め、また本福寺僧の世界観を処世の方便発見にだけ向けさせるような歪曲を強いたことを忘れてはならない[17]。本福寺住持も、たとえば一家衆による教団支配が開宗の教行に乖離しつゝあることをみてとっていたが、自らも現実の世界に救済を説いてゆく

姿勢を次第に失っていったと思われる。

狂言「骨皮」では、年老いた田舎寺の住持が跡職を新発知に譲るにあたって、まず誡めたことは、

扨寺を持てからは、随分と旦那衆の気に入る様にせねば成らぬ程に、さう心得さしめ、

ということであった。この狂言は、師のそのような教えを大切にしながら無知なために、逆の結果ばかりを招いてゆく弟子に笑いが集まるが、旦那に依存する田舎寺の住持師弟の愚かしい言動に対する嘲笑もかくされている。中世後期におけるわが国の民衆の闘争で、一向宗僧侶によって指導された一向一揆は特に大きな意義をもっていたが、反面、村落寺院の住持で住民の嘲笑の的にされねばならないものがあったとすれば、何とみじめなものであろうか。堅田に還住できなかった下人や枠の救済について堅田地下惣は思い患ったようにもみえないし、本福寺は現世利益を追うことに心を傾けている。もっとも民衆に近いところにいる僧侶においてすら世間で一般化している嬰児殺害・堕胎は記録するに値しない「あさましい」世事の一つにすぎなかったのである。

(1) ゲオルク=シュールハンメル『「日本史」と著者ルイス・フロイス』(柳谷武夫訳『日本史・1・キリシタン伝来のころ』東洋文庫4　二一頁)。
(2) ルイス=フロイス『日本史』(一五六七年七十六章)、『堺市史』(第四巻　資料編第一、三一九〜二一頁)。
(3) 前掲『日本史』(九二頁)。
(4) 『校註老松堂日本行録』。
(5) 『看聞御記』応永三十二年三月二十・二十二日条。
(6) 『看聞御記』。
(7) 永原慶二「下剋上の時代」(中央公論『日本の歴史』10、二一二〜一六頁)。
(8) 『政基公旅引付甲』文亀元年閏六月二日条。
(9) 五来重『高野聖』(一八　高野聖の末路、二五三〜六七頁)。
(10) たとえば「長禄四年近江国蒲生郡中野村今堀定おきて事」・「延徳元年近江国蒲生郡中野村今堀地下掟」(前田正治『日本近

世村法の研究』附録村法集に所収)。
(11) 森竜吉『本願寺』(三一新書、一一四〜五頁)。
(12) 新行紀一「一向一揆の基礎構造—近江国堅田を中心に—」(『歴史学研究』二九一号)。
(13) 笠原一男『真宗における異端の系譜』(第六章破門権の系譜)には、本福寺破門の問題が『堅田本福寺旧記』に依って詳細に論じてある。また本書の巻末に、付録として「堅田本福寺旧記(全四冊)」が収められている。
(14) 笠原一男『前掲書』巻末附録に所収されているものを使用した。
(15) 森竜吉『前掲書』(一一九頁)。
(16) 本書第三篇第一章「惣村の起源とその役割」。
(17) 笠原一男『前掲書』(第六章)森竜吉『前掲書』(一一六〜七頁)。

二　一色田

荘園制的な支配秩序と対抗しながら、農民や商手工業者をその法的主体者とする自治的な組織体が形成されたことは、歴史的な大きな変化である。だがこゝで重要なことは、この変化を社会的生産過程の発展による生産性の増大の結果であるという一般論におきかえるのではなく、その社会的生産過程での生産性の増大がどのような権力機構や土地所有形態と結びつくかということを明らかにすることが大切であり、こゝでは自治的村落の形成を村落住民の動向と関連させながら明らかにしたい。

荘園ではその収取形態が名田＝公事田と間田＝一色田＝散田の二形態から成り立っており、そのような荘園の二つの収取形態は村落においては名主と散田作人(一色田作人)という二つの階層をもたらし、この二階層の間には、社会構成上での基本問題である支配隷属関係に異質な要素があるとする見解が支配的となっている。[1] とくに島田次郎氏は、荘園領主による間田支配体制の中から、中世後期の畿内においては、在地領主制が発展してゆく萌芽がみられるとして重視している。この在地領主制は東国で展開した在地領主制とは時代を異にし、したがって性格を異にするという把握の仕方には問題があるが、このような在地領主制の展開に対応して、畿内及びその周辺の農村で展開した自治的組織が、前代の二重構造をどのように克服しながら形成されてゆくかは、きわめて重要な課題となろう。

至徳元年（一三八四）十二月、東寺領山城国拝師荘・女御田の一色田を請作する竹田居住の一色田作人が、領主から先例に背いて人夫役を課せられたことを不当とし、下地返上の連判状を領主側に提出したことがあった。それによると、かつて女御田一色田の斗代は反別一斗四升の定斗代であったが、領主すが殿は以前にもこの定斗代を廃止して一色田作人の抵抗をうけ、いままたさらに人夫役を課した。しかも、それを不当として愁訴した一色田作人を召籠めた。そこで改めて竹田居住の女御田一色田作人らは、本来、公事負担のない一色田下作人たるわれわれに対して、先例を破って公事を課する挙は、本所の亀鏡を疑うにたるとして集団的な抵抗を試みたのである。(2)

この事件にはいくつかの問題点がある。その一つは島田次郎氏が、大乗院領大和国出雲荘の下司給田たる間田の分析を通じて、間田にたいする下司による地主的土地所有が展開するとともに、間田作人から公事夫役を徴収する形態が十五世紀以降顕著となることを明らかにしたが、(3)その通りのことがこの女御田においては十四世紀末にみられたということである。(4)またもう一つの問題は、すでに須磨千頴氏が明らかにしているところであるが、この竹田居住の女御田一色田作人の集団的抵抗の指導的役割を果したのは、この一色田作人のうちの一人でもあり、近隣の芹河荘代官円琳であったことである。すなわち、このころ、この円琳は東寺領拝師荘内の一町歩の荘田を、芹河荘田と称して押領しようとし、数百人の野伏を組織して、作稲を刈り取る暴挙をしている。(5)須磨氏も指摘されているように円琳には芹河荘々官という地位を利用しなければなかった点で弱みがあり、また一色田作人の集団にも同様な弱さがあった。すなわちその翌年至徳二年三月十八日、女御田一色田請作の請文を東寺に捧げるに当って、この連判訴状を徹回したことがその請文の「端裏書」にみえることからも明らかである。しかしこの竹田荘一色田作人の集団的抵抗に一定の影響を与えた荘園の事情をおさえておく必要がある。それは円琳が暴挙に出たところ、竹田荘代官もやはり東寺領女御田たる須久多里九段を横領しようとしたことがあり、東寺雑掌が室町幕府に訴え、幕府は須久多里田地のうち東西九条の範囲内にあるものは東寺に返給せよと御教書を発していることである。それは直ちに実施はされず、恐らく在地での混乱があったものと思われることである。(6)

いずれにしても、荘園領主による名田と一色田という二つの収取形態と、それに規制された村落の二重構造が完全に克服されてはいないが、それがすでに時代遅れのものとなっていることはほゞ確かめられよう。すなわち、竹田居住の女御田一色田作人の集団的抵抗といゝ、それを指導する芹河荘下司や竹田荘代官の活躍といゝ、一色田作人という階層的差別を克服しながら政治的にも抬頭していることが明らかであるが、さらにそれを支える経済的土台の変化についても考えてみる必要がある。

前述至徳元年十月の竹田居住一色田作人の連判状に立ちもどると、そこでかれらは一色田を返上するといっているが、もともと一色田請作契約は一ヵ年とはいっても、秋の収穫が終わり、年貢納入が完了すれば、実質上は空閑地となるはずで、不宣告のまゝ一色田作人の請作地一色田に対する耕作権は喪失するはずである。とすれば、十月にこの挙に出るということは翌年の請作拒否を意味するものであろうか。しかし翌年再び請文を領主に捧げて、かつての強硬な態度を一変させていることから、結果的には虚勢にすぎなかったことは明らかになった。また、他の理由として、この時に署名した人物の約半数に当たる円琳以下十二名が一色田分年貢を七石余未進していることからして、(7)年貢納入中と思われる十月段階で、未進分を納入しないということであったかも知れない。年貢納入が完了しない限り、一色田請作の義務を果しておらず、なお一色田作人としての規制を受けているとみてよいが、それは一色田作人にとっては奴隷的束縛を意味する筈である。したがって下地返上という主張の裏にかくされている一色田作人の一色田耕作に対する強い権利が何故発生したのかという面について考えてみなければならない。

拝師荘と竹田居住一色田作人との間に、応永年間、次のような事件が起った。

東寺領拝師荘内竹田村百姓、依有年々未進、加検□(封)幷点札於夏麦之処、任雅意、切検封、抜□点札、致苅麦、百姓罪科交名事、

一、定阿弥　検封百姓
一、浄円　点札百姓
一、成阿弥　同
一、兵衛次郎　同
一、兵衛三郎　同

已上

右交名注進、如件、

応永十□年十二月廿一日(8)

年貢未進により夏麦点札をうけた百姓のうちには、かつて連判状に署名した一色田作人もおり、これらはともに竹田村居住一色田作人であり、彼等が点札・検封をうけた夏麦作田は拝師荘内一色田であったとみてよかろう。こゝでは、年貢未進分を夏麦によって充当しようとする東寺側と、夏麦は作人の自専とする一色田作人との対立が窺われ、二毛作が一色田作人によって一色田でおこなわれていたことを推測することができる。このことから竹田村民であって東寺領一色田を請作する作人らは、年貢斗代の定免化を獲得し、人夫役等を棄避しながら、一方では一色田において表作たる稲作よりも、力点を裏作経営に集中する傾向があったのではなかろうか。裏作は麦作に限るものではなく、野菜などの換金作物も重視せねばならない。

このような二毛作経営の発展が、荘園領主の米年貢収取に影響を及ぼすのは当然であって、領主のなかには、たと

えば勧修寺が八幡田里の荘田でとったように、裏作の坪に対しては年貢損亡を認めないとする対応をとることもあった。[9]すでにのべたように、拝師荘女御田一色田に対しても、至徳元年に領主が定斗代を廃止しようとする動きがあって、竹田村一色田作人の抵抗をうけたが、おそらくこの領主の動きの背景には、勧修寺領八幡田里荘田をめぐる動きと同様なものがあったのではないかと思われる。

二毛作は名田と一色田をとわず、かなり発展して、生産力の発展、集約経営の展開に大きな影響を与えたが、とくに一色田に対してどのような影響を与えたかを考えてみたい。

暦応三年（一三四〇）拝師荘下司仏成房は下司給田などを勝手に売却したため、領主から下司職を解任された。[10]仏成房とかわって新しく下司職に補任された成安が、前下司仏成房の沽却田を調査して領主に報告した。[11]その史料によると、仏成房が沽却した田地は、「永代沽却分」と「年作契約分」「仏成刈取分」とに大別されているが、まず「永代沽却分」に関する記載事例は次の如くである。

一、真幡木里八坪　二段　作人木幡六郎
　　買主七条坊門烏丸兵衛三郎
　又重沽却高辻烏丸有之、名字不知候

これは仏成房が名主職を所有する田地であると思われるが、その加地子得分を二度にわたって七条坊門烏丸の兵衛三郎と高辻烏丸の某に永代沽却したものであり、このような加地子得分部分売却分は合計九反に及んでいる。次に問題となるのは、「年作契約分」と記されている五反半の田地である。史料の一部分を示すと次のとおりである。

一、鳥羽手里二十二坪　一段半　作人仏成房
　　買主信乃小路東洞院藤六
　苅取了

一段　作人釈迦次郎入道《当作仏成房》
買主九条室町さん所法師

こゝで売却したのは須磨氏も注目しておられるように作職である。「年作契約」の内容は、「永代沽却」と対比されていることからみて、仏成房が東寺に対して作職を保有する田地を、年間契約で京都居住の藤六や散所法師に売却したことを意味するものであろう。とすれば、「永代沽却分」と同様、この田地に対しての収取関係が買主＝加地子名主↔売主＝作人の関係になるのであろうか。私はこの場合、むしろ関係は逆で売主が加地子名主的存在であり、買主が作人という関係になるのではないかと思う。というのは、「年作契約分」の田地のほとんどが作人仏成房であるし、その中に下司給が含まれていることから[12]、この田地は東寺領一色田であり、仏成房はその一色田を有期的に請負った一色田作人であるとともに、その年貢が下司給として与えられていたものとみたい。とすれば、東寺から有期限付で請作契約したものを、仏成房がさらに有期限付で他にその耕作権を売却したことになる。仏成房が下司職を解任されたのは暦応二年四月のことであるから[13]、すでに一年有半を経過したあとの調査報告であるが、暦応二年春、これら拝師荘一色田の請作契約を仏成房がおこなった直後、藤六らに下作職を売却し、中間得分をあげたものか、また表作は仏成房が自ら経営し、裏作部分のみを勝手に藤六らに売却して得分をえたものか明らかではない。しかしいずれにしても、一色田請作はこの場合、耕作の事実を示すよりも一色田年貢請負ということを示すだけあって、事実問題としては、はじめから、表裏両作を弱少農民に再契約し、また耕作権を売却して中間得分をえる目的で、請文を捧げ一色田作職を請負うこともありえたと考えるのである。また彼らは都市や都市近郊農村の細民に対する高利貸活動を、一色田年貢請負制度を利用しながら展開してゆくことも考えられるのである。すなわち一色田請作契約時には、請作人は請料銭百文を領主に納入しなければならないことを慣例とする。それを村内有力農民などが代納し、領主が弱少な一色田作人との個別な請作契約をおこなうことを事実上排除し、彼らが直接に現実の耕作者を私的に設定し、債務関係で隷属させ搾取する関係が考えられる。これは農奴主的経営でもなければ、直接経営に雇用農業労働を投入する方法でもなく、まさに地主小作関係といえる。仏成房の場合、領主によって調査された理由は、たまたま彼が下司職をもち下司給田を与えられながら、それを勝手に売却したからであって、そのことさえなければこのような事実を領主は全く関知するところではなかったのである。

わが国における二毛作の起源は、少なくとも、十二世紀初頭に遡りうるが、その時点においても、二毛作を発見したのは荘公田を正式に請作することが不可能な、社会的にも経済的にも力量をもたない不安定な中堅・下層の農民たちであったが、しかしそこからえられる富は上層農民のものであった。(14)中世後期においても、やはりその富は上層農民以上の階層に吸収された。島田次郎氏が明らかにした間田の収取体制のなかで、地主的土地所有が展開する全過程が、たんに二毛作の普及という農業技術の進展によってのみ支えられていると考えるのではない。そうではなくて、むしろ二毛作の普及という生産性の増大一般が、地主的経営の展開に結びつくという動向をあとづけたまでである。中世後期においても、なお、まだ荘園制的職の秩序のもとで名田―間田（一色田）の区別と、名主―一色田作人（散田作人）という身分的な差別は残存していたが、階級的な関係において、名主と一色田作人とを基本にすえることは困難であり、村落内での階級関係は地主と小作の関係が新たな階級関係として展開しつゝあったことを示している。名主層＝小農奴主を指導者とし、小農民を中核にする自治的村落からも排除され、地主にも隷属しなければならず、また荘園制的な秩序からも疎外された細民の発生が中世後期の畿内およびその周辺で顕在化していったのである。

農民層の階層分化の結果、身分としては荘官身分であったり、農民身分であったりしても、地主的土地所有を志向してゆく支配階級としての地主層は、自治的村落を一方のよりどころとしながら、高利貸活動や商業活動を通じて村落の枠をこえて動産を貯わえてゆくという特質をもっていた。そして、全体としてかれらが東国でみられたような排他的な所領を基礎にして在地領主化してゆくことは困難である。

十五世紀末から十六世紀にかけて、このような地主が辿った方向は、和泉国日根郡の中氏などをとりあげて、すでに分析したことがあるので、それを参照していただきたい。(15)そこでも明らかにしたように、地主的支配体制の対極には、次第に無権利な状態が強められるなかで、地主の支配と保護に幻想をもたざるをえない近世未解放部落民の前身としての宿村住民の姿があった。中世末に、日本で展開したもっとも悲惨な事実を、大部分の日本人から無視させた背景には、事実上、村落の中で下積みされながらも、村落の成員であることだけで優越性をもたせるような考え方が植えつけられたことにある。その原罪は、ひとしく領主階級の支配にあるが、だからといってそのことに一役を果した地主の問題を不問に付することはできない。

（1）黒田俊雄「鎌倉時代の荘園の勧農と農民層の構成（下）」（『歴史学研究』二六二号）・河音能平「中世成立期の農民問題」（『日本史研究』七一号）・村田修三「中世後期の階級構成」（『日本史研究』七七号）・大山喬平「中世史研究の一視角」（『新しい歴史学のために』一〇九号）・島田次郎「畿内荘園における中世村落」（『日本社会経済史研究』古代・中世編所収）。

（2）至徳元年十二月「東寺領山城国拝師荘百姓上状案」（「東寺百合文書」の三九—四二）。

（3）註(1)に掲げた島田次郎の論文。

（4）至徳元年八月晦日「造営方算用状」（「教王護国寺文書二」六二〇号文書）によると

（中略）

一、道作分

（中略）

九日百文　竹田人夫　ケンスイ（間水）

三百文　散所ケンスイ

（下略）

とあり、この人夫役はこの道作人夫役のことと思われる。

（5）須磨千穎「山城国紀伊郡における荘園制と農民」（『中世の社会と経済』所収）。

（6）「東寺造営文書符案」（『続群書類従』第二十七輯上所収）。「仁和寺文書十四　北家　藤原氏系図写」によると、
清藤兵部大輔備前守号智積寺
大内義弘泉州合戦之時、没落、其刻本領相違、和泉国加守郷・山城国竹田
とあり、史料の信憑性はやゝ疑わしいが、竹田荘の領家が中級貴族であり、室町幕府や守護勢と結びつきが強く、竹田荘不司のもとに同荘農民が武士団として編成されていた可能性がないわけではない。
（7）至徳二年二月「女御殿田至徳元年分年貢未進徴符」（「教王護国寺文書二」六二一号文書）。
（8）応永年間「山城国拝師荘罪科百姓交名注進状写」（「教王護国寺文書三」九七六号文書）。
（9）貞和五年九月八日「勧修寺領八幡田里坪在所斗代注文」（「勧修寺文書二十」）に「八幡田里坪在所事、於作麦田者無損亡也」、とある。
（10）（12）（13）須磨千頴「山城国伊紀郡拝師荘史の一考察」（『歴史学研究』二三七号）・同氏「前掲論文」。
（11）暦応三年十月「東寺領山城国拝師荘前下司仏成房沽却田注進状」（「東寺百合文書」へ六ノ九）。
（14）河音能平「二毛作の起源について」（『日本史研究』七七号）。
（15）本書第三篇第一章「惣村の起源とその役割」。

三　散　所

堕胎に嬰児殺害、宣教師がデウスに仕える身として坐視できず、しかし日本人は痲痺していて誰も咎めないほど悲惨な出来事がいつも起っていたのは堺である。しかしそれは堺だけにみられた事件でもなければ、またその他の都市や町場・宿駅だけでみられたことでもなく、いわば日本全国のどこかでいつもみられたものであろう事件である。しかしこゝでは、堺というわが国中世における「誇り高き」自由都市の構造に焦点をすえてそのような悲劇が展開する所以を考えてみたい。

奈良興福寺大乗院門跡尋尊は、文明十六年（一四八四）六月二日付の日記(1)に、

和泉堺ノ福神十六・七人各女房也上洛シ、

京都ノ貧乏神五・六十人男也和泉堺ニ下向、

と記しているが、応仁の乱によって生業を失った人々が京都から堺に移動したことを象徴するかのような噂が巷間に流布していたことを知ることが出来る。事実、文明七年八月六日に畿内を襲った台風によって、堺に高潮が起り、在家数千軒・船数百艘・住民数百人が引き流されたる被害にあったが、とくに悲惨な被害をうけた堺浜在家はそのほとんどが京都から没落してきた大舎人座の織手師と日蓮宗の僧侶で占められていたと述べている。(2) 中世における争乱の被害者は不断に農村から離れ、都市から都市へと移住したであろうが、応仁の乱以降のいわゆる戦国争乱はこのことに拍車をかけたであろう。

すでに前節で明らかにしたように、自治的な農村から遊離した人々が、結局ゆきつくところは都市であり、宿駅であった。ルイス＝フロイスは『日本史』の「堺に於ける事件の進行と堺にて収められたる収穫について」の章のなかで、

数ケ月の間、殆ど朝から晩まで、教を受けた人が来ない日はない位であつた。けれどもこれらの人々は皆他国の人で、堺で生れた人ではなかつた。堺の人々は悪徳に於ける放恣さと不遜自負の為に、我らが主なる神からかゝるみ宝を託される能力もなければ資格もなかつた。(3)

と記している。フロイスなど宣教師のもとに集まり、また洗礼を受けたもののなかに豪商がいたことも事実で、その豪商はその当人か、その近い先祖以来堺に住みついていたのであろうが、とくにこの記事には、堺に生れ堺に育った放恣と不遜な豊かな人々から排斥され蔑視されながらも、堺に住まなくてはならなくなった新しい移住民こそが真剣にキリシタンの信仰を求めていたことを伝えている。もちろん、堺への移住者のすべてが、すでに農村で再生産が不可能であったが故に、離村したような零落者のみに限られたことではない。時代は降るが、天正十二年（一五八四）の和泉国内での戦乱に当って、地侍である真鍋真入斎は、妻子とともに本貫を離れて堺に住もうかと考えたこともあり、(4)

本貫をはなれた国人・地侍のような階層もあろう。また堺の有力な町人で、金田屋・誉田屋・石津屋・野遠屋・万崎屋・草部屋・天野屋など堺近辺の地名を屋号としているものがあるが、これらの屋号のなかには、その町人の出身地を示すものもあろうし、その出身地ですでに名主・地主として致富していたものがいたことも想定される。京都における三長者の一人角倉氏は、もともと近江国の地頭的領主であり、土倉を営むとともに洛中帯座の座頭職を掌握することによって、天文年間から長者として地歩を築いてきたことが明らかにされているが、これはもっとも典型的な例であるとしても、上層農民や地侍層の都市との繋がりは、前節でのべた拝師荘の下司などの動向からみてもかなり一般化していることである。動産的富を貯わえ、地主化しているという経済的な構造上からいっても近以的なのである。すなわち拝師荘下司仏成房は、東寺から一色田経営を請負って、京都内の細民に現実の耕作権を売却して利をえていたが、こゝでは都市近郊農村の高利貸的地主が、再生産困難な都市細民を貸借関係を通じて支配してゆく面がみられた。またこれとは逆に、都市の豪商が、再生産不可能な農民に銭を貸して利をえ、また、質流れ田地を集積して加地子得分を収取し、いわゆる地主的土地所有を形成してゆくことがみられる。応永十六年（一四〇九）から永享八年（一四三六）にかけて、質流れによって集積された摂津国五箇荘内の田畠合計一丁八反余の土地が、文明三年（一四七一）我孫子屋によって大徳寺に寄進されている。この五箇荘は現在堺市内になっている土地であり、我孫子屋は堺商人である。堺商人による土地集積は堺近辺のみならず、和泉国日根郡にまで及んでいる例がある。

時代は降るが、茶匠千利休はその末年、恐らく長子紹安（道安）に与えたものであろうといわれる遺産目録を書いている。それによると、泉州の問丸と佐野の塩魚座とを支配していて、堺商人が商業・手工業を問屋として支配してゆく典型的な構造を示している。遺産目録にはそのほかに大鳥郡百舌鳥・深井に田地を保有していることが明記されている。これは加地子得分にまちがいないし、また堺町内の紺屋町・材木町などに屋地を持っていて地子銭をえていた。千利休は豪商と地主を兼ねていたことは明らかであり、高利貸活動を行なっていたことも当然考えられる。都市の

自治にあたる年寄・宿老・乙名などが有力な地主兼問屋層で占められていたことは重ねて確認しておく必要があろう。(11)

さらにいえば、地主兼問屋商人・地主兼高利貸商人などは居宅を、たとえば千利休のように堺に二つの居宅をもつような場合や、(12)あるいは一つは農村内に一つは町内にもつということも考えられる。かれらを農民と呼ぶか町人と呼ぶかは、かならずしも明確なことではない。まして、地主的経営や農奴主的経営をあわせておこない、さらに高利貸活動・問屋的商業活動をあわせもちながら、自治的村落の代表者であったり、逆に、都市における自治的組織の代表者として、高利貸活動・問屋商業を営みながら、地主的得分をえ農奴主的経営をあいかわらずもっていたりする階層を単一な経済的範疇でとらえきることは困難である。そのような階層が、都市や農村で階層的支配秩序を構成することはありうる。とすれば、かれらの「権力」を擁護する暴力装置の一つとしての傭兵の役割はきわめて注目される。(13)この「権力」が必要とした傭兵は常備的なものではなく、火急な防衛時に動員される臨時的な性格が強いものであった。傭兵は都市近郊の農村から排除された浮浪者や、火急な事態が発生した時に農村や都市から傭いいれられるものである。

『堅田本福寺旧記』には、「弓取モ春夏ハテツカイセズ、秋冬ハ軍ヲスル、仏法ニ人ヲス、ムルニ正月二月ハ人ノヒマトキ云々」と書いているが、これは農閑期に戦いがおこなわれることが多いことを述べたものである。常備兵を主力とした大規模な戦乱はともかくとして、農民兵・傭兵を主とした地方的な合戦は、農繁期には少なかったことを暗示しているようにも思える。戦乱時に傭兵化することによって再生産を支える都市や農村の細民が、平時にどのようにして再生産を支えているのかということを、堺近郊の散所を手がかりに明らかにしてゆこう。

中世における散所を林屋辰三郎氏は次のように位置づけされた。すなわち、「散所とは、古代末期いらい荘園領主のもとで地子から解放された土地のことであるが、古代的隷属関係をつづけている人々の住処であった。それは荘園領主の所在地や交通上の要衝や荘園の内部に存在し、散所長者のもとで雑役に従い、やがて運送などの労役のなかから商人化し、手工業の生産にたずさわって職人化するものもあった。こうした律令制下における賤民的系譜を引く人々が、古代的束縛からの解放の途上で、みずからの生活をまもるために、本所への公事を裏づけとして営業の独占をはかったものが、ほかならぬ座であった。座は単に商・手工業者の組織であるのではなく、解放途上にある隷属民たちの生活をまもる団結であったところに、真の歴史的意味がある」(14)。このように位置づけされる散所は、堺近辺でいえば、熊野街道ぞいで大鳥神社近辺の大鳥荘上条に集団として居住していた。この辺は古代駅制にもとづいて営まれていた草部駅があったところで(15)、この散所も、もともとの駅に関係したところから出発したものと思われる。大鳥荘上条内の散所が初見するのは、応永二十一年（一四一四）四月の「大鳥荘上条地頭方作付注文」であるが、それによると、

大　　　丹後宿
一丁五反　散所給(16)

とあって、同荘の領主たる摂関家から散所給田が与えられていて、それが同荘の地頭田代氏によって追認されていることが明らかである。さらに文明十五年（一四八三）九月、同所の散所五名が連署し、散所給田はもちろん、その他の田畠・細畦・池・小堀などの保有地を一切他方に売却しないことを連帯で確認して領主に起請している(17)。これによると散所は「衆中」＝「座」を構成し散所給を与えられている、かろうじて生活を支えている状態ではなく、田畠・池・溝などを保有する中堅農民として、共同体的関係を確保していることがわかる。しかし、この様な散所衆中の起請文もわずか五年後にたやすく破られた。すなわち長享二年（一四八八）十二月、散所左衛門四郎は田地を地頭田代氏に売却した。その売券は次の通りである(18)。

（端裏書）
「さん（散）所おんにようか（陰陽）子さ衛門四郎かうりけんの田井半田」

永代うり渡申田地の事

　まん所方野新田也　いなツマ田ト云、又ヨホウ田共云也、

合半者

　さい所野田井(代)　さん所ふる屋敷うしとら方

　　フチモアリ

泉州大鳥上条之内有

　　東畠田モアリ　南ハ田

限四至

　　西ハしはハら　北ハ畠

右彼田者代々さうてんの下地也、しかるといえ共、よう〱あるニよって、御しゃく銭のかたニまいらせ上候処、実正明白也、本やくハまい年米五升・銭十五文まん所方へさためあるへし、しせん此田にいらん申物候ハヽ、ぬす人のさいくわたるへき者也、仍後日ためうりけん状如件、

　長享弐年十二月五日　　さん所
　　　　　　　　　　　　さ衛門四郎（略押）

田　代　殿

本所領家に座的構成をとって人夫役などの雑役をつとめて隷属し、給田を与えられて再生産を確保し、わずかに古代以来の隷属的身分からの解放を実現しようとする時代はもうすぎ去っていた。かつて領主によって定められたと思われる散所屋敷は古屋敷と呼ばれて残っており、新田開発を進め農民化をはかりながらも、しかし個別的に地頭に収奪されてゆく陰陽師の子たる散所左衛門四郎個人を発見するのである。大鳥神社近辺には、この散所衆中に加えて、大工・左官・鍛冶などの手工業者も集住していて、[19]一つの町場を形成し、すでに平安時代末の京都では東西二条の辻

ごとに堂舎を建て、鳥居を設け神額を掲げて祀ったという福徳神が、[20] この大鳥にも長享二年（一四八八）には祀られていた。[21] このようにみると、もともとは宿駅から出発したとはいえ、大鳥神社近辺には十五世紀末期ごろから、周辺の農村と繋がりをもつ小都市が建設されつゝあったといえる。[22]

このような小都市のなかで、この散所は陰陽師の家系をひくという賤民視される職業を継承する集団であったとはいえ、物資輸送集団として商品流通上重要な役割を果していたのではなかろうかと思う。慶長年間、和泉国大鳥郡上神谷では、堺との間に、米を売り、その代銀で塩・炭などを買う商品流通が展開していたが、その時、商品運送にあたっては、上層農民が所有する馬が使用されたことが明らかにされている。[23] また堺南北には馬座があったが、[24] これが商品輸送に重要な役割を果したことは言うをまたない。上神谷の場合はともかくとして、堺の馬座が堺で馬を飼育し、座人が堺に在住し馬を自から使用して物資運送に従事したとはいゝきれない。たとえば、和泉国内の麹本座は和泉郡黒鳥村に居住する上層の住民で構成されていたが、四至を限った村々の売場や市場独占してその販売に当ったのは、各地に散在する座人であった。[25] 大鳥荘上条の散所衆中が堺の馬座に属し、現地で馬を飼育し、その馬を使って物資運送に当った史料はない。しかしもともと政治的な意図のもとに設けられた駅家で馬が準備されていたが、次第に物資運送にあてられるようになったことが知られている。[26] 大鳥荘上条の古散所屋敷も売券の文面によれば、芝原や野の一角を占めていて、放牧に適した地帯であったことが想像されないこともない。いずれにしても、林屋辰三郎氏は、散所は物資運送管理などを業務とすることを明らかにされたが、この大鳥荘散所の場合にもそのことを想定しておきたい。[27]

散所を座的構成をもつ物資運送集団とみた場合、注目されるのはすでに掲げた応永二十一年の大鳥荘上条散所の初見史料にみえる「丹後宿」という人物と散所との関係である。和泉国地方における「宿」は「嶋」とも呼ばれ、また「穢多村」などとも記されていたことは十六世紀における日根郡鶴原において明らかな例があり、[28] しかも鶴原の宿の例では、その宿の統轄者的地位に当る一人に「薩摩」と名乗る人物がいる。ひとしく国名を名乗るところからみて、大鳥荘上条の「丹後」もまた大鳥荘近辺の宿の統轄者的地位にあったもので、その宿を強いて求めるとすれば大鳥南方の取石宿であろう。応仁二年（一四六八）一月二十四日、「最勝光院方評定引付」の執筆者は九条の河原者を誤って「九条の散所」と書き、ついでこの二字を抹消して「河原物」と訂正している。(29)「散所」と、「河原者」は明らかに区別されている。和泉国でも区別されていたと考えられる。河原物や宿の住民は宿の長老・検校などを頂点とした自治的組織をもっていたとしても、一般の自治的惣村が排他的な惣掟をもち、他村・他郷からの流入者を排除するのとは違って、戸口・人口の変化はかなり激しくはなかったろうか。すなわち、人口は自然増よりもはるかに社会増の占める率が多かったと想定される。しかしながら「散所」が宿の人と改めて区別される所以は、散所が、本来、本所・領家から給田を与えられていることからも明らかなように、特権的・排他的な「散所職」によって成立している固定的なものであったからである。本所から職を与えられて、宿の人とは区別される特権をもつ散所を物資輸送集団としてとらえなおす時、やはり特権をもつ「散所衆中」は、恒常的な集団として安定した地位をもっている。しかし多量な物資を一度に送る必要が起ったときや、都市や惣村で傭夫徴募をおこなう時、散所や宿の長老が、宿の多数の他住人に対してその編成にあたることが考えられる。

こゝでの結論は、原田伴彦氏がかつていわれたことの再確認にすぎないが、畿内諸都市に展開した町民武装のかげには、賤民層の力が預かっていたのではないかということ、しかも自治的都市の武装は、商手工業者一般の解放をめざすものではなく、門閥的上層町民が都市内での権力支配を支えるためのものであったことを重視すべきであるということである。(30)戦国時代以降、近江国では本来的な「座商人」の下位に立つ足子・寄子商人の出現がみられるが、(31)このようにある特定な業種に恒常的につながるものではなく、農村や宿における根本住人ともいうべき「散所職」・「旦那職」所有者は都市の豪商や郷村から請負っている物資輸送権限、また自らの陰陽師としての持場、ある地域内の斃牛馬処理権、また神社境内や道路を清浄にするための雑役にあずかり、収入をえて再生産を維持していたが、そのもとには多数のまだ不安定な宿の住人がいたのである。

「惣荘」に対して「惣村」が「王朝貴族の政治都市」に対して「商手工業者の自治的都市」が一般的にいって進歩を示していることを否定するものではない。しかしながら、自治的村落を擁護しようとする支配階級の運動のすべてを支持するものではないし、自治的都市を防衛しようとする支配階級の行動のすべてに同調するわけではない。なるほど、堺の豪商と堺周辺の農奴主や地主とが商品流通を通じて結合し、いわゆる地域的な市場が形成されたことは、生産力の一般的な展開の成果であるし、社会的分業が発展した結果である。しかし武士勢力に対して都市と農民が連合して地域的な防衛機構を作りえなかったことや、差別される未解放部落の起源に一定の関わりをもつ宿や嶋が形成されつゝあったことは、嬰児殺害や堕胎の悲惨を当人の現世の福報の薄さとしてしか受けとらないような思想性の低さとともに、その時代の特質を理解するうえで関心をもたざるをえない。

（1）「大乗院寺社雑事記八十五」。
（2）「大乗院寺社雑事記六十」文明七年八月十四日条。
（3）ルイス＝フロイス『日本史』（七十五章）、『堺市史』（第四巻　資料編第一、三一六頁）。
（4）「真鍋真入斎働覚書」（『大日本史料』第十一編六巻、七三頁）。
（5）天文四年四月二十八日「堺念仏寺築地修理料足注文」（『堺市史』第四巻　資料編第一、一六一～六頁）。
（6）林屋辰三郎「上層町衆の系譜」（『中世文化の基調』所収）。
（7）阿部猛「一五世紀後半における一商人の土地集積状況」（『日本歴史』一四四号）。
（8）本書第三篇第一章「惣村の起源とその役割」。
（9）永島福太郎『百人の書蹟』（六五　千利休譲状にその写真版が収録されている）。
（10）脇田修『近世封建社会の経済構造』（三九頁）。
（11）豊田武『日本の封建都市』（岩波全書、六九頁）。
（12）紺屋町と材木町にある。この場合は二つとも堺の町の中にある（前掲の「千利休譲状」）。

(13) 高尾一彦「十六世紀日本の自由都市」(『日本史研究』四〇号)。
(14) 林屋辰三郎「中世史概説」(岩波講座『日本歴史』中世四)。
(15) 「延喜式二十八」。
(16) 「田代文書六」。
(17)(18) 「田代文書七」。
(19) 「田代文書七」寛正二年十二月十三日「かる屋形部畠地売券」、「同文書七」文明十二年十一月九日「弥五郎衛門大工職売券」、「同文書七」文明十四年十二月十三日「新衛門壁土用畠地売券」。
(20) 「百錬抄五」応徳二年七月条。
(21) 「田代文書七」長享二年七月十九日「菱木盛田経田地売券」。
(22) 脇田修『前掲書』(八〇～七頁)。
(23) 朝尾直弘『近世封建社会の基礎構造』(一一四頁)。
(24) 「末吉文書」天正七年三月二十八日「織田信長朱印状」。
(25) 前掲拙稿「惣村の起源とその役割」。
(26) 新城常三『鎌倉時代の交通』。
(27) 林屋辰三郎「散所その発生と展開」(『古代国家の解体』所収)。
(28) 前掲稿「惣村の起源とその役割」。
(29) 「東寺百合文書け」(森末義彰「散所」同氏『中世の社寺と芸術』所収)。
(30) 原田伴彦『日本封建都市研究』(第三　中世都市の自治的共同組織について、第四　領主権力と町民武装)。
(31) 脇田晴子『日本中世商業発達史の研究』(付論Ⅱ「中世商業の展開」)。

むすび

わが国における中世国家を担っている荘園領主層は、特権的な村落秩序が絶えず排除しつゞけた半プロレタリア的農民を一色田作人として支配しているし、呪術性を帯びた社会的分業に従事する人々を散所・宿の住民などとして秩序づけている。社会的生産過程の末端にまで権力支配を及ぼしていたこのような中世国家も、ついに中世の人民闘争によって崩壊したのであるから、その意義はきわめて大きなものがある。自治的村落の形成といゝ、自治的都市の発展といゝ、また狂言や御伽草子などの創造といゝ、いずれもその一端を物語るものといえよう。しかし、だからといって、中世の国家・社会がかゝえてきたものを、将来に解決をゆだねなければならない歪曲された課題としていくつかのものを民衆がかゝえこんできたことを忘れてよいことにはならない。

そのような歪曲された課題を、中世末に日本にきたキリシタン宣教師が、堺で目の前に見て、ついに坐視するにしのびなかった嬰児殺害の日常化した現象をとりあげその意識のなかに、また中世後期の一色田をとりあげその農業生産構造のなかに、さらに散所をとりあげその社会的分業のあり方の中に追究しようとした。

もともと、キリシタン宣教師は日本人のなかにキリシタンを布教するにたる高い文化をもった資質を発見しようとする強い先入観念にとらわれていたから、嬰児殺害が習俗化されるほど一般化しているという宣教師のとらえ方は誇大であったかも知れない。嬰児殺害などがたとえ事実であっても、そのことだけを一面的に追究し法則化することは、それ自体危険である。このような悲惨な事実がキリスト教の社会に絶えてなかったことであると言い切れないし、日本人がこの悲惨な習俗に痲痺しきっていたとも断言できない。だが宣教師が描いているわが国における中世末のある暗い歴史像が、もっとも大衆の生活を伝える狂言などにすらあらわされてこない不思議な雰囲気をどうとらえればよいのかが問題である。その根源を中世後期の農業生産構造や社会的分業のあり方の中で追究しようとして、惣とよばれる自治村落や「自由」を獲得した自治的都市をとりあげ、その内部矛盾をとりあげた。結果的にみて、このような研究態度は、民衆全体を支配している権力を美化することになるのではないかという批判をうけるであろう。しかしながら私は、それがたとえ「小さい悲惨さ」ではあっても、中世における階級闘争を正しく綜括し、中世という時代をより科学的に描きだすための素材としては、避けることはできないものであると思えるのである。

第三章　中世後期村落の経済生活

はじめに

頼母子は頼子・憑支・資支等と別記し、合力銭・助成銭等と別称されている。また頼母子は奈良南部の帯解において結ばれその頼母子が帯解頼母子と呼ばれた如く地名を冠するもの、(1) 頼母子親の名を附した奈良の古市頼母子の如きもの、(2) 寺院の道具整備を目的にした具足頼母子のごとく頼母子結成の経済目的を称するもの、(3) 及び千貫頼母子・十石頼母子・五石頼母子等、頼母子総額の規模から来たもの等、(4) 個有の名称を附するものも多い。頼母子とは『下学集』『節用集』が「日本俗出少銭、取多銭、謂之憑子也」「日本俗出少銭、取多銭也、又云合力」と述べる如く、少銭を集めて大きな額とすることをいうのは周知のことである。

頼母子の初見史料は、現在のところ建治元年（一二七五）十二月の高野山領紀伊国猿川・真国・神野三荘の荘官請文とされているが、(5) 今日もなお中小商人層や農民の間では行われている経済行為である。こゝに我が国中世における頼母子を考察するに当り、先学の諸説を整理し問題の所在を明らかにしておこう。

歴史学研究の課題として頼母子研究がはじまったのは、三浦周行氏による上述初見史料の解説(6)の発表をみた明治三十三年（一九〇〇）からであり、以後大正年間に至るまでの研究期をその第一期と考えることが出来る。この紹介ののち、明治三十六年十月・十二月の二回にわたって、保田次郎氏は頼母子講を起源から説き起し、その最盛期を江戸の明和頃とみ、講の結成目的及び利用面での得失を、近代以後の産業組合・信用組合・貸付銀行との対比において追究された。(7) 同年十二月、中田薫氏は保田氏の所論に対し、頼母子が無尽と同一の内容をもつものであることについては異議はないが、史料をあげてその盛期を南北朝末期から室町初期の至徳・応永頃に求められるとされた。(8) 明治四十三年から大正四年（一九一五）にかけて『経済学大辞典』が編纂されたが、大正三年七月に発行された第六巻に柴謙太郎氏が頼母子講を執筆された。(Ⅰ)意義においては、頼母子の語源がタノムノアシ(頼むの料足)であろうとされて相互の金銭融通を主とする一種の信用組合とされている。(Ⅱ)起源では南北朝時代まで遡るがそれ以前は不明であるとして、三浦周行氏紹介のものは参考にされていない。(Ⅲ)沿革では、頼母子の運営方法、頼母子を江戸では無尽ということ、富籤に近い懸捨無尽などについてふれられた。大正七年十月、三浦周行氏は論文（註〈5〉に掲げた）を発表されて、建治元年の前述した初見史料を再び紹介され、中田・柴両氏が頼母子と無尽が同一なものであるとしたことに反対して、ともに無尽銭土倉の影響を受けたが、本来民間における一般的慣習であって、救済的なもので、無尽とは別なものであるとされた。また語源についても、タノム→タノモ→タノモ＋シ（語尾）であって、柴説のごとく頼むの料足ではないとされる。以上は第一期における主要な頼母子研究の概要であるが、問題点は次の三点である。(9)

㈠　「タノモシ」の語源に関する考察。

㈡　頼母子の最盛期と初見年代に関する考察。

㈢　頼母子と無尽との異同を論じて、中田博士は両者同一とし、柴氏は頼母子は無尽銭に源を発したものかとし、池田氏は無尽は頼母子に無尽銭土倉を加味したものであるとし、三浦博士はすでに触れた如く本来別であるが、無尽土倉の影響を受けた頼母子が発生し、無尽とも頼母子とも称せられたとするのである。

昭和期に入ると頼母子研究は新しい段階に入り第二期を迎える。すなわち昭和六年（一九三一）二月小葉田淳氏は、奈良・平安時代において仏会の一形式として、講説と祈願を目的とし純粋に宗教活動に終始していた講が、鎌倉時代から室町時代にいたって、相互救済的なさらには営利的な経済的目的をもつ金融機関に変化してゆくことを追究され、その原因を武家政権の形成による荘園制の衰退に伴なって、寺院財政の窮乏化が顕著となることに対する寺院側の対応に求められた(10)。昭和十一年、細川亀市氏は、論攷「中世に於ける頼母子に就いて」の後半においては語源についてふれられたが、その前半において頼母子講の規式にふれ、頼母子衆中の規制を問題にされた(11)。昭和二十六年十二月、『世界歴史事典』(第六巻)の「講」の中の「共済組織としての講」を執筆された原田伴彦氏は、頼母子が室町時代に入って庶民の救済機関であるよりも、高利貸などが牛耳るようになったと言われ、営利的な性格を持つものがあることを示唆された。昭和三十一年九月に新城常三氏は、中世において主として畿内地方で伊勢参拝を目的とした伊勢頼母子講を考察され、その初期的形態においては地侍層と農民層との結合がみられ、講衆農民から地侍が講銭を収奪する性格が強く、それは村落内部の共同社会的結合以前の存在と言わねばならないが、農民自立のある発展段階——中小名主の広汎な成長——に至って相互平等な講が結ばれるとされる(12)。昭和三十二年四月、百瀬今朝雄氏は徳政禁制に関する論文を発表され、その中で頼母子類似の合銭について詳細な史料をあげて考察をされているが、頼母子と徳政との関係についての示唆を与えるものである(13)。昭和三十三年六月、私も奈良における極めて営利的な頼母子について拙ない論文を発表したことがある(14)。

以上が第二期における頼母子研究の概要であるが、その要点を略記すると次の如くである。

㈠　第一期において中心的な課題であった語源・初見及び最盛期・頼母子と無尽との異同について等の考察は、全く見られなくなったことである。

㈡　寺院における講の性格的変化を全社会体制の移行過程に位置づけること、村落内での講の性格的変化を村落の構造的変化と関連づけて追究する方向がみられること。

㈢　頼母子は本来相互救済的なものであるが、それが営利的機関へと変貌することに注目しはじめたこと。等とすることができよう。

上述した如き従来の頼母子研究の成果に立って、当面今後の頼母子研究の課題はどこにあるであろうか。

その一つは、頼母子が地侍層の収奪組織の一つであったのが農民が平等に参加する共済扶助機関に変化すると説く新城常三氏（私の前掲論文ではこの説をとる）と、相互救済的なものから出発したものが営利機関に転嫁し頼母子としての性格を失ってくると説く小葉田淳・原田伴彦両氏の二つの主張に関してである。すなわち頼母子の果した歴史的役割について、前者は頼母子は庶民の商品経済を擁護し進展させ、ここに救済的頼母子講が生れるものと理解し、後者は在地の商品経済を領主的経済の中に吸収する組織となり、この面で頼母子的性格はくずれてくると理解するのであって、基本的に対立するものである。頼母子が共済機関として発展してゆくか、あるいは営利機関として変化してゆくかということに関する考察は、すくなくとも十三世紀後半に村落内部における頼母子という経済行為そのものが発生したことを追究する場合にはまず捨象されうるであろう。十三世紀に初見される頼母子史料から、懸足が米・銭のいずれであるか、或いはまたその内容が救済的か営利的であるかを問わず、たゞ少額の財を集積して一定の多額の量として運用する経済行為が何故発生したかということをまず追究しなければならない。そしてその次に、頼母子の相互救済的組織であるか営利的収奪組織であるかという問題が分析されねばならない。

問題の第二に、中世一般を特徴づけている結座性を表現する講、しかもそれが経済的目的のために結ばれている頼母子講についての重要な分析視角は、その構成員の歴史的な存在形態の追究にある。すなわち、弱少農民の貢納未進をあらかじめ防止する救済扶助策に出でたとしても、あくまでも貢納に目的がある限り、構造的には収奪の組織であるし、はじめから営利の目的で結んだとしても、弱少な商人が平等に参加し、あるいは徳政をまぬがれんとする名目を附したものであれば、それは結局、内容的には共済扶助的なものとすることができる。したがって頼母子を救済的・営利的と類型化すること自体が非歴史的であり、その混乱を招いているとすれば、頼母子講の構成員の歴史的な存在形態を分析した上で、頼母子の鎌倉末から室町期に至る時期の特殊的な性格と歴史的意義を求めねばならないであろう。

（1）「経覚私要鈔」文明元年七月十八日条、同年八月十八日条。
（2）本書第三篇第四章「室町期における特権商人の動向――楠葉新衛門元次をめぐって――」
（3）「大乗院寺社雑事記」文明十三年十二月五日条。
（4）拙稿「前掲論文」。「勝尾寺文書四」応永八年十一月二十日、山伏衆頼母子注文（『大日本史料』第七編第五巻所収、三一〇～一頁）。
（5）三浦周行「頼母子の起源と其語源」（『法制史の研究』所収）。
（6）三浦周行氏が明治三十三年九月発行の『法学協会雑誌』第十八巻第九号に載せられた「法制雑攷（寺院法の研究）」において、高野山文書中の上述荘官請文にみえる憑支の名称について説明を加えられたもの。
（7）保田次郎「社会制度より観察したる頼母子講」（『国家学会雑誌』十七―二〇〇・二〇二）。
（8）中田薫「頼母子ノ起源」（『国家学会雑誌』十七―二〇二、『法制史論集』第二巻所収）。
（9）この外に尾佐竹猛「無尽と頼母子」（『郷土研究』第三巻）・池田龍蔵「稿本無尽の実際と学説」等がある。
（10）小葉田淳「中世に於ける社寺の講に就いて――社寺の経済組織の研究――」（『日本経済史の研究』所収）。
（11）細川亀市「中世の頼母子に就て」（『社会政策時報』第一八四号）。
（12）新城常三「中世の伊勢講――中世社会に於ける共同社会的結合――」（『社会経済史学』二三―二）。
（13）百瀬今朝雄「文明十二年徳政禁制に関する一考察」（㈠徳政令と徳政禁制の項、註(12)『史学雑誌』六六―四）。
（14）拙稿「前掲論文」。

一　頼母子と村落

頼母子の初見史料は、建治元年（一二七五）十二月の高野山領紀伊国猿川・真国・神野三荘における、

号憑支、乞取百姓銭事、

との一条をのせる荘官請文であったが、(1) 以後正応四年（一二九一）九月には神野荘総追捕使代の請文、同年同荘公文

請文、猿川荘公文請文、乾元元年（一三〇二）神野荘公文請文[2]、正慶元年（一三三二）七月の荒川荘々官請文[3]等の一連の同文の史料をあげることができる。すなわち、その請文は、

触事随折、不可致百姓煩、或号借用不返、或称客人斱、不可責取祇候料、或搆憑支、乍取百姓銭、自身不懸之事、

である。ここに見える紀伊国猿川・真国・神野・荒川等の各荘は、佐々木銀弥氏の注目すべき労作に従えば、紀伊国内にある高野山領荘園の中にあっては、十三世紀後半すでに村落内での商業が広汎に展開をしていた地域に属し（佐々木氏はこれらの荘園を紀ノ川中流域荘園と分類されている）、先進的村落構造を示していた。商業的展開に後進性を示す高野山近辺の山中の諸荘園においては頼母子の結成も室町期を迎えなければならず[4]、頼母子の発生は商業の発展と極めて密接な関係があったと思われる。従って全国的な視野からみれば紀ノ川中流域荘園といえども畿内地方に較べると後進性をもっているであろうし、畿内先進地帯には、さらに古く頼母子がみられるだろうことは想像されるところである。こゝで頼母子発生の一般的前提についてふれておこう。

頼母子が少額の米・銭を定期的にあつめて比較的多額な量として運用されることが一つの性格である以上、衆中と呼ばれる頼母子構成員たるためには、頼母子が満になるまで定期的に米・銭を懸足するだけの蓄積がなければならない。いわば剰余米の安定的な蓄積が必要であり、中世商業が年貢米の売買のみではなく、一方に農民の剰余米の売却等によって支えられていることを考えれば、中世的な商業のあり方として頼母子研究の場合もこのことがまた一般的前提となるのである。しかし注意すべきことは中世における商業の発展が、従来やゝもすれば貨幣流通の展開と等置しながら追究される傾向をもっていたが、いうまでもなく日本の中世における銭貨は中国からの輸入に依存していたのであって、他律的な要素をもっていると同時に、村落内において現物経済が貨幣経済に全く反比例して減少するものではなく、強固にその両形態を併存していると思われるし、貨幣経済の発展をもって無媒介的に商業の展開を論ずることはできない。

土地売券を整理した結論からは、土地売買に関して貨幣使用が現物使用（主として米）を凌駕する時期は、山城・大和・摂津・伊勢等においては十三世紀中期、紀伊地方の先進地帯においては十三世紀後期、その後進地帯においては十四世紀、東近江地方においては十四世紀後半から十五世紀前半であることが示されている。(5) 暦仁元年（一二三八）正月十一日、陸奥国郡郷の沙汰人百姓等が好んで銭貨を貯え、年貢納入をさまたげる動きのあることをいましめ、以後、白河関以東は銭貨流通を禁じ、同地方へ下向するものが銭貨を所持することを禁止し、貞応弘安式目の追記によると、同地方から上洛するものが銭貨を所持することを歓迎している。(6) このことは陸奥地方の有力農民層に貨幣が滲透し定着してゆき、ふたたび中央の流通界に還流することが困難であったことを物語っている。建長五年（一二五三）十月十一日、鎌倉幕府は幕府追加法によって、鎌倉内における炭・薪・萱木・藁・糠等の売買価格を銭貨によって定めているが、これは鎌倉での売買が銭貨使用を一般化していたことを示す。(7) また同じく追加法によって、弘長二年（一二六二）七月一日、河手（関料）徴収を停止しているが、これは承久以後の新儀であるといっていることから、十三世紀の二十年代頃から地頭・荘官等によって新しい収奪形態として一般化したことを物語り、商品・銭貨を携えた庶民の往反が頻りになったことを前提とした収奪である。(8)

正和四年（一三一五）十一月、丹波国大山荘地頭の息中沢直基は、隣荘宮田荘木乃部村住人加治大夫安貞を路次にて召取り、その身代として銭二百貫文と米百石を要求したが、安貞は即座に銭百貫文を渡し、米百石は後刻手交することを約している。(9) これは、彼が農民ではなく商業に携わっていた人物であって、特に多額の銭貨を所持していたものであったとしても、その頃一般農民のなかにはかなり多額の銭貨を貯わえるものもいたことを暗示するものと言えよう。

仏会を勤仕する僧侶が商人的な活動を示すことは鎌倉中期ころから顕著になった現象である。延応元年（一二三九）九月十七日、幕府追加法によって商人借上等と共に地頭代官として山僧を補することを禁じ、(10) 叡山の僧侶が商業活動の面で注目され、他方、十四世紀末から備後尾道津を中心に活動した和泉法眼淵信があり、その勢いは一国の守護も及ばず、地頭御家人の如きは問題にならない程であったといゝ、[11]この種の手腕をもった寺僧の出現が待望され、またその手腕に支えられたのが、鎌倉中期以降の荘園支配の実情であった。延慶三年（一三一〇）三月、法隆寺の惣社明神の造替が行われたが、その費用の出所について勧進以外に憑支があったことを林屋辰三郎氏が注目された。[12]「寺中公私之蔵々、或人々ヲ勧テ、極楽憑支ヲ勧集テ、百貫文取テ、用二此足一云々」との記事は、僧侶の私の蔵がみえることから、私的な銭貨蓄積が頼母子講結成の前提であったことがわかる。

しかも注意すべきことは、商業の発展を基盤にもち、寺僧の経済活動における個人的な商才が重視され過ぎると、寺僧の私的な致富を招くものであり、ひいては寺院組織を寺僧の私的な住房塔頭等のたんなる集合体にして、寺院の統一体としての基本を失わさせる恐れもあるのであって、こゝに一体性を恢復するための講結成が求められるのである。鎌倉期に入って寺社における講が、とくに経済的目的をもって組織される所以はこゝにある。[13]弱少農民は再生産の安全弁を商業的展開に求め、村落生活における本務たる農業生産過程における共同の場を縮少させ、古い支配関係を維持しようとする有力者の村落生活規制が強化されるのである。これが頼母子の発生するいま一つの前提となるのである。

では、頼母子の初見史料が見出された紀伊国紀ノ川中流域地方の荘園内で、慣行化されていた頼母子は具体的に如何なる運営方法をとっていたのであろうか。これについては、十四世紀初頭の嘉元四年（一三〇六）頃、高野山寺僧によって結ばれた頼母子がその一面を暗示している。すなわち、入寺泰助は聖達房を親とする頼母子の衆中であったが、その質として入れ置いていた水田の公験が焼失した際、その水田が泰助の相伝私領であり、頼母子の質地である事を、他の頼母子衆中九名が証明している。[14]そしてこの中六名は、前々年の嘉元二年、阿弖川荘において浄智・西仏等が地頭の虚名をもって横暴をした際、寺僧にしてこれに阿党するものは山上山下から追放すると衆徒一味契状を認めた人数の中に見出される。[15]前述の和泉法眼淵信が尾道津を中心に武力集団を形成しつゝあったことを考えれば、高野山膝下の荘園においてもこの契機をはらんでいたであろうし、それを防ぐためには一味同心の契状によらねばならなかったと言える。また頼母子研究上、極めて注目すべき史料である年次不明（室町時代と推定されている）の法隆寺五十貫頼母子規式においては、頼母子落札者は置銭五貫文醵出の義務をもち、またこの頼母子結成の目的である寺用の法服楽器を修理調進する場合には、講衆及び講奉行人に起請文を呈して披露しなければならず、新規加入者は講衆集会の席上で、この目的と規約を記した規式に加判しなければならなかった。しかも、法隆寺の惣社明神造替のためのこの頼母子がその名に「極楽」を冠して、いわば頼母子存続のための強制が極楽往生への一味結縁をすら思わせることは、寺院・寺僧を親とした頼母子規制の一面を特徴的に表わしている[16]。

村落内での頼母子講はどのようなものであったろうか。惣的結合の強い近江国得珍保内今堀において、延徳元年（一四八九）地下掟が定められたが、その中に「すめ〵憑支取次不可事」[17]との一条がある。すすめ頼母子が如何なる目的のもとにどの様な方法で運営されていたか不明であるが、惣としての掟である以上、惣内部の住民のみを対象とした規制であって、衆中以外（今堀以外）からの興行参加を禁止した極めて排他的なものと言わねばならない。農民相互間で結ばれた頼母子講のあり方を示す典型的な史料は次に掲げる明応七年（一四九八）の講掟書である。

　たのもしのお（キ脱）て之事、
料足を座しきゑ（つ）もんて御入なき方ハ、百五十文志候ハんするしち（質）を御おきあるへく候、さやうニなく候ハヽ、座しき衆中御たちなく御さいハんあるへきものなり、又くたんをさしき（座敷）へもんて（つ）御いり無方ハ、衆中として料足をまいらせましく候、つきニたのもしの衆中はつれてハ、なにとも合力あるましく候ものなり、仍後日状如件、
　　明応七年三月十六日
たのもしの衆中のくつろきなく候てハ、くたんうる（売）へからす候[18]、

百五十文の懸足を怠るものはその額に相当する置質を求められ、それをさらに遵行しないものは衆中の譴責を受けて頼母子の落札利用は勿論許されず。講から排除される。このようにして頼母子講から脱落したものは他の一切の扶

助合力も与えられないのである。さらに言えば、村落民たることが頼母子講構成員たる資格ではなく、頼母子講構成員たることが村落民たる資格であったともいえるのである。

以上、頼母子が成立するための一般的前提について縷述したのであるが、それを通じてえられた頼母子についての一つの重要な問題点は、頼母子講維持策として絶えず田地を質として要求していることである。しかもたゞ単に耕作している田地を保有していると言うことではなく、懸足を充足するために足るだけの得分を確保しえる田地を保有することである。つまり、頼母子講には此の条件を具備した階層のみ加入しえる資格を有することになり、その階層の増加は自然頼母子講の発展の基礎を与えるものである。一方、頼母子講からの衆中脱落は、田地の得分権の一部が絶えず講の保有に帰し、頼母子講田、村落を一つの単位とした頼母子の場合は惣共有田の増加をみるのであるが、それに反比例して衆中の漸減があるのであるから、村落上層部への得分の集中を意味するものであった。この動向をもっとも如実に示すのが、丹波国山国荘において、弘治元年（一五五五）、同地の井ノ本左近を親とし十名の衆中を擁して発足した二石頼母子講が九年間に歩んだ歴史である。次に掲げた表一の如く親である井ノ本左近を除き、次々と衆中のものが先祖相伝の地を頼母子衆中に売却し脱落していくのであって、結局、親井ノ本家に田地は集中したのである。(19)この場合頼母子は親たる井ノ本左近にとっては田地兼併の手段となり、他の衆中にとっては先祖相伝の地を失う契機となった。

この頼母子で注意すべきことは、懸足が米でなされているということである。すでに貨幣経済が村落内に滲透しても現物経済が反比例して減少するのではないと述べたが、その事実をこの頼母子が明らかにしている。これは村落内において現物がまだ広汎に交換・売買の手段として使用されていた証左である。そしてこの残存の意義については改めて後述する筈である。

室町期にみられた激しい土一揆を支えた村落構造の歴史的意義を評価する場合、むしろ反動化が進むとみるか、変

表１　丹波国山国荘二石頼母子講衆中関係　土地売買表

衆中者名	弘治１(1555) １口＝２石	弘治２	弘治３	永禄１	永禄２	永禄３	永禄４	永禄５	永禄６	価格
井ノ本左近	親２口 加入									
大家又二郎〔江〕	１口 加入	田20代								２石
鼻ゑこ与二郎	１口 加入									
永春	１口 加入			田20代						２石
しほの太郎三郎	１口 加入				田20代					２石
小磯二郎左衛門					田20代					３石
たん左衛門二郎	１口 加入				田20代					２石
うめかす二郎五郎	１口 加入					田20代				２石
西ノ左近						田40代				３石
夷の与太郎	１口 加入									
塔之前彦二郎	１口 加入							田20代		2石8斗
慶春	１口 加入								田25代	3石2斗

革的母胎とみるか全く説のわかれるところであるが、変革的母胎とみる石田善人氏が論拠とされたのは惣共有地の増大がある。(20) しかしすくなくとも村落内における農民相互の救済扶助組織として再生産機構の一つであるとされてきた頼母子講が惣村的規制のもとで結ばれている場合でも、脱落者の質流れ地は惣有田になり、同時に農民層の分解を招くのであるから、事実は少数の有力農民への田地得分の集中兼併であるといえる。従って惣有田の増減のみによっては惣的結合の消長を直ちに反映はしない。室町期における惣有地は一般的な村落生活の再生産の面から考察されるものではなく、有力農民と弱少農民との厳しい階層関係・流通関係のなかで追究されるべきものではなかろうか。村落内のさまざまな矛盾は当然土一揆の内容にもそれが反映している。馬借一揆・一向一揆等を主導したものゝ中には運送業者や行商人、ある場合には豪商もいた。(21) また逆に明徳四年（一三九三）から翌応永元年にかけて播磨国矢野荘において、地下政所明済の弾劾を直接的契機として大規模な百姓逃散が行われた時、これに同心

しないことを寺家に起請文を捧げて誓う数人の名主がいたが、そのうちには刑部大夫のごとく荘内居住の商人であって年貢銭京送を請負っているものがあり、こゝでは商人は一揆に阻止的分裂的役割を果している。(22) 土一揆における商人層のこの動向は、村落内外における流通関係の復雑さを反映するものであろう。

前述石田氏の見解と基本的に同一と思われる上島有氏の一連の労作は旧名主↓本名主↓加地子名主への分解と再編のシェーマをとっている。(23) 鎌倉中末期から村落内で頼母子が発生し、それが拡がったことは、一つには有力農民による地主経営の拡大の方向と、他方では弱少農民の再生産を維持するという方向という矛盾する二面性をもつものであった。いわば旧名の解体は、直ちに封建的小農民をのみ生む方向をとらず、自治的な惣内部における有力農民の動きのなかには、加地子名主・当名主を生む方向を絶えず可能性としてもっていたとみるべきではなかろうか。

(1) 三浦氏「前掲論文」。
(2) 新城氏「前掲論文」(二章)。
(3) 「高野山文書、又続宝簡集八四」、正慶元年七月十二日荒河荘々官等請文（所収番号一五四六号文書）。
(4) 佐々木銀弥「中世商業の発達と在地構造――高野山領紀伊国諸荘園を中心として――」(『中世商品流通史の研究』所収)。
(5) 玉泉大梁「室町時代に於ける貨幣の流通状態」(『史淵』一巻一号)。豊田武『中世日本商業史の研究』(一〇五～六頁)。佐々木銀弥「前掲書」。熊田亨「自由市場の成立について――中世末期東近江の農村構造――」(『史学雑誌』五九巻一号)。
(6) 『図説日本文化史大系』(第六巻鎌倉時代、一二八頁参照)。
(7) 佐藤進一・池内義資編『中世法制史料集』(第一巻、鎌倉幕府法、第二部追加法、二九六号)。
(8) 『同右史料』(第二部、四一七号)。拙稿「日蓮立宗に関する二三の問題――商品流通をめぐって――」(『仏教史学』八巻三号)で主として鎌倉周辺の事実について簡単にふれておいた。
(9) 田中稔「丹波国宮田庄の研究」(『史林』三九巻四号)。
(10) 前掲『中世法制史料集』(第二部、一二〇号)。
(11) 河合正治「西国に於ける領主制の進展――備後国大田荘を中心に――」(『ヒストリア』一号)。

(12) 林屋辰三郎「南北朝時代の法隆寺と東西両郷」(『中世文化の基調』所収)。
(13) 小葉田氏「前掲論文」。
(14) 「高野山文書、又続宝簡集六八」、嘉元四年十一月二十六日「入寺泰助紛失状」(所収番号七七〇号文書)。
(15) 「同右文書、続宝簡集七〇」、嘉元二年七月「金剛峯寺衆徒一味契状」(所収番号八二〇号文書)。
(16) 中田・林屋氏「前掲論文」。
(17) 新城氏「前掲論文」。
(18) 「若一王子神社文書」頼母子講掟書(『旧高野領内文書』、所収番号二四一号)。
(19) 「井本家文書」(野田只夫編『丹波国山国荘史料』、所収番号、二八一・二八三・二八七・二八九・二九〇・二九二・二九三・二九四・二九六・二九八号文書) 講親は初回に落札するのが慣例であるから、井ノ本左近は弘治元年に落札したものと思われる。小磯二郎左衛門及び西ノ左近は、二石頼母子結成時にその式目に名を連ねておらず、以後加入したものか、衆外でありながら頼母子を落札し利用したものか明らかでない。
(20) 石田善人「惣について」(『史林』三八巻六号)。
(21) 石田善人「畿内の一向一揆について――その構造論を中心として――」(『日本史研究』二三号)。
(22) 宮川満「播磨国矢野荘」(柴田実『荘園村落の構造』所収、一六四〜七六頁)。
(23) 上島有「畿内荘園の一存在形態――山城国上久世荘の場合――」(『日本歴史』一一一号)・「荘園制解体期の山城国上久世荘」(『史林』四一巻二号)・「山城国上久世荘における百姓名の解体」(『史学雑誌』六七巻一一号)・「南北朝期における畿内の名主」(日本史研究会史料研究部会編『中世社会の基本構造』所収)。

二　頼母子と土豪・商人

前節では頼母子の初見史料や山国荘関係の史料をあげて、頼母子成立の歴史的前提や一つの頼母子講の動向について考察をしたのである。こゝでの頼母子は村落内で農民相互間の慣行として実施されていたことを暗示してはいたが、実際は荘官層の銭貨収奪の一形態であったことをも示していた。

荘園領主高野山は頼母子の結成そのものを禁止したのではなく、頼母子と称しながら荘官が懸足を出さずに収奪すること、いわば荘官たる権威、在地土豪たる地位を利した私的な興行を非法として禁止しているのである。このことは荘官層が農民所持の銭貨を吸収するのに種々な口実を設けていたことの事実を示すものであるし、また荘官が自ら懸足を醵出し頼母子営用の規式に従うかぎり、荘官層が親として講を主導し、頼母子金を荘官個人の利潤追求のために利用することがあっても、荘園領主側としては何等干渉すべき性質のものではなかったことを物語っている。したがって農民相互間の慣行を示す頼母子とそれを私的収奪の方法としようとする荘官との対抗関係を示すこの僅かな史料は、十三世紀後半以降の紀ノ川中流域地方における在地領主制形成の一つの方向と、ひいては十三世紀中期以降顕著となってくる地頭等に代表される銭貨の収奪を一つの特徴とした領主制形成の一般的な動向に暗示を与えるものである。

正和四年（一二九一）紀ノ川中流域荘園に属する荒川・名手・吉仲（法成寺領）の三荘では、荘官・土豪等が結託していわゆる大悪党事件を起しているが、その非法が、路上における商品の強奪と、市場における押買であったことは、注目すべきである。(1) 田中稔氏の研究をひいて前述した丹波国大山荘地頭中沢氏の横暴にも、(2) 或はまた、文永五年（一二六八）駿河国賀嶋荘実相寺衆徒によって訴えられた院主代の非法の中にも、百姓から銭貨を徴収し、同寺供僧田の耕作者に据えることや、寺前の池を埋め立てて猫額の地を水田化して利潤を専らにする等のことがあり、(3) これは上掲の諸例と軌を一にするものであろう。既述したように、十三世紀初頭から地頭が山僧・借上等を地頭代に補し、あるいは交通の要衝に関を設け関料を徴収することが続発し、鎌倉幕府はしばしば追加法を発してこれを禁止している。このことは、十三世紀以降における地頭領主制形成のうえでの具体的な課題が、在地で広汎に展開する商品流通によって農民相互間に吸着されてゆく貨幣を如何に吸収して領主的流通の中に還流させていくかという点にあったことを物語ると同時に、彼等地頭は幕府の威令を無視して、容易にこの追求を止めなかったことを示している。

しかもこの行動の前提に地頭に代表される在地領主層が、村落内において一般農民を圧倒する剰余をもち、それを市場投下し流通に優位を占めることが困難となり、農民の自立経営の一般化とその剰余の商品化の展開が考えられねばならない。寺家佃や地頭佃の名への割付けへの転換はその一つの反映であろう。(4) しかもこれと関連する一つの条件は、広域的な、国衙や国家または貴族が主導する分業形態に対抗しながら、(5) 村落内の分業が次第に展開することによって与えられたことは予想しておかねばならない。(6) もちろん直営地経営も存続し、中央都市における分業組織が地方のそれを優越することも特殊な奢侈品等の分野においては存続するが、それが在地領主制を形成する移行過程において、すくなくとも鎌倉中期以降は基本的条件にならないのである。そこで私はその決定的時期を十三世紀後半から発生する悪党とその敗退の中にみるのである。紀伊国猿川荘等でみられた頼母子初見史料は如上の論述によって一応歴史的な位置づけが与えられ、荘官等の銭貨獲得は急務であり、しかも荘園領主の支配が強く請文等で規制されているとすれば、暴挙に訴えて悪党化する以外に方策はなかったと言わなければならない。

頼母子について本節で述べようとする領主による収奪組織たる性格に関しての主題は一応述べた。しかしこゝで室町時代に入って如何に展開するかについて二、三重要な指摘をしておきたい。

大乗院門跡尋尊の日記である「大乗院寺社雑事記」に次の如き記載がある。

伝聞、越智計会以外也、山城国人給分四百五六十貫之内、旧冬二百貫於所々、宗観令借用（八十貫云々）渡之、二百余ハ未下也、給分不及半分之間、腹立云々、奈良中憑支事、自越智、申之、古市不可叶旨、申了云々、越智郷寺庵・道場・仏物・僧物悉之押之、坊之倉共鎰悉以召取之、迷惑之〔衍カ〕之由歎申之、返事、兵粮物ニ事闕之間、無力転〔博〕之、涯分勘忍可然、不叶者可出修行由、申付之云々、此辺衆師公以下給分一向不能下行云々(7)

文明十四・五年の当時、大和国内における土豪層は、応仁大乱の余波を受けて連合と対立に明け暮れ、そのなかで、畠山義就の山城・大和での優勢さが決定的となり、次第に畠山義就配下の大和土豪層の優位な方向に動いていた。その中に越智・古市等を数えることができる。[8] その越智と古市の動向を伝えるのがこの史料である。越智は配下たる山城国人への給分に事欠き、所々からの借用によってこれに当てたが半分に足らず、自余の二百貫文余を捻出する策として奈良中で頼母子を興そうとした。しかし奈良における頼母子親は古市氏の権限に属して古市の反対にあって挫折し、自己の本拠越智郷内の群小な寺社を対象にした破壊的な強奪の挙に出たのであり、大和における有力な土豪越智氏にしてなお当座の家臣団への給付にも十分な用意はなかったのである。尋尊が日記に此の記事を認めたのは、越智氏の破壊的行為の事実とその原因を伝聞し、その対策を求められたからに他ならず、膝下の奈良で頼母子が如何に興行されようとも、荘園領主側としては何等関知するものではなかったのである。越智が頼母子に目をつけ、古市がそれを拒絶したことは、頼母子が土豪層の一つの重要な財源、しかも荘園領主支配の間隙をついた収奪の一つの形態であったからである。古市はかつて奈良に千貫頼母子を結んで、かなり強制的に奈良住民に懸足させたことがあった。[9] 興福寺六方衆の反対はあったが、次々と毎年落札されているところをみれば、この千貫頼母子は成立したものと思われる。

越智氏が二百貫文余に及ぶ給分未支払部分を補わんとして企図した頼母子の規模は、二百貫文余がその全額ではない筈である。すなわち古市千貫頼母子は経蔵修理用途費捻出を目的としていたが、その千貫頼母子が安養院・万才氏・知足坊・東大寺戌亥方等に落札されているところから、その利分が経蔵修理用途として、また古市氏や落札者間で分配されたものであったと推定しなければならず、越智氏が奈良に興行しようとした頼母子も古市千貫頼母子と同様かなり大規模な額に達するものであったと考えられる。いずれにしても大和の土豪である古市・越智両氏等は他の土豪層・寺社等の領主層、さらには商業高利貸資本と分ちか難く結合していたことを推測させ、奈良地方一円を包含する頼母子は古市等の、荘園領主の支配権の間隙をぬった、巧みにして合法的な一つの収奪方法であったし、また商業高利貸資本の成立する基盤を構成する一つの組織であったと考えられる。すなわち、注意すべきことは、越智氏が自己の本拠である越智郷に頼母子を興さず、奈良地域に求めたことは、大規模な頼母子にあっては大和地方における商業的展開の中核を占める商業都市としての奈良を前提にしてはじめて可能であったことを物語るのである。自郷においては腹立ちという暴発的原因もあったであろうが、寺社の什物・貯蔵米等を略奪したことは、越智郷における市場圏が奈良に吸収されて在地領主層にとって次第に狭隘になりつゝあったことを物語ると同時に、荘園領主の膝下では、[10]越智氏等が武士団として独立することが困難であったことを示し、このことが、益々商業高利貸資本と彼等との結合を積極的ならしめた理由であろう。在地領主層の家臣団の中に披官商人が増加するのはその一現象であるといえよう。[11]

すでに鎌倉時代における以降の市場商人の保護統制をみると、荘園領主が自己の荘園内に市を開設・保護するのに積極的であった事例は枚挙に遑なく、[12]また鎌倉幕府も鎌倉の町場、諸国の地頭も村落内での市場の保護統制に意を注ぎ、[13]安芸国三入荘地頭熊谷氏の如く、嫡庶相論に際してわずかな市場在家が問題にされていること等があって、[14]流通に対する保護統制の問題は室町期に特徴的な現象ではないけれども、奈良の経済力支配をめぐっての古市・越智氏の対抗は、領域支配を形成する場合、焦眉の急と念頭に焼きつけられたことは想像に難くない。天正十三年（一五八五）豊臣秀吉の舎弟秀長が大和に封ぜられて、筒井氏の居城を破って郡山城を築城するに当って、奈良中の商業・金融業を禁止し、郡山に吸収して城下町建設に急であったことは、[15]幕藩体制につながる領国経済の確立のためには、奈良の商業都市を吸収せねばならなかったことを意味する。近世に入ると藩主を親とする頼母子講の結成が各地に見られるが、[16]応仁の乱後奈良で検出される土豪古市を親とする千貫頼母子はその原型であると言わねばならない。

三浦周行氏は享徳三年（一四五四）九月二十九日、室町幕府が発した「徳政禁制条々」で、徳政から除外したものの中に合力請取があることにふれて、合力とは頼母子であって、その籤に当って懸銭をすでに収得したものが合力請取であるとされた。[17]百瀬今朝雄氏が錯簡を是正して復原された「賦引付」中の永禄四年（一五六一）八月十五日付の「石清水八幡宮安居勤役神人申状」によれば、[18]淀郷内住人六人が衆中として少銭を執り集め、百貫の額にして利をえようとしているが、こゝに言われている「合銭」は頼母子講の形態と同一であり、三浦氏の前説及び百瀬氏の「合銭とは少銭を集めた金が高利貸業者に投資されて利殖を生むものを云う」という性格から考えて、合銭は頼母子の別称である合力銭・合力助成銭の略称に外ならないと思われる。従って合銭も頼母子研究の素材となりうるのである。

上述享徳三年九月二十九日の徳政禁制においては、合銭は徳政の対象から除外されていたにかゝわらず、それより一ヵ月後の十月二十九日及び長禄元年（一四五七）十二月五日の徳政令においては、徳政の適用をうけ借銭の十分の一を納入した場合に限り破棄を令している。[19] 徳政令がいわゆる徳政一揆によって誘発されたことからも明らかなように、徳政令は高利貸商人にとって債権の一方的破棄でありその被害は甚大であったが、この合銭破棄はむしろ逆に高利貸商人の債務破棄を意味するのであって、いわば結果的には高利貸商人保護を意味した。したがって高利貸商人が頼母子講の親となってこれを落札し、また各地において結ばれている合銭を預かって利潤追求の資金にすることは、徳政を予想しその危険を廻避する意味で、積極的に利用したものと思われる。かく考えれば利潤を目的とする合銭頼母子が結成され、その要求に応えて高利貸商人が預かっているのであるから、合銭・頼母子の広汎な存在はかえって高利貸商人をして徳政を要求する契機すらはらんでいたと言うことができよう。

いずれにしても合銭・頼母子が徳政の適用をうけることは、頼母子が利潤を目的として結成されていたことによる。天文十五年（一五四六）十月三十日に発した徳政令の中に、

一、頼子幷あつかり状事、於レ有ニ利平沙汰一者、可ニ相破一之

とあり、[20] その事実を物語っている。幕府のこの政策は各地における頼母子落札者に対して頼母子破棄への動きを招いたものと思われる。天文十九年四月には興福寺学侶円識房得業と賢良が取過頼母子棄破を企て、学侶の評議を経て罪科に問われさらに住屋が検封か破却を受けたらしい。[21] この場合頼母子棄破は衆中であると思われる学侶等の反対にあ

って実現せず、幕府の徳政令も適用をうけなかったのであるが、しかし決して幕府の威令が貫徹されなかったというのではない。頼母子が利潤追求を目的としていることから考えて、徳政の除外例とされたのには何か他に原因が考えられなければならない。

前述石清水八幡宮神人で淀郷に居住する六人によって結ばれていた合銭は、神物たるの理由で徳政から除外されているし、また文明五年（一四七三）、松本大興寺雑掌が土倉と思われる洞々倉七里に預けおいた合銭百貫文も、また徳政令から除外されていることをみれば、[22]禅寺の経営する二文子という低利の祠堂銭や、[23]神明講・熊野講要脚がまたそうであった如く、[24]神用仏用を名目にすることによって、その頼母子が徳政の適用から除外される重要な手段であったと思われる。法隆寺五十貫頼母子の規式において、

一、縦雖レ有二天下一同徳政一、此頼支懸銭不レ可レ有二改動之儀一事[25]

との一条を設けていることはその代表的例であり、前述越智氏が奈良に興行しようとした急場しのぎの頼母子はさておき、かなり恒久的な性格をもち他に融資していた古市千貫頼母子の場合、正願院の経蔵修理用途にあてると公言していたことは、万一の場合の徳政の除外を意図した、きわめて政治的なものであったと解することも出来よう。

こゝでは収奪組織の一形態としての頼母子を――ごく概括的に言えば、農民の間に滲透し定着して次第に現物経済を排除してゆく銭貨を、再び領主的流通の中に還元させるための意義をもつ面について考察した。度重なる徳政は貨幣の領主層や高利貸商人層への流通を阻止するものであり、その層の決定的な貨幣不足は一方では積極的な対外交易による銭貨獲得策となり、国内では銭貨の収奪が多面的に展開するのである。

（1）　佐々木氏「前掲書」。
（2）　田中氏「前掲論文」。
（3）　「北山本門寺文書」文永五年八月、実相寺衆徒愁状（『静岡県史料』第二輯収所）。高木豊「熱原法難に就いて――初期日蓮

宗教団史の一齣」（『史学雑誌』六一巻一〇号）参照。

（4）　水上一久「荘園における佃」（『中世の荘園と社会』所収）。渡辺澄夫氏は『畿内荘園の基礎構造』において佃の名への配分を均等名成立の重要な論拠とされた。私も地頭佃の名への預作を論じたことがある。「備中国新見庄の商業——鎌倉時代中・末期の地頭分を中心として——」（『日本史研究』二九号）。

（5）　越中国野市金屋の燈炉鋳物師等は鎌倉時代、蔵人所の牒によって、諸国諸荘園の守護・地頭・預所・沙汰人等が市場・津渡において課する山河率分・津料等が免除されている。同地の鋳物師は古くは鉄の産地礪波郡・射水郡をひかえた鍛冶集団として同地方の農耕用具等の生産面で君臨していたことを考えねばならず、その一部の優れた技術が鎌倉初頭においては燈炉鋳造という特殊技術をもつ集団として転身し、全国的に麗名を馳せたものと思われる。しかも蔵人所の牒によって集団の保護が与えられていることから、国家的な分業の一環を保っていたと考えてよかろう。（「東寺百合文書」建暦三年十一月、蔵人所牒案。貞応元年五月、蔵人所牒案。永和二年五月十四日、玉堂殿義将書状。永和二年七月十一日、左衛門尉宗直書状等、いずれも同文書、ゐ—三十二—四十所収）。この史料は大山喬平氏の御教示をえた。こゝに記して深く感謝する。

（6）　石母田正氏は建長四年の安芸国の領主小早川家の所領の検注目録に、手工業者が領主から給田・給名の形で土地を給与されていることをあげて、このことは彼等が自己の所有する労働用具で、自己の計算において労働しうる独立性を獲得した結果だとされ、こゝに労働と所有の一致した手工業者の中世的形態の特徴を論ぜられた。そしてその一般的展開の時期を平安末から鎌倉初期に求めておられる（同氏『古代末期政治史序説（下）』補論「一二三の理論的問題について」）。

（7）　「大乗院寺社雑事記」文明十五年正月二十二日条。

（8）　熱田公「筒井順永とその時代」（日本史研究会史料研究部会編『中世社会の基本構造』所収）。

（9）　本書第三篇第四章「室町期における特権商人の動向——楠葉新衛門元次をめぐって——」。

（10）　「大乗院寺社雑事記」明応四年二月十八日条には、「下田ノ鋳物師ノ披官共任雅意鏑売之云々、以外次第旨申之、随而下田方へ仮（鍛）治炭ヲ不可入、可相支旨長谷寺以下方々ニ成奉書了」と新儀鋳物師に対し、鍛冶炭の入手路を遮断しようとしているのは、その一例である。

（11）　「大乗院寺社雑事記」延徳四年六月三十日条「奈良中掟法」の一条に次の如きものがある。

　諸商人就売買諸座公事有之、社家・両院家・諸坊以先規、令成敗之処、衆徒・国民等令扶持商人、動及違乱難渋云々、自今以後、不可ロ入沙汰事、名主可自専事

(12) 永島福太郎「中世奈良の市場―沿革篇―」(『日本歴史』一〇一号)は奈良の北・南・高天三市の沿革について詳しい。
(13) 今井林太郎「安芸国沼田荘における市場禁制」(『歴史教育』一一巻九号)・同氏「沼田荘の市場補考」(『歴史学研究』七巻三号)。
(14) 「熊谷家文書」文永元年五月二十七日「関東下知状」には、助直と祐直との係争地に山口原町屋在家三宇のことがみえる
(15) 「多聞院日記」天正十三年十月十五日条。
(16) たとえば朝尾直弘氏の御教示によれば水口藩において行われていたという。
(17) 三浦周行「足利時代の徳政」(『続法制史の研究』所収)。
(18) 百瀬今朝雄「文明十二年徳政禁制に関する一考察」(㈠徳政令と徳政禁制の章に関する註〈12〉、『史学雑誌』六六巻四号)。
(19) 佐藤進一・池内義資編『中世法制史料集』(第二巻、室町幕府法　第二部、追加法二三九・二五七両号)。百瀬氏の「前掲論文」に詳しい説明がある。
(20) 『同右書』(第二部、追加法、四九八号)。
(21) 「多聞院日記」天文十九年四月二十二日条。なお、この一節に、「頼支興行之時ハ不簡縁無縁、不云親疎、種々ニ勧之、利潤為本、成満之時剋、為遁難儀悪逆造意、且神慮冥外聞実儀不可然、別而馬借之基也」との記載がある。
(22) 百瀬氏「前掲論文」参照。
(23) 小葉田淳「中世に於ける祠堂銭に就いて」(『日本経済史の研究』所収)。
(24) 新城氏「前掲論文」。
(25) 中田氏「前掲論文」に所収してある。

むすび

私は新城常三氏が論述され、また従来の頼母子研究の成果がえた、すぐれて相互扶助的な頼母子組織としての伊勢講・天神講・琴平講・無情講などの存在を決して否定するものではない。たとえば高野山領紀伊国鞆淵荘において応

永三十一年（一四二四）、同荘の農民は下司鞆淵次郎範景の非法をあげて下司職から追却し、その息千楠丸を百姓容認の名においてその跡に任じたのであるが、(1)同荘の鎮守である鞆淵八幡宮が安貞二年（一二二八）に勧請されているに拘わらず、(2)この百姓に迎えられた千楠丸によって勧請されたものと後世附会されていることをみれば、(3)応永三十一年の農民の団結による下司追却事件をもって、鞆淵の農民生活の出発点であるとしていたと言うことができる。ちょうどその頃、同荘で結ばれていた頼母子を下司範景の利用にゆだねなかったことは、(4)その頼母子を農民相互の自治的相互扶助組織にしようとしたことを推定させるのである。

従って、中世の頼母子関係史料を経済構造と関連づけながら考察した結果明らかにされたことは、頼母子は在地領主層や商業高利貸商人の財源追求の一手段であり、本質的には農民収奪の一つの方法であったということであった。このような内容の頼母子と、相互扶助的な頼母子との相互関連の追究こそが、中世における頼母子研究の中心的課題であることが明らかであろう。鎌倉時代以降、寺社勢力の拡張が講という組織をとり、また頼母子講とよばれる金融組織がそれに附随して発生してくることは頼母子の本質が、相互扶助的なものと営利的なものとの二つの面をもつことを示唆しているのである。そのどちらであるかは、講組織がおかれている政治的・社会的な位置と、その講組織内部の構成の在り方にかゝわっているのである。

鎌倉時代中期頃に発生をみ、中世後期に都市・農村で拡がりをみせた頼母子・合銭は、それらの時代においてもっとも救済を必要とする都市・農村の弱少住民層に対する慈善救済のための経済的制度として形成されたものでもなければ、機能したものでもない。そのような都市・農村における弱少住民層に救済があるとすれば、きわめて個別的に領主・豪商・土豪や有力農民、さらに棟梁的な職人のもとへ人格的隷従者として入りこみ、それと引き替えに個別的な庇護をうけことなどであったろう。また集団的にそれを実現しようとすれば、都市・農村内部で弱少住民が階層的に自立した結集をとげ、それを背景として都市・農村内の上位の階層的支配を打破し、階層的秩序の全面的な変革を必要としよう。中世においてそのような変革は、土一揆や徳政一揆のなかにその可能性をもたないわけではないが、それすらが頼母子や合銭に対する徳政令適用の具体例からみて、弱少住民の救済ではなく、むしろ逆に作用したことは、すでに述べたところである。そのような都市・農村における弱少住民層に対して、宗教的な救済はありえたとしても、その政治的・社会的な地位を変えることなく、経済的に救済するという、真の意味での救済はありえなかったし、むしろ村落共同体に基盤をもつ、共同体成員に対する相互扶助・慈善救済の崩壊こそが、鎌倉時代中期以降に展開した都市や農村の歴史的実態であったということができる。

次に明らかにしなければならなかったことは、紀伊国における荘官や大和風の国人たる越智・古市氏、さらに丹波国山国荘の有力農民、土豪層や高利貸活動をおこなう土倉などが、なぜ頼母子・合銭という方法をもちいて、新たな搾取・収奪そして利益を追求しなければならなかったかということである。これがはじめから搾取・収奪を目的とした行為であったならば、都市民も農民も、まさに「新儀非法」としてこれを拒否し、あえて頼母子に応ずる懸銭・懸米をする筈はなかろう。頼母子の初見史料には、荘官が「百姓銭を乞い取る」とあり、住民に対して平均に賦課し、強制的に責め徹したとはとれない内容を暗示している。はじめ信仰の講が任意の結縁者によって構成されていたと同様、頼母子も講として任意の参加者を募ることから始まったと考えてよかろう。この講は一部住民の相互扶助乃至は臨時的な出費の補助などになることがあってこそ、荘官を親とする頼母子講は永続性を持ちえたが、荘官が親としてその住民への扶助を果さず、たんなる搾取・収奪に転化した時、その頼母子講への参加住民から指弾されたのである。頼母子が住民の再生産・拡大再生産するための灌漑施設の築造や修造とか、住民の信仰に直接かゝわる神社・寺院の神用・仏用に供するためであるとかに限定された目的をもって興行された時、はじめて頼母子講は住民に規制を与え参加を強制することが可能であろう。都市住民に対する頼母子も神用・仏用を目的に掲げて成功する場合があったわけだし、こうなれば頼母子は寺社に対する勧進と内容的には異ならないものとなる。

都市の高利貸商人をふくんだ商人の合銭は、頼母子類似の経済行為であることは間違いないし、都市商人層による徳政令発布による経済的打撃を回避する目的で運用されたことも事実であろう。しかし合銭は、山国荘における頼母子が土豪・上層農民のもとに農民的剰余が集積し、彼等の村落内部に対する階層的支配を強化することに機能したのとは違って、商業高利貸資本の集積に機能したのである。このようなことが、都市発展の背景にあったことを注目すべきであろう。

（1）熱田公「中世末期の高野山領鞆淵荘について」（『日本史研究』二八号）。
（2）『日本社寺大観　神社篇』（鞆淵八幡宮の項、四三二頁）。
（3）『紀伊国名所図会』中巻、三編三巻伊都郡、友淵八幡宮の項。
（4）「高野山文書、又続宝簡集一四」（応永三十一年）十一月二十四日「鞆淵荘百姓等言上書案」（六八号文書）。

第四章　室町期における特権商人の動向

――楠葉新衛門元次をめぐって――

はしがき

平安時代末、宋銭が流入することによって、わが国の貨幣経済はまことに急激な展開をとげた。鎌倉時代にはいると、その影響は各方面にあらわれ、かつて中村直勝博士は、かの永仁徳政令をもって、土地経済組織の貨幣経済組織への敗北とまで断言されたのである。(1) たゞそれほどの意義を認めてよいかどうかは疑わしいが、この貨幣経済は、分業流通の展開をその基礎にもって発展していたことはいうまでもない。戦前にあっては、貨幣流通・海外交易・都市・商人・商業の諸部面にわたって多様な研究が続けられて、これらの主として実証的な研究は今日なお指導的なものとして我々に受けとられているのである。戦後の中世社会における、分業流通についての研究はそこから出発したが、いまだそれを決定的にこえた研究成果をみず、なお今後にまたれるところ少なしとしない。

たしかに、戦後における中世史研究の主流が、権力構造を決定づける農業経営の形態や、農業村落の構造を解明することにおかれていたため、商業は、いまだ小商品生産が未成熟なこの時期にあっては、つねに副次的な問題として言及されるにすぎなかった。しかし中世商業にゝかかわる研究が皆無であったわけではない。林屋辰三郎氏は町衆の研究を中心に、室町期文化の本質規定にまでおよばれ、(2) 杉山博氏は守護領国制形成期における商業をとりあげ、農業村落との関係をとらえながら、数多くの問題点を析出された。(3) 水上一久氏も、杉山氏の研究と同様な研究方向をしめしながら、きわめて示唆にとんだ論文を発表されている。(4) また、原田伴彦氏は、封建都市における町民諸階層の動向と、自治的組織の変質とを関係づけながら、その面での全貌を描きだされ、今後の都市研究のうえで、豊田武氏の「日本の封建都市」とともに、その出発点となるものである。(5) これらの諸説をふまえつゝ中世後期における商業の問題を、とくに権力との関係を明らかにするための一試論にでもなればと、中世後期の特異な家族である楠葉西忍とその子新衛門元次をとりあげ小論を展開しようと思う。

（1）「有徳銭と拝金思想」（『経済史研究』四一号）。
（2）『中世文化の基調』（第三部・町衆の生活と芸術に所収された諸論文）。
（3）「荘園における商業」（日本歴史講座・第三巻・中世篇一、のち『庄園解体過程の研究』に所収）。
（4）「貨幣経済の発達と荘園」（『中世の荘園と社会』所収。）
（5）『日本封建都市研究』（第一編・中世都市の研究に所収された諸論文）・『日本の封建都市』（第一・二・三・四章）。

一　出自とその環境

林屋氏は「上層町衆の系譜」のなかで、(1) 近世初期における京都の三長者、角倉・茶屋・後藤の諸氏を中心に、これらの商人の系譜的考察をおこなった結果、次のような三つの結論を導きだされた。それを要約すると、

(1) 彼等は京都における小市民の出自ではなく、戦国の争乱期には、農業村落内で富力を貯えていた武士階級であった。

(2) その町衆化は、座頭職などを獲得して、領主的権力につながるところにあった。

(3) 武士から町衆への転期は天文初年であった。

この論文で指摘された注目すべきことの一つは、天文初年以前における村落内での商業が、武士階級の成長や転身とわかち難い形態をとって行われていたということである。この方法や成果に学びつゝ応仁・文明という時期をえらび、また商人自身の出自とその家族、さらにそのかなり長期にわたる活動が伝えられている楠葉元次をえらんだのである。

豊田武氏は『日本商人史―中世編―』（第一編・商人の種々相、等五章・特殊な商人、第四節・外人と商人）のなかで、帰化系商人として室町期に名高いものに楠葉入道西忍があったとされ、その父は唐人倉とよばれ、アラビヤあるいはペルシャの出自であったろうといわれている（一九三〜四頁）。いまその一族を『大乗院寺社雑事記』からひろい出してみると次の如くである。(2)

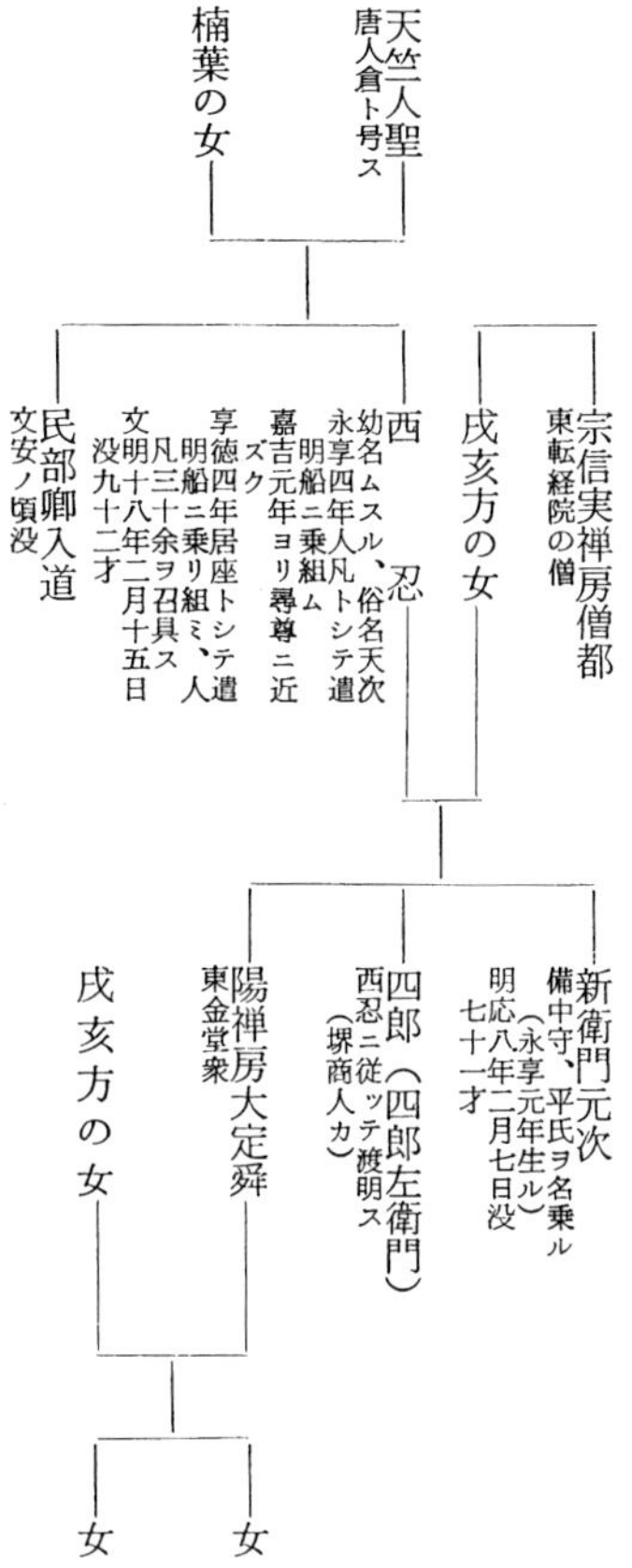

西忍は四代将軍義持の意にそむいて一色氏にあづけられ、のち大和に住したのである。まず奈良におり、高市郡の曲川に移住し、さらに平群郡立野に住していたことがあった。そのため私相伝の田地が曲川・立野に散在していたという。立野の地には平氏を名のる立野衆とよばれる殿原衆が住み、西忍の長子元次が平氏をなのったのは、その因縁によるものであろう。西忍はさらに奈良に帰り、晩年は古市の北口で送った。西忍が大乗院と特に関係をもつにいたったのは立野に居住していた時である。すなわち、西忍が居住していた時、後五大院（経覚）が滞留していて、彼を戒師とたのんで受戒したのである。立野衆は元来大乗院門跡坊人であり、同院の奉公衆であった。西忍は大乗院坊人として奉公するかたわら、大和の平群・高市両郡にわたって散在した私相伝の田地をもち、立野衆という地下武士

団の一員として活躍する商人であった。このように西忍は室町期の商人として、系譜的には特異な出自をもつものであったが、有力商人としてはむしろ典型的な行動を示したものであったといえよう。

これと同様な出自をもつ商人は他にも例がある。天龍寺僧策彦周良が天文八年（一五三九）に遣明副使として渡海し、寧波に滞在していた時、これに同伴した通事銭宗詢は、九月十三日に策彦に銭氏の家譜を録することを求めたが、その系譜は次の如くである。

得保官人――宗黄――宗詢

得保官人は、もと定海県の人であったが、天文をさる百余年前、倭寇が定海関を攻め、同地の住民数人を捕虜として日本に連れ帰ったもののなかの一人であって、時の将軍はこれを不憫と思い、厚遇をおしまなかったというのである。(3) 蜷川親元の日記文明十三年（一四八一）一月四日条に「銭通事出仕」とあるのは宗詢の祖父か父のことであろう。『大日本史料』が収めるところの「古文書」（第二十三集）によると、文明十六年十一月二十二日に銭通事は幕府への納銭減少により彼への下行がとどこおったことを理由に、洛中の私宅で、以前から営んでいた商売に対する課役を免除するとの奉書を得ているのである。銭得保官人が将軍の厚遇を得たというのは、九代将軍義尚から商業活動上で上述のような保護を受けていたことをさすのであろう。彼は商業活動に従事することによって、一応の生計を立てゝおり、その出自が特異なものだけに、特に幕府の保護をうけていたものであろう。天竺人聖・楠葉西忍もまたそれに似たような地位を与えられ商業活躍をしていたものと思われる。

西忍が大和の平群・高市両郡に散在した田地を保有していたことについてはすでにふれた。この具体的な内容については不明であるが、おそらくそれらの各地で、地主職を持つ耕地を保有していたものであろう。いうまでもなく、当時有力な商人が地主職を集積するのは一般的な動向であった。文明三年、摂津住吉の商人我孫子屋次郎は遺言によって、先祖の菩提をとむらうため、私相伝の地を大徳寺養徳和尚の祠堂に寄進したことがある。その私相伝の地は住吉郡五箇荘に散在する計一丁九反余に及ぶものであって、耕地はすべてで十八筆よりなり、応永十六年から永享八年にかけての二十七年間に取得したものであるが、その内訳は、質流七筆・買得七筆・不明四筆である。売却人が売却後も現作人である場合が多く、彼は加地子得分をえていたものであろう。(4)

備前牛窓は古来瀬戸内海上の著名な海港である。文明年間、同地の人と思われる長原盛重と柘植経光は、米三石五斗を貸した質として一反の地をえたが、(5)のちさらにその地は一貫文で同地の日蓮宗寺院である本蓮寺に両人の手から売却されている。(6)そのうちの一人、柘植経光は山崎へ赴く料足として、本蓮寺から二貫文を借りようとしたことがあり、(7)あるいは同津に居住する商人か海運業者ではなかったろうか。本蓮寺を氏寺としたのは石原氏であって、その一族は同地の土豪であり、(8)林屋辰三郎氏もすでに、この本蓮寺が、領主石原氏に支えられながら高利貸を営んでいたことを指摘されている。(9)同寺には、文明元年の「田畠散田注文」が現存しているが、それによると、田地は「依兼名内散田并加地子分」「公方分之内散田并加地子分」として集計されていて、(10)散田とはおそらく新開田をさすもので、本蓮寺もやはり地主得分を集積していたのであろう。

このようにみてくると、楠葉西忍は系譜的には、特異な商人ではあったが、室町期の特権的な上層商人としては、むしろ一般的な性格を持つものであったといえよう。高利貸商人が田畠を集積し地主への動きをみせるのは、かならずしも室町期に限ったことではなく、すでに永仁六年（一二九八）二月二十八日、鎌倉幕府は新編追加で耕地の質売買を禁止していることは周知なことである。(11)ただ室町期にはその規制がなくなり広範に展開していたことを「親元日記別録」など数多い訴訟関係文書のなかから推察出来るのである。上層商人は明らかに一方では土豪層として、村落内部に地盤をもちながら生長していたことに室町期的な特質があろう。

室町期商人のもう一つの性格を理解するために、楠葉西忍の子元次の場合を考察したいと思う。彼は備中守という受領名をもち、新衛門と称している。西忍の長子であり、没年から逆算すると、彼は永享元年に生れたことになる。

弟の四郎が堺商人であったらしく、遣明船にも搭乗して貿易商人であったことは、上掲の系図のごとくである。だがこゝで問題となるのは、元次がはたして父西忍のあとをうけた商人であったかということである。残念ながら直接に彼が商人であったことを示す史料は見当らない。大乗院尋尊が借用したと思われる金銭出納にたずさわり[12]、また興福寺別当安位寺経覚から身辺渡世のやりくりを命ぜられて[13]、事実、文明五年八月二十七日に経覚が死んで、あとに借財五十貫文を残した時には、その扱いに困って尋尊にうかがいをたてているなどの一連の動きからして[14]、経理に長じた才をもっていたことは明らかであろう。

（1）『立命館大学人文科学研究所紀要一』（『前掲書』所収）。
（2）文明十七年八月七日条、同十八年二月十五日条、永正二年五月四日条より作成。
（3）「策彦和尚初渡集」天文八年九月十三日条（牧田諦亮『策彦入明記の研究』上所収）。
（4）「大徳寺文書」三巻・一一八号「我孫子屋次郎田地寄進状」。「同文書」三巻・一二〇号「摂津五箇荘内我孫子屋次郎跡坪付注文」。
（5）「本蓮寺文書」文明六年三月十八日「柘植六郎兵衛尉景行田畠渡状与」（『岡山県古文書集』第二輯）。
（6）「同右文書」文明八年十一月十五日「柘植経光・長原盛重連署屋敷畠売券」。
（7）「同右文書」（年号不明）十二月十三日「柘植経光書状」。
（8）「備陽国誌」本蓮寺の項（『吉備群書集成』第一輯）。
（9）夕刊京都新聞社刊『社会科の研究』（日本史・三、郷土史料研究の実例、三九～四四頁）。
（10）「本蓮寺文書」文明元年八月「法花堂田畠散田注文案」。
（11）佐藤進一・池内義資編『中世法制史料集』（第一巻鎌倉幕府法、六七九号文書）。
（12）「大乗院寺社雑事記」文明五年四月十八日条。
（13）「経覚私要鈔」応仁元年四月二十六日条。
（14）「大乗院寺社雑事記」文明五年八月二十八日条。

二　荘園の直務をめぐって

元次は寛正三年（一四六二）七月、越前河口荘に直務上使として下向し(1)、文明元年（一四六九）九月には同国坪江郷の直務使を所望して請文をさゝげ(2)、寺家の許可と越前守護斯波氏の書下しをえて下国し(3)、さらにまた同三年閏八月には、同郷直務定使に任ぜられ、仕丁武友とその荘務をあらそっている(4)。それより早く、長禄二年（一四五八）十二月、楠葉与一という人物が同じく越前国兵庫郷所務に関係しているが(5)、もしこれが元次の前名であるとすれば、荘園所務への関係は、さらに四年ほど古くなるわけである(6)。

荘園領主が不輸不入を主張することは言うまでもなく直務支配を意味するものであった。しかし鎌倉期および南北朝の内乱期を経て、守護・商人・禅僧などの所務請負が一般化するにおよんで、荘園領主の直務支配がことさら「直務」とよばれるにいたったのである。文明八年九月、蜷川親元が幡根寺に下した書き下しによれば、直務は作職任免を寺僧の進退となし――これを寺の自作と言っている――殿原衆の沙汰を忌避することであって、直務の内容をもっとも具体的に伝えている(7)。直務といわれる支配の内容は如上のようなものであったが、しかし室町期に直務を実現するためには、さらに他の条件が考えられなければならない。その経緯をかなり包括的に示すのは、室町期における東寺領備中国新見荘の場合であろう。

新見荘の直務は、寛正二年九月、地下荘民とその背後にあって暗躍を続ける同地の地侍金子氏などによる、国人を代官として苛酷な収奪を重ねてきた細川の被官安富を排斥する動きと、未進を回避せんとする寺家の意図とが合致してその実現をみた。直務はたゞちには円滑に実現されなかったが、ようやく翌年八月、直務代官の下向によって実施される運びとなった(8)。代官は、勧農のために荘内をかけまわり、収納した年貢を沽却して商人の割符をえ、これを京送している(9)。また公事物である漆・紙・京上人夫の収納調達についてもまた同様である(10)。だが直務の実現は、反守護勢たることを標榜する同荘の国人層の協力なしには、とうてい不可能であった。寛正四年、年貢として取納した夏麦を直務代官が売却しようとした時、和市相場は安いのにかゝわらず、代官が高い売り値をつけたため商人は誰も買わなかったと金子が注進している。[11]その代官が殺害されたのち、同荘では年貢京進のために商人の割符を得ているが、この所務を行ったのが田所職をもつ金子氏であり、[12]上述の代官が年貢物を売却しようとしたのに対して、不買の圧力をかけたのは、ほかでもなく金子氏自身ではなかったか思われる。同地で比較的微温な態度をしめしていた里分百姓に対して近隣に蟠居する国人多治部氏の被官化がすゝむにつれて、金子氏など国人層の基礎が切崩されはじめると同時に、[13]新見荘が東寺の手からはなれてゆく動きがみられるところからも、直務の維持が容易なことではなかったことがわかるのである。この金子氏についてさらに注目すべき他の面がある。金子氏と同時代に、同地の公文職・惣追捕使職をもっていた宮田氏・福本氏は、明徳年間からその系譜を明らかにすることができ、[14]かなり古くから同地に勢力をはる土豪的存在であったと思われる。福本氏は寛正四年三月十七日、新見荘惣追捕使に再任されたようであるが、補任料の京進はとどこおりがちで、寺家の催促をうけながら、少しずつ納め、総額一貫一〇〇文を完納したのは文正二年閏二月のことであり、その間に五年を要している。[15]このような動きをもつ公文・惣追捕使に対して、田所金子氏はその出自や少し以前の活躍を明らかにしない。寛正二年十一月以前に金子氏は古屋氏と称しており、金子氏とみえるのは寛正三年一月二日の「三職注進状」を初見とし、その間に古屋から金子へと改姓したものと察せられる。[16]私にはこの古屋は屋号ではなかったと思える。寺家上使は地下を思いのまゝにひきまわしているのが田所古屋氏であると断言し、[17]彼自身も、「今迄私が守護の武力を恐れず、その口入代官をも入荘させなかったのは、当国他国に蟠居する一族が多く、当荘の一揆を指揮して地下を錯乱さすと噂を流したためである。今の世の中は田舎も京も、力があってこそ所をも身をも保ち得るのである」[18]と豪語しているのである。古くから蟠居していた宮田・福本両氏が、経済的にゆきづまっていたことが、金子氏の華々しい活躍の蔭に没し去っていたことと無関係ではなかろうし、一方、金子氏の自信ぶりは、彼が他氏と異なり新しく台頭してきた土豪であり、それは或いは同地での商業活動を牛耳っていたことと関係があろうか。すなわち直務代官の和市高値とその不買の動きを注進し、また直務代官殺害後、京への割符送進を一手にひきうけているが、このことは金子氏の現地での商業や商人とつながりが強かった事実があってこそ可能なことであった。東寺が直務を実現するにさいしては、この種の土豪の存在が前提となるのである。

鎌倉時代の正安年間、高野山領備後国太田荘で、預所に補任された寺僧和泉法眼淵信が商業的活動を行っていたことは既に著名なことであり、さらに商品流通の展開の著しい室町期における荘園支配に、もはや市場や商人との関係とを切り離して考えられないことは、すでに水上一久氏が明確に指摘されたことである。(20)

文明十六年十月、年貢納入を厳達された大乗院門跡領である長谷の君殿荘は、三十戸の荘家よりなり、名主は岩大夫・竹屋・奈良屋の三人であり、うち二人は屋号をもち、商業活動をしていたと思われ、また沙汰人的立場にある執行は、長楽寺と大文子屋の二人であった。(21) この大文子屋は、大文字屋ではなかろうか。大文字屋については豊田武氏が、『中世日本商業史の研究』のなかで次のような説明をしておられる。「文明三年の廿一口供僧評定引付」によると、備中新見荘から来た割符四つの中、堺が二つ、広瀬二つの割合になっている。この広瀬の二つを扱ったのがこの地(山崎広瀬――三浦註)に住む大文字屋であった。(中略)この大文字屋は、「政覚大僧正記」文明十七年五月の条にも、

摂州味舌・沢良宜両荘合六貫文可沙汰申由、原源太郎申云々、此間懈怠無ク山崎ノ大文字屋ェ渡之云々。

と見え、興福寺領摂津味舌・沢良宜両荘の年貢徴収にも参加した豪商であるらしい(下略)」(二八一頁)。このように大文字屋が興福寺領の支配に関係していること明らかで、君殿荘の執行である大文子屋も、山崎の大文字屋であった可能性がないわけではない。いずれにしても代銭納が広範に展開した当代における荘園支配にさいして、商人の年貢請負又は年貢収納保管が大乗院領の場合も行われたのである。

楠葉元次は実はこのような機構に介在するものとして位置づけることができる。すなわち、荘園領主権力につなが

って自らの商業活動を続けていたのである。しかし、文明初年を転期として、元次はその寄生母体をかえていったのである。文明二年五月、坪江郷所務にからんで、大乗院寺門勢力は諸国に元次を打ちとれと下知し、その首に二十貫文の懸賞をかけたのである。(22)尋尊は元次に目をかけた経覚とあまり仲のよい間柄ではなかったが、いさゝかこの事件については経覚に同情している。その理由を経覚自身の言葉のなかから知ろう。「楠葉元次は朝倉孝景に属したとの風聞であるが、日頃忠節深い仁であってみれば、ひと思いに忘れ切ることもできない。何かと便りもあるかと一途に待ってはみたものの、一向に無沙汰である。元次は何故自身のもとを去ったのであろうか」と悲歎と暗疑の間を揺れ動いている。(23)こゝで当時の越前の動きをみなければならない。

長禄二年十月、河口・坪江両荘の直務使として下向した堯懃房賢秀は、同地の実権をにぎっていた坪江石見守が、守護斯波氏の判形がなければ承引しないという要求を突きつけられ、尋尊にその手筈をとってくれるよう報じている。(24)文明二年には、朝倉敏景のために越前に散在する興福寺領はすべて退転した。しかしその後、それらの所領は大乗院に還付されたが、敏景は文明三年五月越前の守護となり、翌四年八月には甲斐氏との戦いに勝ち、まったく越前をその手に収め領国大名としての地歩を固めていたのである。その頃は大乗院領細呂宜郷の別当職をもち、河口荘内に名田をもつ和田本覚寺などの斡旋で、蓮如が越前に布教活動をはじめた時期であり、敏景は蓮如への崇敬厚く、河口荘細呂宜郷をこれに寄進し、吉崎道場繁栄のもとが築かれていたのである。(25)元次が越前を中心にその諸活動を続けるためには、もはや大乗院の直務使としての立場からだけでは困難であり、朝倉氏への接近を強めたものと思われる。元次は、文明十六年ころにも大乗院領の年貢収納に関係し、木津の割符商俵屋の割符を送っており、(26)明応五年には兵庫郷の年貢二十貫文を、朝倉氏よりの送状として奈良に持参しており、(27)越前に居をかまえて朝倉氏との関係を強めながらも、大乗院領との関係を完全に絶ったのではなかったようである。しかし、次第に縁はうすれ、明応八年二月七日、元次は三日原において七十一歳で他界し、尋尊をして「不便、実子無之」とその日記に簡単にしかも悲しげに記されているのを最後とする。

元次は上述したように、文明初年を転期としてその主をかえたが、実は『大乗院寺社雑事記』のなかで、「元次男」・「新衛門備中守」とその呼び方が使いわけられているが、このことがすでに象徴するように、彼は商人と武士とのふたつの性格と、門跡坊人的性格と被官商人的性格とを一身にになっていたのである。しかもそれが次第に被官商人・御用商人の方向へと脱皮していったのであろう。それをさらに節をあらためて考察しよう。

(1)『大乗院寺社雑事記』寛正三年七月二十九日条。
(2)『同右書』文明元年九月九日条。
(3)「経覚私要鈔」細呂宜郷下方引付・文明元年、『大乗院寺社雑事記』文明元年十月五日条。
(4)『大乗院寺社雑事記』文明三年閏八月四日条。
(5)『同右書』長禄二年十二月九日・同月十日条。
(6)史料的にみて、元次と与一とが並んで出ることはなく、『大乗院寺社雑事記』長禄三年一月二十八日条に「為唐船、自公方、楠葉入道ヲ被召之由、与一物語之」とみえることから、まず楠西葉忍入道の子であり、越前国大乗院領に関係していることから、元次とみてあやまりなかろう。「雑事記」寛正二年二月七日条の「自籾井方、以楠葉与一、五明五本・榀原一束進之（下略）」の記述以前は楠葉与一であり、それから三日後の十日の記事には、兵庫郷公文職の請文が、二月十三日付、楠葉新衛門元次の署名で収録されている。この間に改名したのではなかろうか。
(7)「古文書内閣記録課旧蔵」（『大日本史料』第八編・第九巻、七七〜八頁）。
(8)池永二郎「寛正年間における備中国新見荘――備中の土一揆補考――」（『国史学』六〇号）。
(9)「備中国新見荘史料集」（所収番号二一八・二二五・二三七号文書、以下単に「新見荘史料」と略記する）。
(10)「新見荘史料」（所収番号二一九・二二五・二二八・二二九・二三四・二三七号文書）。
(11)「同右史料」（所収番号二三八号文書）。
(12)「同右史料」（所収番号二八一号文書）。
(13)「同右史料」（所収番号三四六号文書）。

(14) 彦由一太・上原栄子・大橋京子「中世荘園に於ける本所領家関係の一形態――備中国新見荘の場合――」の三職伝領関係図(横浜市立大学文学部『協同研究』第一号)。「新見荘史料」(所収番号一一二号文書)によれば、福本氏は三善氏と称していたらしく、三善氏は鎌倉期に同荘の田所職を相承していて、その祖は鎌倉期に遡ることができる。
(15) 「新見荘史料」(所収番号二九二号文書)。「同史料」(〃三〇六〃)。
(16) 「同史料」(〃一八一・一八七号)。「同史料」(〃一九三号〃)。
(17) 「同史料」(〃一九二号〃)。
(18) 「同史料」(〃三四五号〃)。
(19) 河合正治「西国に於ける領主制の進展――備後国太田荘を中心に――」(『ヒストリア』第一号)。
(20) 前節註(4)論文。
(21) 『大乗院寺社雑事記』文明十六年十月十三日条。
(22) 『同右書』文明二年五月二十一日条。
(23) 「経覚私要鈔」文明四年九月条。
(24) 『大乗院寺社雑事記』長禄二年十月二日条。
(25) 辻善之助『日本仏教史　中世篇之五』(二九~三〇頁)。
(26) 『大乗院寺社雑事記』文明十六年六月三十日条。
(27) 『同右書』明応五年一月五日条。

三　憑支(頼母子)をめぐって

文明三年(一四七一)閏八月、元次が坪江郷直務使に補せられ、大和の土豪古市氏の支援する仕丁武友とあらそってから約一ヶ月のちにあたる九月二十七日の『大乗院寺社雑事記』記事によれば、[1]

村井資支楠葉備中守取之云々、千疋也、

とあって、彼は村井憑支十貫文を落している。[2] これは彼の越前下向、荘園直務に関係したものと考えられる。

憑支は頼母子・資支などと別記し、その初見は、高野山文書としておさめる「又続宝簡集八六」建治元年十二月日付の「荘官請文」である。これはもともと合力・助成と別称されていたように、営業的なものではなくて救済的なものであり、個人事業ではなくて組合事業であるとされている。(3)憑支についての一つの問題点は、その親となるものの性格であろう。まず初見史料である荘官請文に「号憑支、乞取百姓銭事」を厳禁していることからして、荘官が親となって、少額の百姓のもち銭（子銭）を集めて憑支を起すことが行われていたことは明らかである。それがよし村落内での相互扶助的性格をもつものであったとしても、高野山文書には憑支の親となった荘官が自ら懸銭をしなかったことが問題となったことからも暗示されているように、(4)憑支は荘官が荘官的立場を利用して、村落内で発展してきた貨幣流通に寄生し、自らが富裕化する一つの手段であったことを見逃してはならない。

さて上述の村井憑支とはどのような性格のものであったろうか。まずこの村井は人名であり、古市の一族ないしは被官であったと思われる。(5)こゝで比較的史料の多い古市一族を親とする憑支についてふれておこう。

応仁二年十二月十一日、古市は尋尊のもとにきて、正願院の経蔵修理用途を捻出するため、来春から千貫憑支を起したいと申し入れた。尋尊はその志を多とし、五部（五貫文）の助成をしたのである。(6)しかしその翌日の十二日には、興福寺の学侶・六方衆が神水集会をおこない、近日奈良に憑支講が結ばれるそうであるが、これ以前に結ばれている憑支講は沙汰の限りではないが、以後は一切この企てあるべからずと激しい反対の挙にでており、(7)この集会がさしあたって古市が親である千貫憑支の企てに対する反対の示威であったことは明らかである。経蔵修理費捻出がその名目ではあったが、じつは結局、興福寺の奈良支配と、奈良一円の居住民に経済的圧迫を加えるものであったと思われる。千貫憑支といえば、これより以前一月二十三日、発心院で落札した憑支は、古市を親とした五十貫憑支であったは四十人の加入者を擁していた。この千貫憑支に尋尊においてすら五貫文の加入であったことなどを考えてみれば、それが満額に達するためには、おそらく五〇〇人前後の懸銭を必要としたであろうと推測される。文明元年六月に、大安寺の南門で憑支がおこなわれたときには、これを通行人に懸けたという[8]、かなり強制を伴ったものであったらしい。しかしこの千貫憑支は満額に達したらしく、翌年から毎年十一月五日に落札がおこなわれ、二、三史料の欠けている部分があるが、文明元年には安養院、文明三年には万才氏、文明四年には知足坊、文明六年には東大寺戌亥方がとったのである[9]。しかし、この千貫憑支も、戌亥方がとったときには、三五〇貫文に減少してしまった。この減少がどのような理由で減ったのか不明であるが、これは加入者の脱落と他に小規模な憑支群の発生とが関係するのではなかろうか。期せずして文明初年頃から小規模憑支の動きが顕著になってくるのである。その一例をあげると、文明元年九月三日、福田寺で天狗憑支があり、また同日その近辺で五ヶ所憑支があったという。その二つの憑支の親が誰であり、その方法がどうであったのか確かではないが、安位寺経覚はこの憑支はまことに希代の不可思議であり、当国がついに乱れるのではなかろうかとの噂を生んでいると伝え、不安であるとの心底をもらしている[10]。また同年九月七日、ふたたび福田寺で憑支があったことに関連して、経覚は憑支の増額は不当であると苦言を述べている[11]。大規模な憑支の行きづまりは、小規模なそれが多く興行されることと無関係ではなく、大規模な憑支の親として君臨しようとした荘官・土豪層あるいは国人層にとって、農民相互問での小規模な、またそれだけに相互扶助的な性格の強い憑支の発生は、決して歓迎すべき傾向ではなかった。またさらに荘園領主にとっては憑支それ自身は、国人層などによる私反銭賦課と同様な意味をもち、都市や村落支配をますます困難なものにすることに外ならなかった。古市が千貫憑支をはじめたとき、尋尊がこれに加入して僅かの利を追った視野の狭さと立場の弱さ、またそれに対して学侶・六方衆が強硬な反対論をのべた行動は、門跡対寺門の深い溝を蔵した大乗院の荘園領主としての焦躁をもっとも如実に示すものであろう。

さて、以上のような意義をもちながら結ばれた憑支はどのように利用されたのであろうか。

『大乗院寺社雑事記』文明九年十一月二十二日条によると、

浄土寺憑支十二貫文被召之由注進、剰借下方被立用了、珍重之由仰了、足向井山毎月々別内也、寛円方渡之、自
前月懸置之者也、坊主興隆仁也、仍被勧之之間仰付之者也、一院悉以再興了、希有坊主也、（下略）

とあり、寺院興隆のために、憑支を借下に利用し、その利をこれに当てたのである。応永八年十月、東大寺々僧良俊は、憑支に加入する出資として、勧学講憑支を三文子の利子で八十四貫八百文借りている。[12]また文明九年十二月五日付の「朽木古文書」は井料に当てるべく拠出されたと思われる合力銭が、利をとって借下げに使用されている。[13]憑支を落札するのは、憑支に加入しているものに限られたものではなく、ひろく加入外のものにも土地などを担保としておこなわれたものと思われる。古市の千貫憑支にしても、その一部が正願院の経蔵修理費として当てられても、その一部は借下げに利用され古市の懐を肥やすために運用されたのではなかったか。かゝる前提のもとに企てられた憑支であってみれば、結局、商人などの手に渡って商業活動のなかに利用されるところに、憑支講維持・拡大の基礎があったのである。元次が村井憑支をとった意義も、またこゝに見出されるといわなければならない。村井憑支の具体的な内容については何ら知ることはできないが、村井の古市との関係を考えてみれば、古市の千貫憑支の性格に本質的に連なるものであって、元次が荘園領主側をはなれて、次第に古市・朝倉などの国人層と結びつくのには、当時商人の資本の狭隘なあり方にその原因が存在していたといわねばならない。最近、百瀬氏が合銭について新しい見解を発表され、憑支的な商人の資本の一形態を示すものとして、きわめて示唆に富んだものである。[14]

大和の土豪としての古市は、同国で勢力をきそう筒井・越智両氏にくらべると、まだ弱体であったと察せられるが、それにしてもなお越前国とも深い関係をもっていたのである。すでに述べたように、文明三年、坪江郷直務について、元次と仕丁武友が競望したさい、古市が武友を、安位寺経覚が元次をそれぞれ支援したかのように尋尊の目には映じたが、しかし古市側からみれば、いずれに直務使が決しようとも、決して自らの不利にはならないように手をうっていたのであろうことは、古市と楠葉との関係に徴してもあきらかなことである。文正元年、京都での大乱に、古市が

越前守護斯波の要請に応じて軍兵を派したことがあり、斯波はこの功を多として、古市に越前国内の八〇〇の在所を宛行わせようとし、元次には同じく三五〇の在所を宛行わせようとしたと元次が尋尊に報じている。(15) 古市と斯波との関係は、或いは元次を通じて成立したのではなかったろうか。

以上みたように、元次のかくのごとき性格の変化は、貨幣流通の動きとも関係があったように思える。荘園領主権の弱体化と、荘園という枠のなかでの、いわば荘園体制に依拠する商業活動はもはや展望をなくしていたのであって、元次のこの動きは、室町期における商業活動展開の当然の帰結でもあった。

(1)『大乗院寺社雑事記』文明三年閏八月四日条。
(2)「経覚私要鈔」文明三年九月二十七日条。
(3) 三浦周行「頼母子の起源と其語源」(『法制史の研究』所収)。
(4) 三浦氏『前掲書』参照。
(5)『大乗院寺社雑事記』文明四年五月十九日条。

一、大宅寺末吉名八反事、自安位寺殿被仰下子細在之、

二反字池尻 古市ヲチ　　一反平 古市村井

一反平 古市西殿ヲチ　　一反河端 𦬇山金剛童院

(中略)

以上山村東作名主分、

村井が「古市ヲチ(御乳カ)」「古市西殿ヲチ」などと類似した記載の方法をとっているところから、古市一族かその被官であり、それぞれ、各筆の大乗院への年貢納入責任者であった。『大乗院寺社雑事記』文明四年五月二十五日条には

一、大宅寺末吉名八反之内、去年夫賃・御米三反分、古市御乳方去十九日皆済之、去年御米・夫賃幷当年春夫賃一反分、倫観房今日皆済、村井方一反同前今日皆済之、

とある。

(6)『同右書』応仁二年十二月十一日条。

(7) 『同右書』応仁二年十二月十二日条。
(8) 『同右書』文明元年六月十四日条。
(9) いずれも『大乗院寺社雑事記』の上述した年の各十一月五日条。
(10) 「経覚私要鈔」文明元年九月三日条。
(11) 「同右書」同年九月七日条。
(12) 「東大寺文書七十五」応永八年十月二日「良後五師借書」(『大日本史料』第七編・第五巻、三〇八〜九頁所収)。
(13) 「朽木古文書料足証文・乙五十号」「合力銭借証文」(『日本史料』第八編・第一〇巻、一八六〜七頁所収)。
(14) 百瀬今朝雄「文明十二年徳政禁制に関する一考察」(1)徳政令と徳政禁制、註12、『史学雑誌』第六六巻第四号)。
(15) 「大乗院寺社雑事記」文正元年九月十三日条。

四　商品をめぐって

文明三年(一四七一)六月五日、越前国油免の名主などは安位寺経覚の代官であった元次の改易を訴え出たが、経覚は「以外次第」とこの訴えを退けた事件が起っているのである(1)。それより半月程をさかのぼる五月十八日に、禅院の僧と思われる相侍者というものが、同地の代官職を競望し、経覚から今は元次が代官として別条なく所務を行っており、もし元次が未進不法をした時には考慮しようと退けられていることから(2)、あるいは相侍者が背後で画策していたかもしれないが、名主の排斥運動からみて、元次が代官としてあるいは不当な利を追求していたことがあったと考えねばならない。

寛正六年、備中国新見荘の代官となった祐成は、その代官請文十二条中の第五条で、

和市事別而存公平、雖為少分、不存私曲自由之儀、加商人問答、冬与春任其時和市、可執進之、御代官之一大事只此事也、専可存知申事(3)、

と記し、収納した年貢を、同地の和市にまかせて公正に売却し、その代金を京送することが、代官にとって最大の職

務であったことをつたえている。寛喜二年（一二三〇）、鎌倉幕府が、和市を一石一貫文に定めたことはすでに著名なことであるが、(4) 鎌倉末期の若狭国東寺領太良荘においては、年々の和市変動はかなり激しいものであった。(5) また同一収穫期にあっても、市のひらかれる日によって和市が異なっていることも、建武元年（一三三四）十二月の新見荘地頭分の結解状から明らかである。(6) 代官が高値で売却したにかゝわらず、不当に安く結解をおこない、その差額を私することもありえたわけであり、「和市不審」を云々する数多くの荘園領主側の史料はその経緯を伝えるものである。またその逆の場合もありえたと思われる。すでにふれたように新見荘で寛正四年（一四六三）、直務代官の年貢麦売却にさいして、代官の言い値高く、同地の市庭で商人が買わなかったということでそれがわかる。当時、荘園内における生産物の売買は、上にみたように、年貢収納物である場合が主要な部分をしめ、その価格決定はその現地における力関係によって大きく左右されるのである。したがって商人が村落内に入りこむ場合、より強力な領主権力につながって、安値で買いたゝこうとするのは当然なことであった。こゝでふたたび元次の代官排斥に話をかえそう。

元次は代官であっても、商人の立場からすれば年貢を売却する側に立つものではない。排斥の理由がどこにあったか不明であるが、これを推測するにたる事実を新見荘に探ることにする。細川の被官安富氏が排斥された理由の一つは、二千貫に及ぶ東寺への年貢未進にあったが、もう一つの理由は、守護被官として過重な守護方の段銭を賦課したことにあった。(7) 元次排斥の場合も、朝倉氏が領国形成へ急展した時期であってみれば、それとおそらく軌を一にするものであろう。しかしこゝで我々が注意しなければならないのは、いわば村落内の貨幣流通と農民の貨幣蓄積に通暁した商人を、その領国支配の末端に補することは当を得た配置であったということである。したがって、さらにこのような動きに対する理解を深めるために必要なのは、年貢に加えて段銭を賦課したり、憑支が企てられたりすることの背後に、農民自身による剰余生産物の商品化が考えられなければならないことの追究である。

永享十一年（一四三九）一月、東寺領丹波国大山荘の農民であるおはな大夫が、年貢一石二斗の剰余分八升二合を、同じく西谷助三郎が年貢一石の余剰分七升八合を、それぞれ商人に売却したという著名な事実がある。[8] この売却代金は両人の収入になったものであろうが、それを遂一寺家に報告していることであるし、年貢余剰の商品化はかならずしも容易ではなかったとも考えられる。建武元年十一月、太良荘で若狭守護代と荘民との間に起った紛争についてみると、丁度その日は二十七日で、遠敷の市が開かれていた日であり、新検校・孫次郎などが市で売買したのを守護代が略奪したというのである。その農民が略奪にあった品目は、銭貨三〇〇文余と、買得してそれぞれが所持していた絹片・縫小袖・紺布・白布・綿・抽出綿・布小袖・刀などであったと伝えている。[9] 被害をうけた新検校・孫次郎は、さらに同年八月に、同荘の地頭代脇袋排斥運動に加わった同荘の代表的農民五十九名のうちにその名がみえ、[10] 彼等が刀五腰を奪われていることからして、ようやくこの頃から形成されはじめた郷村の惣的結合にあたって、彼等が武装をこゝろみる中核的構成員であったことを知るのである。新検校についてみれば、彼は決して村落内で有力な名主層に属するものではなく、荘民の大部分を占める普通の作人階層(小百姓層)のものであったと思われる。[11] このような階層こそ、実は室町期に村落内で広範に展開する貨幣流通の、ひいては地方市場形成の担い手になりつゝあったのである。

地方における特産物市場の形成は、『新猿楽記』の記載などから徴して、遠く平安時代にすでにみられたことであるが、太田道灌が江戸城静勝軒に寄せる詩を京都五山の禅僧に求めたとき、そのなかに、

(上略) 鱗集蚊合、日々成市、則房之米、常之茶、信之銅、越之竹箭、相之旗旄騎卒、泉之珠犀異香、至塩魚漆枲梔茜筋膠薬餌之衆、無不彙聚区別者、人之所頼也

という、文明八年八月日付のものがある。[12] 誇張はあるにしても、次第に江戸城下が殷賑さを加え、各地の特産物集散の動きを推してあまりあるものがある。このような室町期における特産物市場はどのような村落生活のなかから形成されたものであろうか。

寛正三年、新見荘の荘民は、公事紙をわずか一束納めたのみで他を未進にしてしまった。これに困った直務代官は、

紙八束を一貫文にて買い求め、さらに三束を誂えて作らせ、あわせて十一束を公事紙として京進することができた。[13]こゝにいう荘民の未進した紙が新見の市場で商品化され、また、「誂えた」ということから商品化するための紙製造がおこなわれていたことをも推測せしめるのである。応永八年、山伏の岩奈須宣深が新見荘の所務を請負ったとき、その請人となったのが京都四条坊門町東に居住する商人紙屋八郎次郎であった。[14]また寛正三年には、京都の姉小路の三条間の商人傘屋四郎三郎が新見荘に関係しており、[15]屋号かならずしも業種をあらわすものではない場合もあるが、もしこの両商人がその屋号が示す通り紙を必要とする業種であるとすれば、紙の売買を通じて、新見荘周辺に入手の路を形成していたものと思われる。新見荘で直務上使が紙を誂えたということからも明らかなように、村落内には製紙を専従にする手工業者ないしは副業とするような農民がいたことは明らかで、都市の特権的な紙商人はこれに支えられて商業を行っていたことを見落してはならない。

新見荘で紙と同じ性格をもつものに漆がある。同荘の漆は鎌倉期に地頭分だけで四四〇〇余本が賦課対象にされていて、[16]室町期においても漆汁は桶にいれてしばしば京送されている。この漆汁の採取は春さき、農耕のかた手間に行うものであるが、文正元年、前年分米方年貢質物の代として同荘から京送したもののなかに、二六二文の漆しぼり用途が加えられていて、[17]漆採取に専従したものがいたのではないかとも推測される。漆は本来自然生のものであるが、同荘では里畠にもかなりあって、[18]これは畠の片すみなどに栽培されていたものと思われる。藺が安値になったのにともなって、藺田を廃して稲田に改めた事実などもあるし、[19]そこにはもちろん領主層の意図が反映されていた可能性を認めねばならないが、室町期にはごく萌芽的ではあっても、剰余生産物の計画的な商品化が展開していたものと考えなければならない。このような村落内での社会的分業の発展を、たえず領主的経済のなかに吸収しようとする国人・土豪および特権商人の機敏な対応が、地方の特産物市場をめぐって展開されたのであった。したがって、特権商人の成長は、村落内における農民の貨幣経済の展開と、たえずするどい対立の面をはらんでいたといわねばならない。

新見荘で寛正年間、安富を排斥した原因の一つが守護方の段銭賦課の過重にあったことはすでにふれたが、そのとき荘民は、しいて要求されるのであれば惣荘よりという名目での五貫文の礼銭で許容ありたいと申し出ている。[19]「今堀日吉神社文書」に商業活動に関する規制が「惣荘掟」として数多く残されていることなどと考え合わせて、新見荘における荘民のこの主張も、村落内での貨幣経済が惣村すなわち村落共同体を基盤とし、その規制の範囲内でしか展開しなかったことを予想させるのである。鎌倉時代末からもっとも早く銭納化が実現され、また一方名編成による支配が一はやくみられなくなった同荘の奥の部分と称せられる高瀬村では、室町期に代官の手をへず、農民が直接商人の割符をえてこれを京送している。[20]この高瀬村の荘民は、同荘でもっとも強硬な主張をつゞけ土一揆の急先鋒となっているのであるが、[21]とくに彼等が自らを国衙百姓と名乗っていたことを注意しなければならない。おそらく高瀬村に散在する東寺領の耕地を請作しているというのが、彼等の基本的な性格であったと思われる。したがって、同地域は一円荘領をなすものではなく、その主要な部分は国衙が占めていたのではなかったろうか。彼等の村落結合の強硬さ、貨幣経済の名田部分に比してはやい展開、これは同地に領家佃が少ないことからもわかるように、荘園領主権力の滲透の弱さという土地所有のありかたに重要な原因があると思われる。これは荘園支配の基礎となる名体制下にあっては貨幣経済の進展はむずかしく、ひいては商人が商品を獲得する場合にも、荘園支配体制に寄生して、年貢物の商品化を通じて商業活動をつゞけることは、直接農民の剰余生産物の商品化をつかんで利潤をより大きくあげてゆくうえに困難であったことを物語っている。彼等が荘園領主側をはなれてより強力な領域支配をもつ国人層の被官商人化して、直接耕作者の剰余生産物の獲得にむかう理由はこゝに存在したといわねばならない。

（1）「経覚私要鈔」。
（2）「同右書」。
（3）「備中国新見荘史料」（所収番号二九九・三〇〇号文書）、杉山博『前掲書』四章参照。

（4）「百錬抄」寛喜二年五月二十四日条。

（5）「東寺百合文書」（刊本）は五〇、正安四年〜延慶二年「太良荘年々年貢運上次第」この中から和市の知れるものを抄出すると次の如くである（一〇〇文当りの数値）。

正安四年（一三〇二）	九升
嘉元三年（一三〇五）	一斗六升七合
〃　四年（一三〇六）	一・四・〇
徳治二年（一三〇七）	一・〇・〇
〃　三年（一三〇八）	一・一・五
延慶二年（一三〇九）	一・〇・〇

（6）「備中国新見荘史料」（所収番号三三号文書）。

売却品目	月　日	俵別和市
米	一一・二三	三九五文
〃	一二・　三	四〇四
大豆	一一・二三	二三五
〃	一二・　三	二二〇

（7）杉山氏『前掲書』三章、および高尾一彦「備中国新見荘」一章（柴田実『荘園村落の構造』所収、三一五〜六頁）。「備中国新見荘史料」（二三四号文書）に次のようにみえる。

段銭之事堅申付候処ニ、地下生涯ニかけ安富おうつたへ御直務お歎申候事ハ、かやうの事共お御免あるへきかと存候処ニ

（下略）

（8）「東寺百合文書（刊本）」に一六七。

（9）「同右文書（刊本）」は一一八。

（10）「同右文書（刊本）」は一一六。

（11）これよりさき乾元二年閏四月十二日「年貢早米納帳」（「東寺百合文書〔刊本〕」は五一）によると、新検校関係は

十月廿九日納　一石一斗　一色　定一石　西向新検校

十一月□□日納　九斗九升　　　　定九斗　良厳新検校
十二月二日納　　一斗二升　一色　定二斗　西向新検校

とある。この新検校が前述の新検校と同一でないかも知れないし、新検校の全貌をとらえることは不可能であるが、襲名は普通のことであり無関係ではなく、彼の村落内での立場を知ることができよう。すなわち、西向は保一色をすべる有力名主であり、新検校はその名内に経営耕地をもち、年貢納入の責任者であった。これについては、次の書を参照されたい。黒田俊雄『若狭国太良荘』第六章・第二表（柴田実『荘園村落の構造』所収、二五三頁）。永原慶二『日本封建社会論』（第三章・第二節・(1)、一二三～四頁）。

(12)「禿尾長柄帚六十一　寄題江戸城静勝軒詩序」（『大日本史料』第八編・第九巻、五五～八頁）。
(13)「新見荘史料」（所収番号二二五号文書）。
(14)「同右史料」（〃一二八号〃）。
(15)「同右史料」（〃二二一号〃）。
(16) 拙稿「備中国新見庄の商業――鎌倉時代中・末期の地頭分を中心として――」（『日本史研究』二九号）。
(17)「新見荘史料」（所収番号三〇五号文書）。
(18)「同右史料」（〃九号〃）。
(19)「同右史料」（〃二二八・二三四〃）。
(20)「同右史料」（〃三〇二号〃）。
(21)「同右史料」（〃一七〇・一七五号〃）。

むすび

荘園領主側の記録からたどれる室町時代の特異な出自をもつ楠葉西忍と、とくにその子である楠葉元次をとりあげて、荘園領主の庇護下にあって、畿内地方や北陸地方の国人層（武士勢力）に近づいて、応仁・文明の大乱の時代を生き抜いた一人の特権商人の動きを追った。そのなかで、とくに各地の国人層によって荘園の年貢を請負われながらそれが未進されたり、また横領されたりすることによって、荘園支配に重大な危機が訪れようとした時、荘園領主は寺務運営・財政運用に長けた寺僧を直務支配のため現地に派遣してそれを阻止しようとすることもあった。しかし他方では荘園領主に近しい関係にある商人に直務使としての特権を与えて現地に送りこみ、その手腕に期待して荘園支配の持続を計ったのである。こゝでとりあげた楠葉元次はその後者にあたり、興福寺大乗院領越前国河口荘で直務使として活躍したのであった。

商人が直務使として特権を与えられ、現地荘園に入部することは、年貢収納を媒介として特権商人としての商業活動にも益するところがあったと思われる。現地における年貢米売買にかゝわる相場（和市）の操作や、農民の剰余米や農村特産物の買いつけなどがありえたことに触れた。さらには保管されている年貢米の高利貸的運用や年貢米の都市での再販売などによる利益も考えられないことではなかろう。もちろん農村特産物の都市での販売がある。

商人が特権商人として遠隔地間の商業に活躍するとすれば、生産地と消費地すなわち商品入手地と商品販売地の二つに足場を持たなければならない。しかもその二つの足場には、それぞれに違った分業・流通の発展の度合いや、政治的状況があり、商人は否応なしにその発展の度合いや政治的状況に規制された活躍をせざるをえない。しかも荘園支配に直務使として関わっている限り、それぞれの二つの足場のなかで、自ら支配者側である領主的立場に立たざるをえない。越前守護斯波氏と、そのもとから次第に台頭してきた朝倉氏などの動きに対して、直務使あるいは特権商人として越前国内で活動する楠葉元次は機敏な対応を迫られたと考えられる。

しかし河口荘内細呂宜郷の吉崎の地に文明三年（一四七一）、蓮如が道場を建立して、急速に門徒が結集したことからも明らかなように、土豪層以下上層農民をはじめ民衆諸階層・諸集団の動きは次第に活発化していたのである。楠葉元次が荘園領主や現地の守護・国人の権力を背景にしていたとしても、その現地の動きは決して容易な道が約束されていたわけではなかった。

この頃、都市豪商は次第に巨額の商業資本・高利貸資本を蓄積しつゝあった。その資本を背景に荘園年貢請負や、手工業生産の問屋的支配、さらには遣明船に搭乗して貿易をおこない、遣明船派遣自体を請負う堺商人のようなものも登場してきた。しかし巨額の資本といっても一商人の資本には限界があって、たとえば一豪商が遣明貿易船一隻を請け切ったわけではない。すでに前節でも触れた「合銭」のように、複数の富裕者や商人の銭貨を商業資本・高利貸資本として集中し運用するものであって、資本の集中は商人の結集であったといってよい。

楠葉元次の直務使乃至は特権商人としての活躍にとって、その必要とする資金が憑支を落札することによって獲得されたらしいことは注目すべきことであろう。その憑支は大和国内の国人層やその被官層を親とするものであったり、さらに民衆層が親であった憑支であったことも想定される。この憑支は憑支講構成員の相互扶助的性格のものとして興行され運用されるものもあったが、荘官や国人・土豪層さらには有力農民による民衆一般に対する搾取・収奪に転化することもあった。楠葉元次が落札し直務使乃至特権商人として運用したと思われる憑支は、都市と近郊農村の広範な民衆を対象として興行された国人層またはその諸官である土豪層を親とするものであった。楠葉元次が活躍するそもそもの前提からして民衆に基礎をおき、民衆の生活とともに浮沈する、いわば地域に根をおろした商人ではなかったのである。

楠葉西忍といゝ楠葉元次といゝ、都市の町組に基盤をおく商人でもなければ、村落に居住し、共同体的規制をうけつゝ農商を兼業とした活躍をしている存在でもない。商人像としては特異な存在のようにも思える。しかし外国に出自をもち、将軍や興福寺門跡の庇護のもとに高利貸商人・貿易商人など商人としての道を歩みはじめながら、むしろ武士の立場に近づいたのではないかという点からみれば、むしろ中世後期における商人的武士、あるいは武士的商人としてむしろ一般的な姿であったといえないこともない。中世における分業・流通の発展を侍・農民や職人・商人の集団的・身分的な分化の過程のなかで追うことももちろん重要であるが、しかし中世における分業・流通の全体的な構造を、侍と職人・商人の未分化ななかに追うことは、農工商未分離な状態を明らかにすることと同様に重要なことではなかろうか。

付　根来寺と和泉熊取の中家

一　根来寺の氏人

中世における都市・農村の大小寺院とその檀家・外護者・信徒などとの関係はさまざまな角度から研究が続けられている。仏教思想・教義の面からするもの、全国的あるいは地域的な政治に仏教界が大きな発言力をもっていたことからくる政治史的追究、また寺院財政を支える荘園や商手工業との関係、さらに中世における都市や農村における民衆運動と結びついた寺院・道場などの役割などについてである。

こゝで紹介しようとするのは、紀伊国の名刹根来寺と和泉国日根郡熊取谷の名家である中家との戦国時代における主として社会的な関係についてである。

中世において、紀伊国内にある古刹・名刹で和泉国内に影響をもつものはいくつかある。その代表的寺院はもちろん高野山金剛峯寺である。奥院のいわゆる「貧女の一燈」として万山の崇敬をあつめている燈明は、和泉国和泉郡横山谷の武士奥山源左衛門夫婦に拾われた娘お照が、養父母の菩提をとむらうために髪を売った金で献じた一燈であるという。この主題は仏教説話として広い拡がりをもつもののようであるが、この象徴的な話は次第に具体化されて、その奥山源左衛門の屋敷跡に建立されたのが和泉市坪井町の鳳林寺（もと長福寺ともいった）であるといゝ、その庭内にはお照の石像が建立されている。

このことが象徴するように施福寺の麓横山谷の地は高野山との関係は深い。鎌倉時代だけでもこの地から定信・良弘・良範という三名の高野山検校が出ているし、横山の地頭佐々木信綱は北条政子と佐々木一族の菩提を弔うためと称してこゝの地頭職を仁治二年（一二四一）、高野山金剛三昧院に寄進している。また寛元元年（一二四三）に奥院と伝法院とが争論を起したことがあったが、その一方の主謀者であった高野山執行代道範は、横山谷に接した松尾谷の出身であったといゝ、その責任を負わされて讃岐国に流罪されている。(1) 和泉国近木荘が高野山丹生社領であるなど、その末寺や荘園など高野山とかゝわりをもつものは多い。

もう一つは粉河寺である。文暦元年（一二三四）に九条家領となった和泉国日根郡日根荘では、同荘内の田畠・農家・池・井堰・山林・寺社などの現勢調査をおこなったことがある。日根荘内日根野村に関する記述部分に「粉河別当池」と称する池が築かれていたことが記されている。正和五年（一三一六）に「日根野村絵図」が描かれているが、それには「粉河別当池」は見当らない。池が消滅したのではなく、省略したか、また池の呼び方が改められたのであろうと思われる。しかしその絵図の中には粉河寺や高野山の鎮守社といわれている丹生大明神社が描かれていて、粉河寺乃至は紀伊国の影響を強く受けていたことを示している。(2) この日根荘の荒野を、鎌倉時代初期の元久二年（一二〇五）、高野山僧鑁阿上人が中央政府の公許をえて開発し、高野山宝塔三昧院領にしようとしたことがあったが、灌漑用水を確保することができず、ついに沙汰止みになったこともあった。(3)

また紀伊国由良興国寺の住持であった心地覚心が和泉国への臨済禅宗伝播に大きな役割を果した。(4)

もう一つはこゝでとりあげようとする根来寺である。根来寺が和泉国に勢力を伸張するには都合のよい地理的な近さもあろうし、戦国時代さきほどふれた九条家領日根荘内の年貢・段銭などの徴収や納入を請負うているように、(5) 荘園請負による滲透もあろう。またもう一つ重要なのは和泉国南部地方の土豪や有力農民を根来寺の「氏人」として物心両面にわたる結集をはかったことである。中世における「氏人」とは、惣村の鎮守社に結集する宮座の有力者などを呼ぶのが一般的であるが、根来寺は信者、外護者を「氏人」として組織しその勢力の根を村落の中に張ろうとしていた。熊取谷の中家は、十五世紀の後半期頃からそのような根来寺の氏人となり、根来寺の一子院であった成真院と深いつながりをもち、中家では子孫を成真院の院主などとして送りこんでいた。また成真院は中家を媒として和泉国内などで高利貸活動をおこない、田畠などを買い集めて、当時「加地子」と呼ばれていた小作料的な収取をあげていた。中家は和泉国にあって、この成真院の田畠支配の代官的役割を果していたのである。

中家もまた成真院と同様、高利貸活動をおこない、田畠屋敷などを買い集めて加地子を集積し、地主的地位を固めていった。中家は熊取谷のなかの五門村の村主と呼ばれ、まさに五門村の顔ともいうべき名望をえ、熊取谷全体の代表的農民として惣村の政治・経済・文化を主導するのみならず、惣村の規制から離れた根来寺氏人として活躍もした。佐野の藤田家も中家同様に根来寺の氏人であって、西蔵院ととくに深いつながりがあった(6)。

根来寺全体を運営する最高機関は根来惣分であり、寺内子院の院主たちのなかから選ばれてその任にあたっていた。その院主たちのなかには紀泉両国の農村に本拠をもつ土豪・有力農民層に出自をもつものもいたことから、根来寺はその利害を代表するような動きをとらざるをえなくなってくるのである。

(1)　『和泉市史第一巻』(第三章中世社会、第二節鎌倉時代)。
(2)　文暦元年十二月二日「日根荘諸村田畠在家等注文案」、正和五年六月十七日「日根野村絵図」(『図書寮叢刊・九条家文書一』)。
(3)　天福二年六月二十五日「官宣旨」(前掲『九条家文書一』)。
(4)　拙稿「大阪地方への禅宗流布」(『大阪府の歴史』四)。
(5)　文明十六年十二月二十一日「北谷明俊書状」(前掲『九条家文書一』)。
(6)　本書第三篇第一章「惣村の起源とその役割」。

二　根来寺と中左近池

根来寺の旧寺城内やその外縁部には数多くの用水池がある。それぞれの用水池が何時頃、どのようにして築造され、その用水がどのような用水路を通してどの範囲の水田に灌漑されているのか、それが確かめられれば、根来寺の発展と寺辺農村の開拓との関係がある程度明らかにされるのだが、それはまだ未調査である。その用水池は「桃山新池」「地蔵池」「新池」「大門池」「籠ノ池」「蓮池」「奥ノ池」「中ノ池」「口ノ池」「瓦谷上池」「瓦谷下池」「鮒谷上池」「鮒谷下池」「丹生池」（以上旧寺城内）、さらに「新池」「にごり池」「住持池」「五坊池」「徳上池」「前谷池」「東的場池」「中左近池」（以上旧寺域外だが根来寺に近接した地域）がある。「住持池」「五坊池」などその池の名前からして、根来寺との関係が想定されるが、とくにこゝで注目したいのが「中左近池」である。

根来寺成真院の氏人たる熊取谷の中家の当主は、代々「中左近」を称していたことから、この「中左近池」を築くにあたって中家が何らかの関係をもったことは否定できない。すなわち、築造の中心人物の名前が池の名前につけられることは決して珍らしいことではない。さきほどふれた九条家領日根荘内の「粉河別当池」もそうであろうし、とくに日根荘内の得成池を築いたのは日根野村の在家農民（有力農民）であった得成その人であったことが知られている。(1)　承元年間（一二〇七〜一〇）、和泉国和泉郡池田谷の箕田村を開発した時、松尾寺々域内の丘陵地に「梨子本池」が築かれたが、永仁二年（一二九四）になって、池の底に土砂がたまり貯水量も減少しまた新たな開発を実施するため池田郷の刀禰僧頼弁が音頭をとり、箕田村の有力農民が結束して、もとの「梨子本池」のかみ手に新池を築いた。この池は「大夫池」と呼ばれているが、これはこの池を築いた主導者頼弁を「池田大夫房」といっていたからにほかならない。(2)

池を築くということは、その資金・築造工事に参加する労働力をどう確保するかという問題にかゝわって重要だが、池を築いたもの、とくにその主導者の用水利用権は強く、その池底の土地所有権と権利のうえで対立する問題がでてくる。すでにふれた池田谷箕田村の「大夫池」の場合も、松尾寺々域内の荒野をもらいうけて築造した時、頼弁と箕田村住人は松尾寺に収穫の一部分を納めることを約束し、もしこれを未進することがあったならば、松尾寺側が一方的に流水を停止しても一切不平不満をいわないと誓っている。また高野山僧鑁阿上人の日根荘開発が沙汰止みになったのは、日根荘に接していた殿下渡領長滝荘（当時近衛家が支配していた）内にあって、長滝荘を管領していた禅興寺が、日根荘開発のための用水路が長滝荘内を通ることになり、そのことのため長滝荘がさまざまな被害を受けることを予想しての反対をしたからである。

中家が根来寺々辺に池を築いたということは、根来寺やその寺辺農民によって所有されあるいは占有されていた土地に対し、灌漑用水施設を築き、水を支配することによって、耕地の所有権・占有権に対する支配権を強める結果となった。このような動きは、すでに和泉国池田谷の在地領主池田大夫房頼弁や和泉国日根野村の在家農民得成によって鎌倉時代にその先蹤をみたのであるが、それは在地領主や在家農民が住みなれた本貫地において展開したのであって、決して中家のように本貫を離れた場所においてではなかった。自分の名前を付した池であっても、この点で「大夫池」「得成池」と「中左近池」とでは大きな違いがあった。この違いは前の二者が鎌倉時代のものであり、後の「中左近池」が室町時代後期・戦国時代のものであるという、時代の大きな隔りのなせる技であったといえよう。その時代の隔りとは何か、これが歴史学研究に課せられた課題の一つであるといえよう。

本貫地を離れた開発は決して戦国時代の畿内地方にだけみられたことではない。十一世紀後期、東大寺領越後国石井荘を開発した田堵古志得延にしても、もともとその土地の住民ではなく越後国古志郷を本貫としていたらしいし、他郷の開発を請負い、開発したのち住みついたといえるのである。鎌倉時代に西大寺僧が石工などを率いて東に西に走りまわり、水田開発・陸海交通路開鑿・港湾施設整備などをおこなっているが、(3)これはむしろ本貫地を離れ、本貫地を造らない開発の典型といえる。しかしこの独自な開発請負集団は、京都・鎌倉両政権の中枢部分の支持をえ、また富裕な北条惣領家（得宗）の家臣などから開発資金の援助をうけ、得宗被官のための根拠地づくりを果す場合もあった。かつて東大寺を再建するのに努力した重源には国家から大勧進職という絶大な権利が与えられたことがあったが、それは中世における開発・造寺の一つの典型であろう。しかし中家はまったく違った権力と規模をもったものである。中家の権力はそれに較べるとまったく地域的であり、それが本貫地を離れていたとしても指呼の間であり、規模も小さかろう。しかし一個の農民が、たとえ如何に富裕であり、根来寺の権威を借りたとしても、このような開発をなしえる時代というのは、名実ともに畿内地方の社会開発の主体的勢力がこのような階層に移っていたことを物語っている。

（1）天福二年六月二十五日「官宣旨」（前掲『九条家文書一』）。
（2）本書第一篇第二章「中世における農業技術の階級的性格―『門田苗代』を素材として―」、『和泉市史』第一巻（第三章第二節）。
（3）本書第一篇第三章「鎌倉時代における開発と勧進」。

三　池築造と労働編成

中左近が「中左近池」を築くにも、また鎌倉時代初期に日根野村在家農民得成が「得成池」を築き、鎌倉時代後期に頼弁が「大夫池」を築いた時にも、共通したのはその資金と工事のための要員との確保である。とくに有力農民という点で通ずる得成と中左近とがその点で比較できたら社会の変化を鮮明にすることができる。

得成による得成池築造の実態を示す記録は何もない。文暦元年の「日根荘諸村田畠在家等注文」から若干の推察をするにとどまらざるをえない。それによると得成は日根野村の在家農民であるばかりでなくその奥の入山田村の在家農民としても記載されている。日根野村(岡本部分)の全在家十一宇中、入山田村内にも在家をもつのは得成以外では、在家正友だけであり、また入山田村在家二十二宇中、貞清は二宇の在家をもつ。また在家守国は守国井とよばれる井堰をもつし、守国垣内があり、正友垣内とともに入山田村・日根野村の根本住人であったと推定される。また在家農民として記載されてはいないが、入山田村内の田地作人として光行・未近・友弘・末俊・行真・貞宗・友重・貞友らの名がみえるが、この文書は前欠であって、その田地経営の全貌が明らかでないから、あくまでも推定だが、在家として把握されていない一般作人層（小百姓層）の数は恐らく在家農民数に匹敵するものと思われる。これら作人は在家農民と縁籍関係や扶助関係を通じて結合されていたと考えられる。

得成池や守国井などを築いた得成や守国は同池の根本住人（村々を開発した草分け農民）の子孫であり、資本を貯えうる余裕をもっていたと想定できる。しかし得成池や守国井が得成・守国の水田だけに灌漑するもので他の在家農民や作人層にまったく恩恵を与えなかったとは考えにくいし、まして当時の農村における在家相互間や在家に対する作人の労役提供（酒食を与える）は日常的なことであって、その土木事業に村落民が参加したと考えてよい。したがってこれらの池築造は得成や守国個人による資金だけではなく、近隣在家農民の資金的な援助も考えられるし、農閑期などを利用した村落民の労働に基本的に依存した開発とみることができよう。すなわち日常的な村落内での農業生産・農業経営の面でみられる労働編成が、そのまゝ土木工事の労働編成の基礎となったと考えてよいのではなかろうか。

それに較べて十五〜十六世紀における中家の資金は桁違いの大きさになっている。その中家もその起源は恐らく得成や守国とほとんど同じ地位、同じ規模そして同じ時代から発したものと思われる。中家は中世後期、日根郡北部地帯の麴生産・販売を独占する日根野麴座衆（日根野十一荷と表現されている）の一員として動産を貯え、[10]根来寺成真院の氏人となって、成真院とともに高利貸活動・加地子田畠の集積を展開したのである。もちろん中家は手作経営をおこなっているが、中家の富の蓄積部分を比率でいえば遙かに低く、その富の大部分は加地子の集積という地主的な寄生性のなかにあった。したがって中家が加地子を納入する農民を開発労働に編成するには、特別な手段を必要としたと思われる。それは相応の賃金を支払うか、暴力的な強制かである。いずれにしても得成や守国が在家農民の支援をえ、一般作人を編成したような村落内の日常性の援用は中家の場合は不可能であった。それほど中家は本貫地たる五門村においても、また熊取谷という惣村内部においても、根本住人の子孫たる格式の高い他の有力農民ともまた一般作人層の農民とも分裂を深めていたのである。

とすれば「中左近池」を築くための労働確保は、根来寺近辺農民の雇用、中家の家父長的支配をうけていた「内者」（内子）などという自営農民、下人などの家内奴隷的農民などの駆使、さらに和泉国南部や紀ノ川流域に集住していた「坂之者」（河原者）の雇用などにあったと思われる。[2] 和泉国では鎌倉時代の末に九条家領日根野村開発に際して「坂之者」が雇用された明証がある。[3] 十六世紀にも和泉国和泉郡・日根郡内や紀伊国名賀郡内の非人宿（当時宿村・嶋などと呼んでいた）と中家・成真院は田畠売買・斃牛馬処理権の売買さらに高利貸活動を通じて密接な関係にあった。宿の住人は土木工事にかゝわる専門的技術を保持していたと考えられるし、「中左近池」の築造の中心部分は宿の住人であったといってよかろう。

『紀伊続風土記』名賀郡鳴神村有馬皮田条は、天正十三年（一五八五）三月、豊臣秀吉が太田城水攻めの時、岩橋荘鎌児の河原者が堤を築いて水攻め工事をおこない勝利に導くきっかけをつくったと述べている。水を溜めるための堤防工事は、用水池の堤防工事とまさに同一であり、その技術がこゝでは秀吉軍の軍事行動のなかで利用されたことになる。この河原者は太田城攻めの軍功により土地が与えられてそこに住むことになったという。しかしこの天正十三年という年は豊臣政権による近世未解放部落形成のきわめて重要政策として、畿内地方の賤民身分の呼びかたを「かわた」と決め、京都近辺では貴族との家産制的支配関係が断たれはじめていたのである。[4]

秀吉のこの天正十三年三月の根来・雑賀攻めに際して、熊取谷の中家や佐野の藤田家などは、和泉国南部地方の土豪・有力農民と結束し、それに抗戦したが、その時彼らは農民及び河原者を徴発したと想定される。積善寺・畠中・高井・沢・千石堀などの砦・防塁・堀などに拠って戦った。しかし秀吉方の十万に及ぶ軍兵の前に無惨に敗北した。[5] このようにして根来寺と中家などが主体となって動かしてきた和泉国南部と紀伊国北部の一地域社会の歴史――それは一般民衆の立場からいえばさまざまな可能性をもった歴史であったが――それは決定的な後退の時代を迎えたといえるのである。

（1）拙稿「十六世紀における地域的分業流通の構造」（永原慶二編『戦国期の権力と社会』所収）。
（2）本書第三篇第一章「惣村の起源とその役割」。
（3）本書第一篇第三章「鎌倉時代における開発と勧進」。
（4）拙稿「近世未解放部落成立期の基本問題」（『歴史評論』二六一号）、及び前掲「惣村の起源とその役割」の論文。
（5）『根来軍記』『甫庵太閤記』『大阪府史蹟名勝天然記念物調査報造書四』（高井城址・畠中城址・積善寺城址・千石堀城址・沢城址など、以上はすべて『貝塚市史』第三巻史料篇所収）。

四　根来寺・中家と分業・流通

根来寺にとって忘れてならないのは根来塗・根来鉄砲や根来染めなど、すぐれた手工業技術の発展と、それに従事する集団の存在である。その手工業生産の工房が寺域内にあったのか寺域近辺の村落内に拡がり点在していたのか今後の発掘調査などによる研究が望まれるところであるが、根来寺が単なる一消費寺院ではなく、生産寺院であり、寺とその門前地域が生産のための小都市であるという性格をもっていたことは重視すべきである。

一九七八年一月、社団法人和歌山県文化財研究会がおこなった根来寺坊院跡発掘調査の成果が、現地で報告された時の資料によると、備前焼の壺・油壺・甕・擂鉢や常滑焼の甕のほか中国製の青磁碗・鉢・染付片口・白磁血などが出土したことが明らかにされている。しかもこの発掘調査地区は中家とかゝわりのある成真院址もふくまれているとされ、成真院・中家の生活の実態をさらに豊富にしたのである。

広島県尾道市内の発掘調査で常滑焼の大甕が出土しているし[1]、古備前の骨壺が三重県鵜殿村から発掘されたといゝ、鎌倉時代とすでに開かれていた熊野灘水路が、備前焼と常滑焼との流通を支えていたことは明らかである。備前焼を満載したまゝ小豆島近くの水ノ子岩で沈没した中世の廻船の調査がおこなわれ、その盛んな流通が知られるようになった。とくに備前焼と紀伊国との関係は興味深いものがある。和歌山県日高郡印南町美里の小祠「おつぼさん」（見影野宮）の御神体は室町時代の大甕であることが知られている。また備前焼の銘のあるものとしてはもっとも古い暦応五年（一三四二、北朝年号）銘の大甕が日置川河口近くの長寿寺にある。その壺には備前国香登御荘の住人が誂えて作製したと彫られており、僧体の人物、鯉と思われる魚、菊花らしい花が刻まれている。(3)備前焼は紀伊国とだけ関係をもったのではもちろんないが、鎌倉時代後期から南北朝時代にかけて紀伊国が備前焼流通圏に入ったことは明らかである。常滑焼、さらに中国産の陶磁器の出土もあいつぎ、陶磁器・土器の出土を通じて、その他の物資の流通もさまざまに類推されてくる面があり、改めて重視されてきている。

このような根来寺からの出土品の産地調査は逆に根来寺生産の手工業品の流出地をも推測されるのである。いうまでもなく根来寺は寺院としてその名を全国に知られていたが、それを支える分業・流通という物質的な基盤もあったのである。その手工業生産を続けるためにも米穀やその他原料の集中、さらに高度な技術の集中も必要である。このように考えてみると熊取の中家、佐野の藤田家は小さい一地域社会の孤立した存在ではなくなる。もちろん堺津との結びつきもあろうが、根来寺を通じて広域的な流通圏につながっていた。根来寺の教団組織がそのような商業貿易資本を生み出す基盤となっていたことを見落すべきでなかろう。

（1）　尾道市文化財協会『尾道中世遺跡発掘調査概報―尾道市土堂一丁目所在―』。
（2）　三好基之「中世備前焼の交易」（山陽新聞社『海底の備前焼―水ノ子岩学術調査記録―』所収）。

付篇

第一章　吉士について
——古代における海外交渉——

はしがき

海にへだてられて、列島よりなるわが国は、対海外的な関係はもちろん、国内的にも、あらゆる面で海路による交渉・交流を運命づけられていた。古代人にとって船舶は、まことに貴重な生活要具であり、したがって造船技術の発達や交通上の要路要衝の確保が、族長・豪族の強大化に重要な社会的・政治的条件をあたえるものであったと極言することもできるであろう。

倭政権の首長が、世襲権をもつ古代国家の王として成長をとげる時代、まずその経済的基盤を河内・和泉の広大な平野にもとめ、(1)それらの諸地域にあって、共同体を支配する族長を、県主として支配機構のなかにくみこんでいった。(2)その過程で、倭政権の王は、なお呪術的性格の遺制を留めている段階にふさわしく、族長を服属させ国内統治に重要な役割を果すものとして、海外に鏡や称号をもとめ、また技術者獲得の目的で海外交渉をおこなったが、それはまさに国家的な関心事だったのである。『日本書紀』崇神紀十七年七月条がつたえる「船は天下の要用である」という発想は、まさにこのような段階での倭王のものにほかならない。そしてこのことはまた、鉄製工具を使用した大船を建造する造船技術者集団の設定——猪名部はその一つ——などにもその具体的な一端があらわれている。(3)このような動きに対応して、海上交通のうえでの要路・要津の管掌や、対外交渉に専従する船頭・水手などが、倭政権の内部に一つの政治機関として組織づけられるのも、当然なことといわねばならない。こゝで述べようとするのはそれらのなかの船頭集団についてである。

船頭集団というのは、記・紀に「吉士」のカバネを称してあらわれてくるものをさす。このカバネは、のちウジとなったものもあるが、本来はカバネであり「吉師」「吉志」「吉」「企師」と別記し、「キシ」とよんだようである。[4] このカバネはもと新羅で用いられていて、「吉士」「吉次」「吉之」「稽知」と書かれている。『三国史記』は新羅儒理王九年に制定されたとつたえているが、[5]「吉士」が新羅の官位十七等のなかで第十四位にあたり、いわば下級官僚の地位をあらわすものとして、固定されたのは、曽野氏の研究によって、法興王八年（五二八）から真興王二十九年（五六八）の間とされ、[6] 日本ではちょうど欽明期にあっている。

日本の古典から、「吉士」のカバネをひろいだしてみると、応神天皇十五年、百済から帰化したとつたえる阿知吉師（記のみ）を初見とし、管見のおよぶ限りでは『続日本紀』神護景雲二年（七六八）二月条にみえる武蔵国橘樹郡の飛鳥部吉志五百国を下限とし、その間に、難波日鷹吉士・難波吉士・草香部吉士など五十数例をかぞえることができる。このカバネを称するものの、特徴的な性格の一つは、本居宣長の『古事記伝』（巻三十三）や『大日本史』（職官一）がすでに指摘し、栗田寛博士が『新撰姓氏録考証』（摂津国皇別―吉志・難波忌寸同祖大彦命之後也の項）でのべておられるように、そのほとんどが朝鮮・中国への使節として派遣されたり、またそれらの諸国から渡来した使節の送迎使・接待役などをしたものとして例外なく語られていて、外国との交渉に専従するのがその職掌であったことがあきらかである。他のもう一つの特徴は、このカバネがあたかもウジのように記載されている例があることであり――事実、のちにはウジになったものもあるが――このことは「吉士」のカバネがわが国では、比較的新しく使用されはじめたものであったことを推測させると同時に、海外交渉に従事する集団が、倭政権内部にあって、独自な機構のものとして、他と明瞭に区別されて支配をうける、いわゆる専従集団であったことを充分に予想せしめるのである。

倭政権の権力構造と、その変容についてふれながら、海上交渉を管掌する吉士集団の発生と消滅を中心に、古代国家形成期における海上交通についての考察をおこないたいと思う。

（1） 門脇禎二「ミヤケの史的位置」（『史林』三五巻三号）。
（2） 上田正昭「ヤマト王権の歴史的考察」（『日本史研究』二一号）。
（3） 小林行雄「考古学より見た原始日本」（『京大日本史』上）。『日本書紀』巻一〇・応神三十一年八月条。
（4） 今西竜「新羅官位号考」（未定稿、同氏遺著『新羅史研究』所収）。
（5） 巻三八・雑志第七・職官。
（6） 曽野寿彦「新羅の十七等の官位成立の年代についての一考察」（『東京大学教養学部人文科学紀要第五』所収）。

一、吉士集団の創設
―難波日鷹吉士―

古代におけるわが国と外域との交渉は、それがながい時間を経過しているだけに、紆余曲折をへながら継続された。その交渉は大雑把にいって、倭政権が任那日本府経営にのりだし、それを確保していた四・五世紀までを第一期、六世紀前葉の任那日本府滅亡時をもって、なお第二期・第三期と前後の時期に画することができる。対外交渉上のこれらのきわめて画期的な政治的事件は、政権の対外交渉に対する態度に、そのつど重大な決定をせまられていたのであるが、その過程において、のちの律令体制確立期に、対外交渉において排他的な国家的統制を実現するような素地は、著々と準備されていたのである。こゝで考察しようとするのは、上述の第一期から第二期にはいる段階のものである。

『後漢書』によれば、後漢光武帝の中元二年冬十月、倭奴国王の使人が漢に赴いたとつたえていて、末松博士はその著『任那興亡史』において、すでにわが国と楽浪・帯方両郡には、彼我をむすぶ定期的通交があったことを想定されている。(1) なお同書東夷伝の韓伝によると、辰韓は鉄を産出し、濊・倭・馬韓などとの交易にあたって貨幣として使用されたのは辰韓産の鉄であったとつたえている。これは三世紀頃の様子を記したものであり、わが国と半島、ひいては中国との交渉は、もっともわが国に近い辰韓を一つの中継地として、陸続きの濊にもおとらないほどの往反が繰返されていたと思われる。『魏志倭人伝』は「女王より以北には、とくに一大率をおき、諸国を検察せしむ、諸国これを畏憚す」とのべ、この「以北」の語が「以西」の誤りであったとしても、これらの諸国が対外交渉上、女王の統治国である邪馬台国よりも、より便利な立地条件をそなえていたことはあきらかである。上田氏はこの一大率設置は、卑弥呼の権力が統属国の内政・外政に干渉する地位にあったことを意味し、けっして「共同体の遺制」などとみうる性質のものではないと指摘しておられる。(2) 族長のうえに君臨しようとする邪馬台国の女王卑弥呼が、海外交渉の検察権をもっていたのである。また同書は「国々市あり、有無を交易し、大倭をしてこれを監せしむ」といゝ、族長相互間での交換においても、その機能を女王がさらににぎっていたことはあきらかである。この段階での主要な交換品は、諸族長のあいだで支配と服属を象徴した鏡類である。(3) 海外交渉で、諸族長層の自由勝手さはすでにゆるされず、倭政権の支配力はこの点でも貫徹していたのである。この趨勢は、四世紀後期から五世紀初頭にかけてさらに展開をとげる。すなわち、倭政権は軍事的ないし経済的基盤を河内・和泉の曠大な平野にもとめ、(4) 仁徳天皇陵がその平野の突端で大阪湾をのぞむ位置にきずかれていることが象徴するように、海上交通での要衝をも、はっきりと倭王の掌中におさめたことを示すものである。

この時点での最大の対外交渉は、いうまでもなく、四世紀後期の任那日本府の成立や、五世紀の高句麗への大規模な出兵である。この時期に繰返される出兵は、一地域の族長による規模をこえたものであり、倭政権そのものの乾坤一擲の策であったことをみとめねばならない。海外交渉を管掌する専従集団としての吉士が設定される歴史的背景は、まさにこのような海外交渉の段階に対応するものであった。

吉士集団のなかで、難波日鷹吉士は史料的に、はやくでてくる集団である。次にその一覧を表にしてかかげる。

表1　日鷹吉士関係表

人名	年代	記事	出典
日鷹吉士堅磐固安銭	雄略七・是歳	百済への使者	紀・巻14
難波日鷹吉士	雄略九・二月	凡河内直香賜を誅するため派遣	紀・〃14
日鷹吉士	仁賢六・九	技術者招致のため高麗へ派遣	紀・〃15
日鷹吉士	継体六・一二	百済使者の接待役	紀・〃17

この集団名「難波日鷹」は「雑波」「日鷹」の複合地名よりなる。難波は現大阪の、かなりひろい地域をさすことは周知のことである。「日鷹」とかく地は古典のなかからもとめることはできないが、ただ「ヒダカ」とよぶ地は、神功皇后が新羅出兵をして帰国し、オシクマ王などの叛乱軍を平定し、皇子（のちの応神天皇）にあうために行ったと伝えるかの著名な紀伊日高が唯一の例である。この日高は日高郡の地をさすのであろうが、日高を日鷹と書いた例はまったくないようである。『日本地理志料』が紀伊日高郡の条で「雄略七年紀、日鷹吉士堅磐、盖出於此」とのべているがこれは推定の域をでない。『日本霊異記下』は、「紀伊国名草郡貴志里有一道場、号曰貴志寺、其村人等造私之寺、故以為字也」としるし、この貴志里が吉士集団の一つの本貫であったかもしれないが、その近辺に「ヒダカ」とよぶ地はなく、「日鷹」の地を史料的に直接比定できない。しかし、「日鷹」を「日高」の地と考えてまず誤りでないことは、次のことから裏付けできるのではなかろうか。

紀伊の豪族が対外交渉関係史料にあらわれることは、紀国造の祖と伝える伝説的人物武内宿禰からはじめて、任那が滅亡する時の将紀男麻呂宿禰などにいたるまでその例はおゝく、[5]いわば倭政権の任那経営にあたって、紀伊の豪族がその中枢的な役割をはたしてきたと考えてよかろう。紀伊の豪族のこの政治的な強勢の背景には、摂津国高瀬渡の船頭として、紀伊に出自をもつ小玉が上番していたという『播磨風土記』の記載などからも示唆をうけるように、[6]紀伊豪族の配下には瀬戸内海などの海上交通の面で、一方の覇をとなえるにたる、造船・水手・船頭集団が形成されていたことを予想しなければならない。欽明期には紀伊に海部屯倉が設定されているし、(7)倭政権が任那経営を開始したころ、水手などが集団で、紀豪族の配下から上番させられたことは充分うなずけることである。以上の理由から、日高を日鷹と記した例が皆無だとしても、紀伊から上番する集団をさすようなひろい意味をもつものとして、日鷹を紀伊日鷹郡と比定することはあながち強論ではなかろう。

つぎに日鷹吉士とはどのような性格のものであったかを考えてみよう。

雄略七年、日鷹吉士堅磐固安銭は、百済国が献じて大島まで到着していた手末才伎（織物技術者）を調査にゆき、その結果、この技術者は倭国吾礪広津邑に本居をうつされることになり、彼は帰化人の渡来について、その実務的な役につかわれている。この日鷹吉士について、黒板勝美編にかゝる岩波文庫本『日本書紀』は、日鷹吉士堅磐固安銭を、「日鷹吉士堅磐、固安銭」と読ませ、別の人物のように取扱っているが、(8)これは国史大系本のように、その内容からして同一人物と解すべきであろう、(9)固安銭とは帰化以前に本国でなのっていた名前であり、また堅磐は日本に帰化し、日鷹吉士のウジ・カバネを附せられると同時に、なのりはじめた日本名であろう。帰化人が両様のなのりを持つことは珍しい例であろうが、このことは彼が海外交渉に専従するという特殊な職掌によってきたものではないだろうか。

雄略九年に、凡河内直香賜が天皇の命により胸方神をまつるにさいして、不敬な行為をする事件を起し誅殺されたが、その時、香賜誅伐を命ぜられたのが難波日鷹吉士である。この吉士が上述した堅磐固安銭とどのような関係にあったのか不明であるが、ともに同一集団に属していたことはあきらかであり、凡河内氏の本貫が、だいたい孔舎衛坂の西部、茨田池の南部の湿沼地帯にのぞんだ地と考えられていることから、難波日鷹吉士の本貫もまずその近辺と考えてよかろう。

難波日鷹吉士は、紀伊の豪族が支配する成員のなかから海上交通者として上番された集団を支配統率している限り、上番部民の地縁的な本貫名である日鷹をなのったが、しかし吉士集団そのものの本貫は難波近辺にあって、倭政権の直接支配をうけ、とくに畿内に蟠居する豪族と対決し、これを圧倒してゆく先鋒であり、政治的性格のつよい意味をもって、難波が新しく上に冠されたのであろう。

諸国の海人集団が、その主宰者阿曇氏に統率され、また淡路の海人集団が吉士の手をとおさず水手として倭政権に把握されることのあったのはよく知られるところであり、その労役は、

難波人　鈴船取らせ
腰煩み　その船取らせ　大御船取れ(10)

と象徴的に歌われているように苦しく、しかも倭王権の支配は次第に専制化の方向をたどっていった。このような方向は倭五王時代のあらゆる面についていえる一般的趨勢であって、海上交通・海外交渉の面で、その片鱗があらわれているにすぎない。海外交渉に専従する吉士集団の場合、主として海外からの技術者の獲得という主要な任務をもっていたため、諸外国の事情に通ずる帰化人をこの任にあてることを必要としたのである。また吉士は、倭政権にあって萌芽的ではあれ官司制な支配の構造をもち、しかも吉士が倭政権の専制的支配を支える一つの管掌として重きをもつことは、ひろく倭政権が広範な諸豪族の強い抵抗をまねき、ますます専制化し、危急な局面へと一そう追いこまれてゆくことと無関係ではない。この危機は、古代国家で最大の歴史的転期となって継体・欽明期に、内乱のかたちをとって顕現したのである(11)。倭政権はこの危機を克服し、急速に、のちに律令体制につながるような官司制的支配を準備してくるのである。

倭五王期の吉士集団が統率する水手層があくまでも諸豪族配下からの上番で構成され、したがって水手層がなお、豪族の伝統的支配を強固にとゞめている限り、海外交渉の専従の管掌者として「吉士」を創設したとしても、その官司制的支配を貫徹させることはできなかったのであり、豪族の支配を断ち切った水手層を、部民の形態で設定するに

は、豪族の反抗を軍事的圧力によって断ちきり、倭政権のなかに吸収する必要があった。吉士集団設定の原初的構成形態をもつ難波日鷹吉士が、六世紀前葉、もっとはっきりいうと、継体期をもって史料のうえから姿をけすことは、難波日鷹吉士集団そのものの解消、すなわち上番された水手層から形成されているという専制支配の権力構造そのものの弱さを止揚し、官司制的支配につらぬかれた部民を水手として組織づける吉士集団設定の段階へ、はっきりとふみきったことを物語るものである。このことはまた、継体期の政治的動向の一班をうかゞうためにも、きわめて注目すべきものといわねばならない。

（1）『同書』第三章・任那の成立。
（2）上田正昭「前掲論文」。
（3）小林行雄「古墳の発生の歴史的意義」（『史林』三八巻一号）。
（4）門脇禎二「前掲論文」。
（5）武内宿禰・日本書紀・巻九・神功皇后紀。
　　同書・巻一〇・応神九年四月条。

紀小弓宿禰・同書・巻一四・雄略九年三月条。

紀大磐宿禰・同書・同巻・雄略九年五月条。

紀生磐宿禰・同書・巻一五・顕宗三年条。

紀男麻呂宿禰・同書・巻一九・欽明二十三年七月条。

紀国造押勝・同書・巻二〇・敏達十二年七・十月両条。

仁徳紀四十一年条と応神紀三年条に、武内宿禰の子供と伝える紀角宿禰というものがでてくる。高群逸枝の大著『母系制の研究』（第二章）では、「角」は周防地方の地名で、のちの都濃郡の地をさすと指摘され、さらに「武内宿禰は氏族拡張を考慮した政治家であったことから、神功皇后の征韓軍に従った時、周防の角家の女に婚して生んだ子を紀角宿禰と号したのであろう。紀は父武内宿禰の氏、角は母の氏である」（三〇二〜三頁）と説かれた。このことがはたして史実であったかどうかは速断できないが、紀とよばれ、紀淡海峡東部にそって蟠居していた集団が、瀬戸内海周辺各地（主として北岸）の豪族をその支配下におき、瀬戸内海に一時、覇をとなえていたことはあきらかであろう。それは海外交渉活動とも密接な関連をもつものであって、その最盛期は任那経営がはじまった前後の四世紀から任那経営が挫折する五世紀前半までとみてよかろう。
(6) 同書・賀古郡条。
(7) 日本書紀・巻一九・欽明十七年十月条。
(8) 中巻・二二七頁。
(9) 新訂増補版・前篇・三七二頁。
(10) 日本書紀・巻一一・仁徳三十年九月条。
(11) 林屋辰三郎「継体・欽明朝内乱の史的分析」(『立命館文学』八八号)・「ふたたび『継体・欽明朝の内乱』について」(『歴史学研究』一六四号、ともに『古代国家の解体』所収)。

二、官司制的吉士集団の形成
─草香(部)吉士と難波吉士─

前節では倭五王時代における吉士集団を、難波日鷹吉士を中心に、その集団が帰化人を中核とし、海外交渉を管掌する集団として、萌芽的な官司制的支配をもつものとして倭政権内部に組織づけられながらも、その水手層が紀氏を代表とした有力豪族の被支配民のなかから適時上番する形をとったため、倭政権が苛酷な使役による収奪を重ねて専制化を強めれば強めるほど、豪族との矛盾は深刻となり、難波日鷹吉士はついにのびなやみ、継体期を最後にその姿をけしたとのべた。倭政権が、継体・欽明期の内乱を克服する前後に、難波日鷹吉士にかわって設定した、より官司制な組織構成をもつ吉士集団を草香部吉士と難波吉士を中心に考察してみよう。

(1) 系譜と本貫

草香部吉士は日下部吉士・草壁吉士とよばれるものと同一集団に属するものであろう。『日本書紀』などのなかから、その集団のものをひろいだすと次表のごとくである。

表2　草香(部)吉士関係表

大草香部吉士	四七四	雄略一四・四	難波吉士日香香の子孫	紀・14
草壁部吉士漢彦	四八〇?	清寧即位前	河内三野県主小根に助命を乞われ、大伴大連にとりつぐ	紀・15
草壁吉士磐金	六四二	皇極　一・二	百済への使者として派遣	紀・24
草壁吉士真跡	〃	〃	新羅への使者として派遣	〃
草香部吉士大形	六八二	天武一〇・一	小錦下位を授けられ、難波連を賜わる	紀・29
草　壁　吉　士	六八四	天武一二・一〇	草壁連となる	〃
日下部吉師首麿		?	日下部牟良自戸主 摂津吉田履一郎氏所蔵文書「河内国大税負死人帳」(『大日本古文書』24所収)	

『日本書紀』安康元年二月の条によると、安康天皇は大泊瀬皇子（のちの雄略天皇）のために、大草香皇子の妹幡梭皇女をめあわせんとした。その申しこみの使者となった根使主は、よこしまな奸計をいだいて、大草香皇子はその命令に肯じなかったと讒言し、ために天皇は兵を発して大草香皇子を殺してしまった。その時、大草香皇子につかえていた難波吉師日香蚊（別の条では難波吉士日香香と記している）父子三人は、ともに皇子の無実を嘆じながらこれに殉じたという。このような事件があったにもかゝわらず、幡梭皇女は大泊瀬皇子に嫁したのであった。[1] それから二十年あまりをへた雄略十四年四月、ついに根使主の奸計が露見し、彼は雄略天皇によって日根の地で誅伐された。その時、根使主の子孫は二分され、その一分は大草香部民として皇后に封じ、難波吉士日香香の子孫をもとめて、大草香部吉士の姓を賜わったという。そこから草香部吉士は始まったというのである。このことを『古事記』の仁徳天皇条は、大日下王の名代の部として大日下部を定めたと伝えている。津田左右吉博士はこの物語を、難波吉士氏の起源説話であろうと述べておられる。[2] 天武天皇十年一月、大山上草香部吉士大形は小錦下位を授けられて、難波連の姓を賜わっているのである。このことからも草香部吉士が難波吉士集団の一分流であることはあきらかであり、この説話には難波吉士日香香の子孫が大草香部吉士となった説話と、この吉士集団が和泉地方の豪族である根使主を圧倒して

そこに本貫を定めた、のちの時代の説話が混りあっているのではないだろうか。
「草香」という集団名を附するにいたった、その起源の地はどこに比定されるであろうか。記・紀の神武東征説話によると、のちに蓼津とよばれた地は、もと（青雲）白肩津といわれており、そこをふくめた一帯が日下（記）、あるいは草香邑（紀）とかゝれている。日下とよばれる地は和泉にもあり、現に草部として残っていて、藤間氏の最近の研究によると、氏は草香部吉士の本貫をこの地に比定されている。(3) しかし、この地を一つの本貫とするにいたったのは、後代、草香部吉士が伴造としてはっきり官司的支配を確立して、さらに分流がうまれてくる時期になるのではないだろうか。

吉士集団の中核をなすのは難波吉士である。すでに草香部吉士について、難波吉士日香蚊の子孫をさがして設定したとの始祖伝説がある以上、難波吉士そのものの始祖を、草香部吉士の始祖伝説より古く設定することに、記紀編纂者は齟齬をみせてはいない。すなわち、紀・記は、神功皇后に叛旗をひるがえしたカゴサカ王に従った軍将五十狭茅宿禰が、難波吉士の祖であると伝えている。(4) 始祖伝説のうえでは、難波吉士は草香部吉士よりふるいが、その設定の実年代は、草香部吉士の場合とさほどへだたるものではなく、ただ記紀編纂当時に、あきらかに草香部吉士よりも難波吉士が、吉士集団のなかにあっては主流であり、その限りにおいて、始祖をより古く設定したにすぎないであろう。

神功皇后の新羅征伐の説話そのものが、任那経営がゆきづまった五世紀後期から六世紀初葉にかけての発想であるといわれているし、その時点に始祖を設定したことは、まず難波吉士が海外交渉の管掌者であるという集団の性格からして、ふさわしい時点があたえられたものといわねばならない。しかし始祖を『日本書紀』が反神功皇后軍の軍将にもとめることは、倭政権の一つの軍事組織を構成する氏としてはまことにふさわしからぬことであるが、吉士は本来帰化人であったにかゝわらず、『新撰姓氏録』によれば、難波吉士の祖は大彦命であり、摂津国皇別であるとしているし、始祖伝承が改編される際は祖をよりふるく、より貴種にするのが一般的傾向であってみれば、難波吉士の場

表3　難波吉士関係表

難波吉師祖五十狭茅宿禰		神功摂政 一	反神功皇后軍の将	記・下 紀・9
難波吉士日香蚊	四五四	安康 一・二	日香蚊父子、大草香皇子の横死に殉ず	紀・13
難波吉士赤目子	四六四	雄略 八・二	高麗の攻撃を受けた新羅の援に赴く	紀・14
難波吉士	五二七	安閑 二・九	屯倉の税を主掌す	紀・18
難波吉士木蓮子	五七五	敏達 四・四	任那への使者として派遣	紀・20
〃	五八四	〃 一三・二	使者として新羅へ派遣されたが任那へ行く	〃
〃	五九〇	崇峻 四・一一	任那への使者として派遣	紀・21
〃	六〇〇	推古 八・是歳	〃	紀・22
難波吉士磐金	(五九〇)	(崇峻 四・一一)	(新羅への使者として派遣)	紀・21
〃	五九七	推古 五・一一	〃	〃
〃	六二三	〃 三一・是歳	〃	紀・22
難波吉士神	六〇〇	〃 八・是歳	〃	〃
難波吉士雄成	六〇八	推古 一六・四	隋使裴世清迎接のため筑紫下向	紀・22
難波吉士徳磨呂	六〇九	〃 一七・四	肥後葦北津に漂着の百済僧を尋問	〃
難波吉士身刺	六二七	舒明 即位前	皇位継承について進言	紀・23
難波吉士小槻	六三二	〃 四・一〇	唐使高表仁の先導役	〃
難波吉士八牛	〃	〃 〃	唐使高表仁の接待役	〃
難波吉士胡床	六五〇	孝徳白雉 一・是歳	安芸国に赴き百済派遣船を建造	紀・25
難波吉士国勝	六五六	斉明 二・是歳	百済より帰国	紀・26
難波吉士男人	六五九	斉明 五・七	難波吉士男人書の筆者（渡唐記録か）	〃
難波吉士三綱	六七三	天武 一・六	壬申の乱時、大津皇子に従い吉野側に味方	紀・27

合もその例外ではなく、帰化人系から皇別への変質を遂げる過程で、神功皇后期に、しかも突然叛乱軍の軍将にもってきたことは、その中間的な段階をしめすものとして、まさにゆえなしとしないのである。しかもその始祖伝承改編

を苦としないほどの政治的な実力の基盤を、すでに六世紀前期頃に形成していたことを物語るかも知れない。

天武期にはいって草香部吉士がふたたび難波の氏を名乗り、難波連・難波忌寸と称する時期には、難波吉士はもはや「難波」のウジをすてて、カバネの「吉士」をそのままウジの称呼とするにいたったと思われる。

表4　吉士関係表

吉士老	五二〇頃	継体　二三・三	百済への使者として派遣	紀・17
吉士赤鳩	五六二	欽明　三一・七	漂着した高麗からの使者を応待	紀・19
吉士金子	五七五	敏達　四・四	新羅への使者として派遣	〃
吉士訳語彦	五七五	〃　〃	百済　〃	〃
吉士倉下	六二六	推古三一・是歳	任那　〃	紀・22
吉士雄摩呂	六三三	舒明　五・一	唐使の帰国を送り対馬に赴く	紀・23
吉士黒摩呂	〃	〃　〃	〃	〃
吉士長丹	六五三	白雉　四・五　五・七	唐への大使、帰国後、呉氏を賜わる	紀・25
吉士駒	〃	〃　〃	唐への副使	〃
吉士岐弥	六六五	天智　四・是歳	遣唐使守君大石と唐に入る	紀・27
吉士針間	〃	〃　〃	〃	〃
吉士小鮪	六六八	天智　七・一一	新羅への使者として派遣	〃
吉志船人	七六〇	天平宝字　四	摂津国西成郡擬大領	正倉院文書 摂津国安宿王家々地倉売買券
吉師都麻呂	八〇二	延暦　二一	讃岐国鵜足郡の人で伊豆に流罪	類聚国史・87
吉師部真須	八三二	天長　九	勲六等	〃　99
吉師部金人	〃	〃	勲五等	〃　〃
吉志末成	八八七	仁和　三・四	正六位上	三代実録・50

この傾向が継体期からみられることは第四表のとおりである。「難波吉士」と「吉士」の併用について二つの例をあ

げれば、推古五年冬十一月条には吉士磐金を新羅に遣すとあるが、同六年夏四月条には、難波吉士磐金新羅より帰るとあり、また推古十六年の遣唐小使難波吉士雄成は、たゞ吉士雄成とのみ書いているところもある。『新撰姓氏録』が草香部吉士の系譜をひく難波忌寸と並べて吉志と書き、ともに大彦命の後であるとする記事があるが、また天平宝字四年の年号をもつ摂津国安宿王家々地倉売買券の署判者が、東生郡大領難波忌寸浜勝とともに、西生郡大領吉志船人であることをみれば、もはやこの時期にウジとなっていたことは疑うべくもない。皇極元年（六四二）五月条によると、百済国調使船とともに「吉士船」が難波津に泊ったといゝ、(5)難波吉士こそ吉士集団の中核であり、カバネを称すれば、あらためてウジを称する必要もないほど海内にかくれなき、海外交渉上でのその管掌に専従する独自な集団であった。

この難波吉士の本貫地は、吉師部（岸部）神社のある摂津国嶋下郡吉志部村（現在の大阪府吹田市岸部町）を比定することができるのではなかろうか。

難波吉士と同性質の始祖伝説をもつものに多呉吉士がある。

表5　多呉吉師関係表

多呉吉師祖熊之凝		神功摂政　一	反神功皇后軍の将	紀・9
多　呉　吉　師　手	七二六	神亀　三・正	従五位下を授けらる	続紀・9

すなわち、神功皇后に反抗した王のなかには、前述のカゴサカ王とともにオシクマ王がいた。このオシクマ王の先鋒となったのが多呉吉士の祖熊之凝であるという。難波吉士と別な始祖伝説をもつ以上、記紀編纂の当時に、同じく海外交渉専従集団であったとすれば、難波吉士と全く別な集団を構成していたと考えねばならない。しかも、難波吉士と同等な政治的実力をもっていたからこそ、書紀のなかに始祖伝説が収められたのであろうし、したがって難波吉士が天平宝字年間に郡大領クラスであったことの比較から、その層を多呉吉士の場合にも想定することができようか。にもかゝわらず、多呉吉士関係の記載はほとんど古典のなかにでてこないのは何故であろうか。倭政権の所在で

あった畿内に本貫がなく、記紀編纂時に、その活躍をもりこむほど明瞭な事暦が、中央の古典形成者の耳に達していなかったからではなかろうか。また難波吉士が吉士集団の中核的統率者であり、しかも難波という要衝をしめるという条件を考えれば、あるいはそのかげに没したものかもしれない。青木和夫氏は、筑前の肥君猪手の庶母および妾の出自である宅蘇吉士を「筑前那珂郡に田来郷あり、そこの帰化系氏族ではないか」(6)とのべておられるが、私はその考えをとって、宅蘇→田来→多呉と考えてみたい。その理由は次のごとくである。

宅蘇吉士須弥豆売	大宝二	肥君猪手庶母	正倉院文書 筑前嶋郡川辺里戸籍
〃　橘売	〃	〃　妾	〃

肥君猪手は嶋郡大領であり八位上勲十等の地位をえているが、彼の妻哿多奈売とのあいだにうまれた肥君与呂志は無位無勲であるにかゝわらず、妾宅蘇吉士橘売とのあいだにうまれた肥君泥麻呂は勲十等をあたえられている。このことは肥君猪手が死んだのちのこの戸において、肥君の家族の戸主となるのは肥君泥麻呂であろうことを想定させる。したがって肥君猪手自身が、郡大領の地位を与えられたのは、庶母宅蘇吉士須弥豆売につらなることによって約束されたものであろう。こうみてくると、宅蘇吉士は筑前国において、八世紀初葉には他の土着豪族のなかでも優位をたもっていたと想定される。中央における難波吉士と同等な政治的地位をもつものとして、宅蘇吉士はまことにふさわしいものと思われるし、しかもあらためて後述はするが、北九州をおゝった豪族の反抗を平定し、ゆきづまった、朝鮮経営に対処すべく継体・欽明期にこの地に屯倉が設定され、軍事的な根拠地となった時代、海外交渉専従集団もまた点定されたのであって、その統率者が宅蘇吉士（多呉吉士）ではなかったろうか。たゞその活躍が北九州を中心としたものだけに、中央の記録にのらなかったのではなかろうか。難波吉士集団との関係は、始祖伝説の性格や、機動力にとんだ吉士集団自体の性格から推して、きわめて有機的な関係をもっていたであろうが、たゞ具体的に組織構成のうえでどのような系列にあったものか系譜的には不明で、今後の研究にまたれるものである。

以上で吉士集団の主要なものを、系譜と本貫をめぐって考察したのであるが、その他の吉士を附するものについて

図1　吉士諸集団の系譜

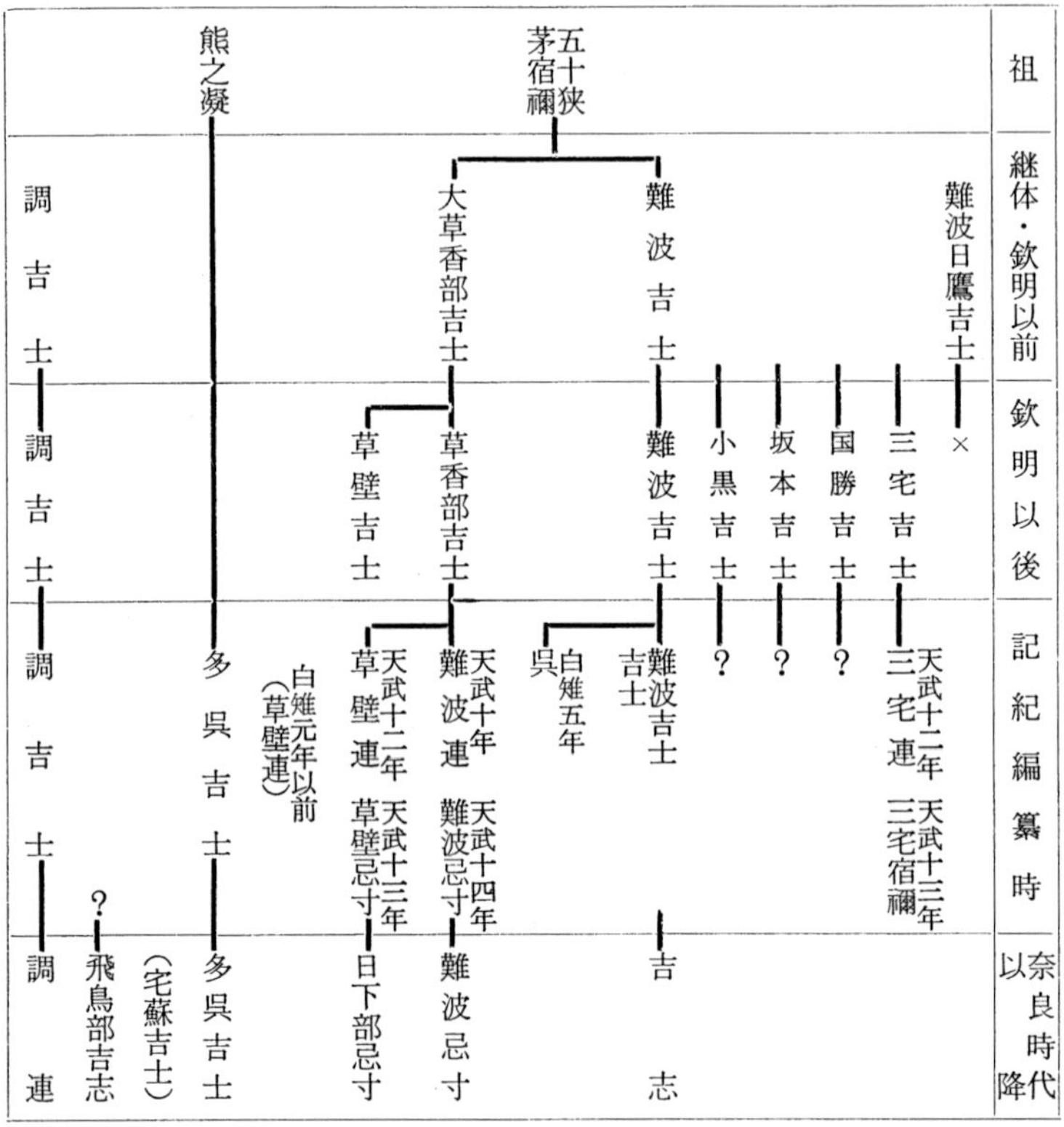

は、一覧表を左に掲げて、その考察を省略したい。

表6　調吉士ほか一覧

調吉士	五二〇?	継体 二四・九	任那への使者として派遣	紀・17
調吉士伊企儺	五五四	欽明 二三・七	任那滅亡時、新羅の捕虜となり殺さる	紀・19
三宅吉士入石	六七六	天武 四・七	百済への副使として派遣	紀・29
三宅吉士	六八四	天武一二・一〇	三宅連となる	〃
小黒吉士	五七七	敏達 六・五	大別王と共に百済国を宰す	紀・20
坂本吉士長兄	六四二	皇極 一・二	任那への使者として派遣	紀・24
国勝吉士水鶏	六四二	皇極 一・二	百済への使者として派遣	紀・24
飛鳥部吉志五百国	七六八	神護景雲二・六	武蔵国橘樹郡の人、同国にて白雉を獲りて献ず	続紀・29

次に、上述した吉士集団の系譜を図一（三八二頁参照）にしめして、この項の考察を終ろう。

(2)　集団構造と政治的動向

吉士集団が、族長の支配する成員を割いて、上番させるという構造をもつ初期の段階から、新局面に一歩を因した実状をもっとも明瞭につたえると思われるのは、大草香部吉士設定の物語である。すなわち、和泉地方に蟠居していた根使主が誅伐された理由は、天皇に奸計をいだいたということにあった。専制化してゆく大和政権が、もっとも中心的な軍事的基盤となる畿内地方において、それを阻止するいかなる勢力をもいずれは圧倒し、官司制的な支配機構のなかに編成がえしてゆくことは避けることのできない趨勢であった。根使主の支配していた成員を分割して、海外交渉に専従する吉士のもとに部民としてこゝに編成したのである。また、清寧即位前紀八月の条によれば、雄略天皇が崩じた時、妃吉備稚媛は強大な宗家吉備氏の武力を背景に、長子磐城皇子をさしおき、みずからがうんだ幼子星川皇子を皇位につけようとして、大蔵官を占取するという、王位争奪の深刻な内部抗争を起したことがあった。その際、倭政権の軍事力の点で、一方の雄であった大連大伴室屋は、これを鎮圧しようとして、占取し本拠とされていた大蔵を囲んで火をかけ、ために吉備稚媛と幼子春川皇子は焼き殺されてしまった。その時、倭政権の専制的な支配に、たえずみずからの存続をおびやかされていた畿内豪族の一人河内県主小根は、星川皇子に味方していたが、敗軍を知り焼き殺されることを恐れて、草香部吉士漢彦の脚にすがって、大連大伴室屋への助命の口添えをこうたのである。その願いは許されて、小根は難波来目大井戸田十町を大伴室屋に、若干の田地を漢彦に献じてその恩に報じたという。倭王権への反抗が、まず大蔵を奪うことにはじまったことは注目されるし、小根がその管理をしていたことも考えられる。吉士がとつぜんそこに記載されていることは、大伴室屋大連に従って鎮圧軍に加わったこと、また吉士その大蔵の所在地の近辺に本貫をもつであったことも考えられる。さらには、この乱が起る以前から小根と漢彦は旧知であったとも考えられる。安閑二年九月によれば、桜井田部連・県犬養連とともに難波吉士が難波屯倉の税を主掌している。吉士が屯倉の経営・管理に関係していたことを知るのであるが、漢彦もまた大蔵管理にあたっていて、その土着豪族が収納保管にたずさわっていたのに対し、吉士は保管運搬に従事していたのではなかろうか。欽明十六年七月設置されたと伝える吉備白猪屯倉は、田部の丁籍を検定して屯倉経営をおこなったとされ、屯倉が地方豪族ではなく、中央から派遣される地方官（田令）によって直接経営された好個の例として周知のことであるが、この白猪屯倉の田令となり、その功によって白猪史の姓をもらったのは、王辰爾の甥胆津である。この氏は船史であり、敏達元年五月、その祖王辰爾が難解な高麗からの上表文を読んだという始祖伝説をもち、(7) さらに、推古紀をみると吉士同様、事実海外交渉に従事しており、吉士集団とまったく別な海外交渉集団であった。これらのことから、六世紀初期の安閑・欽明期から、ほとんど全国に設定される屯倉の著しい増加は、豪族の支配を排除して中央から派遣した官司によって直接的な収奪体制が確立し始めたことを物語るものである。そして散在した屯倉経営が、大和政権の軍事的・経済的基盤として凝集しうるだけの運搬組織の完備ということを前提として考えなければならない。

磐井の反乱が平定され、新羅との関係が悪化し、それに対処する意味から、宣化元年（五三六）五月に北九州の筑紫那津に屯倉が設定され、畿内はもちろん尾張国などの屯倉から、貯蔵している穀物が運ばれたといわれているが、これは吉士集団総力をあげての活躍であったろうか。(8)このころから、筑紫火君（肥君）が朝鮮交路の要害の地をまもるものとして史料にでてくるのであるが、(9)と同時に宅蘇吉士とよばれるような吉士集団が北九州に新たに設定されたとみるのも強ち無理なことではなかろう。

畿内はもとより、瀬戸内海周辺および北九州一帯に吉士集団は分散・点定されたのであり、すでに前に掲げた図一からもわかるように、継体・欽明期前後から、系譜関係が一切不明な吉士集団が散出することは、それを暗示するものである。

吉士集団は、吉士部などと称する部民を水手として常に従えていたのであるが、『日本書紀』仁賢六年秋の条によると、日鷹吉士が高麗に技術者招致のため派遣されたことがあった時、飽田女というものが、その夫麁寸が日鷹吉士に随伴して渡海したことを悲しみ、難波津頭にたって血涙にむせんだという。(10)日鷹吉士集団そのものは、すでに考察したように、いわゆる上番の段階のものではあるが、適時に難波周辺のみでなく諸地域の手工業部民などがかり出されることはありえたことであった。また白雉元年、百済船を安芸国で建造した時、倭漢直県・白髪部連鐙とともに、難波吉士が派遣されていて、こゝにも瀬戸内海周辺の手工業部民の支配に関係していることを物語っている。

吉士集団は、屯倉の経営や海外交渉の面で、絶えず軍事的性格をともなっており、したがって地方豪族が中央の朝廷権力に圧倒されて官司的支配が貫徹し、また新羅が朝鮮を統一しそれとの交渉が絶えると、彼等の存続はしぜんゆきづまりをみせてきた。いわばその崩壊過程にあって、最後の華々しい活躍をしたのは蝦夷征伐と白村江の戦の二回ではなかったか。

蝦夷征伐は斉明天皇四・五・六年（六五八―六六〇）ころ繰返されたといゝ、これは一八〇艘から二〇〇艘におよぶ船師によって遠征されている。[11] この軍の将となったのは阿部(安倍)氏であり、吉士の活躍を史料的にはみいだせない。しかし、その船師に彼等が参加したことは次のことによって徴される。すなわち、『延喜式』によると、践祚大嘗祭には久米舞とともに吉士（志）舞が奏されている。[12]「吏部王記」は、むかし阿部氏の祖先が勅をうけ新羅をうつに成功し、その快報をもたらしたのが大嘗会の日にあたり、それ以後、これをつたえて大嘗会の行事としてこれを奏するにいたったとつたえている。[13] しかし、『続日本紀』天平六年（七三四）三月丙子条は、この舞の奏者が摂津職であったといゝ、天平宝字四年（七六〇）十一月十八日の「摂津国安宿王家家地倉売買券」の署判からあきらかなように、難波吉士・草香部吉士の子孫がその官人としており、さらにその舞の名よりして、吉士集団によって奏された舞と考えてよい。吉士舞についてさらにくわしくつたえるのは『北山抄』である。舞は高麗乱声をなし、舞をすすむるもの二十人、楽人二十人で、安倍・吉志・大国・三宅・日下部・難波の諸氏が供奉したと伝える。[14] 以上のことから、蝦夷攻撃においても、阿部氏と吉士集団とが密接な関係をもっていたことを推しうるのではなかろうか。[15] 後者である天智天皇による六六三年の朝鮮出兵策は、『新羅本紀』によると日本は船一〇〇〇艘をくりだしたとつたえ（第七）、『百済本紀』は、そのうち四〇〇艘が天を冲して炎上したといゝ（第六）、白村江における日本船師の潰滅的な敗北をのべている。これは吉士集団の再生すらおぼつかないほどの重大な、すぐれて政治的な事件であったにちがいない。だが、これは海外交渉専従集団としての退潮をしめす決定的な事件であったというのであって、諸吉士集団そのものの政治的退潮を直ちに意味するものではない。

天皇の権力が、朝鮮経営の存続を意図し、国内の諸地域に蟠居する豪族を圧倒し、その専制化の体制を整えれば整えるほど、その中央権力に官司制的な構造をもって直接つながっていた吉士集団は、その設定の初期にあっては、難波吉士日香香の物語にも象徴されるような、政治的な弱さをもっていたにもかゝわらず、次第に新興の下級官僚貴族としての抬頭をみせてきたのである。推古天皇が崩じた時、田村皇子の即位を主張する大伴鯨連の進言にしたがって、難波吉士身刺がそれに賛意をしめす発言をおこなったといゝ、さらにまた壬申の乱にさいしては、大津皇子にしたがって吉野側に味方して、よろこび迎えられた難波吉士三綱がいたといゝ、天武期につぎつぎと昇進をとげて下級官僚貴族としての地位を不動のものとしたのである。始祖伝承改編の問題は、あるいは阿部氏との婚姻関係成立が背景にあったのではないかと思われるが、彼等がこのような豪族と政治的な連繫をもつようになったことが、その発展を約束したものとみなければなるまい。

吉士が下級官僚貴族として抬頭する反面では、吉士集団そのものが、たえず分流をうみ分裂してゆくことも注目しなければならない。『続日本紀』の霊亀元年（七一五）五月甲午の条をみると、諸国からの調庸の運搬にあたって、吉民の農耕をさまたげず、労役なく運送せしめるのが国郡の善政である（巻六）、といわれていることをみれば、吉士集士集団の国内での活躍期は、五世紀後半から六世紀にかけての、いわば田令派遣による屯倉経営の段階であり、こと海外交渉関係においては、むしろ五世紀中期の任那をめぐる問題がきびしい時期に対応するものとみることができ、それ以後の時期は、史料的には豊富であるが、一般的な退潮期であったといえるであろう。
以上は吉士についての組織的な考察であるが、最後に海外交渉管掌者としての具体的な海外交渉の活躍をのべてみよう。

（1）日本書紀・巻一四。
（2）『日本上代史の研究』（第一篇上代の部の研究、六一頁）。
（3）「古代豪族の一考察」（五、大鳥氏の没落、『歴史評論』八六号）。
（4）日本書紀・巻九・古事記・中巻。
（5）日本書紀・巻二四。
（6）平凡刊『世界歴史事典』第二二・史料篇―日本―古代篇第二部・史料八四「筑前国嶋郡川辺里大宝二年籍」註解一〇（九六頁）。

（7）日本書紀・巻二〇。
（8）同右書・巻一八。
（9）同右書・巻一九、欽明十七年正月条。
（10）同右書・巻一五、仁賢六年是秋条。
飽田女は難波玉作部鮒女を祖母、韓白水郎嘆を祖父、哭女を母、住道人山寸を父としていて、麁寸は夫であると同時に、異母兄の関係にあると伝えている。

おそらくこの家族は、帰化系の手工業部民であり、河内の住道の近く、すなわち日下の地周辺に住居していたものであろう。そのなかから水手を上番させている以上、日鷹吉士の本貫もまずこの地を想定しなければならず、草香部吉士はその本貫をうけついだものと考えられる。
（11）日本書紀・巻二六　斉明四年四月条。
同　同　五年三月条。
同　同　六年三月条。
（12）延喜式・巻七・神祇上・践祚大嘗祭。
（13）北山抄一本裏書。
（14）北山抄・五・大嘗会事。
（15）吉士集団が古代芸能の一つのにない手であったことは注目してよかろう。吉士の『新撰姓氏録』にみられる祖が大彦命であったことはすでにふれたが、阿部氏の祖も大彦命である。

三、吉士の活躍

諸外国からわが国に派遣された使節などと、吉士集団はどのような関係をもち交渉を行っていたのであろうか。海外諸国から派遣された使節は、ふつう北九州をへて、摂津の難波津に到着し、そののち定められた場所に赴いて、所管の官司（大夫）とあい、貢納品などを納めてその役を果すのであるが、その使節到来のとき、歓迎の使となったり、あるいは使節の案内人となったりする、いわば接待役が彼等の仕事である。欽明三十七年七月、高麗からの使節が日本海沿岸の越に漂着したとき、許勢臣猿と吉士赤鳩は、舟を近江までひきあげ、船に飾をほどこし、近江ごえの使節を迎え、山城の高威館に招じ入れている。このように正式な使節のみならず、推古十七年四月、百済僧道欣・恵弥を頭とした僧十人と、俗七十五人が、肥後葦北津に漂着したと筑紫の大宰から報告があったとき、難波吉士徳麻呂と船史竜が筑紫にでむいて漂着の理由をたずね、彼等が呉国にゆくはずであったが、乱のためにはたさず帰国の途中、暴風にあったのだときゝ、この旨を同年五月中央に報告し、彼等を本国に送還するのに随伴している。しかし道欣らは対馬に到るにおよんで日本に帰化したいとの意をのべ、ついにそれが許されて、元興寺に住することになったという(1)。

海外からの正式な使節のみならず、漂着したものについても、その応接に専従し、その応接のため、まさに東奔西走することこそ、すでに「はしがき」でもふれたように、吉士集団本来の職務であった。それにはまず特殊な技能として、諸外国の言語をよく解することが必要である。

敏達元年五月、高麗国が上表した烏羽の墨書を、王辰爾がよく解読して、後裔である船氏一族の抬頭の因をつくったという(2)。よしこのことが、吉士と同様、海外交渉に専従した船氏の始祖伝説的性格のものであったとしても、諸外国の言語に通暁することが要請されていた例証となるであろう。朝鮮との公式な交渉がたゝれ、海外交渉に専従していた吉士が解体してしまったのちの、天平宝字五年、美濃・武蔵国からおのおの二十人ずつの少年をして、新羅を征せんがため、新羅語を習わせたということも(3)、その重要性を物語るものであろう。吉士集団がまず帰化人でしめられる理由はこゝにあったのである。

外国からの使節を招じ入れる館は、それぞれ各国専用のものが設けられるようになり、文献のうえでは、継体期の百済使専用かと思われる難波館を初見とし、持統期の筑紫館まで、あわせて九つの館が数えられる(4)。その場所は難波周辺を主とし、長門、筑紫に設けられていた。この館は使節の宿所であり、また朝貢品の授受がおこなわれることもあったろう。その仕事に関係しているのが、すでにのべたように吉士であったが、その業務はかなり形式化し、ますます分化していった。舒明四年十月、唐から使節高表仁が来朝したときは、大伴連馬養が船三十二艘をひきいて川口に迎え、館の前までの案内役は大河内直矢伏と難波吉士小槻であり、館のなかへ招きいれたのは伊岐史乙と難波吉士八牛であったという。

以上は、諸外国から渡来した使節をむかえるにあたっての、彼等の活躍ぶりである。つぎに彼等が諸外国に使節として派遣されることをみてみよう。

外国使節にそれぞれ専用の館が設けられていたことや、使節の応待にさいして、その職掌が、よし形式的儀礼的な意味からではあっても、細分化されていたことから推測されるように、海外へ使節として派遣される場合にも、その派遣相手国は吉士集団のなかでも分担がきまっていたようである。敏達から推古期にかけて活躍した難波吉士木蓮子は、四回におよぶ海外派遣の記事すべてが任那関係であり、なかでも敏達十三年のごときは、新羅へ派遣されながらも任那に赴いているありさまである。また崇峻・推古期にでてくる難波吉士磐金は、三回とも新羅関係の交渉にあたっている。

吉士は海外諸国に使節として派遣されるのみならず、任那日本府がなお経営されていたころには、朝廷の諸政策を現地につたえる役目をもっていた。継体二十四年十月、調吉士が任那から帰って、さきに南加羅復興のために派せられていた毛野臣の現地での失政を報じたとき、目頰子は毛野臣召還の命をおびて任那に赴いている。そのとき毛野臣の家来らは、

韓国を　如何に言ことそ　目頰子来る
むかさくる　壱岐の渡りを　目頰子来る(5)

と歌ったというが、こゝには、なつかしい故国から使者がきたという喜びの情はさらにみられず、むしろ我々が苦労

しながら努力しても、新羅の強大な圧力には、ついに抗し得ない歯がゆさを、はたしてこの使者はいかに察してくれるのであろうかという、天皇の使者からの叱責におびえる声がきこえるのである。天皇の支配は任那にまでこのようにおよんでいたのであり、この目頰子の出自は一切不明であるが、吉士の一員ではなかったかと考えられるのである。

吉士集団の他の重要な役割は、船師をひきいて、対外戦闘にさいして軍団を形成することにあった。『日本書紀』雄略八年二月条によると、高句麗が新羅を攻めたとき、新羅王は任那を通じて、任那日本府に常駐していた日本軍の援助をこうたことがあったが、そのとき、難波吉士赤目子は、膳臣斑鳩・吉備臣小梨とともに、軍をひきいて出兵している。難波吉士は船師をひきいて、ある期間ずつ交替で、任那日本府に常駐していたものと思われる。また推古八年、境部臣を将として新羅をうとうとしたために、新羅王が降服を申し入れたという記事のなかで、あらためて天皇の命をうけて難波吉士神は新羅に、難波吉士木蓮子は任那に派遣されて、その実情を確認し、毎年船の梶を乾さず朝貢することを新羅王に約さしめて、征討軍をひきあげたと伝えている。この記載がどれだけ信憑性のあるものか疑わしいけれども、吉士が対新羅関係が切迫していた時代、つねにわが国の軍事的先鋒として派遣されただろうことはあきらかである。

さて、新羅の統一国家が朝鮮に形成され、朝鮮との交渉が円滑を欠くようになると、海外交渉の眼は中国にむけられるにいたった。

推古十六年、小野妹子が大使として隋に赴いたとき、難波吉士雄成は小使としてこれに随伴し、通事には鞍作福利が同伴している。これからわかることは、朝鮮を主要な相手国として交渉していた段階にあっては、吉士は使節・軍将・船頭・通事をかね、一般には船頭と水手という区別はあったにしても、吉士の職掌はまだ未分化なものであったと考えられる。斉明五年七月、坂合部連石布・津弁連吉祥が渡唐したとき、渡唐日記ともいうべきものを伊吉連博徳と難波吉士男人が綴っていて、この方面での活躍もまた期待されたのである。

白雉四年五月に出発した遣唐使吉士長丹と吉士駒は、翌五年七月、多くの文書と、宝物をもって帰国し、彼等はその功によって、長丹は位を三級進められて小華下となり、封二〇〇戸をうけて呉氏の称をうけ、駒は四級位を進められて小山上になったという。

白村江での敗北という政治的事件をまつまでもなく、吉士集団は、中国との交渉が海外交渉の主要な部分をしめるにいたって、海外交渉専従集団として多様な職を兼ねる独自な構造と機能をうしない、組織面での分裂を繰返し、一部が新興豪族としての上昇をとげていったのである。

(1) 日本書紀・巻二二。

(2) 同右書・巻二〇。

(3) 続日本紀・巻二三・天平宝字五年正月乙未条。

(4)

難波館	日本書紀	継体六年十二月条。
	同	斉明四年五月条。
	同	持統六年十一月条。
穴門館	同	欽明二十二年条。
相楽館	同	欽明三十一年四月条。
	同	敏達元年五月条。
山背高威館	同	欽明三十一年七月条。
高麗館・同新館	同	推古十六年四月条。
阿斗河辺館	同	推古十八年十月条。
三韓館	同	舒明二年是歳条。
筑紫館	同	持統二年二月条。

(5) 日本書紀・巻一七。

む　す　び

瀬戸内海周辺には、紀伊を本拠とし海上交通に習熟した集団、また淡路の水手・漁夫、児島地方にあって製塩を業とするもの、またそれらを統轄支配する豪族紀氏・阿曇氏・吉備氏など、大和政権内で重要な骨格をなす勢力があった。大和政権が、諸地域の豪族の支配体制を足場として、そのうえに築かれていた倭五王初期以前の段階では、吉士集団は、豪族配下からの上番民によって構造されていたのであり、それは難波日鷹吉士とよばれる集団によって代表されていたものであった。仁徳即位前、淡路の海人八十人を、水手として韓国にゆかせていたという物語は、その経緯をもっとも象徴的につたえている。しかし、その管掌者として帰化人をあて、官司制的な支配をくわだてつゝ、専制支配を一つの制度化してゆくにつれて、応神三年十一月の条としてつたえているように、処々の海人が騒擾をおこし、天皇の命にしたがわなかったといい、支配体制の確立強大化と、収奪強化の矛盾は、直接大和政権に対する抵抗となってかえってきた。諸国に設置された屯倉は、豪族の本貫に土地と農耕民とを点定し、豪族の経営にまかされて、大和政権の直接経営ではなかった段階であり、この反抗の中核となったのは地方豪族で、したがって難波日吉鷹士は倉庫の管理などには関係していたとしても、まだ屯倉経営そのものにまで進出したものではなかったろう。こと海外交渉においても、交渉専従集団として、完結した構成をなすものではなかった。こゝに難波日鷹吉士の発展のゆきづまりがあり、継体期を最後に姿を消した理由があろう。

しかし五世紀後半にはいると、北九州をおおった磐井の反乱を鎮圧することによって、大和政権が古代国家形成期における最大の危機をのりこえ、官司制的支配の性格をいよいよ明確にすることに対応して、吉士集団も畿内の豪族のみならず、北九州地方の豪族を圧倒して、常設の部民を支配する新興の官僚的豪族へと抬頭してきたのである。かくして、船氏という別の集団も生れたのであるが、草香部吉士・難波吉士を中核とした海外交渉を管掌する集団が完成したのである。しかしこの時代にはいると、朝鮮では新羅による統一国家形成への地歩がかたまり、朝鮮との交渉が思惑どおりにゆかなくなると、むしろかえって、焦躁のうちに徹底しない武力的打解策、離反と同盟の術策をくりかえし、そのために吉士集団は、ますます官人としての地位上昇に拍車をかけ、難波・筑紫などに本貫をもつ下級新興豪族として、その地盤をかためるのである。本来帰化系である吉士が、のち皇別と始祖伝承をあえて改編をする社会的実力は、かくして培われたものである。一方ひるがえって、大和政権の屯倉経営は、直接経営をおこなう段階にはいるのであるが、この背景には、社会的分業の発展を、屯倉経営にもっとも生産構造のすゝんだものとして凝集させうるような機能が、この吉士集団の組織的完成とむすびついていることを注目しなければならない。実はこの時期が吉士集団の最盛期であった。

地方行政がさらに完備し、庸調などの輸送物が、地方官の責任において運脚を用意するにいたって、国内的には吉士集団の存在意義をうしない、海外交渉の面においては、中国との交渉が主となるや、使節・軍将・船頭・通事をかねた吉士の職掌は分化し、海外交渉における管掌者としての本来の意義をうしない、わずかに吉志舞という芸能を伝えるにとどまって、急速にその機能をうしなったものと思われる。

第二章　大徳寺をめぐる商人たち

はじめに

中世以前の商人は借上・座商人・問丸等、主として業種的・集団的称呼で史料に出現し、従って歴史学研究も当然業種的な構造・機能を中心にしたものが多いのに対し、中世末から近世初頭の時期になると、著名な商人が登場し、その出自・家族・縁類をたどった人物史的・系図的考察が可能となり[1]、むしろ屋号がわかって業種が不明な場合さえありうるのである。商人研究上でのこの劃期は、ただ単に現存する史料の多寡に依るものではなく、社会的地位の向上、文化の荷担者として抬頭することに原因する。天龍寺造営に際し、天龍寺船を派遣しその利潤によって功成ったことは[2]、南北朝時代以降は、商業貿易活動をさらに商人を外護者とする寺院経営が可能となったことを示唆するものといえよう。また教団拡張の面で商人に依存し、商人を対象に展開されることを意味するものといえよう。臨済禅宗（とくに大徳寺）・一向宗・日蓮宗の室町末期における隆盛の基盤はその関わりが大きい[3]。本稿では中世末から江戸初期にかけての大徳寺と商人との関係を中心に、文化活動・経済活動について若干の新史料紹介をかねて考察したい。

（1）林屋辰三郎「上層町衆の系譜―京都に於ける三長者を中心に―」（『中世文化の基調』所収）、芳賀幸四郎「近世初頭における一町人の性格―島井宗室―」（『近世文化の形成と伝統』所収）、藤井学「近世初頭における京都町衆の法華信仰」（『史林』第四一巻第六号）、本書第三篇第四章「室町期における特権商人の動向―楠葉新衛門元次をめぐって―」。

（2）辻善之助『日本仏教史』中世篇之三（第八章吉野室町時代、第三節臨済宗の隆盛、一一八頁）。
（3）豊田武『日本商人史』中世篇（第三編商人の文化的活動）。

一　天王寺屋・半井家

永享三年（一四三一）、大徳寺は十利の位を辞し五山派に封する在野の禅苑たることを標榜した。度重なる応仁文明の火乱によって伽藍烏有に帰して衰微の時代を迎えた時、その復興の緒をなしたのは養叟宗頤と一休宗純の堺における留錫であった。宗純は宗頤の堺における商人との交誼を、著述「自戒集」のなかで禅を売るものとして痛罵し[1]、利にさとい堺商人を非難したが、宗純自身も[2]、荒廃した大徳寺法堂や塔頭である徳禅寺・大用庵・如意庵を再興するにあたって、堺の豪商尾和宗臨・淡路屋寿源の財政的援助を得なければならなかったのである[3]、両僧の主観的意図とは別に、大徳寺経営にあたって堺商人の支援・参加を避けるとは出来なくなっていた。一休宗純の十三回忌出銭帳や同三十三忌出銭帳、永正三年（一五〇六）及び永正十五年・文亀二年（一五〇二）の大徳寺松源院祠堂銭に関する文書で、堺商人の出銭や預かり分は多く[4]、大徳寺の経営と堺商人とは離れがたく結合していたことは明らかである。堺商人が大徳寺僧から道号を与えられたり、尾和宗臨・我孫子屋次郎の如く[5]、遺言によって財産を子孫一族に伝えず大徳寺祠堂に寄進する等は、禅道に悟徹せんとする積極的意図を含んだものであるが、堺の有力商人のなかにはたゞ外側から大徳寺経営に参画しているにすぎないようなものもいたのである。永正十五年、大徳寺松源院祠堂銭一貫文を預かっている金田屋善四郎は、天文四年（一五三五）堺念仏寺築地修理のため一貫文を念仏の頭料として醵出している[6]。まずこゝでは十六世紀末から十七世紀初期に活躍した堺商人天王寺屋を中心に少し詳細に大徳寺との関係を考察する。

堺禅通寺を再興した春林宗俶の法嗣玉仲宗琇が、永禄十三年（一五七〇）二月、大徳寺十二世住持として入寺するのにあたって、費用合計三六七貫文余を要したが、うち二〇〇貫文を香資として寄せたのが天王寺屋宗閑である[7]。宗閑と宗琇との関係は、宗琇が宗俶の法を嗣いで禅通寺に住していたこと、(8)宗閑が茶の湯を通じて師宗俶と知遇を得ていたこと等によるものと思われる。(9)天王寺屋宗閑は津田宗伯の弟、津田宗達の叔父であろうといわれ、貿易商人として九州方面に進出し、大友宗麟に重用された天王寺屋宗叱もその一族に当ると思われる。天王寺屋の宗家筋の宗達は大徳寺大仙院を創し、堺南宗庵主・大徳寺七十六世である古岳宗亘より宗達の法号をうけ、その子宗及は博多商人神屋宗湛・島井宗室と親交あり、南宗寺に大通院を創建し、大徳寺第九十世大林宗套から天信の道号をうけ、さらに宗及の息の一人は大徳寺に入って禅僧となったが、慶長十五年（一六一〇）、三十七歳の若さにして同寺一五六世として出世した江月宗玩がこれである。(10)

江月宗玩の法嗣で、肥前平戸春江庵を創建し、堺大通庵に菫した大徳寺第一九五世翠巌宗珉は津田宗及の娘が半井卜養軒云也に嫁して生んだ子供であった。大通庵は開基の宗及は勿論のこと、宗達・云也等の墓所である。(11)こゝで大徳寺と半井家の関係に筆が及んだが、触れなければならないのは、大徳寺真珠庵に附属する通仙庵を寄進した医者半井瑞策一族についてである。(12)この堺・京の両半井家は初代驢庵春蘭軒明親の女が、半井牧羊斎宗殊(洙)に嫁してから関係が生じたものと思われる。京半井家は代々典薬頭を継ぎ、大徳寺との関係は利長が一休宗純のもとに参学してから始まり、(13)通仙院瑞策が正親町天皇から女御粧殿をもらいながら、住するを憚かって大徳寺にこれを寄せ、通仙庵を創するに至って更に深まったと思われる。(14)その子成信は寛永十六年（一六三九）四月十一日逝去し、大徳寺真珠庵で諷経が行われたが、(15)一時相国寺光源院四世惟高妙安の室に入っていたことがあったといゝ、これはおそらく父瑞策の意向によったものと思われる。(16)以後京半井家は江戸初期を通じて真珠庵の極めて親密な檀那として持続したことが、真珠庵所蔵の「米銭納下帳」等によって検出される。(17)堺半井家からは玉仲宗琇の法嗣であり、金森長近を檀越とする大徳寺金龍院の開祖であって、大徳寺歴住一三七世となった松嶽紹長が出ている。元和三年（一六一七）九月十三日、将軍徳川秀忠の怒りをかって大徳寺から擯出され、寛永三年（一六二六）三井の麓にて示寂したと伝える人であるが、(18)「半井家系図」「徳川実紀」「東武実録」等はその経緯について何も伝えず、今のところその事情は未詳である。

以上天王寺屋津田氏と、医家である京・堺両半井家の関係をみたのであるが、この両族は、堺に於ける住民としての交流は明らかでないが、堺大通庵や大徳寺関係史料、茶道関係文書でその親密さが明らかにされたのである。しかしここで問題の中心となるのはやはり商人天王寺屋である。秀吉の朝鮮出兵に際して、小早川隆景は博多商人神屋宗湛と島井宗室に博多中の倉庫に米を貯蔵することを命じているが[19]、その小早川隆景はそれより以前の天正十六年（一五八八）、毛利輝元と共に財を寄せて、大徳寺に黄梅院を創し、玉仲宗琇を開祖にしようとしている[20]。前述した宗琇と天王寺屋、天王寺屋と宗湛などとの関係をみれば、統一的な政権形成期は軍事的にも経済的にも、天王寺屋の如き商人の存在を不可欠の前提としていたのであり、隆景の黄梅院創建と玉仲宗琇推挙の裏には、天王寺屋が介在していたことを想像しなければならない。また半井・天王寺屋両家の血を嗣ぐ翠巌宗珉が、肥前平戸春江庵を創し、同平戸の是興寺及び清浄庵・涼月庵の開祖に請された理由も、貿易商人として平戸に残した天王寺屋の足跡の一つであったと推測され[21]、大徳寺の教線拡張もまた貿易商人と分ち難く融合していたように思える。これがはじめに商人天王寺屋を中核にすえて考察しなければならないと言った理由である。次に十七世紀中葉における大徳寺と商人の関係をみよう。

（1）辻善之助『日本仏教史』中世篇之四（第八章吉野室町時代、第七節大徳寺妙心寺、七七～八一頁）。
（2）豊田武『堺』（三堺の文化、一四八～九頁）。
（3）『堺市史』第二巻（第三編全盛期　第十九章堺と仏教　第二節禅宗）、豊田氏『堺』（三堺の文化、一四九～五〇頁）。
（4）豊田氏、註(5)(6)『前掲書』（一四九～五一頁）。「大徳寺文書」（五巻、一九七四・一九七八号文書等）。
（5）「大徳寺文書」（大日本古文書、同文書之三、一一八～一二四号文書）。
（6）「開口神社文書」（『堺市史』資料編一、堺荘関係資料㈡住民、一六一～六頁）。
（7）「玉仲和尚入寺記録」（京都大学国史研究室蔵、影写本）。
（8）『堺市史』第二巻（第十九章堺と仏教、第二節禅宗、二八五頁）。こゝでは宗琇は出自を堺の人と説くが、『龍宝山大徳禅寺世譜』（安政二年十一月、古筆了仲著並蔵板本）では「日向櫛間院ノ人」とし決し難い。

（9）『天王寺屋会記―宗達他会記』永禄四・一二・五条、「天王寺屋会記―宗及他会記」元亀三・一〇・一一条（『茶道古典全集』第七巻所収）。

（10）『茶道古典全集』第七巻解説参照、永島福太郎執筆。『龍宝山大徳禅寺世譜』江月宗玩の項。

（11）『龍宝山大徳禅寺世譜』翠巌宗珉の項、『数奇者名匠集』（『堺市史』資料編第一所収）、『堺市史』第七巻（第二編神社・寺院・教会誌）大通庵の項。

（12）『京都府寺志稿　禅宗大徳寺』真珠庵の項。

（13）『寛政重修諸家譜』六七九・一三八六両巻及び「半井家譜」。註(11)にあげた『堺市史』第七巻大通庵の項等から、天王寺屋との関係を略記し、墓所を示せば次の如くなる。

○大徳寺真珠庵に墓のあるもの
●堺大通庵に墓のあるもの

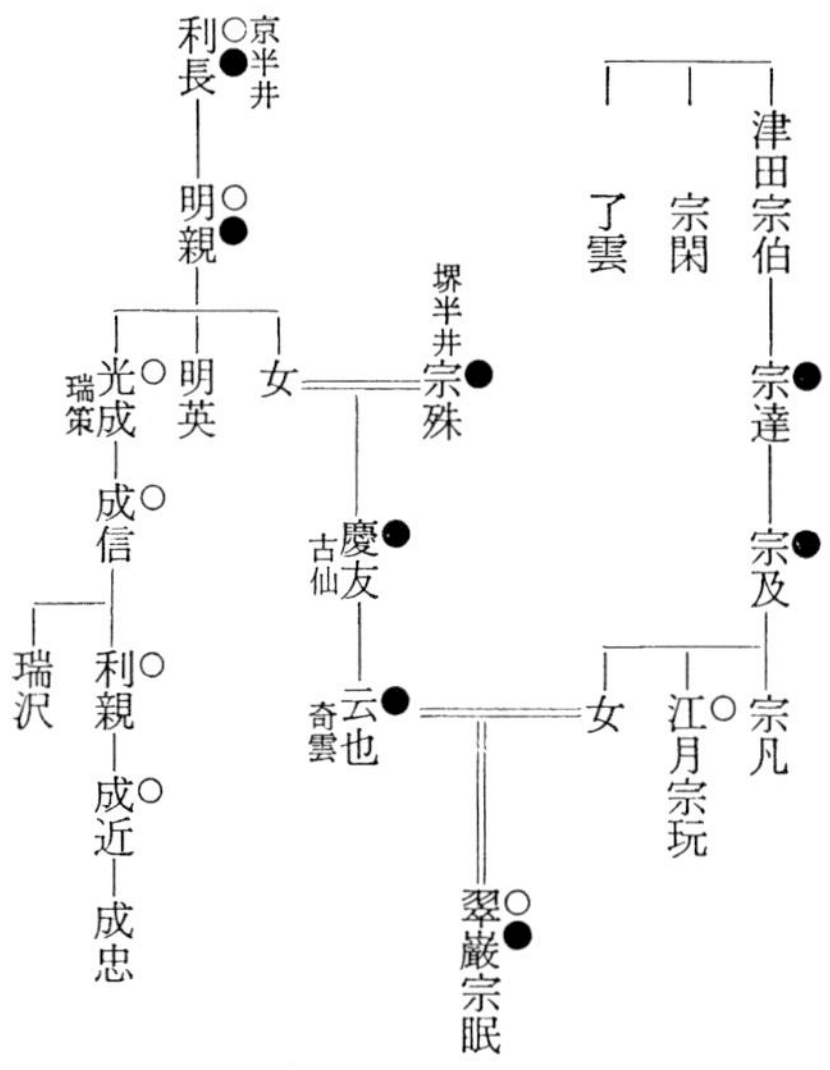

(14) 註(12)に同じ。
(15)『隔蓂記第一』寛永十六・四・十二、同年四・一三条。『寛政重修諸家譜』(第六七九巻)では成信の没年について寛永十一年、同十五年とあり定説はないが、『隔蓂記』のこの記事によって確定する。
(16)『寛政重修諸家譜』(第六七九巻)。
(17) この関係文書は、小葉田教授のもとで調査され『十五～十七世紀における物価変動の研究』に収められた。
(18)『龍宝山大徳禅寺世譜』塔頭金龍院・松嶽紹長の各項。
(19) 中田易直「近世初頭の貿易商人たち」(『日本人物史大系』第三巻所収、九六頁)。
(20)「京都府寺志稿　禅宗大徳寺」黄梅院の項。
(21) 註(18)『龍宝山大徳禅寺世譜』。

二　天室宗竺の入寺と町人

承応三年(一六五四)四月四日、玉室宗珀の法嗣であり玉舟宗璠の法弟に当る天室宗竺が、大徳寺第一九〇世として入寺した(1)。この入寺に際し賀儀を呈し、それに対し返礼を受けたものは五〇〇人余に及ぶ。その中には大徳寺僧で天室の白搥を勤めた藍溪宗瑛の外、主なるものとして天祐紹杲・清巌宗渭・江雪宗立・玉舟宗璠・伝外宗左・春沢宗晃があり、五山関係で主なるものをあげると、相国寺鹿苑寺の鳳林承章・雪岑梵崟・仁英承復・覚雲顕吉、建仁寺では茂源紹柏・学甫西堂、南禅寺では真叔西堂・霊叟玄承・尚白座元、天龍寺では玄英寿洪・補中等修・竪操西堂、東福寺は湘雪守沅・妙心寺は退蔵院千英玄松などである。他の禅苑では正伝寺悦首座、堺の栄首座、同縁蔵主などがあり、他宗派僧では日蓮宗妙蓮寺上人、奈良悲田院隠居で東山一心院の宣阿上人(2)、茶匠千宗左江岑・千宗守一翁・千宗旦元伯、宇治の茶師上林三入・上林竹庵、立花匠池之坊、画師狩野政信、書鑑定家古筆了佐・了栄・了節・勘兵衛一族、医師上村一庵法眼・塗師道恵・仏師暄斎、寺侍(3)、武士としては大坂町奉行丹波守曾我近祐などがある。がその大半を占めるのは京・大坂・堺の商人である。そのうち主要なものを二、三撰んで紹介しよう。

その最も多数を占めるのは大文字屋一族である。宇右衛門・玄切・宗種・宗巴・宗松・五郎兵衛・六兵衛・要雪の八名が数えられる。大文字屋はもと下京の祇園諸座と双璧をなす上京の四府駕輿丁座から菊屋・百疋屋・雁金屋・千切屋等と共に発したものといわれ、御所の近く上立売に居があったらしいが、[4]寛永から慶安にかけては下京地区にも大文字屋の存在が確かめられる。[5]大文字屋はのち奥州伊達藩の貸金が滞って倒産し、享保年間には千石扶持の家臣になったといわれているが、[6]正保頃までは京都における屈指の豪商で、三代目川端道喜宗柳の妹二人が、それぞれ上立売の大文字屋と、西洞院下立売の大文字屋に嫁している。[7]大文字屋次右衛門重頼は承応元年（一六五二）医師上村一庵法眼を介して石不動明王院を借り、他の町人に加えて藪大納言嗣良・竹屋前中納言光長・岩倉前中納言具起・鹿苑寺長老鳳林承章を連衆とする夜を徹しての誹諧を興行し、又大文字屋伝兵衛は小川坊城中納言俊完と近づきである。[8]大文字屋は金融業を行う傍ら、誹諧を興行し茶の湯を催す、京都有数の文化人であった。大文字屋で著名なことは、もと武野紹鷗が所持していた虚堂和尚墨蹟を伝えていたことである。それを所持し譲渡されたものの名前として大文字屋栄盛・同宗貞・同宗碩・同宗味があり、また日野肩衝茶入を所持し譲渡されたものに大文字屋宗貞・同宗味がある。[9]その相伝次第は今のところ未詳であるが、その両品は宗味所持の時代、遺恨を存した使用人の手によって切り破り打ちこわされ、虚堂墨蹟は以後「破虚堂」と世に称されるようになったらしい。[10]この大文字屋宗味は、尾張大納言義直の家臣にして、妙心寺養徳院の檀主である石川伊賀守光重の娘を娶り、その子の一人が妙心寺退蔵院千山玄松である。[11]天室宗竺の入寺に際して賀儀を呈した大文字屋八名のうち、僅かに知られるのは、花園天皇の宸翰を、正保四年（一六四七）十一月十一日、上述の退蔵院千山玄松に寄進した大文字屋宗種のみである。[12]このようにみると大文字屋はまず妙心寺の檀那であることが明らかである。宗竺への賀儀は京都居住の豪商としての月並な挨拶、乃至は茶の湯を通じた昵懇な間柄にあったからであろう。大文字屋と同じく四府駕輿丁座から発したと思われるものの一族、菊屋又兵衛・同喜兵衛・同宗倶、雁金屋庄兵衛・同太左衛門がみられる。また、「文字屋」を称するものとしては大文字屋の外に三文字屋・九文字屋・吉文字屋がみえるが、大文字屋の次に多いのは八文字屋であり、休有・久斎・吉兵衛・徳兵衛・彦兵衛の五名を数えるが、うち彦兵衛は饅頭屋町に住していたことが確かめられる。[13]その外京都の著名な商人としては角倉与市、[14]亀屋栄任・宗加の一族と思われる亀屋宗富・玄恵・四郎左衛門がみえる。

宗竺に賀儀を捧げたものに両替屋井川善六がある。両替屋善六はこの当時下立売烏丸西入ル町にほゞ一町四方の屋舗をもち、凡そ二・三十万両の分限と世に風聞された京一番の両替有徳者であったが、元禄の中頃、二代目善六は作州森美作守への貸金が滞り、享保十年頃には家を沽却し、跡かたもなく消滅した。[15]慶安頃、相国寺末寺円光寺の年貢米時を両替商玄西に預けて売却させている例から考えて、[16]両替善六は大徳寺の年貢米沽却に当っていたのかも知れない。

次に堺商人の二人、伊丹屋宗不と鰯屋九郎次郎について簡単にふれよう。初代伊丹屋宗不は心甫庵紹無の子で、堺湯屋山口町に住し、北本郷の惣年寄ならびに糸年寄を勤めて勢をはり、沢庵宗彭・玉室宗珀・玉舟宗璠・信濃守永井尚政に交わり茶の湯をもって知られた。父のため心甫庵を創したが、のちこれは南宗寺境内に移された。この宗不は寛永末年に歿したと思われるから、[17]宗竺に賀儀を呈したのは、その養子二代目宗不かと思われ、彼も糸年寄を勤めている。[18]前述三代目川端道喜宗柳の室は、じつは伊丹宗譜の女といわれているが、恐らく初代宗不の娘に当る人であろう。[19]大文字屋と血縁関係はないが縁類に当るものであろうか。茶の湯をよくし珍奇な茶器を襲蔵していたが、養子源兵衛（源左衛門）の代に散逸したといゝ、恐らく元禄前後に凋落したものと思われる。茶道をよくし南宗寺の檀那であることから、大徳寺の関係も亦深かったものと思われる。その外「糸乱記」に名のみえるものとして鰯屋九郎次郎がある。糸割符年寄として長崎に下った際、かなり悪どいことを行ったらしく、貞享三年（一六八六）病死した時、これ天刑なりと快をつぶやいた人も多かったという。[20]

次に十八世紀初頭における大徳寺と商人の関係に移ろう。

（1）京都大学国史研究室所蔵の「天室和尚入寺賀儀帳」「天室和尚入寺賀儀還礼帳」「天室和尚入寺納下帳」と天室宗竺・祥山

宗瑞・陳叟宗睡・玉関宗玖・要道宗三の入寺経緯が記された「無表題」ものの計四冊よりなる。

（2）後、大徳寺芳春院に葬る。『芳春院分類過去帳』。

（3）私が『史林』（四二巻四号）にその一人である吉田権右衛門を紹介した。

（4）秋山国三編著『公同沿革史』上巻、第一章近代京都の黎明、第二節応仁の大乱と京都の荒廃（四四頁）。

『鹿苑日録』第三巻、慶長五・五・二一条、「同記」第四巻、慶長七・七・一一条、「山上宗二記」に立売大文字屋栄盛の名が見える。

（5）「茶屋家旧記二」寛永三・六、台徳院様御上洛之御時節、町方御礼申上候儀、取次候控と題する記録。

一紫ふくさ物　拾　菱や町　大文字屋宗味

「寛永平安町古図」にみえる、四条道場と寺町通を挾んだ西側の町（町名記載なし）と、二条城南の「あまかさき丁」の両町は、「慶安五年刊、平安城東西南北町並之図」には、夫々「大もんし丁」「大文字や丁」となっている。この町名変更が大文字屋移住と関係するとすれば、この時期に新しく出来たものと思われる。

野田只夫編『下京文書(2)』（『日本史研究』三〇号）寛文一一・一一・一三「京都東町奉行宮城若狭守触書案」によれば饅頭屋町に大文字屋彦兵衛・同喜左衛門の名がみえる。

（6）「町人考見録上」那波屋九郎左衛門の項。

（7）柴田実編『川端道喜文書』川端氏系図。

（8）『隔蓂記』慶安五・五・二六条、及び『同記』正保四・八・二〇条。

（9）『山上宗二記』『数奇者名匠集』『隔蓂記第一』寛永一四・三・一〇条。

（10）註(9)『隔蓂記第一』同条。

（11）『妙心寺誌』梅甫宗鉄有功于此山及び入室の両項。『寛政重修諸家譜』巻三二三、石河光重の項。

（12）「妙心寺文書一」（京都大学国史研究室蔵影写本）一五号文書、氏名未詳消息裏書。

（13）野田只夫編『下京文書(2)』（註〈5〉に同じ）。

「町人考見録中」に八文字屋浄巴・同宗貞兄弟及び、宗貞の息彦三郎、同孤藤五郎の名が見え、浄巴が鍋島家に、彦三郎・藤五郎が大名貸の返金滞るにより漸次元禄初頭頃から分散してゆく姿が描かれている。

（14）林屋辰三郎『角倉了以とその子』、同氏「上層町衆の系譜」（『中世文化の基調』所収）。

(15)「町人考見録上」二村寿安・両替善六の各項。
(16)『隔蓂記第二』慶安三・一二・二七、同年同月二二の両条。
(17)『堺市史』第七巻（第一章人物誌、二二五伊丹屋宗不の項）。
(18)「手鑑〇元禄八年」（『堺市史』資料編第二所収、六四「古来糸割符一巻」）及び「糸乱記」。
(19) 註(7)に同じ。
(20)「糸乱記」早淵九郎次郎最期之事・阿武屋徳左衛門事并調御寺番神感応の事の両項。

三　三級宗玄の弔礼と町人

大徳寺真珠庵には現在「玄禅師吊儀衆留」と表題のある小冊子が残されている。真珠庵十六世三級宗玄首座に関するものと思われるが、[1] 内容の前半には享保三年（一七一八）七月十七日から二十三日にかけて、玄禅師逝去弔礼のため来寺した約一七〇名の名前と香典の品目数量が記され、後半には香典返礼者の人名とその住所が記されていて、前後の人名は一致する。その中には、大徳寺山内の僧、大徳寺の寺侍と思われる山田智祥・同元信・同智珊・同智慎、また真珠庵の檀那である難波中将宗建、半井瑞応後室など見えるが、他の大部分は京都居住の商人である。その二、三人を紹介しよう。

十七日の来寺者に三木権大夫があり、香奠返礼の記録では最初に記され、下立売室町東入ル町に居住していた。彼は「町人考見録中」にある三木権大夫その人と思われ住所も一致する。彼の三代前の祖父は播州よりでた浪人で、京に移り町人となり、筑前黒田家の家臣栗山某の縁者に当り、そのために黒田家用達の商人をつとめ筑前屋を名乗った。後本家との関係は断ったが三代目の当権大夫は分家黒田甲斐守（長重カ）となお関係をもち、長州紙の蔵元を勤めていた。しかし国元の町人松坂屋又左衛門が蔵元となり、以後次第に凋落を辿ったと言われている。また同じく弔礼のために十八日には、那波屋九郎左衛門が名代として儀兵衛を遣わしている。返礼の記録では□〔小〕川通二条上ル町に居住すとある。これは外でもなく「町人考見録上」にみえる那波屋九郎左衛門（四代目乃至五代目）に違いない。(2) 小川通二条上ル町の屋敷は那波屋二代九郎左衛門素順が松平加賀守の屋敷を買ったもので、松平右衛門佐（光之ヵ）から合力米を受けていて武士然たる姿で京を往来したため、内膳正板倉重昌より仕置をうけ、過料として宇治橋改修を命ぜられたという。弟正斎と共に次第に豪奢に傾き、茶道具の名器も所持して(3)常有時代には京一番の有徳者といわれた。身代も、三代目九郎左衛門の頃には次第に傾いて、五代目九郎左衛門の時は、南部家などの貸金が滞りその倒産は決定的とみえた。しかし世間態を考え、火事で家屋焼失した時、殊更麗々しく再建して家産が傾いていたのをとりつくろったという。またこの外に前節で述べた文字屋系の商人が二、三見出される。香奠還礼の順で紹介すると、九文字屋長兵衛（居所の記載なし）、御幸町三条上ル町八文字屋庄左衛門、御幸町三条下ル町九文字屋吉右衛門、八文字屋彦三郎（居所の記載なし）等である。なおその外に観世南隣に住するという亀屋児玉宗九、笹屋了閑・同治兵衛。また元文元年（一七三六）、願人を江戸近江屋市兵衛に立て、山城伏見で鋳造された寛永通宝（伏見潤縁銭）の銭文筆者といわれる長崎屋浅井不旧の名も見える。(4)

以上は主として豪商であって、しかも大名貸及び茶の湯等に奢侈を極めた結果凋落し、享保以後の商人の渡世教訓として題材にひかれたような商人が多いが、反対にこの時期に抬頭してきた新興町人の名も見える。すなわち十七日、名代として松田作治郎を遣し弔礼をのべたのは、油小路通竹屋町上ル町三井宗利と、同日、名代勢田善助を派した油小路二条下ル町の三井宗竺をその代表としてあげることが出来る。三井宗利は越後屋元祖の八郎兵衛高利に近い人と思われ、(5) また宗竺は高利の長男高平に外ならず、著名な「宗竺遺書」の筆者である。(6) 延宝年間から元禄初年にかけて（一六七三〜九一）、伊勢松坂から、京都・江戸・大阪に呉服店・両替店を拡大した三井は、種々の面で前述凋落商人と異なっている。まず大名貸は行っているが、他方呉服店という庶民相手の手がたい商種も持っており大元方支配のもとに器量の仁を抜擢し、強固な同族組織的経営を行い、宗竺の長男高房が著わした『町人考見録』にみられるような、茶の湯等の奢侈に対する戒め、『同書』小牧惣左衛門の項に見えるように寺の檀那となって欲心を満たすような商道には批判的である。これは西鶴は「日本永代蔵―煎じやう常とはかはる問薬」で毒断ちとして、香会・連俳・茶の湯数奇・町人の居合兵法・物参詣・後世心・奉加帳の肝入をあげているが、その新らしい商人の道と全く軌を一にするものがある。三井宗利・宗竺が玄禅師の弔礼に来山したとしても、名代を派しただけで香奠はなく、たゞ新しく仲間入りした京都町人としての挨拶にすぎないようなもので、寺院と分ちがたく結合した天王寺屋・大文字屋等の商人とは性格を異にしたものであるということができよう。

(1)『龍宝山大徳禅寺世譜』(真珠・酬恩両庵歴代世次)によると真珠庵十一世化庵宗普首座の没年が永禄十三年(一五七〇)と記されて以後は、十九世曇敬宗篤の歿年文政二年(一八一九)に至るまで、三級宗玄を含めた六僧についての歿年の記載はない。その理由について述べる用意はないが、当時における真珠庵の退潮を示唆するものかも知れない。

(2)「町人考見録上」那波屋九郎左衛門の項。

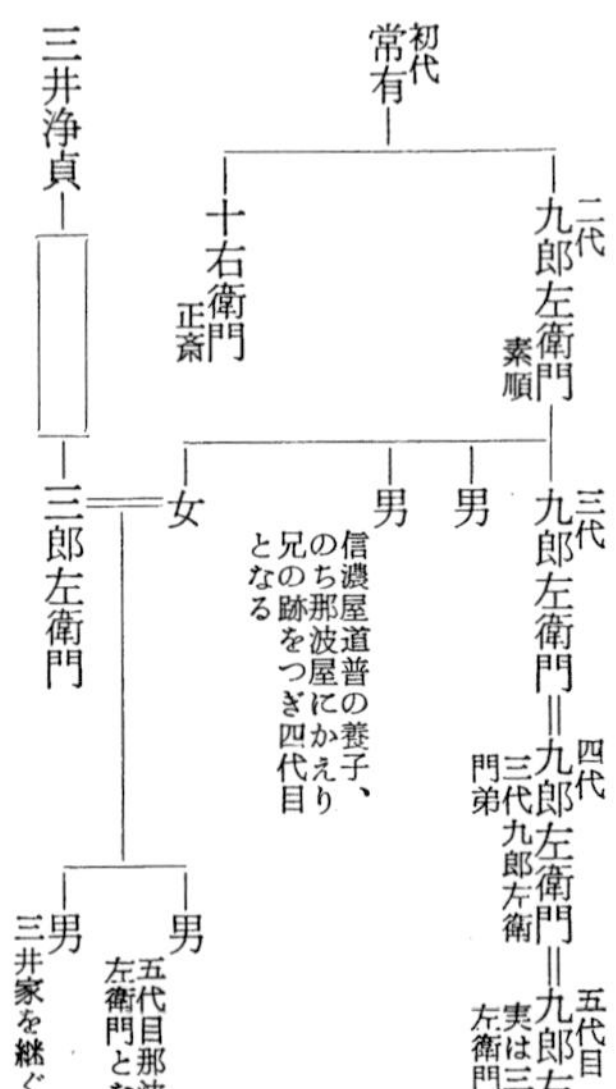

(3)『数奇者名匠集』。

(4)「三貨図彙巻四」伏見潤縁銭の項。

(5)中田易直「初期三井の金融業の実態―寛文延宝期の大名貸と郷貸―」(『日本歴史』九八号)には高利没年一六九四年(元禄

六）とあり、この時既に死去後二十余年を経ていることになる。

（6）中田易直「『宗竺遺書』より見たる三井町人の同族組織」（『日本歴史』五四号）。

むすびにかえて

天正十七年（一五八九）十一月十七日、相国寺屋敷菜園検地の時、相国寺の或る下級僧侶は、検地役人のために掌中を突き刺され切先が突き抜けるほどの抵抗を試みたし、同寺の老僧はこの検地に関して「法門凋零、不勝嗟嘆」と歎じている。(1) 台帖が下らないため相国寺の西堂は唯一人しかおらず、秉払を行った単寮衆を以て参暇衆にあてなければならず、鳳林承章をして「五岳尤吾山之衰微此時也」と歎かしめた。(2) これが十六世紀末から十七世紀初頭にかけての、五山派禅苑の一般的趨勢であった。しかし一方大徳寺にあっては、文明年中（一休和尚之時）から寛永年中に至る頃まで、「仏法と云は紫野を敬崇せざるはなし」と誇示したほどである。(3) これはたんなる自讃ではなく、ヤソ会宣教師ルイス・フロイスの目にも「日本全国の最も貴く又崇敬せられたる坊主居住せり」と映じたし、(5) 大徳寺の斎会に赴いた五山派禅僧も、黄衣白銀三十夂、西堂二十夂、平僧十夂という嚫金の多額さに「美麗次第、不堪驚愕」と述懐している。(5)

この大徳寺の十七世紀初葉までの繁栄は——それは特に北派において言えることなのであるが(6)——既に述べた通り寺院経営の基本的財源が田地からの年貢ではなく、檀那にもった商人の喜捨によるものであったと言うことが出来よう。

その商人は、室町幕府における納銭方衆、信長における天王寺屋宗及、大友宗麟における島井宗室、天王寺屋道叱、秀吉における小西行長、徳川家康における亀屋栄仁、後藤庄三郎というように、絶えず戦乱をはらんでいる政治情勢のもとでは大名にとって、商人の才智とその機能は必要であった。また商業の性格自体も不安定な政情のなかで利益を確保するために、或いは大名の権力に或いは寺社の仏の力に依拠せざるをえない面があった。その場合商人が、一大名の御用商人となるのではなく、数多くの大名と関係をとり結んで危険を分散するためにも、一党一派に偏する五山より在野の禅苑を標榜する大徳寺（妙心寺もこれに含むことが出来る）との繋がりを求めていたのではなかろうか。大名・大徳寺僧・豪商を結合した大徳寺北派の華やかな茶道は、その文化的遺産であり、大名・大徳寺僧・豪商達はお互に、他を差別する地位・身分集団として意識することを避けたのである。秀吉が「武士と町人と何れを望むか」と問うたのに対し、「武士より町人宜候」と言い切った島井宗室の気概、大名の一人や二人が宿泊しても、その使用人は平常の如く小歌を歌って仕事を続けたという大文字屋の記録は、その間の雰囲気を見事に伝えている。(7)

しかし江戸幕府が政治体制を整えるにあたって、在野の禅苑と称し、町人勢力を結集した大徳寺は、恰も日蓮宗妙覚寺が不受不施派の本山として、町人の一部を結集して為政者を不気味がらせたと同様、(8)これを懐柔し、弾圧して自己の陣営側に確保してゆかなければならないことであった。その一つの方法として執られたのが入寺に際して京都所司代・寺社奉行等幕府の裁許を必要とさせ、入寺費用の大部分を幕府が支出することであって、(9)こゝに商人との師檀関係に楔を打ち込む意図をはっきりと示している。また幕藩体制が確立するにつれて、それまでの豪商と大徳寺との結びつきは、伝統的な宗教関係だけを残し、政治的にも経済的にもその関係が薄れ、いつでもまた商人身分として固定し、権力のもとに従服させることは容易であった。大名は、借り入金を何時でも踏みたおし、豪商宅を大名が宿所とすれば、家中のものはもの音一つ立てない厳しい身分と雰囲気に貫ぬかれた時世になったのである。(10)大徳寺は商人を檀徒にもつことによってその潤沢を誇っていたが、次第にその基礎が弱められた。玉舟宗璠の法嗣春沢宗晃が、寛文二年（一六六二）二月九日入寺する時には、五山衆の香礼を堂裏に禁じ、また座前礼を行わなくなったし、同じく宗璠の法嗣一溪宗什が寛文七年閏二月十二日入寺する際には、更にそれに加えて堂司客頭の香礼の儀式を停止するに至ったのであり、(11)十七世紀初期に栄えた大仙派の様相から推すれば、想像も出来ない倹約が余儀なくされたのである。

元禄期前後から三井等を代表とするような新しい構造と性格をもった商人が台頭してきたが彼等は、その新しい時代を担うにふさわしい自家の道徳律を商道に求めるのであるが、それに既成の仏教教団がこたえる道はほとんど残されていなかったのである。

(1)『鹿苑日録』刊本第二巻、天正十七・十一・十七条、同月一九条。
(2)『隔蓂記第二』慶安一・七・二八条。
(3)『龍宝山大徳寺誌』。
(4)『耶蘇会士日本通信』(フロイス)一五六五・四・二十七日付。
(5)『鹿苑日録』刊本第四巻、慶長十二・三・二九条。
(6)辻善之助『日本仏教史』近世篇之二(第十章江戸時代、第四節寺院法度の制定、二三九～四〇頁)。
(7)『日本人物史大系』第三巻(一、近世初頭の貿易商人たち、4近世初期の貿易商人の性格〈中田易直執筆〉一二二頁)。
(8)藤井学「法華宗不受不施派についての一考察――近世初頭における その思想と社会的基盤を中心に――」(『日本史研究』三六号)。
(9)『玉仲和尚入寺記録』(前出)。
(10)註(7)に同じ。
(11)『龍宝山大徳禅寺世譜』春沢宗晃・一溪宗什の項。

付　記

第一篇　鎌倉時代

第一章　中世における畿内の位置――渡辺惣官職を素材として――【大阪歴史学会『ヒストリア』第三九・四〇号合併号、一九六五年（昭和四十）三月】

一九四七年（昭和二十二）に創立された大阪歴史学会のなかに中世史部会が発足したのは一九六〇年（昭和三十五）八月のことである。そして、部会活動の主眼は摂河泉を中心とする畿内という地域性に立脚した中世史の研究におかれていた（大阪歴史学会編『中世社会の成立と展開』の「あとがき」参照）。

私がこの中世史部会に入会したのは就職の関係から堺市内に住所を移した一九六一年春の頃であった。部会活動の方針に従って摂津国に本貫をもつ渡辺党の共同研究をすることとなり、お互いが渡辺党関係の史料を持ち寄り、その講読や分析をおこない、畿内地方における武士団の構造的な特質について共通の認識を深めたのである。私がその勉強会の取りまとめ役をしていた関係から、一九六四年六月の大阪歴史学会大会の中世史部会報告にその成果を織りこんだ発表を私がすることになったのである。

その時の報告を軸にして、私の個別的な研究の素材を加え、私の責任においてまとめたのが本稿である。摂津国惣官職を相伝する武士団渡辺党の多面的な活動を追いながら、畿内の武士団に共通する面があることを描き出そうとした。あわせて河内丹南鋳物師惣官職にも注目し、畿内の特権的な手工業者集団の政治的編成を追った。

渡辺党と丹南鋳物師集団とは、まったく異質な社会集団であることはいうまでもないところだが、ともに「惣官職」をもち機動力と多面性を備えている点から、その集団的特質の類似性をみたのである。

本書に収録するにあたって改稿した部分は多いが、院政期初期、太宰府贄人松永法師の祖という源順を、三十六歌仙の一人で『和名類従抄』・『源順馬名合』の著者たる源順とを同一人物と推定して論じた部分は誤りとして訂正したし、『経光卿記貞永元年五月巻紙背文書』にみえる、「□(日)吉社聖真子神人兼、□宮貢御人」の読みは、網野善彦「真継文書にみえる平安末〜南北朝期の文書について――解説と紹介――」(『名古屋大学文学部研究論集』五六号)に従って「燈呂(爐)」と訂正した。

第二章　中世における農業技術の階級的性格――『門田苗代』を素材として――【日本史研究会『日本史研究』第八二号、一九六六年（昭和四十一）一月】

一九六〇年（昭和三十五）十二月、大阪府和泉市の市史編纂専門委員となって市域内に保存されている中・近世関係古文書の悉皆調査を開始したが、一九六一年に夏、魚澄惣五郎氏監修のもと大阪府教育委員会が刊行していた『松尾寺文書』を手がゝりにして調査したのが松尾寺所蔵の古文書・古記録であった。そのなかでも注目されていたのは宝月圭吾氏の『中世灌漑史の研究』でとりあげられている永仁二年（一二九四）正月十八日の日付のある刀禰僧頼弁立願文と松尾寺僧良祐と頼弁ほか沙汰人名主百姓との契約状である。

この二通の文書にみえる梨子本池と同新池と、その両池の灌漑をうけた池田荘上方箕田村はいま納花《のうけ》・万町《まんちょう》の集落として、ともに現存している。さらに刀禰僧頼弁の系譜を引いたと思える池田氏（近世から近代にかけては伏屋《ふせや》氏と称していた）の屋敷が万町に現存していたところから、灌漑用水路や地名の現地調査を実施し、可能な限り鎌倉時代の村落像を復原しようとした。

そのような復原作業を土台として「門田苗代」という特異な素材をとらえて農業技術の課題を追究したのは、一九五九年（昭和三十四）十一月、戸田芳美氏が「中世初期農業の一特質」（『日本領主制成立史の研究』所収）を発表し、「片荒らし」を素材にして中世初期の農業技術について重要な提言をされたが、そのことに啓発され関心を深めていたことによるのである。しかも灌漑用水そのものの貴重さの認識を現地調査で一層強め、灌漑用水をめぐって展開される村落内の厳しい階級矛盾・対立を追究したのである。

第三章　鎌倉時代における開発と勧進【日本史研究会『日本史研究』第一九五号、一九七八年（昭和五十三）一一月】

黒羽兵治郎氏を監修者とする大阪府史編纂委員会の一員に加えられて、中世史に関する部分を分担執筆することになって、すでに刊行されている数多い『市史』類の恩恵に浴しつゝ、新たな史料の蒐集に努めていた。そのなかでも、宮内庁書陵部編『図書寮叢刊』として刊行された『九条家文書』『政基公旅引付』は、和泉国日根荘に関する豊富な史料を収め、関口恒雄氏の「中世前期の民衆と村落」（岩波講座『日本歴史』五・中世一）をはじめとする優れたいくつかの論文で研究が深められている。とくに一三一六年（正和五）六月十七日付の「日根野村絵図」は、中世村落の景観を示す貴重な絵図として紹介されてきた。

この「絵図」と現在の「地図」とをたよりに、現地調査を繰返し建造物の跡を確認・推定し、池を確認してきた。そのなかで「日根野村絵図」にみえる「坂之物」の記載が見落されていることに気付き、中世賤民が開発のための池築造工事に編成されていることに注目したのである。かねてから中世・近世における賤民の歴史を追い、とくにこの日根野村に近い鶴原荘内の宿村住民の十六世記における動向を明らかにしたことがあった。（本書の第三篇第一章に収めた「惣村の起源とその役割」と永原慶二編『戦国期の権力と社会』に収めた「十六世紀における地域的分業流通の構造」）そのことがこの「坂之物」の再発見に通じたものと思う。

日根野村開発と久米多寺々僧による請負、久米多寺と西大寺・安東蓮聖との繋がりなどから、開発と勧進をめぐる労働編成とそこに流れる「開発」と「勧進」に対する意識の近似性とを追究したものである。網野善彦氏の日本中世における非農業民や賤民に関する一連のきわめて体系的な優れた研究成果に学びつゝも、せいぜい畿内地方での具体的な実像を再構成するという限定された追究にとどまっている。だが私にとっては、現実との繋がりをなお持ち続ける近世に成立した未解放部落との関係を中世賤民史のなかにどう追うかということや、手工業者や賤民の労働を編成する主体は何であったかということを避けて通るわけにはゆかないように思えたのである。自らの労働を編成する主体をどう選択するかまたその編成主体の本質をどう知りえたのかという中世の民衆生活史の一面を描き出したかったのが本稿である。

石工の中世における活躍を十分に跡づけることができなかったし、国家や国衙と関わりを持たざるをえない大勧進職・勧進職の追究はまったく不十分であった。また石井進氏は「都市鎌倉における『地獄』の風景」（御家人制研究会編『御家人制の研究』）で、私のこの論文にも触れ、永仁五年（一二九七）六月一日に幕府が極楽寺公文所からの問い合わせに回答した「父親が売却されたのちに生まれた子供の帰属」についての判断を示したが、その問題となった家族を「非人」家族にのみ限定する必要はないと述べ、その論を展開しておられる。非人家族に限定して論じた私の見解は修正する必要があろう。

付　中世の立願と暗号【日本史研究会『日本史研究』第二〇七号、一九七九年（昭和五十四）十一月】

考古学資料であれ文献史料であれ、歴史学研究を根底から支えている資・史料の発見は決して容易なことではない。無駄になるかも知れない時間と労力とを打算を超えて投入する研究者としての献身がその前提となり、それが新発見の僥倖につながることは多い。『日本史研究』（第二〇七号）に紹介された和泉国黒鳥村に関係する三十六点の『河野家所蔵文書』の発見もまたその例外でなかったことを、その「解説」のなかで述べられている。『河野家所蔵文書』のなかの文保二年（一三一八）二月十九日付の暗号文混りの立願文を解説する苦労話と、その解読した立願文から明らかにされる鎌倉時代末の和泉国のある地域の土豪層のおかれていた政治的状況とを述べたのが本稿である。新史料発見の機会にはいく度かめぐり会えて、その度にまさに息をのむ思いをしたが、この一枚の文書は解読の過程、いわば謎解きの過程にスリルがあったという、まったくこれまでに先例をみない異質の文書であった。

この一枚の立願文は鎌倉時代末期における和泉国内の深刻な内部矛盾をはらんだ政治的情勢を伝えるとともに、地域に根をおく村落寺院が住民の現世利益的な信仰生活に果した生々しい役割、さらに畿内地方における土豪層乃至村落上層農民の華々しい政治的な動きや、文化的素養の水準を示しているように思える。しかしこの立願文が暗号文混りであるという特異さともかゝわって、解読上の問題はなお残されている。

第二篇　南北朝時代

第一章　南北朝内乱期にみる天皇と民衆【後藤靖編『天皇制と民衆』U・P選書、一九七六年（昭和五十一）十月】

本稿は『天皇制と民衆』の「はしがき」にもあるように、立命館大学が一九四六年から行ってきた土曜講座が三十周年を迎えての企画として「天皇制と民衆」の共通テーマで連続講座を行った時の講演に加筆訂正したものである。数回にわたる共同研究を行ったが、いまはなき藤井松一教授を交えての議論や雑談が思い出される。本学では教学の中味を充実させるための一つの方法として教員の集団化が試みられているが、その一つの成果であったということができよう。

天皇制と民衆との関わりを南北朝内乱期に追究することは、政治史的研究を専門としなかった私にとって、その方法や素材からして暗中模索であったことを告白しなければならない。

一九七六年十月三十日の日本史研究会十月例会で、『天皇制と民衆』の合評会がもたれ、黒田紘一郎氏が私の執筆部分について担当をされたが、その骨子は『日本史研究』(第一七五号)の時評欄「『一一・一〇天皇在位五〇年式典』反対運動の記録」に収められている。三点にわたる叙述上の問題点や論理構成上の問題点について指摘されている。いずれも適確な批判で、あれから五年が経過した。これまでの私の中世民衆史研究を回顧し、今後の民衆史研究の課題を改めて確認しようとしているいま、この指摘が一つの方向を示しているように思えてならない。すなわち、中世の国家と天皇制の課題に迫る方向性をもたない中世民衆史研究は無意味なものであるということである。

第二章　加地子得分の形成と一色田の動向【『四天王寺女子大学紀要』第一号、一九六九年(昭和四十四)六月】

中世における荘園村落において一色田作人(散田作人)が、村落共同体秩序から排除された不安定で弱少な存在であることは通説であるといってよい。しかし荘園村落の構成員が階層的・身分的に永遠不変の関係のなかで推移するとは思えないし、とくに南北朝内乱期に畿内地方の農村の自立は顕著であるし、一色田作人層にとっても無関係ではなかろうと予想した。とくに至徳元年(一三八四)の東寺領山城国女御田・拝師荘の一色田作人たる竹田農民の対東寺の強硬な主張の根底にある生活の変化を探ろうとした。

京都近郊農村の一色田における農民的剰余の形成を一つには二毛作・換金作物の普及という農業技術の発展に求め、それが一色田作人の一色田に対する占有権強化につながることを論じた。しかしこれと対立して、農民的剰余を加地子として吸収する土豪層の対応を追究し、彼らが一色田耕作を大規模に請負い、荘園領主の目には一人の一色田作人として映ずるが、その実は弱少農民に事実上の耕作を再契約して中間的な得分をえていることを述べ、一色田経営をめぐる新たな矛盾の展開に触れた。

第三章　一四・五世紀における二毛作発展の問題点【赤松俊秀教授退官記念『国史論集』一九七二年（昭和四十七）十二月】

十四世紀から十五世紀にかけての二毛作の普及が畿内地方の民衆生活に与えた多面的な側面について論じようとしたものである。内容的にはさきの第二章として収めた論文と関係するところが多い。すなわち、一色田作人の耕作権の強化、一色田の裏作の作得を見こんだ表作の請負制の土豪層・上層農民による展開についてがそれである。たゞ、裏作の発展にともなって特権的な土器生産の原料としての田地からの土壌採取が困難となり、農民との対立が発生するとともに、荘園領主による裏作に対する新たな賦課や圧力が加えられてきたことに触れた。特権的な座的手工業生産が、農民の農業生産に圧力を加えながら展開していた事実のあることを指摘し、それを農民が克服してゆく過程を追った。

土器生産といゝ二毛作普及といゝ、広くとらえればともに社会発展を支える技術ではあるが、それがどのような階層・権力に掌握されているかということによってその時代の歴史の実態を明らかにしようとしたものである。求心的な座的分業・流通が持っている歴史的な意義を、その点から再検討すべきことを意図したものであった。

付一　ある中世村落寺院の置文【『日本思想大系』月報六五号、一九八一年（昭和五十六）二月】

笠松宏至・佐藤進一・百瀬今朝雄の三氏の編にかゝる『中世政治社会思想(下)』に、庶民思想を探る史料として数多くの「掟書」が収録されたことに因み、暦応二年（一三三九）六月の和泉国和泉郡黒鳥村の村寺安明寺の置文をとりあげて紹介したものである。

この置文は天台宗系の一村寺における年預を中心とした寺院財政をめぐる置文であるが、いわゆる南北朝時代の内乱を激しく戦っている地域の村落で展開しはじめた自治組織の構造の一端を示すもので、いわば村座の置文としても通用するものであると思う。

自治組織たる村座は、この黒鳥村安明寺の寺座といゝ、多くの場合にみられる鎮守社の祭祀組織を母体とする宮座といゝ、村落構成員のなかの上層住民が階層的結集をとげた組織であり、またその結集した上層農民はそれぞれが足場とする垣内＝小村の根本住人の系譜を引くものが多く、村座は村落を構成する垣内＝小村相互間の調停機関たる機能を果している。村落の自治組織を形成させる要因は、村落内部の矛盾そのものにある。しかし安明寺々座は和泉国衙の惣講師職の指示をうけて和泉国分寺における涅槃会荘厳役を勤めることがみえ、南北朝内乱のなかで、村落の自治組織が外部の国衙権力乃至顕密体制の側からの働きかけによって推進される面のあったことを物語っているように思える。

付二　南北朝内乱期の村落【新稿】

一九八〇年度の日本史研究会大会シンポジウム『日本中世における地域社会』（『日本史研究』第二二三号）は、和泉国を素材として中世における地域社会を考えるための、あくまでも中間報告の域を出るものではなかった。当日の藪田貫氏のコメントも、さらに討論のなかでも（『日本史研究』第二二三号）、また日本史研究会四月例会での黒田俊雄氏の報告批判、さらに井上寛司氏の報告批判（『日本史研究』第二二五号）においても、数多くの問題点の指摘がなされたなかで、とくに和泉国という地域的個性と中世の全体像とをどう関連づけるかということが重要な点であったろうと思われる。それをさらに具体的にいえば、中世の国家権力との関わりと全国的な分業・流通との関わりなどがあろう。

そのような批判に答える一つの作業として準備したのが本稿であり、中世の国家権力の構造を明らかにする手がゝりとして、やはり和泉国をはじめ畿内地方に素材をとって、在地領主層・村落領主層と村落との関係を追ったのである。

第三篇　室町・戦国時代

第一章　惣村の起源とその役割【史学研究会『史林』第五〇巻・第二・三号、一九六七年（昭和四十二）三月・五月】

和泉市史編纂の仕事に従事していた時、河村備一氏（現在大阪府立三国丘高等学校教諭）を介して知りえた大阪府泉南郡熊取町中家所蔵文書の調査と堺市史編纂の仕事のなかで接した奥野家所蔵文書という新しい史料を軸にして、村落の自治組織たるいわゆる「惣村」の経済構造と階層制的秩序を追究したものである。

四国愛媛県の山間の寒村に生まれ育った私にとって近世農村の実像に近いものはある程度描けていたが、この二つの中世民衆自身が書いた古文書に接し、しかも中家文書でとらえられる大阪府南部、和歌山県北部と、奥野家文書でとらえられる堺市東南部とを足で歩き、山野・川池・寺社・集落・民家の多くが現存するのをみて、中世惣村の実像すら描けるように思えたのである。とくに現在の未解放部落の一つの小字名として中世の村落名が残っていることを知り、その集落のなかに十六世紀に確認できる池が、なお灌漑用水池として生きていることを見るに及んでは、現実的な部落差別の認識や部落解放運動に参加する歴史学研究の在り方に対して深刻な問いかけを必要とした。すなわち、近世幕藩体制形成過程で、自治的な惣村が崩壊されたり、未解放部落が創出されたりするのではなく、中世末における自治的な惣村の形成や展開とまさに対応しながら、近世未解放部落の原型（もとの論文ではこれも「未解放部落」と表現したが、本書では中世末の歴史的な用語に従って「嶋村・宿村」と改めた）が形成されることを明らかにしようとした。惣村は内部的には階級矛盾と階層秩序の産物であるし、外部的には被差別集団の存在を次第に必要とする動きをみ、惣村の歴史はその総体のなかで把握されるべきことを論じようとした。

第二章　下剋上の時代の一側面――嬰児殺害・一色田・散所――【大阪歴史学会『ヒストリア』第五〇号、一九六八年（昭和四十三）五月】

さきの第一章の論文で中世後期における農村地域で展開した新たな矛盾について論じたあとをうけて、自由都市の代表といわれる堺のなかで日常化していた都市細民による嬰児殺害という悲惨な生活の一齣、また荘園のなかでも一年間という期限付き契約で請作され領主の直轄経営に近いとされていた一色田が、中世後期に地主的な請負経営が展開し剰余が請負者に吸収されることや、弱少農民の典型とされていた一色田作人の政治的成長を述べ、また運送業に従事し、中世前期の賤民の典型とされていた散所の、中世後期における動向を追ったものである。

十五世紀初頭の正長の土一揆から開始される下剋上の時代は、民衆の抬頭する明るい時代として追究されてきて久しいが、にもかゝわらず民衆生活のなかに新たに展開する矛盾に注目し、下剋上の時代の民衆生活史を改めて問い直そうとしたものである。民衆の歴史が政治・経済・文化・宗教の諸側面で新たな時代を迎えたことを否定的に把えようとしたものではなく、その新たな時代をより豊かに描き出すために、その視座を民衆の底辺に据えたといえよう。

視座を民衆生活の底辺に据えようとしたのは、一九六〇年代の高度経済成長策が大阪府南部の都市・農村で具体的に展開するなかで、次第に崩壊してゆく市民の生活と権利と埋蔵文化財の無惨な破壊という現実を眼前にして、歴史を支えた民衆を、地域史のなかでどう具体的に叙述したらよいかという苦悩の現われであったように思える。それまでに「金づまり」（『日本史研究』第四三号・歴史万華鏡）を書き、十六世紀末の奈良において高利貸に責めさいなまれた民衆の一家心中事件を紹介し、一九五九年当時の自分自身の危機的な経済生活ぶりを重ね合わせたことがあったが、その一層の進行が自分自身とその周辺でみられたことへの、未熟な投影であったといえよう。

第三章　中世後期村落の経済生活【原題「中世の頼母子について」、史学研究会『史林』第四二巻・第六号、一九五九年（昭和三十四）十一月】

中世・近世のみならず、近代・現代にいたるまで民衆の間で「頼母子」（たのもし）が、相互扶助の経済組織として広く行われていたことはよく知られている。しかしそれまであまり注目されなかった頼母子が中世において在地領主や土豪、さらに商人などによる搾取や利潤追求のために興行され運用された面を、とくに中心にして論じようとしたものである。その際、とくに注目したのが、当時刊行された野田只夫編『丹波国山国荘史料』（史籍刊行会、一九五八年一月刊）のなかにみられた頼母子関係史料であった。

また民衆のもとで蓄えられた銭貨が、「合銭」と呼ばれる方法で商業高利貸資本として運用されていたことに注目していたこともあって、頼母子と共通する、民衆生活のなかに展開してきた貨幣経済の生活を対象とした搾取の新たな形態の一つを追ったものである。

第四章　室町期における特権商人の動向——楠葉新衛門元次をめぐって——【日本史研究会史料研究部会編『中世社会の基本構造』所収、一九五八年（昭和三十三）六月】

林屋辰三郎先生を囲んで『大乗院寺社雑事記』を読み、そして索引を作成する日本史研究会史料研究部会がその会活動をおこなったのは、一九四七年（昭和二十二）十一月から三十二年間に及んでいる。史料研究部会では『大乗院寺社雑事記の会』始末記」としてその総括をおこなっているが（『日本史研究』第二一〇号）、その意義はこの「始末記」が述べている範囲以上のものであろう。私が参加したのは『大乗院寺社雑事記』の四巻から五巻にかけてを読んでいた時期で、勉強会の中味はもちろん、毎回九時頃、奥様の運ばれる菓子のなかに珍らしいものがあったこと、浄瑠璃寺・岩船寺への遠足などまでが楽しく思い出される。とくに一九六五年京都を離れ堺に住んで数年後、赤貧洗うが如き生活の頃、日本育英会奨学資金の返還ができず延滞して、家財差し押え予告通知がきた。私の『大乗院寺社雑事記』（全十二巻）を売却してこれに当てざるをえなくなり、林屋先生に連絡して私が史料研究部会に貸していた一冊を返却してもらった時には、ついに私もこれで名実ともに研究者の資格を喪失したと観念した。

この論文はこの勉強会と直接結びついているものであるが、その内容の不十分さについては、田中健夫氏の「遣明船貿易家、楠葉西忍とその一族」（佐藤進一編『日本人物史大系』第二巻・中世、一九五九年九月刊）での指摘がある。のち「楠葉西忍と策彦周良――遣明船の搭乗者たち――」（『図説人物海の日本史・三・遣明船と倭寇』、一九七九年五月刊）を書く機会が与えられたが、そこで、私は、楠葉新衛門元次像に対する再検討を加えたし、小葉田淳先生から受けた大学院における史料講読（季弘大叔『蔗軒日録』や策彦周良『初渡集』・『再渡集』）で教え込まれたものが支えになった。

付　根来寺と和泉熊取の中家【和歌山県史編纂委員会編『和歌山県史研究』第七号、特集・根来寺遺跡、一九八〇年（昭和五十五）一月】

私がかゝわってきた和泉国の中世史にとって、紀伊国のとくに北部地域との関係をみないわけにはゆかなかった。大学院在学中に鞆淵荘でおこなった現地調査や、森浩一氏らによる岩橋千塚発掘調査の現地説明会への参加など思い出深いものが多いが、とくに本書、第三篇・第一章の論文の一つの軸となった「中家文書」はその約半分が中家と由緒のある根来寺菩提谷成真院関係のものであるだけに、根来寺を訪れる機会は多かった。

しかし農道建設にともなう根来寺旧境内の緊急発掘調査が、菩提谷のとくに旧成真院跡を中心に実施されるとあっては、その成果に注目せざるをえなかった。本稿は、その発掘成果の一部が掲載された『和歌山県史研究』（第七号）の根来寺遺跡の特集号に寄せたもので、発掘成果そのものを十分に参考にすることはできなかったが、根来寺成真院の氏人であった和泉国熊取の土豪中左近家による根来寺近辺の開発の足跡を「中左近池」に探ったものである。

根来寺はその権力基盤を泉南・紀北の国人層・土豪層そして上層農民の諸階層におき、その地域の荘園年貢請負や加地子名主職の集積、高利貸活動などを展開したが、拙稿「日本中世における地域社会」（『日本史研究』第二二三号）ではさらに根来寺の軍事警察の機構や量制に関する動向などにもふれた。さらに根来寺の発掘調査により遠隔地間の流通を物語る遺物が出土しており、その点の追究が今後の一つの課題だと思っている。

付　篇

第一章　吉士について——古代における海外交渉——【日本史研究会『日本史研究』第三四号、一九五七年（昭和三十二）十一月】

一九五三年四月、愛媛大学を卒業して直ちに大阪府立堺工業高等学校定時制教員となり、学習意欲に燃えた勤労生徒の日本史教育に当ることになった。その初夏、クラスの生徒を引率して奈良の古社寺めぐりをして、その時の感想文とも解説文ともいうべき文章を「法隆寺釈迦如来像」をテーマとして書き『学校新聞』に載せたことがある。そのための史料や文献を当っているなかで、『日本書紀』（推古天皇十四年五月条）には鞍作鳥に「大仁位」

を授けられたという記事があるにかゝわらず、「法隆寺釈迦如来像光背銘」にある司馬鞍首止利仏師には冠位記載がなく、また「姓《かばね》」の記載にも有無があることに疑問をもち、そこで「姓」とは何かということに思を廻らしていた。

大学院に進み一九五六年度の非常勤講師三品彰英先生の古代社会に関する特殊講義を受講して、懸案にしていた「姓」の問題を「吉士」を素材にしてまとめてレポートとして提出した。それに補筆したのが本稿である。『日本史研究』誌上に投稿するのに先だって、南上総町の三品彰英先生の自宅を訪れ、レポートについての感想を拝聴し、先生の『新羅花郎の研究』について話を伺ったことが思い出される。またこの論文の題はもとは別のものであったが、日本史研究会の編集委員長であった林屋辰三郎先生が論文の内容についての所感を述べられるとともに、テーマを改題したらどうかと提案されたことを覚えている。

古代史の専攻でない私のこの論文が、いさゝかなりとも注目を受けたのは、この論文掲載誌『日本史研究』(第三四号)が発行されて旬日を出ずして、藤間生大氏が『歴史学研究』(第二一四号)に論文「大和国家の機構——帰化人難波吉士氏の境涯を例として——」(一九五七年十二月)を発表され、期せずして私の難波吉士という素材を同じくする追究をされていたことによるのである。素より私のこの論文には未熟さがあり、その点については、井上薫氏の「帰化人研究の批判一齣」(『歴史評論』一〇〇号)における指摘により明らかなことである。

第二章　大徳寺をめぐる商人たち【京都大学文学部国史学研究室編『読史会創立五十年記念・国史論集』所収、一九五九年(昭和三十四)十一月】

京都大学教授赤松俊秀先生監修のもとに、当時東京大学助教授であった玉村竹二先生のお仕事を継承して、鹿苑寺鳳林承章の日記『隔蓂記』の筆写・刊行の事業に加えていただいたのは一九五一年の夏からである。その日記のなかに登場する人物は京都五山の禅僧・大徳寺や妙心寺の禅僧はもとより、公家・武士・文人・町人・職人などきわめて多い。その実名や俗名を確かめる作業の一端を担うことになった私は、京都五山の禅苑や神社を訪れ、古文書・古記録を調査させていただくことが多くなった。

そのなかの一寺に大徳寺があった。鳳林承章と大徳寺との関係は、鹿苑寺の寺侍吉田権右衛門と大徳寺芳春院玉舟宗璠とが兄弟であったということが判明したこともあってとくに親密になった感があるが（このことについては『史林』第四二巻の第四号に「寺侍」と題する短文を載せている）、かなりな数にのぼる大徳寺僧を知るため大徳寺所蔵の近世文書の調査をさせてもらった。

このような『隔蓂記』刊行事業への参加のなかから得られた資料をもとにしてまとめたのがこの論文である。ただ寺院や教団と近世初頭における町人との関係については、私が愛媛大学に提出した卒業論文「日蓮宗不受不施派禁圧に関する研究」で、不受不施派の日典・日奥を支援した京都・堺などの町人がいたことを知り、その具体的な追究を一つの課題として大学院に進んだこともあって、まったく新しい関心ではなかったことは明らかである。

あとがき

一九五四年（昭和二十九年）四月に日本史学についてより専門的な研究を深めようと、京都大学の大学院に進学してから、今日にいたるまでの二十八年間に、発表してきた研究論文や、先学の高著に関する書評、また綴ってきた日本中世の歴史の一端にかゝわる啓蒙的・概説的な文章、編纂事業に参加してきた地方自治体の府史や市史の類、さらに史料調査から始まって史料集として刊行することに関わったことなどが一つの足跡として思い出される。そのなかには貧困な内容・未熟な方法そして稚拙な文章のもので、悔悟の念を禁じえないものが多い。にもかゝわらずそのような研究論文や啓蒙的で概説的な作品のなかから、主として畿内地域の民衆生活に関するものを選んで、部分的に補筆したり削除したりしてこの『中世民衆生活史の研究』と題する小著にした。そのようにしてあえて本書を編んだのは、あたかも海に学んで海に至ろうとする百川のなかの一水滴にも似、しかもまだ海への道の半ばにある私が、悔悟のよどみのなかで腐敗することは許されまいと考えたからである。付篇として収めた古代史と近世史に関する二つの論文は、本書の『中世民衆生活史の研究』の内容にはそぐわないが、今後、古代史や近世史に関する研究を発表することもないと思うし、しかもそれぞれに私の研究生活のなかで思い出深いものでもあり、あえてこゝに収めることにした。

私にとって、二十八年間の歩いてきた道程は、どうしてもそう遠いものとは思えない。たとえば一九五六年の夏から赤松俊秀先生の監修・校註にかゝる鹿苑寺鳳林承章の日記『隔蓂記』刊行の仕事に参加させていただいて、近世初頭の京都五山をめぐる宗教・文化の諸相や鹿苑寺周辺の民衆生活の一面を知るとともに、「史料集」の刊行に従事する際の基本的な在り方を徹底的に教えこまれた。そのことがいま小葉田淳先生監修・校注の『北野天満宮史料』刊行の事業に参加させてもらっているなかに生きているし、とくに一九八一年晩秋の現在、校正中の第四巻『社家記録』には奇しくも鹿苑寺長老鳳林承章が登場し、かつては鹿苑寺から北野天満宮をみたが、いまは北野天満宮から鹿苑寺をみているのである。

その間に、中村直勝博士古稀記念会編『中村直勝博士蒐集古文書』の刊行に参加し（一九六〇年十一月刊）、薗田香融氏らが中心になって結成された近世仏教研究会の会誌『近世仏教＝史料と研究』の第三号から第二巻第二号（通算して第六号にあたる）にかけて南禅寺金地院所蔵の僧録司最岳元良の日記『金地日録』の紹介をおこなった（一九六一年二月〜一九六二年四月）。『隔蓂記』の刊行にかゝわっていたことがあって『教王護国寺文書』の仕事にはほとんど参加できなかったが、「第四巻」（一九六三年三月刊）の読み本作成には当っている。

一九六七年十一月、四天王寺女子大学開学記念として四天王寺所蔵の「宸翰」の展示会が行われたが、その時の目録作成にあたっては、同大学の川岸宏教・古泉円順両氏と苦労したことが思い出される。また小葉田淳先生と曽根研三氏が監修された『開口神社史料』刊行に当っては曽根地之氏とともに泊りこんで原稿作成に当ったものである。

京都大学大学院の博士課程の単位を修得して退学して以後の二十二年間を近く感ずるのは、『和泉市史』編纂と『奥田家文書』の刊行とにかゝわってである。一九六〇年の暮から計画が具体化し、一九六一年四月から正式な事業として発足した大阪府和泉市の『和泉市史』編纂には、赤松先生が監修にあたられ、私が史料調査・蒐集などの実務を担当する常勤となった。そして編纂委員奥田久雄氏のお世話になることとなり、旧南王子村庄屋関係文書の所蔵を知り、その公開と『史料集』の刊行となったのである。その経緯は『奥田家文書』（第一巻）の序で奥田久雄氏自身が淡々と述べられているが、その時、「公開するからには研究者として最後まで責任を持って欲しい」と私に言われたことが、熱く胸中に突きささったことをいまもって忘れることはできない。私は一九七一年四月から職場の関係で京都に転居したため、『奥田家文書』刊行の仕事は、一九七一年二月発行の「第五巻」までしかお手伝できなかったが、岡本良一・森杉夫・盛田嘉徳の諸先生が継続し、酒井一氏が参加されて、一九七六年四月に『奥田家文書』(全十五巻)刊行が完了し、引き続き旧南王子村の明治期の史料が『大阪府南王子村文書』(全五巻)として刊行され、一九八〇年三月にそれも完了した。今年の五月九日に奥田氏から刊行完了祝賀の宴に招かれたが、「研究者として責任を持て」という言葉に、私はいまだにいさゝかなりとも答ええたとどうしても言い切れないでいる。

『和泉市史』編纂にしても『奥田家文書』刊行にしても、当初専門的研究者として臨んだ私であったが、一九六〇年代という時代に大阪府和泉市という具体的な地域社会のなかで繰拡げられた政治・経済・文化・思想の動向なり状況は、私に机の前での一人の専門的研究者たることを許さなかった。継承・発展すべきものとしての、また根絶すべきものとしての地域社会の歴史的遺産とは何か、地域社会の住民が平和や民主主義、そして基本的人権を築きあげるために少しでも役に立つ日本史学の研究課題は何か、日本歴史の叙述はどのようなものでなくてはならないのかという問いかけのなかで、私は私の考えていた専門的研究者からむしろ脱皮を求められたといえる。そのなかで、『堺市史』(続篇)・『高槻市史』・『大阪府史』の編纂に参加し、新しい史料の発見にもめぐりあい、いくつかの研究論文にもなっている。一九六〇年以降に中世の分業や流通、さらに中世から近世初頭にかけての賤民制に関するいくつかの論文を書いたが、この土台のうえに中世民衆史を組み立てることは、なお今後に残された私の課題である。

以上述べたようなことが、私にとっての二十八年間を遙かに遠く、そして長い歳月であったと思わせない理由である。しかし私には、いまだに聞える苦吟や思い患う悔悟を克服し、地域社会に根をおろした中世民衆史を総体として描く新しい作業を始めることが必要に思えた。そのなかで、これまでの二十八年間に一歴史学徒として得た体験はいつまでも忘れずに近くに置き、しかも、これからの一歴史学研究者として、これまでに得た研究をしっかりと見つめて、科学としての歴史学をより大きく総合することをしなければなるまい。これが、あえて本書を編んだ私の根底にある意図であり、さゝやかな決心である。

二十八年前、日本史学に関する専門的研究を深めようとするに当って、支援をいただいた愛媛大学の篠崎勝・藤野彪・三崎敬之の諸先生、さらにその場を与え指導していただいた京都大学の小葉田淳・赤松俊秀・柴田実・岸俊男の諸先生に、この決意の言葉を贈ることによって、学恩に報ずる一端としたい。赤松先生・藤野先生とは幽明すでに境を異にすることになったが、しかし慈愛と叱咤は私にとってむしろ永遠なものになったと思っている。

未熟であるが故に頑固なものの自己反省はつらい。それにしても今日まで、飽きることなく学ぶこと、そして生きることに援助と激励を与えていただいた先輩・友人・後輩を数多くもったことは、私にとって誠に幸福であったといわなければならない。『和泉市史』編纂時の苦悩を直接に関接に分かちあっていただいた酒井一・森浩一・石部正志の各氏、大阪歴史科学協議会結成にその準備段階から加わり、平和と民主主義に理念をおき、それを地域に根ざしたものとして擁護し発展させるための歴史学徒としての具体的な生き方を教えられた黒田俊雄・吉田晶・佐々木隆爾の各氏、また研究のことについてはもちろんのこと、日常生活にわたって忌憚のない意見と隔意のない相談に預かった朝尾直弘・藤井学・戸田芳実・工藤敬一・藤岡大拙・大山喬平・河音能平・脇田晴子の各氏は忘れることは出来ない。戸田芳実氏と私とは『和泉市史』編纂時に槇尾山施福寺へ赤松先生とともに登り、汗を分かったことがあって、私の編纂の苦労をも洞察してもらったといまでも思っている。それ以来、途中で東京都立大学に在職されている間も、私には遠いところにおられたという実感はまったくなく、絶えず側にいていただいたような気がしている。

十一年前に立命館大学文学部に移って、日本史学専攻の伝統を継承してゆく一員となった。これまでは、岩井忠熊・衣笠安喜・山尾幸久諸先生の側にいて、その伝統を学ぶ一人の実習生にすぎなかった。杉橋隆夫君も加わって五名となり、日本史学専攻学生も、今年は「史実としての天皇制」という共通テーマのもとに第三十二回目の夏期公開講座を立派に成功させ、八十年代の新しい歴史学徒として育ちつゝある。二十八年前に日本史学のより深い専門的研究を志して、ついに辿りついたものは、三十六年前の敗戦の時、中学生であった私たちの前から逃避し、また私たちの前で不明をわび、自己を弁解した国史担当教員のみじめな姿を、ふたたび繰返してはならないということゝ、未来に生きる人びとと共に歩む日本歴史の教育者・研究者でなければならないということであったように思える。六十年代・七十年代に多くの人びとに支えられて辿りついたこの道を、八十年代はより若々しく歩きたいと思う。

このような恵まれた恩師・先輩・友人がいて、はじめて私と私の家族の今日があるということを、郷里の愛媛県で農業を営んでなお健在な私と私の妻のそれぞれの両親四名ははじめて聞くことであろう。私も二児の親になって久しいが、彼らが幸いにも大学・大学院へと進学してそれぞれに学問の道を歩み、しかも高等学校はもちろん中学校・小学校の友人にまで親交を繋いで、お互いの生き方を確かめあって生長しているのを見るのは何よりも楽しい。私は郷里を遠く離れていたためそれ程のことはできなかったが、三十年に近い間に恵まれた恩師・先輩・友人をえていたことを、私の四人の親は何にもまして誇らしく喜ばしいことと考えてくれるに違いない。そのような証としてのこの小著を、生き抜くことで頑張ってくれた七十歳をこえ八十歳をこえる高齢の四名の親に贈ることができるのはまた幸せである。実はこのことが、辛酸を共になめた妻への謝詞の一片ともなろう。

この小著をもっとも最初に捧げなければならない人、そして恐らく確実に「僕ならこんな本は書かんよ」と言って酒房に誘っていただくであろう人は、赤松俊秀先生である。しかし先生はもうこの世にはおられない。もう十年生きていて欲しかった、せめて五年でも、という気持が次第に強くなってゆく。このことが二十八年前の京都大学国史学研究室での赤松先生との出合いを、二十二年前の和泉市での市史編纂の開始を、そしてそれ以降の歳月を、いよいよ近いもの短いものとして感ずることに繋がっていると思えてならない。

幸い小葉田淳先生は、『隔蓂記』の仕事以来たえず温かい言葉をかけていただく前東京大学教授玉村竹二先生とともに、本書をまとめることゝ、思文閣出版とを紹介していただいた。また黒田俊雄氏には出版計画が進むなかで数々の助言をいただいた。感謝の言葉を知らない。

本書の初校ゲラは昨年十二月にもう出来上っていた。しかし一九八〇年度の日本史研究会大会シンポジウム報告の原稿作成や、『大阪府史』(中世二)の原稿作成や校正、立命館大学での期末試験・入試・卒業論文審査・修士論文審査、さらに一九八一年度、文学部日本史学専攻の専攻主任になったりして、作業はきわめて遅れ、思文閣出版には大変迷惑をかけた。毎週一回、『北野天満宮史料』刊行の仕事のため北野天満宮社務所で小葉田淳先生にお会いしているが、時々進捗状況を聞かれた。私の父とまったく同年齢の巳年生まれの小葉田先生は、師か父親か区別がつかなくなることもあって、身を切られる思をした。思文閣出版の長田岳士・林秀樹・坪倉由香利の三氏は、私が怠慢ではないこと、そして少しでもよい内容のものにするため苦しんでいることをよく理解していただいて、激励と援助を惜しまれなかったことに心から御礼を申し上げたい。

一九八一年十月

三浦圭一

あとがき――第三刷刊行にあたって――

一九八一年十二月の末に小著『中世民衆生活史の研究』を世に問うことができてから、すでに三年になろうとしている。その間に、この小著に対して網野善彦・石井進・佐藤和彦・中野栄夫の諸氏が書評や紹介の労を執られている。また多くの先輩・友人そして後輩の方がたからも、さまざまな方法で批評・批判が寄せられている。三十年に近い私の研究生活の在り方にまでふれながら、小著のもつ積極的意義について言及された先輩もいる。その好意溢るる評価は、研究者の道をたどたどしく歩んできた私にとって、まことに望外の果報というほかはない。そのこととは別に、小著そのものに対して、書名と内容との違和感や実証性についての疑問、また研究全体のなかにある論理性や体系性についての批判など、かみしめればかみしめるほど厳しくそして妥当な内容の批評も多い。まさに〝良薬は口に苦し〟であるが、これとても私のこれからの研究に何ものかを期待しようとする天の配剤であるし、このことだけでも小著を編んだ一定の意義は果されたというべきであろう。

これまでに与えられた小著に対する批評を整理しながら、日本中世民衆の生活に関する新たな研究をいま模索しつつある。その方向については本書の第一篇、鎌倉時代の第三章「鎌倉時代における開発と勧進」や、第三篇、室町・戦国時代の第一章「惣村の起源とその役割」などのなかでもふれているが、中世賤民を民衆史研究にとって不可欠な構成部分とした視座を設定し、そこから中世民衆像を再構成しなければならないということであろう。この方向にそった試論はすでにいくつか発表してきているが、勢いその課題は、中世人の生死観・他界観に及び、それと対応する政治的・社会的そしてイデオロギー的な構造論にまで広がらざるをえないように思える。

またこの方向は、中世民衆生活史をたんに経済的・社会的な生活過程の側面からだけ追うのではなく、政治的・精神的な生活過程の側面から追究することを要請するのである。そしてこのような具体的な民衆の諸生活過程を総合しながら、中世における変革主体の形成を問わなければならないことになる。

日本中世史研究はいま、研究課題の分散化の傾向にあるなかで、実証水準を格段に高めつつ、多様な成果を得ている。それらを中世民衆生活史研究のなかに吸収することは容易なことではない。また中世民衆生活史研究のなかから変革主体の形成を論ずることは、さらに至難なことのように思える。

この小著が抱えこんでいる未解決の課題は、諸氏が指摘されている通り確かにあり、そこには私の能力を超えた重いものもあるが、幸い恩師・先輩・友人そして後輩の方がたの支援と激励とを得て、一つ一つ解決してゆくほかはあるまい。さらに心強いことは、小著が歴史学研究の実証的な例示としてとりあげた地域のなかに、新たな地域社会史の叙述を求める住民の方がたの要請がたかまっていることである。歴史学研究にとって、その実証素材としての地域分析は不可欠な場合があるとしても、その叙述に占める位置は相対的に低いといわざるをえない。しかし〝地域を築く民衆〟にとって地域社会史を叙述することは、無限であるといえるほどに重い。この小著の意義の一つが、その〝重さ〟を引き出すことにあったとすれば、それに応えることが私の社会的な責任でもある。

先学から与えられた〝口に苦い良薬〟を、地域社会を歴史の大きな流れのなかで認識しなおそうとする人びとから与えられた〝清水〟で飲みこんでいる現況を述べて、小著第三刷にあたっての〝あとがき〟にする。

一九八四年八月

三浦圭一

三浦圭一 (みうら　けいいち)

1929年愛媛県生．1953年愛媛大学文理学部卒，1960年京都大学文学研究科博士課程修了．大阪府和泉市教育委員会嘱託，愛泉女子短期大学講師，四天王寺女子大学助教授を経て立命館大学文学部助教授，同教授在職中，1988年急逝．
編著：『日本史・3』(中世2)．分担執筆：『和泉市史』(1・2)『堺市史』(続編1)『高槻市史』(1)『大阪府史』(3・4)．主要論文：本著に収めたものゝほかに「備中国新見荘の商業」「日宋交渉の歴史的意義」「近世未解放部落成立期の基本問題」「戦国期の交易と交通」など．

思文閣史学叢書

中世民衆生活史の研究

昭和五十六年十二月二十日　初版
平成　二　年十二月　十　日　四版

著者　三浦圭一

発行者　田中周二

発行所　株式会社　思文閣出版
京都市左京区田中関田町二－七
電話（〇七五）七五一－一七八一㈹

印刷　同朋舎　製本　大日本製本紙工

　ISBN4-7842-0316-8　C3021

中世民衆生活史《ちゅうせいみんしゅうせいかつし》の研究《けんきゅう》（オンデマンド版）

Digital Publishing

2016年12月20日　発行

著　者　三浦　圭一
発行者　田中　大
発行所　株式会社 思文閣出版
〒605-0089　京都市東山区元町355
TEL　075-533-6860　FAX　075-531-0009
URL　http://www.shibunkaku.co.jp/

装　幀　上野かおる（鷺草デザイン事務所）
印刷・製本　株式会社 デジタルパブリッシングサービス
URL　http://www.d-pub.co.jp/

AJ836

ISBN978-4-7842-7027-9　C3021　Printed in Japan